船海書局
SHIPS AND OCEAN PRESS

COLLECTION OF INTERNATIONAL MARITIME REGULATIONS AND RULES
国际海事规则规范选编

林德辉　主编

哈尔滨工程大学出版社
Harbin Engineering University Press

内容简介

本书包括四篇，第一篇为船舶国际标准和国外先进标准概述，第二篇为国外船舶规则、规范及相关标准中缩写词英汉对照，第三篇为国际海事组织(IMO)第1届至第30届大会决议目录，第四篇为三大国际运河规则对船舶相关要求简介。

本书可作为大专院校中与船舶相关专业学生学习船舶规则、规范的参考教材；可作为船舶设计、建造单位技术人员系统了解船舶检验与规则规范分类和现状的参考资料；本书有助于船舶营运公司对技术人员和船员进行船舶规则和三大国际运河规则的知识培训。

图书在版编目(CIP)数据

国际海事规则规范选编 / 林德辉主编. —哈尔滨：哈尔滨工程大学出版社，2019.1
ISBN 978-7-5661-2147-9

Ⅰ.①国… Ⅱ.①林… Ⅲ.①海事处理－国际条约 Ⅳ.①D993.5

中国版本图书馆 CIP 数据核字(2019)第 017035 号

选题策划 周长江
责任编辑 薛　力
封面设计 博鑫设计

出版发行 哈尔滨工程大学出版社
社　　址 哈尔滨市南岗区南通大街 145 号
邮政编码 150001
发行电话 0451-82519328
传　　真 0451-82519699
经　　销 新华书店
印　　刷 上海普顺印刷包装有限公司
开　　本 787mm×1092mm 1/16
印　　张 25.25
字　　数 764 千字
版　　次 2019 年 1 月第 1 版
印　　次 2019 年 1 月第 1 次印刷
定　　价 800.00 元
http://www.hrbeupress.com
E-mail:heupress@hrbeu.edu.cn

出　　品 船海书局
网　　址 www.ship-press.com
告 读 者 如发现本书有印装质量问题请与船海书局发行部联系。
服务热线 4008670886

《国际海事规则规范选编》组编单位名单

（以下单位排名不分先后）

主办单位

中国船舶工业集团公司第十一研究所

协办单位

中国船舶及海洋工程设计研究院
江南造船（集团）有限责任公司
沪东中华造船（集团）有限公司
大连船舶重工集团有限公司
中船黄埔文冲船舶有限公司
湖北海洋工程装备研究院有限公司
天海融合防务装备技术股份有限公司
中国船舶工业系统工程研究院
上海船舶运输科学研究所
上海交通大学
哈尔滨工程大学
渤海船舶职业学院
江苏科技大学
舟山市质量技术监督检测研究院
大连辽南船厂
常熟龙腾特种钢有限公司
中海油能源发展股份有限公司采油服务分公司
中船动力研究院有限公司
无锡挪瑞科技有限公司
上海江南造船厂有限公司
中交上海航道局有限公司

策划单位

上海研途船舶海事技术有限公司
哈尔滨工程大学出版社
船海书局
中国海洋工程网

《国际海事规则规范选编》编委会名单

（以下人员排名不分先后）

前言

PREPACE

《国际海事规则规范选编》(以下简称"选编")包括四篇。

第一篇为"船舶国际标准和国外先进标准概述"。就广义而言,规则和规范等都可归类于"标准",因此船舶国际标准和国外先进标准所涉及的范围相当广泛,详见第一篇中的1.1的表1-1,该表中国际标准和国外先进标准分类,如IMO、IACS、ILO、IEC和ISO等内容贯穿于第一篇,是该篇各章节介绍的主要内容。由于船舶须拥有的"船籍",以及昂贵船价涉及的"保险",使得船舶及其产品的检验分为法定检验与入级检验,这些检验催生了船舶规则与规范,详见第一篇中的1.2。第一篇中的1.3论述了船舶规则规范与狭义的船舶标准之间的区别。作为狭义上的标准,即船舶国际标准、国外先进标准和国内标准中的大部分标准都是配合船舶规则和规范而制定的,旨在促进这些规则和规范的具体实施。规则、规范和标准(狭义)具有强制性和推荐性(即非强制性)两种特性。

国际海事组织(IMO)是联合国系统内主管海上安全和防止船舶造成海洋污染的专门机构。IMO的技术工作由其下辖的五个委员会(海上安全委员会、海上环境保护委员会、法律委员会、技术合作委员会、便利运输委员会等)进行实施。由IMO所颁布的文件可分为公约、规则、决议和通函等。第一篇中的1.4涉及IMO公约的分类,以及IMO公约的生效及修正,并分析了作为IMO最重要的"国际海上人命安全公约"(SOLAS)的特点与系列文件,"默认接受"对SOLAS的修正具有深远的影响,决定了今后SOLAS将以综合文本与修正案相结合的形式,为海事界服务。技术进步使SOLAS附则内容扩展。这种扩展包括"SOLAS附则本身的扩展"及"SOLAS附则之外的扩展(SOLAS之一部分的规则和决议)",截至2018年4月,作为SOLAS一部分的21项规则和5项决议(这一规则和决议数还会增加)与SOLAS本身构成了完整的系列文件。第一篇中的1.4中列出了截至2018年4月,与船舶有关的常用IMO规则(表1-12);与船舶设计和建造相关的IMO海安会决议(表1-15);IMO环保会决议(表1-16);还对IMO每届大会通过的决议数由50余项逐渐减少至20余项的原因进行了分析和探讨,值得关注。

第一篇中的1.5介绍了截至2018年5月10日,国际船级社协会(IACS)有12个会员,其出版物有共同结构规范(CSR)、统一要求(UR)、统一解释(UI)等;1.6简述了截至2018年5月11日,国际劳工组织(ILO)《2006年海事劳工公约》(MLC 2006)的生效和修正,以及MLC 2006的正文条款、规则和守则,并针对船上起居舱室、卧室和餐厅照明及卫生设施等的要求进行说明,将MLC 2006与先前的ILO第92号公约和第133号公约对海员舱室某些要求进行比较(表1-18)。

与船舶有关的国际电工委员会(IEC)技术委员会有IEC / TC18和IEC / TC80。第一篇中的1.7列出了截至2018年5月15日,IEC/TC18"船舶及移动式和固定式近海平台的电气设备"的国际标准目录,以及IEC/TC18下设IEC/SC18A"电缆与电缆敷设"分技术委员会的国际标准目录。还列出了截至2018年4月12日,IEC/TC80"海上导航和无线电通信设备及系统"的国际标准目录。

与船舶有关的国际标准化组织(ISO)技术委员会有 ISO/TC8 和 ISO / TC188。第一篇中的 1.8 列出了截至 2018 年 4 月 15 日,ISO/TC8“船舶与海上技术” 的国际标准目录,还列出了截至 2018 年 5 月 18 日,ISO / TC188“小艇”的国际标准目录。

第一篇中的 1.9 阐述了石油公司国际海事论坛(OCIMF)是由各石油公司自发成立的跨国行业组织,文中列出了截至 2018 年 5 月 28 日,由 OCIMF 制定的出版物目录(归类于国外先进标准的协会标准)。

美国海岸警卫队(USCG)是美国对船舶执行法定检验的主要主管机关,USCG 的有关规则列于美国《联邦政府法规》(CFR)中,第一篇中的 1.10 阐明了 CFR 的编制与表示方法,以及 CFR 中与船舶有关的 USCG 规则。

第二篇“ 国外船舶规则、规范及相关标准中缩写词英汉对照”中的缩写词并不是取自现有的词典,而是编译者多年来从 IMO、USCG 等文件中逐一选取的,中译文大部分参照国内有关出版物。例如 DHS(Department of Homeland Security,国土安全部)取自 USCG 文件(2001 年以前,USCG 隶属于运输部,911 事件后,USCG 改属新成立的国土安全部管辖);PDOP(Position Dilution of Precision,位置精度因子)以及 GEO(地球同步轨道)、MEO(中地球轨道)、IGSO(倾斜地球同步轨道)、CDMA(码分多址)、COG(对地航向)、SOG(对地航速)等均取自 2014 年 5 月 16 日通过的 IMO 的 MSC. 379 (93) 决议《船载北斗卫星导航系统接收设备性能标准》;ITB(Integrated Tug-Barge combination,推 – 驳组合体)取自巴拿马运河作业部 N – 1 – 2018 航运通告。

第三篇“国际海事组织(IMO)第 1 届至第 30 届大会决议目录”(以下简称“目录”)在翻译中参照了 CCS 等编译的有关资料,但这些资料存在两个问题:

一是其编译的大会决议不完整(只包括部分大会决议)。“目录”把 IMO 第 1 届至第 30 届的 1 130 项大会决议的英文标题和对应的中译文全部列出,在中译文之后的括号内列出了该决议通过日期,以及其英文版的页数(可大致了解其内容多少)。还列出了各大会决议之间,以及大会决议与海上安全委员会(MSC)决议、海上环境保护委员会(MEPC)决议等之间的修正、废除、参见和替代的关系。例如 1993 年 11 月通过的 A. 751 (18) 决议“船舶操纵性的暂行标准”(Interim standards for ship manoeuvrability)的附件已由 2002 年通过的 MSC. 137 (76) 决议“船舶操纵性的标准”(Standards for ship manoeuvrability)的附件所替代。也就是对于从事船舶设计和建造者,须采用现行有效的 MSC. 137(76),而不能采用已被替代的 A. 751(18),否则会造成损失。可见“目录”具有“完整性”。

二是先前的资料中,相同的英文版大会决议对应的中译文并不完全相同。特别是有些大会决议系对以前大会决议的修正或废除,例如 A. 954(23) “海上甚高频信道的正确使用” 废除 A. 474(XII)决议,可是国内早先有些出版物中,对于 A. 954(23) 与 A. 474(XII)的中译文不相同(英文相同)。这是由于 IMO 大会每两年召开一届,从 1959 年的第 1 届至 2017 年的第 30 届 IMO 大会,其间相隔 58 年,编译者经历了两三代,很难完全一致。考虑到一些较早期的大会决议,不仅已被此后的大会决议,也已被此后的 MSC 和 MEPC 决议等所修正、废除或替代,为此,在第一篇 1. 4. 2. 7“IMO 海上安全委员会决议”和 1. 4. 2. 8“IMO 海上环境保护委员会决议”目录的编写中,尽可能确保各项大会决议、MSC 决议和 MEPC 决议中相同英文所对应的中译文相同。此外,在上述各决议编译中,凡涉及缩写词或公约等术语,还参照了第二篇中缩写词英汉对照,以尽可能做到这些决议目录与此“缩写词”中相同英文所对应的中译文相同,旨在确保“目录”和相关目录与“缩写词”具有“一致性”。

除了以上所述"一致性"外，在表述上尽可能做到相互对应，例如，在 A.954(23)"海上甚高频信道的正确使用"中说明其"废除 A.474(XII)决议"，与此相对应，在 A.474(XII)"海上甚高频信道的正确使用"中就说明其"由 A.954(23)决议所废除"。这种相对应的表述，使"目录"具有"协调性"。

第四篇"三大国际运河规则对船舶相关要求简介"中简要列出了这些运河对船舶相关要求。"苏伊士型船""巴拿马型船"与能通过圣劳伦斯航道和五大湖水系的"大湖型船"一起构成了以三大国际运河命名的船型，足见三大运河对于国际航行船的设计、建造和营运十分重要，不可或缺。

本书主编为林德辉，副主编为梁启康。

本书由林德辉编写，梁启康审校，在编写中得到沈宏旻的帮助，在选题策划和审校中得到周长江和解洲水的帮助，薛力及出版社同仁的编辑和清样工作出色，在此一并表示感谢。

考虑到规则、规范和标准均处于不断更新和修正之中，选编均取材于 2018 年上半年能获得的最新相关文件。选编中部分内容系依据有关英文出版物编写，故对于较重要术语或易混淆的部分，以括号列出其英文，供对照，如中译文与英文发生歧义，请以英文原文为准，并请指正。

编　者

2019 年 1 月

目录

CONTENTS

第一篇

船舶国际标准和国外先进标准概述

1.1 船舶国际标准和国外先进标准范围

从狭义上说,船舶国际标准有 IEC / TC18“船舶及移动式和固定式近海平台的电气设备”(Electrical installations of ships and of mobile and fixed offshore units)、IEC / TC80“海上导航和无线电通信设备及系统”(Maritime navigation and radio communication equipment and systems)、ISO/TC8“船舶与海上技术”(Ships and marine technology)、ISO / TC188“小艇”(Small craft)等技术委员会制定的国际标准;船舶国外先进标准有 JIS、BS、DIN、ANSI 等先进国家的工业标准和国家标准。但就广义而言,公约、规则和规范等都可归类于“标准”,因此船舶国际标准和国外先进标准所涉及的范围要广泛得多,详见表1-1。

表 1-1　船舶国际标准和国外先进标准简表(广义)

总 类	大类	分类	文件形式及涉及范围
国际标准	法定检验规则	国际海事组织(IMO)	公约、规则、决议、通函、建议案等
		国际劳工组织(ILO)	MLC 2006、第 92 号和 133 号公约等
		国际电信联盟(ITU)	国际无线电规则等
	入级检验规范	国际船级社协会(IACS)	共同结构规范(CSR)、统一要求(UR)和统一解释(UI)等
	标准(狭义)	国际电工委员会(IEC)	国际标准、FDIS、CDV、CD、NP* 等
		国际标准化组织(ISO)	国际标准、FDIS、DIS、CD、NP 等
国外先进标准	法定检验规则	法定检验机构的规则	USCG、DOT、NMD、SBG、BSH、BAPT 、NSI 、DMA 等
		主要国际航道的航行规则	苏伊士运河、巴拿马运河、圣劳伦斯航道、基尔运河和五大湖航行规则等
		主要港口码头规则	AMSA 海事指令、美国“海上职业安全与健康标准”等
	入级检验规范	主要船级社的规范	ABS、BV、CCS、CRS、DNV-GL、IRS、KR、LR、NK、PRS、RINA、RS 等
	标准(狭义)	国家标准或工业标准	JIS、BS、DIN、ANSI、NF、GOST 等
		军用标准	MIL、DOD、FED、NDS、DSP、DEF 等
		协会标准	IEEE、IES、IPCEA、ISA、NEMA、NFPA、UL、ASTM、JMS、OCIMF 等

* 注:表 1-1 中某些外文缩写的含义如下:

FDIS—Final Draft International Standard　最后的国际标准草案

CDV—Committee Draft for Vote　供投票的委员会文件

CD—Committee Draft　委员会文件

NP—New Work Item Proposal　新工作项目建议

DIS—Draft International Standard　国际标准草案

USCG—United States Coast Guard　美国海岸警卫队

DOT—Department of Trade　(英国)贸易部

NMD—Norwegian Maritime Directorate　挪威海事管理局

SBG—See-Berufsgenssenschaft (Professional Accident Insurance Association for Seamen)	(德国)海上职业联合会
BSH—Bundesamt fur See Schifffahrt und Hydrographic (Federal Maritime and Hydrographic Agency)	(德国)海事与水文管理局
BAPT—Bundesamt Fur Post und Telekommunikation (Federal Office for Post and Telecommunication)	(德国)邮政与电信管理局
NSI—Netherlands Shipping Inspection	荷兰航运检验局
DMA—Danish Maritime Authority	丹麦海事局;
AMSA—Australian Maritime Safety Authority	澳大利亚海事安全局;
JIS—Japanese Industrial Standards	日本工业标准
BS—British Standards	英国标准
DIN—Deutsche Industrie Normen	德国工业标准
ANSI—American National Standards Institute	美国国家标准
NF—Normes Francaise	法国标准
GOST	独联体(俄罗斯)标准
IEEE—Institute of Electrical and Electronics Engineers	(美国)电气与电子工程师学会
IES—Illuminating Engineering Society	(美国)照明工程师协会
IPCEA—Insulated Power Cable Engineer Association	(美国)绝缘电力电缆工程师协会
ISA—Instrument Society of American	美国仪表协会
NEMA—National Electrical Manufactures Association	(美国)国家电气制造商协会
NFPA—National Fire Protection Association	(美国)国家防火协会
UL—Underwriters Laboratories	(美国)保险商试验所
ASTM—American Society for Testing Materials	美国材料试验协会
JMS—Japan Marine Standards	日本船舶标准
OCIMF—Oil Companies International Marine Forum	石油公司国际海事论坛

(主要船级社外文缩写的含义见“1.5 国际船级社协会(IACS)及其有关出版物”)

表1-1中未涉及我国标准,就广义而言,船舶国内标准除涉及国家标准(GB,GB/T)、行业标准(CB等)和企业标准外,还有中国船级社(CCS)的《钢质海船入级规范》等各种规范、指南等,以及中国海事局(MSA China—Maritime Safety Administration China)的《船舶与海上设施法定检验规则》等各种法规、规则等。此外,(中国)香港海事处(HKMD—Hong Kong Maritime Department)执行其制定的规则,以体现“一国两制”。

表1-1中尚未考虑欧洲标准(EN)等区域标准(表1-2)和一些军事集团内部的标准化文件,如美国、英国、加拿大、澳大利亚四国海军标准化大纲(ABCA-STD)、北大西洋公约组织标准化协议(NATO-STANAG)等。

表1-2 区域标准的代号和负责机构

序号	代号	含义	负责机构
1	ARS	非洲地区标准	非洲地区标准化组织(ARSO)
2	ASMO	阿拉伯标准	阿拉伯标准化与计量组织(ASMO)
3	EN	欧洲标准	欧洲标准化委员会(CEN)

表 1－2(续)

序号	代号	含义	负责机构
4	ETS	欧洲电信标准	欧洲电信标准学会(ETSI)
5	CENELEC	欧洲电工标准	欧洲电工标准化委员会(CENELEC)
6	PAS	泛美标准	泛美技术标准委员会(COPANT)

注：表 1－2 中某些外文缩写的含义如下：

EN—European Standards　　欧洲标准

CEN—European Committee for Standardization(Comité Européen de Normalisation)　　欧洲标准化委员会

CENELEC—European Committee for Electrotechnical Standardization.　　欧洲电工标准化委员会

ETSI—European Telecommunications Standards Institute　　欧洲电信标准化学会

1.2 船舶及其产品检验

由于船舶的昂贵价格牵涉到“保险”及其所拥有的船籍，使得船舶检验具有与一般产品检验不同的特点，这种特定的检验又催生了船舶规则与规范，虽然从广义上它们均可归类于“标准”，但与狭义上的标准有区别。

1.2.1 船舶的两种检验

船舶及其产品的检验分为法定检验和入级检验。

(1) 法定检验

法定检验是船旗国(又称船舶登记国)政府对船舶的监督性检验，属官方对船舶的强制性检验。除船旗国政府的法令、法规所规定的检验外，船舶航区所及航道和港口的有关规则所规定的检验，也归入法定检验范围。从事国际航行的船舶，一般都在本国登记取得船籍并在船尾悬挂登记国的国旗，但因某些原因，也可在别国登记。船舶应遵守登记国法令、法规，并受登记国保护。

法定检验的基本要求是符合国际海事组织(IMO)、国际电信联盟(ITU)和国际劳工组织(ILO)所制定的公约、规则等，挂“方便旗”(如巴拿马、利比里亚旗等)的船舶主要应满足上述 IMO 等的公约和规则；挂“非方便旗”(如美、英、德、挪威旗等)的船舶，还需满足各相应船旗国的有关规则(如 USCG、DOT、SBG 和 NMD 等)的要求，详见表 1-3。法定检验将获得有关法定证书(如船舶安全证书、吨位证书、载重线证书等)。因此可认为法定检验是为了“挂旗”。

表 1-3 国际航行船舶须符合的主要规则举例

船旗国/地区	国际组织规则	船旗国规则	其他规则*
方便旗国家	IMO、ITU 和 ILO 的船舶公约、规则等	无	有关运河、航道等规则
中国	IMO、ITU 和 ILO 的船舶公约、规则等	中国海事局(MSA China)船舶与海上设施法定检验规则等规则**	有关运河、航道等规则
中国香港	IMO、ITU 和 ILO 的船舶公约、规则等	(中国)香港特别行政区海事处(MD)条例等规则**	有关运河、航道等规则
美国	IMO、ITU 和 ILO 的船舶公约、规则等	美国海岸警卫队(USCG)和环保署(EPA)等规则***	有关运河、航道等规则
德国	IMO、ITU 和 ILO 的船舶公约、规则等	德国海上职业联合会(SBG)、海事与水文管理局(BSH)、邮政与电信管理局(BAPT)等规则	有关运河、航道等规则
英国	IMO、ITU 和 ILO 的船舶公约、规则等	英国贸易部(DOT)等规则	有关运河、航道等规则
挪威	IMO、ITU 和 ILO 的船舶公约、规则等	挪威海事管理局(NMD)等规则	有关运河、航道等规则

表1-3(续)

船旗国/地区	国际组织规则	船旗国规则	其他规则*
荷兰	IMO、ITU 和 ILO 的船舶公约、规则等	荷兰航运检验局(NSI)等规则	有关运河、航道等规则
丹麦	IMO、ITU 和 ILO 的船舶公约、规则等	丹麦海事局(DMA)等规则	有关运河、航道等规则

*船舶航区所及航道和港口的有关规则,如苏伊士运河、巴拿马运河、圣劳伦斯航道、基尔运河和五大湖航行规则等,以及澳大利亚海事安全局(AMSA)海事指令、美国"海上职业安全与健康标准"等对于进入这些国家港口装卸的船舶,均有规则要求。

**各船旗国/地区法定检验机构属官方性质,表中某些缩写的含义如下:

MSA China—Maritime Safety Administration China　中国海事局

MD—Marine Department of the Hong Kong Special Administrative Region (SAR)　(中国)香港特别行政区海事处

***挂美国国旗的船舶,须满足 USCG、EPA 等机构的有关规则,其中一部分规则(如污染物排放)也适用于在美国可航水域中航行的外国船。考虑到我国设计建造的大部分国际航行船均需进入美国可航水域,值得关注。

(2) 入级检验

入级检验是船东自愿申请船舶接受某船级社的检验,船级社与船东、船厂和设计院所的关系属民间技术服务性质,船级社对不同的船舶都授予规定的主船级和附加船级符号,并将新入级的船舶登载在本船级社定期出版的"船舶录"中向世界公布,以表明此船经该船级社检验,其性能和安全性符合该船级社的规范要求,并由船级社负责向该船核发船级证书。只有具有船级证书的船舶,才能取得保险,投入营运。由于海上航行风险大,故船东往往要求保险商提供保险,而保险公司则根据船级确定保险费率(具有著名船级社核发的船级证书,船东能获得较有利的保险费率),因此可认为入级检验是为了"保险"。

1.2.2　检验内容及范围

船舶入级检验和法定检验不仅性质不同、执行检验的部门不同,而且在检验内容范围上也各有侧重。针对船舶本身,入级检验最终为了获得船舶入级证书,法定检验最终为了获得有关法定证书(如船舶安全证书、吨位证书、载重线证书等)。针对船用设备材料,入级检验和法定检验都要事先办理认可检验。有的设备要办工厂认可,有的要办型式认可,有的要经专门检验后方可装船使用。这两种检验中设备材料认可检验的大体范围简述如下。

(1) 法定检验的认可范围

下列产品需由主管机关进行法定检验。

- 航行和信号设备类:航行灯、闪光灯、苏伊士运河灯、号型、声响信号、烟火信号、救生圈用自亮浮灯、电车钟、电罗经、回声探测仪、计程仪、测向仪、定位仪、雷达、舵角指示器。
- 无线电通信设备类:收信机、发信机、无线电报报警信号拍发器、无线电报报警自动接收器、无线电话遇险频率值班收信机、救生艇电台、船舶地球站、强化群呼设备。
- 救生设备类:救生艇、气胀式救生筏、塑料救生浮具、救生衣、救生圈、抛绳设备、吊艇机、吊艇架。
- 消防器材类:火警探测器、火警报警器、可燃性气体探测器、灭火器、防爆灯、耐火材料。
- 防污染设备类:油水分离器、油分浓度计、油水界面计、流量计、焚烧炉、生活污水处理装置。
- 集装箱。

(2) 入级检验的认可范围

下列产品需由船级社进行入级检验或认可。

• 金属材料和成品类：板材、型材、棒材、高压高温用管系、钢缆、锚、锚链、螺旋桨、重要的铸件（如气缸、艏柱、艉柱、轴套等），重要的锻件（如艉轴、中间轴、推力轴、转子、曲轴、减速齿轮、舵杆等），重要的阀件（工作压力小于 7 kg/cm^2 的除外），吊货用活动零部件，焊材、防锈底漆等。

• 机电产品类：柴油机、汽轮机、燃气轮机、涡轮增压器、齿轮箱、弹性联轴节、扫气鼓风机、空气压缩机、制冷压缩机、净油机、重要的泵（冷却水循环泵、燃油增压泵、滑油泵、消防泵、压载泵、锅炉给水泵、凝水泵等），舵机、起重机、重要的电气设备（指与航行、冷藏、安全有关的）、功率大于或等于100 kW的发电机、电动机、主配电板、应急配电板、自动控制设备、自动报警设备、用于电力推进机械的主干电缆。

• 锅炉、热交换器、受压容器类：工作压力为 3.5 kg/cm^2 及以上的锅炉、过热器、经济器、减热器、锅炉用的成组部件，为主机和重要机械运转必需的所有热交换器（空气冷却器、水冷却器、滑油冷却器、燃油加热器、给水加热器、除氧器、冷凝器、蒸发器、蒸馏装置等）、空气瓶和其他受压容器（工作压力小于 7 kg/cm^2 的除外）。

1.3 船舶规则规范与标准的关系

1.3.1 配合船舶规则、规范而制定的船舶标准

前已述及，船舶的特定检验催生了船舶规则与规范，虽然从广义上它们可归类于“标准”，但从狭义上说，船舶规则、规范与船舶标准有区别。船舶国际标准有 IEC/TC18“船舶及移动式和固定式近海平台的电气设备”、IEC/TC80“海上导航和无线电通信设备及系统”、ISO/TC8“船舶及海上技术”和 ISO/TC188“小艇”。船舶国外先进标准主要有 JISF、BS、DIN、ANSI 等先进国家的工业标准和国家标准。船舶国内标准主要有国家标准（GB，GB/T），行业标准（CB 等）。以下从狭义的“标准”出发，讨论标准与规则、规范的关系。

国际电工委员会（IEC）和国际标准化组织（ISO）是世界上最大的两个标准化组织，它们与以上所述的 IMO 等的规则和 IACS 共同结构规范，特别是与 IMO 关系密切，可认为其制定的大部分国际标准与 IMO 各公约，尤其是 SOLAS 的强制性要求一致。

IEC 第 18 技术委员会（IEC/TC18）“船舶及移动式和固定式近海平台的电气装置”技术委员会的工作范围是编制船舶及移动式和固定式近海平台的电气标准，它结合了良好的实践，并尽可能与现行规则和 IEC 出版物一致。这些标准是对国际海上人命安全公约（SOLAS）要求的实际解释和详细说明的法规（a code of practical interpretation and amplification of the requirements of the International Convention on Safety of Life at Sea），是将来可能编制的规则的指南。

IEC 第 80 技术委员会（IEC/TC80）“海上导航和无线电通信设备及系统”技术委员会的工作范围是编制船舶导航和无线电通信设备及系统的标准，这些标准与 IMO 各公约（特别是 SOLAS 强制性要求的一部分）对那些设备和系统的要求一致。IEC/TC80 的优先工作计划与 IMO 海上安全委员会（MSC）直接相关。它反映了 IMO 在其决议中通过的性能标准（Performance standards），以及国际电信联盟（ITU）的建议案（Recommendations）。IEC/TC80 出版的 65 项标准（截至 2018 年 4 月 12 日）中的大部分标准支持 IMO 的要求，例如与“全球海上遇险与安全系统”（Global Maritime Distress and Safety System，GMDSS）相关的 IEC 61097－1（2007－06）至 IEC 61097－15（2012－05）的这 10 余项标准就直接支持 IMO 对 GMDSS 的要求，详见表 1－4。通过其既代表 IMO，又代表 ITU，TC80 能影响这些决议和建议案的性能和技术内容（to influence the performance and technical content of the Resolutions and Recommendations）。可见 IEC/TC80 与 IMO 和 ITU，特别是与 IMO 关系密切，从某种意义上，可认为 IEC/TC80 的大部分国际标准是 IMO 有关海上导航和无线电通信要求的进一步具体化。

表 1－4　IEC/TC80 的与 IMO 的 GMDSS 相关的 12 项国际标准（截至 2018 年 4 月 12 日）

标准编号	标准标题
IEC 61097－1（2007－06）	全球海上遇险与安全系统（GMDSS）—第 1 部分：雷达应答器—海上搜救（SART）—运行和性能要求、试验方法及所要求的试验结果
IEC 61097－2（2008－01）	全球海上遇险与安全系统（GMDSS）—第 2 部分：（国际）搜救卫星搜寻遇险船舶的空间系统（COSPAS－SARSAT）的应急无线电示位标（EPIRB）—在 406 MHz 上运行的卫星应急无线电示位标—运行和性能要求、试验方法及所要求的试验结果

表 1 -4(续)

标准编号	标准标题
IEC 61097 -3 (2017 -10)	全球海上遇险与安全系统(GMDSS)—第 3 部分:数字选择性呼叫(DSC)设备—运行和性能要求、试验方法及所要求的试验结果
IEC 61097 -4 (2012 -05) IEC 61097 -4 :2012 第 1 号修正案 (2016 -08)	全球海上遇险与安全系统(GMDSS)—第 4 部分:国际海事卫星组织 Inmarsat - C 船舶地面站(SES)和 Inmarsat 强化群呼(EGC)设备—运行和性能要求、试验方法及所要求的试验结果
IEC 61097 -6 (2005 -12) IEC 61097 -6 :2005 第 1 号修正案 (2011 -12)	全球海上遇险与安全系统(GMDSS)—第 6 部分:用于接收船舶航行和气象告警以及紧急信息(NAVTEX)的窄带直接印字报(NBDP)设备
IEC 61097 -7 (1996 -10) IEC 61097 -7 :1996 第 1 号修正案 (2018 -1)	全球海上遇险与安全系统(GMDSS)—第 7 部分:船载甚高频(VHF)无线电话发射和接收器—运行和性能要求、试验方法及所要求的试验结果
IEC 61097 -8 (1998 -09)	全球海上遇险与安全系统(GMDSS)—第 8 部分:在海上的中频(MF)、中频/高频(MF/HF)和甚高频(VHF)频带用于接收数字选择性呼叫(DSC)的船载值班接收器—运行和性能要求、试验方法及所要求的试验结果
IEC 61097 -9 (1997 -11)	全球海上遇险与安全系统(GMDSS)—第 9 部分:适合于电话、数字选择性呼叫(DSC)和窄带直接印字报(NBDP)的在中频(MF)和高频(HF)频带使用的船载发射和接收器—运行和性能要求、试验方法及所要求的试验结果
IEC 61097 -12 (1996 -12) IEC 61097 -12 :1996 第 1 号修正案 (2017 -07)	全球海上遇险与安全系统(GMDSS)—第 12 部分:救生艇筏便携式双通道甚高频(VHF)无线电话设备—运行和性能要求、试验方法及所要求的试验结果
IEC 61097 -13 (2003 -05)	全球海上遇险与安全系统(GMDSS)—第 13 部分:国际海事卫星组织 Inmarsat - F77 船舶地面站设备—运行和性能要求、试验方法及所要求的试验结果
IEC 61097 -14 (2010 -02)	全球海上遇险与安全系统(GMDSS)—第 14 部分:自动识别系统搜救发送机(AIS - Sart)—运行和性能要求、试验方法及所要求的试验结果
IEC 61097 -15 (2012 -05)	全球海上遇险与安全系统(GMDSS)—第 15 部分:国际海事卫星组织 Inmarsat - FB500 船舶地面站—运行和性能要求、试验方法及所要求的试验结果

ISO 第 8 技术委员会(ISO/TC8)"船舶与海上技术"技术委员会的工作范围是造船和船舶营运,包括远洋船、内河航行船、近海结构物、船对岸接口,以及 IMO 要求所涉及的所有海上结构物所采用的设计、建造、结构部件、舾装件、设备、方法和工艺,以及海上污染事件的标准化。ISO/TC8 与 IMO 关系密切,例如当 IMO 于 2006 年 12 月 8 日,以 MSC. 215 (82) 决议通过"所有类型船舶专用海水压载舱和散货船双舷侧处所保护涂层性能标准"后,ISO/TC8 也紧跟着发布了相应的国际标准(表 1 -5);又例如 IMO 发布了《2009 年香港国际安全与环境无害化拆船公约》后,ISO/TC8 也紧跟着发布了一系列与拆船相关的国际标准(表 1 -6)。

表 1-5　ISO/TC8 的与 IMO 的保护涂层性能标准相关的国际标准(截至 2018 年 4 月 15 日)

标准号	名称	发布时间/年
ISO 16145-1	船舶与海上技术—保护涂层和检查方法—第 1 部分:专用海水压载舱	2012
ISO 16145-2	船舶与海上技术—保护涂层和检查方法—第 2 部分:散货船和油船的空舱	2012
ISO 16145-3	船舶与海上技术—保护涂层和检查方法—第 3 部分:原油船货油舱	2012
ISO 16145-4	船舶与海上技术—保护涂层和检查方法—第 4 部分:水中可溶盐总量的自动测量方法	2013
ISO 16145-5	船舶与海上技术—保护涂层和检查方法—第 5 部分:涂层损坏的评估方法	2014

表 1-6　ISO/TC8 的与 IMO 的拆船公约相关的国际标准(截至 2018 年 4 月 15 日)

标准号	名称	发布时间/年
ISO 30000	船舶与海上技术—拆船管理体系—安全与环境无害化拆船厂管理体系技术要求	2009
ISO 30002	船舶与海上技术—拆船管理体系—拆船厂选择(和形式合同)指南	2012
ISO 30003	船舶与海上技术—拆船管理体系—对拆船管理审核与发证机构的要求	2009
ISO 30004	船舶与海上技术—拆船管理体系—实施 ISO 30000 指南	2012
ISO 30005	船舶与海上技术—拆船管理体系—造船的制造环节和船舶营运中有害物质的信息管理	2012
ISO 30006	拆船管理体系—船上有害物质位置图	2010
ISO 30007	船舶与海上技术—拆船中防止石棉发散和暴露的措施	2010

ISO 第 188 技术委员会(ISO/TC188)“小艇”(Small craft)的工作范围是艇长小于或等于 24 m 的游艇和采用类似设备的其他小艇的设备和结构的标准化。ISO/TC188 是 1985 年从 ISO/TC8 下属的第 14 分技术委员会(ISO/TC8/SC14)演变成立的,其与 IMO 要求的关系与 ISO/TC8 与 IMO 要求的关系类似,不再赘述。

总之,IEC 和 ISO 的上述四个技术委员会的国际标准与 IMO 和 ITU 关系密切,从某种意义上,可认为其大部分国际标准是 IMO 等有关要求的细化和具体化。也就是说,如没有这些国际标准,则 IMO、ITU 和 ILO 的船舶规则等将无法具体实施。

船舶国外先进标准与各船旗国规则的关系,类似于上述的国际标准与 IMO、ITU 和 ILO 的船舶规则的关系。

各船级社规范中,常引用船舶国际标准和国外先进标准,如 ABS 钢船规范中就引用 IEC/TC18 的 IEC 60092 系列出版物,显示此国际标准 IEC 60092 有助于该规范的具体实施。

按中华人民共和国标准化法的规定,船舶国内标准主要有国家标准(GB,GB/T),行业标准(CB 等)和企业标准。该标准化法还规定,国家鼓励积极采用国际标准。为此在现行的船舶国家标准和行业标准中,已有相当一部分等同采用上述四个技术委员会的国际标准。例如,由“全国”小艇标准化技术委员会(与 ISO/TC188完全对口)所制定的国家标准和行业标准中,等同采用国际标准的百分比(采标率)曾达 90% 以上,即这些标准从实质内容到编写形式均与国际标准完全一致,或者说它们就是国际标准的中文译本。对于已等同采用国际标准的国内标准具有上述国际标准相同的特点。

此外,可认为大部分船舶国内标准是中国海事局(MSA China)船舶与海上设施法定检验规则等规则,以及中国船级社钢质海船入级规范等规范和指南中有关要求的细化。也就是说,如没有这些国内标准,则作为法定检验和入级检验基本要求的船舶规则和规范等将无法具体实施。

简而言之,船舶国际标准、国外先进标准和国内标准中的大部分标准都是配合船舶规则和规范制定的，旨在有利于这些规则和规范的具体实施。

1.3.2 强制性与推荐性

由 IMO 所颁布的文件可分为公约、规则、决议和通函等，它们的性质和特点如下。

• 公约（Conventions）：一旦生效，即具有强制性（针对各该公约缔约国）；通过议定书（Protocols）和修正案（Amendments）对公约进行修正；一般应包括至合同签字日已生效的所有修正。

与船舶设计关系最密切的 IMO 公约：国际海上人命安全公约（SOLAS）、国际防止船舶造成污染公约（MARPOL）、1966 年国际载重线公约（LL 1966）和 2004 年国际船舶压载水及沉积物控制和管理公约（BWM 2004）等。

• 规则（Codes）：自愿地由各船旗国采用作为其国家规则，一旦采用，对该国即具有强制性；涉及较广泛的领域，如移动式近海平台构造和设备规则（MODU）等；可用来代替决议，某些规则是以决议形式通过的，如 MSC. 337（91）"船上噪声级规则"，既是规则，也是海上安全委员会决议；

• 决议（Resolutions）：自愿地由各船旗国采用作为其国家规则，一旦采用，对该国即具有强制性；通常只涉及有限的技术领域，例如 IMO 第 17 届大会决议 A. 695（17）"在 406 MHz 运行的自由漂浮式卫星应急无线电示位标的性能标准"等；船舶设计、建造中用得最多的决议为大会（Assembly，A）、海上安全委员会（Maritime Safety Committee，MSC，简称"海安会"）和海上环境保护委员会（Maritime Environment Protection Committee，MEPC，简称"环保会"）的决议。

• 通函（Circulars）：通函是推荐性的，是一种统一的解释；船舶设计、建造中主要采用 MSC 和 MEPC 的通函，如 MSC. 1/Circ. 1343"船舶建造档案中应包括内容的指南"，MEPC. 1/Circ. 681"新船能效设计指数（EEDI）计算方法的临时指南"。

可见，IMO 文件中，公约是强制性的，通函是推荐性的，而规则和决议介于两者之间，即其本身是推荐性的，但在以下三种情况之一出现时，是强制性的：

• 当规则和决议被某船旗国采用作为其国家规则时，对该国即具有强制性；

• 对于已作为某公约之一部分的规则和决议，具有与此公约相同的强制性，即对各该公约缔约国具有强制性；

• 对于已列入某船舶技术规格书中"规则/规范"标题下的规则和决议（在其技术规格书中已阐明了该船应按这些规则和决议建造和提交），对该船舶即具有强制性。

ILO 的《2006 年海事劳工公约》（MLC 2006，Maritime Labour Convention，2006）已于 2013 年 8 月 20 日正式生效。与 IMO 公约类似，ILO 公约一旦生效，对该公约各缔约国，也具有强制性。但 MLC 2006 的结构分为正文"条款"与"规则和守则"两大部分，在这两大部分之间，插入"海事劳工公约的规则和守则的解释性说明"，该说明指出："条款和规则"规定了核心权利和原则及批准本公约的成员国的基本义务。"守则"包含了规则的实施细节，它由 A 部分（强制性标准，mandatory Standards）和 B 部分（非强制性导则，non－mandatory Guidelines）组成。可见在 MLC 2006 中，包括了强制性要求（条款和规则，以及守则中的 A 部分），以及非强制性要求（守则中的 B 部分），即推荐性要求。这是 ILO 中 MLC 2006 的特殊之处。

这在作为 SOLAS 一部分的强制性规则 RO Code 中，可找到相同的例证（该规则的第 1 部分和第 2 部分具有强制性，第 3 部分为推荐性），详见表 1－10。因此在强制性公约、规则和决议中，可包括推荐性要求，但这并不改变这些公约、规则和决议在整体上的强制性。

ISO 和 IEC 的国际标准都是推荐性的。国外船舶先进标准也基本上与国际标准类同，为推荐性。国内标准分为强制性标准和推荐性标准，我国标准化法第十四条规定，强制性标准，必须执行。不符合强制性标准的产品，禁止生产、销售和进口。推荐性标准，国家鼓励企业自愿采用。但就国内船舶标准而言，由于船舶行业具有国际交流和船舶需进入世界各地的特点，以及相对较高的国际标准采标率，使绝大部分的国内船舶标准成为推荐性标准。

一般认为，船级社规范和指南，其本身是推荐性的，但对于已列入某船舶技术规格书中“规则/规范”标题下的规范和指南，对该船舶即具有强制性。

其实，对于上述推荐性的国际标准、国外先进标准和国内标准，一旦列入某船舶技术规格书中“规则/规范”的标题下，对该船舶也具有强制性。

简而言之，规则、规范和标准只具有强制性和推荐性（即非强制性）两种特性。

1.4 国际海事组织(IMO)概况及其与船舶有关的出版物

1.4.1 IMO 组织机构

国际海事组织(IMO)是联合国系统内主管海上安全和防止船舶造成海洋污染及其法律问题的专门机构。1948 年 2 ~3 月间,联合国在日内瓦召开了海运会议,经讨论于 1948 年 3 月 17 日通过了《政府间海事协商组织公约》,该公约于 1958 年 3 月 17 日生效。据此,各缔约国于 1959 年 1 月 13 日在伦敦召开了第一届大会,该组织正式成立,当时其名称为“政府间海事协商组织”(Intergovernmental Maritime Consultative Organization,IMCO)。根据 1975 年 11 月召开的第 Ⅸ 届大会的该组织公约修正案,于 1982 年 5 月 22 日起更名为“国际海事组织”(International Maritime Organization,IMO)。截至 2018 年 4 月 28 日,IMO 已有 173 个会员国和 3 个联系会员。

IMO 的宗旨是“在与从事国际贸易的航运有影响的各种技术问题有关的政府规章和惯例方面,为各国政府提供合作机构,并在与海上安全、航行效率和防止及控制船舶对海洋污染有关的问题上,鼓励和促成各国普遍采用最高可行的标准”(“to provide machinery for cooperation among Governments in the field of governmental regulation and practices relating to technical matters of all kinds affecting shipping engaged in international trade,to encourage and facilitate the general adoption of the highest practicable standards in matters concerning maritime safety, efficiency of navigation and prevention and control of marine pollution from ships”)。此外,该组织还有权处理与这些宗旨有关的行政和法律问题(The organization is also empowered to deal with administrative and legal matters related to these purposes.)。

随着我国对外贸易和远洋航运事业的发展,1973 年 3 月 1 日我国正式参加 IMCO 的活动,并在 1975 年当选为 IMCO 理事国。

至 2018 年 4 月 29 日,在 IMO 内取得咨询地位的国际非政府组织(international non-governmental organizations)达到 79 个,其中包括国际航运公会(ICS)、国际标准化组织(ISO)、国际电工委员会(IEC)、国际无线电海事委员会(CIRM)、国际海上保险联盟(IUMI),国际自由工会联合会(ICFTU)、国际灯塔主管机关协会(IALA)、波罗的海国际海运公会(BIMCO)、国际船级社协会(IACS)、国际海上引水员协会(IMPA)、国际钻井承包商协会(IADC)、国际航海学会协会(IAIN)、国际船长协会联合会(IFSMA)、国际海事承包商协会(IMCA)、国际独立油船船东协会(INTERTANKO)、国际干货船船东协会(INTERCARGO)、石油公司国际海事论坛(OCIMF),以及国际气体船和码头经营者协会(SIGTTO)等。

1.4.1.1 大会和理事会

国际海事组织(IMO)由大会(Assembly)、理事会(Council)、五个主要的委员会(five main Committees)以及支持这些主要委员会工作的一些分委员会(a number of Sub-Committees support the work of the main technical committees)和秘书处等组成。

(1)大会 (Assembly)

大会是该组织的最高权力机构,它由全体会员国的代表组成,通常每两年召开一次例会(Regular Sessions),如有必要,可以召开特别大会(Extraordinary Session)。大会负责批准该组织工作计划、投票表决财务预算和决定财政安排(The Assembly is responsible for approving the work programme, voting the budget and determining the financial arrangements of the Organization.),大会还选举理事会,以及审议通过技术性决议和其下属机构提交的其他决定。

从1959年1月召开的第1届海事大会以来,至2017年12月召开的第30届大会,已经历了近60年,第30届大会决议的编号为A.1110(30)—A.1130(30)。每届大会平均通过40余项决议,其中相当多的决议与船舶设计、建造和提交相关,例如,A.744 (18)《散货船和油船检验期间的强化检查方案指南》、A.868 (20)《为使有害水生物和病原体传播减至最少对船舶压载水控制和管理的指南》、A.962(23)《IMO拆船指南》、A.1001(25)《在全球海上遇险与安全系统(GMDSS)中提供业务的移动卫星通信系统的标准》,以及A.1122(30)《近海供应船散装有害和有毒液体物质的运输和装卸规则》(OSV Chemical Code)等。

IMO大会决议编码的含义:A表示国际海事组织大会(Assembly),阿拉伯数字表示决议编号,括号内罗马数字表示大会届数[从第13届开始,大会届数以阿拉伯数字表示,ES表示特别举行的大会,如A.109 (ES.Ⅲ)《实施消防安全措施的建议案》表示第Ⅲ届特别大会通过的109号大会决议]。

(2)理事会(Council)

理事会是IMO的执行机构,其在大会之下负责监督该组织的工作。在大会休会期间,理事会作为其权力机构行使大会的所有职能,此外,其对各国政府就海上安全和防污染提出建议(The Council is the Executive Organ of IMO and is responsible, under the Assembly, for supervising the work of the Organization. Between sessions of the Assembly the Council performs all the functions of the Assembly, except the function of making recommendations to Governments on maritime safety and pollution prevention)。

理事会的主要职责:协调该组织中各机构的活动(coordinate the activities of the organs of the Organization);审议该组织工作计划和财务预算草案并提交大会审议批准(consider the draft work programme and budget estimates of the Organization and submit them to the Assembly);受理各委员会及其他机构提出的报告和建议案,连同理事会的意见和建议一并提交大会和成员国(receive reports and proposals of the Committees and other organs and submit them to the Assembly and Member States, with comments and recommendations as appropriate);任命秘书长并报请大会批准任命(appoint the Secretary-General, subject to the approval of the Assembly);就该组织与其他组织的关系问题达成协议或做出安排,报请大会批准后生效(enter into agreements or arrangements concerning the relationship of the Organization with other organizations, subject to approval by the Assembly)。

理事会由40个理事国组成,任期两年。选举时遵循下列原则:

选出10个在提供国际航运服务方面具有最大利害关系的国家(10 States with the largest interest in providing international shipping services)为A类理事国。

选出10个在国际海上贸易方面具有最大利害关系的国家(10 States with the largest interest in international seaborne trade)为B类理事国。

选出20个在海上运输或航行方面具有特别利害关系,并确保如把它们选进理事会将使世界所有主要地区均有代表的国家(which have special interests in maritime transport or navigation and whose election to the Council will ensure the representation of all major geographic areas of the world)为C类理事国。

2018年至2019年两年期间40个理事国组成如下。

- A类理事国:

China(中国)、Greece(希腊)、Italy (意大利)、Japan(日本)、Norway(挪威)、Panama(巴拿马)、

Republic of Korea(韩国)、The Russian Federation(俄罗斯)、United Kingdom (英国)、The United States (美国)。

• B 类理事国:

Australia(澳大利亚)、Brazil(巴西)、Canada(加拿大)、France(法国)、Germany(德国)、India(印度)、Netherlands(荷兰)、Spain(西班牙)、Sweden(瑞典)、The United Arab Emirates(阿拉伯联合酋长国)。

• C 类理事国:

Bahamas(巴哈马)、Belgium(比利时)、Chile(智利)、Cyprus(塞浦路斯)、Denmark(丹麦)、Egypt(埃及)、Indonesia(印度尼西亚)、Jamaica(牙买加)、Kenya(肯尼亚)、Liberia(利比里亚)、Malaysia(马来西亚)、Malta(马耳他)、Mexico(墨西哥)、Morocco(摩洛哥)、Peru(秘鲁)、Philippines(菲律宾)、Singapore(新加坡)、South Africa(南非)、Thailand(泰国)、Turkey(土耳其)。

1.4.1.2 五个委员会

IMO 的全部技术工作由所属的五个委员会(海上安全委员会、海上环境保护委员会、法律委员会、技术合作委员会、便利运输委员会)进行,这些委员会都由所有会员国的代表组成。

(1) 海上安全委员会(海安会,Maritime Safety Committee,MSC)

MSC 是 IMO 的最高技术机构(the highest technical body),其主要职责是审议该组织范围内有关助航设备、船舶建造和装备、基于安全观点的船员配备、避碰规则、危险货物装卸、海上安全的程序和要求、航道信息、航海日志和航行记录、海上事故调查、救助和救生的任何事宜,以及直接影响海上安全的任何其他事宜("consider any matter within the scope of the Organization concerned with aids to navigation, construction and equipment of vessels, manning from a safety standpoint, rules for the prevention of collisions, handling of dangerous cargoes, maritime safety procedures and requirements, hydrographic information, log – books and navigational records, marine casualty investigations, salvage and rescue and any other matters directly affecting maritime safety")。

MSC 还通过诸如国际海上人命安全公约(SOLAS)等公约的修正案。

MSC 每年召开一至两届会议,通常在召开 IMO 大会的年份,召开一届 MSC 会议,在不召开 IMO 大会的年份,召开两届 MSC 会议。例如,2017 年 12 月召开了第 30 届大会,2017 年 6 月仅召开了第 98 届海安会会议,而 2018 年 5 月 16 日至 25 日召开了第 99 届海安会会议,2018 年 12 月 3 日至 7 日召开第 100 届海安会会议。

MSC 还负责审议与海上安全有关的海安会决议(MSC Resolution)、通函(MSC/Circ.)等。

(2)海上环境保护委员会 (环保会 ,Maritime Environment Protection Committee ,MEPC)

MEPC 的主要职责是审议该组织范围内有关防止和控制船舶所造成污染的任何问题(consider any matter within the scope of the Organization concerned with prevention and control of pollution from ships),特别是,MEPC 涉及公约和其他规则及措施的通过和修正,以确保它们的实施(In particular it is concerned with the adoption and amendment of conventions and other regulations and measures to ensure their enforcement.)。此外,提供各国有关防止和控制船舶对海上污染的科学技术实用资料,提出有关建议并拟定指导原则;组织区域性合作及与其他国际组织的合作,以防止和控制船舶对海上的污染。

MEPC 起初是大会的附属机构,成立于 1973 年 11 月,1985 年升格为《海事组织公约》所规定的正式机构。

MEPC 每年召开一至两届会议,通常在召开 IMO 大会的年份,召开一届 MEPC 会议,在不召开 IMO 大会的年份,召开两届 MEPC 会议。例如,2017 年 12 月召开了第 30 届大会,2017 年 7 月仅召开了第

71 届环保会会议；而 2018 年 4 月 9 日至 13 日召开了第 72 届环保会会议，2018 年 10 月 22 日至 26 日召开了第 73 届环保会会议。

MEPC 还负责审议与防止和控制船舶所造成的污染问题有关的环保会决议（MEPC Resolution）、通函（MEPC/Circ.）等。

（3）法律委员会（法委会，Legal Committee，LEG）

LEG 的主要职责是经授权处理该组织范围内的任何法律事宜（empowered to deal with any legal matters within the scope of the Organization）。法律委员会建立的起因：1967 年 3 月 17 日发生了"Torrey Canyon"号油船在英国西南岸触礁，流失原油 8 万吨，污染了英国西南海岸和法国西北海岸之间广大水域的严重事件，因此在国际上提出了控制事故性油污的新课题和处理海上事故引起的污染损害，涉及沿岸国家采取必要措施的权利，船舶所有人的责任，以及损害赔偿等法律责任问题。为此当时海协成立了工作组。1969 年 11 月 29 日在比利时的布鲁塞尔召开的海上污染损害国际法律会议上通过了以下两个公约。

《国际干预公海油污事件公约》（简称"Intervention Convention"），此公约规定了主权国海岸遭受船旗国船舶造成的污染时有权采取措施。

《国际油污损害民事责任公约》（简称"Civil Liability Convention"），此公约规定了造成污染的责任方即船舶所有人，根据船舶大小而定的赔偿受害方最高限额。1971 年 12 月召开的法律会议通过了设立国际油污损害赔偿基金（International Oil Pollution Compensation Fund），其目的是使油污事件受害方获得补偿。

海协于 1975 年正式成立了"法律委员会"。1984 年 4 月至 5 月的 LEG 会议，使《1969 年国际油污损害民事责任公约》的范围从油污扩大到有毒的和危险的物质方面。

LEG 制定和管理的其他方面的国际文件还有《1971 年国际海上核材料运输民事责任公约》《1974 年海上载运旅客及其行李雅典公约》《1976 年海事索赔责任限制公约》。

LEG 还经授权履行在任何其他国际文件所可能赋予的，或依据这些文件的，以及该组织所接受的范围内的任何职责（also empowered to perform any duties within its scope which may be assigned by or under any other international instrument and accepted by the Organization）。

（4）技术合作委员会（技合会，Technical Co－operation Committee，TC）

TC 的主要职责是审议该组织范围内与实施（该组织作为执行或协调机构的）技术合作项目有关的任何事宜（to consider any matter within the scope of the Organization concerned with the implementation of technical cooperation projects for which the Organization acts as the executing or cooperating agency），以及与该组织在技术合作领域活动有关的任何其他事宜。

TC 的任务是审议由联合国有关计划署资助的，该组织作为执行或协调机构的技术合作项目；或者以自愿提供给该组织的信用资金资助的任何技术合作项目和技术合作领域内与该组织活动有关的事务；以及审查国际海事组织秘书处有关技术合作方面的工作。其最终目的是鼓励和促进成员国为贯彻 IMO 通过的技术措施采取技术合作计划。

（5）便利运输委员会（便运会，Facilitation Committee，FAL）

FAL 是理事会的一个附属机构，它成立于 1972 年 5 月，根据 IMO 公约修正案，2008 年 12 月升格，与其他四个委员会具有同等的法律地位。FAL 负责通过实施《1965 年国际便利海上运输公约》（Convention on Facilitation of International Maritime Traffic 1965），减少或消除国际航运业中不必要的手续和"繁文缛节"（eliminating unnecessary formalities and "red tape" in international shipping）等方面的工作，以及在该组织范围内促成与便利国际海上运输有关的任何事宜（any matter within the scope of the Organization concerned with the facilitation of international maritime traffic）。特别是近年来，按照大会的期

望,该委员会的工作已经确保了在海上保安与促进国际海上贸易之间出现恰当的平衡(to ensure that the right balance is struck between maritime security and the facilitation of international maritime trade)。

FAL的宗旨是减少有关手续和简化有关文件。具体来说就是对各国港口办理船舶进出口手续单证和程序等方面进行协调、简化和统一。

1.4.1.3 MSC和MEPC下设的分委员会

作为2013年11月召开的IMO第28届大会的一项主要内容,经过多次理事会和有关委员会会议的审议,该届大会通过了IMO分委员会改革方案,对原有的九个分委员会的职责进行合并重组,从2014年1月1日起,MSC和MEPC下设如下七个分委员会协助其工作。

- 船舶设计与建造分委员会(Sub-Committee on Ship Design and Construction,SDC);
- 船舶系统与设备分委员会(Sub-Committee on Ship Systems and Equipment,SSE);
- IMO文件实施分委员会(Sub-Committee on Implementation of IMO Instruments,III);
- 航行、通信与搜救分委员会(Sub-Committee on Navigation, Communications and Search and Rescue,NCSR);
- 防污染及应对分委员会(Sub-Committee on Pollution Prevention and Response,PPR);
- 货物和集装箱运输分委员会(Sub-Committee on Carriage of Cargoes and Containers,CCC);
- 人为因素、培训和值班分委员会(Sub-Committee on Human Element, Training and Watchkeeping, HTW)。

而在2013年12月31日之前,MSC和MEPC下设如下九个分委员会:

- 散装液体和气体分委员会(Sub-Committee on Bulk – Liquids and Gases, BLG);
- 危险品、固体货物和集装箱运输分委员会(Sub-Committee on The Carriage of Dangerous Goods Solid Cargoes and Containers,DSC);
- 防火分委员会(Sub-Committee on Fire Protection,FP);
- 无线电通信与搜救分委员会(Sub-Committee on Radio communications and Search and Rescue, COMSAR);
- 航行安全分委员会(Sub-Committee on Safety of Navigation, NAV);
- 船舶设计与设备分委员会(Sub-Committee on Ship Design & Equipment,DE);
- 稳性与载重线和渔船安全分委员会(Sub-Committee on Stability & Load Lines and Fishing Vessels Safety, SLF);
- 培训与值班标准分委员会(Sub-Committee on Standards of Training and Watchkeeping,STW);
- 船旗国管理分委员会(Sub-Committee on Flag State Implementation, FSI)。

2014年1月1日起形成的七个新的分委员会与2013年12月31日之前原有的九个分委员会的关系见表1-7。

表1-7 IMO分委员会的合并重组

新的分委员会	与原有的分委员会的关系
SDC:船舶设计与建造 SSE:船舶系统与设备	下列三个原有的分委员会重组成两个新的分委员会: (1) DE:船舶设计与设备 (2) FP:防火 (3) SLF:稳性与载重线和渔船安全

表 1-7(续)

新的分委员会	与原有的分委员会的关系
PPR：防污染及应对 CCC：货物和集装箱运输	下列两个原有的分委员会重组成两个新的分委员会： (1) BLG:散装液体和气体 (2) DSC：危险品、固体货物和集装箱运输
Ⅲ：IMO 文件实施	FSI（船旗国管理）更名
NCSR：航行、通信与搜救	下列两个原有的分委员会重组成一个新的分委员会： (1) NAV:航行安全 (2) COMSAR：无线电通信与搜救
HTW：人为因素、培训和值班	STW（培训与值班标准）更名

1.4.1.4 秘书处（Secretariat）

IMO 的日常工作由秘书处负责，由秘书长和约 300 名工作人员组成，其主要职责是负责保存 IMO 制定和管理的公约、规则、议定书、建议案和会议纪要等文件；筹备、召集各种会议，准备和起草各种文件；对世界各地区（主要是发展中国家）进行有关实施本组织公约方面的人员培训；以及技术开发及咨询等。

1.4.2 与船舶有关的公约、规则和决议

1.4.2.1 IMO 公约(Convention)

之前，IMO 将其公约分为海上安全、海上污染、责任与赔偿(Liability and compensation)和其他(Other subjects)四大类。

近年来，IMO 对其公约分类做出调整，将其公约分为 6 大类：

第 1 大类为“关键的 IMO 公约”，包括 SOLAS、MARPOL 和 STCW 三项公约(详见表 1-8)，这是因为，国际海事界普遍认为，这三项公约与国际劳工组织(ILO)的《2006 年海事劳工公约》(MLC 2006)一起构成世界海事法规体系的四大支柱，它们对海事界产生深远的影响，并构成今后全球质量航运(Quality Shipping)的重要内容；

第 2 大类为“与海上安全和保安以及船舶/港口连接处有关的其他公约”，这是因为与海上安全等有关的最重要的 SOLAS 和 STCW 已列入第 1 大类，因此在标题中，必须加入“其他”两字；

第 3 大类为“与防止海上污染有关的其他公约”，其标题中“其他”两字，也是由于涉及防止海上污染最重要的 MARPOL 已列入第 1 大类所致；

第 4 大类“涉及责任与赔偿的公约”以及第 5 大类“其他”，基本保持先前第 3 和第 4 大类的一些公约；

第 6 大类“建立 IMO 的公约”包括了“国际海事组织公约”一项，尽管船舶设计建造中，很少使用此公约，但这是该组织的基本公约，不可缺少。

截至 2018 年 4 月 21 日与船舶有关的主要 IMO 公约的分类、名称和缩写等见表 1-8。

表 1-8　与船舶有关的主要 IMO 公约(截至 2018 年 4 月 21 日)

分类	名称	缩写
Key IMO Conventions 关键的 IMO 公约	International Convention for the Safety of Life at Sea, 1974, as amended 经修正的 1974 年国际海上人命安全公约	SOLAS 1974
	International Convention for the Prevention of Pollution from Ships,1973,as modified by the Protocol of 1978 relating thereto and by the Protocol of 1997 经修正的 1973 年国际防止船舶造成污染公约(经 1978 年和 1997 年议定书修改,包括附则Ⅰ、Ⅱ、Ⅲ、Ⅳ、Ⅴ和Ⅵ及其修正案)	MARPOL 1973
	International Convention on Standards of Training, Certification and Watch-keeping for Seafarers,1978, as amended, including the 1995 and 2010 Manila Amendments 经修正的国际海员培训、发证和值班标准公约,包括 1995 年修正案和 2010 年马尼拉修正案	STCW 1978
Other conventions relating to maritime safety and security and ship/port interface 与海上安全和保安以及船舶/港口连接处有关的其他公约	Convention on the International Regulations for Preventing Collisions at Sea, 1972, as amended 经修正的 1972 年国际海上避碰规则公约	COLREG 1972
	Convention on facilitation of international maritime traffic, 1965 1965 年国际便利海上运输公约	FAL 1965
	International Convention on Load Lines, 1966 1966 年国际载重线公约	LOAD LINES 1966
	Protocol of 1988 relating to the International Convention on Load Lines, 1966 1966 年国际载重线公约 1988 年议定书	LLPROT 1988
	International convention on maritime search and rescue, 1979 1979 年国际海上搜寻与救助公约	SAR 1979
	Convention for the suppression of unlawful acts against the safety of maritime navigation, 1988,and Protocol for the Suppression of Unlawful Acts Against the Safety of Fixed Platforms located on the Continental Shelf, 1988 (and the 2005 Protocols) 1988 年制止危及海上航行安全的非法行为公约,以及 1988 年制止危及位于大陆架固定式平台安全的非法行为的议定书(以及 2005 年议定书)	SUA 1988, SUA PROT 1988
	International Convention for Safe Containers, 1972, as amended 经修正的 1972 年国际安全集装箱公约	CSC 1972
	Convention on the International Maritime Satellite Organization,1976 经修正的 1976 年国际海事卫星组织公约	INMARSAT1976 或 IMSO C 1976
	The Torremolinos international convention for the safety of fishing vessels, 1977,superseded by the 1993 Torremolinos Protocol; Cape Town Agreement of 2012 on the Implementation of the Provisions of the 1993 Protocol relating to the Torremolinos International Convention for the Safety of Fishing Vessels 1977 年托雷莫利诺斯国际渔船安全公约,已由 1993 年托雷莫利诺斯议定书、有关实施(托雷莫利诺斯国际渔船安全公约的)1993 年议定书规定的 2012 年开普敦协定所替代	SFV 1977

表 1－8(续 1)

分类	名称	缩写
Other conventions relating to maritime safety and security and ship/port interface 与海上安全和保安以及船舶/港口连接处有关的其他公约	International convention on standards of training, Certification and watch-keeping for fishing vessel personnel, 1995 1995 年国际渔船人员培训、发证和值班标准公约	STCW－F 1995
	Special trade passenger ships agreement, 1971 1971 年特种业务客船协定	STP 1971
	Protocol on space requirements for special trade passenger Ships, 1973 1973 年对特种业务客船处所要求的议定书	STP PROT 1973
Other conventions relating to prevention of marine pollution 与防止海上污染有关的其他公约	International convention relating to intervention on the high seas in cases of oil pollution casualties, 1969 1969 年国际干预公海油污事件公约	INTERVENTION 1969
	Convention on the prevention of marine pollution by dumping of wastes and other matter, 1972(and the 1996 London Protocol) 1972 年防止倾倒废弃物及其他物质污染海洋公约(以及 1996 年伦敦议定书)	LDC 1972 或 LC 1972
	International convention on oil pollution preparedness, response and co－operation, 1990 1990 年国际油污准备、响应和合作公约	OPRC 1990
	Protocol on preparedness, response and co－operation to pollution incidents by hazardous and noxious substances, 2000 2000 年由有害和有毒物质引起的污染事件的准备、响应和合作的议定书	HNS－OPRC 2000 或 OPRC－HNS Protocol
	International convention on the control of harmful anti－fouling systems on ships, 2001 2001 年国际控制船舶有害防污底系统公约	AFS 2001
	International convention for the control and management of ships' ballast water and sediments, 2004 2004 年国际船舶压载水及沉积物控制和管理公约	BWM 2004
	Hong Kong international convention on the safe and environmentally sound recycling of ships,2009 2009 年香港国际安全与环境无害化拆船公约	HONG KONG SRC 2009
Conventions covering liability and compensation 涉及责任与赔偿的公约	International convention on civil liability for oil pollution damage, 1969, replaced by 1992 Protocol 1969 年国际油污损害民事责任公约,已由 1992 年议定书所替代	CLC 1969 或 Civil Liability Convention

表 1 –8(续 2)

分类	名称	缩写
Conventions covering liability and compensation 涉及责任与赔偿的公约	Protocol to the International Convention on Civil Liability for Oil Pollution Damage, 1969(1992) 1969 年国际油污损害民事责任公约 1992 年议定书	CLC PROT 1992
	International convention on the establishment of an international fund for compensation for oil pollution damage, 1971 1971 年设立国际油污损害赔偿基金公约	FUND 1971
	Protocol to the International Convention on the Establishment of an International Fund for Compensation for Oil Pollution Damage,1971(1992) 1971 年设立国际油污损害赔偿基金公约 1992 年议定书	FUND PROT 1992
	Convention relating to civil liability in the field of maritime carriage of nuclear material, 1971 1971 年国际海上核材料运输民事责任公约	NUCLEAR 1971
	Athens convention relating to the carriage of passengers and their luggage by sea, 1974 1974 年海上载运旅客及其行李的雅典公约	PAL 1974
	Convention on limitation of liability for maritime claims, 1976 1976 年海事索赔责任限制公约	LLMC 1976
	International convention on liability and compensation for damage in connection with the carriage of hazardous and noxious substances by sea, 1996(superseded by 2010 Protocol) 1996 年与有害和有毒物质海上载运有关破损的责任和赔偿的国际公约(已由 2010 年议定书所替代)【截至 2018 年 4 月 21 日该公约和议定书均未生效,编注】	HNS 1996 或 HNS PROT 2010
	International convention on civil liability for bunker oil pollution damage, 2001 2001 年燃油污染损害民事责任国际公约	BUNKERS 2001
	Nairobi International Convention on the Removal of Wrecks, 2007 2007 年内罗毕国际清除失事船残骸公约	
Other subjects 其他	International convention on tonnage measurement of ships , 1969 1969 年国际船舶吨位丈量公约	TONNAGE 1969
	International convention on salvage, 1989 1989 年国际打捞公约	SALVAGE 1989
Convention establishing IMO 建立 IMO 的公约	Convention on the International Maritime Organization 国际海事组织公约	IMO CONVENTION

1.4.2.2 IMO 公约的生效及修正

(1)通过日期、接受日期和生效日期

每一公约及其议定书和修正案均有通过日期和生效日期,以 SOLAS 1974 为例,其通过日期为 1974 年 11 月 1 日,生效日期为 1980 年 5 月 25 日。在这两个日期之间,尚有“接受日期”,SOLAS 74 第Ⅹ条规定,在本公约被接受之日后 12 个月生效,可见该公约接受日期为 1979 年 5 月 25 日。对于公约修正案,往往在接受日期之后 6 个月生效,如 MSC 194 (80) 决议通过的 SOLAS 修正案的附件 1 的接受日期为 2006 年 7 月 1 日,而生效日期为 2007 年 1 月 1 日。

打开英文版“IMO (2018 年 3 月) 出版物目录” (IMO Publications Catalogue March 2018),SOLAS 和 MARPOL 这两项公约的表述发生了明显的变化,分别表示为 SOLAS (Consolidated edition,2014) 和 MARPOL(Consolidated edition,2017),即 SOLAS (2014 年综合文本) 和 MARPOL (2017 年综合文本)。而以往常见的 SOLAS 1974、MARPOL 1973 和 MARPOL 73/78(经 1978 年议定书修正的 1973 年国际防止船舶造成污染公约)的表述已不多见,出现这些变化,与前已涉及的这些公约修正的“默认接受”程序相关。由于采用了“默认接受”程序,SOLAS 的各修正案中,大部分已生效,有些也已确定了“预计生效日期”。迄今为止,对于 SOLAS 的修正案中,没有一个不生效的。“默认接受”对 SOLAS 的修正、替代更新等,决定了今后 SOLAS 将以综合文本与修正案相结合的形式,为海事界服务。

“SOLAS 2014 综合文本”包括了截至 2014 年 7 月 1 日已生效的所有修正案,并未列入截至 2014 年 6 月已通过的 3 项修正案,即以 MSC. 350(92)、MSC. 365(93)和 MSC. 366(93) 决议通过的修正案。可见“SOLAS 2004 综合文本”是按“生效日期”编列的。

“MARPOL 2017 综合文本”包括了直至 2017 年由第 71 届海上环境保护委员会(MEPC)所通过的所有修正案,也包括了 MARPOL 的各附则的修正案。可见“MARPOL 2017 综合文本”是按“通过日期”编列的(其中有些修正尚未生效也已列入,这与“SOLAS 2014 综合文本”按“生效日期”编列,有所不同)。

由于“通过日期”与“生效日期”之间往往相隔 2 ~ 3 年,甚至更长时间,因此对此必须予以高度关注。

以上主要以 SOLAS 为例,探讨了公约中一些问题,其中部分内容也适用于其他具有技术性内容的公约。例如 1966 年载重线公约 1988 年议定书附件 B 附则Ⅰ修正案的接受日期为 2004 年 7 月 1 日,生效日期为 2005 年 1 月 1 日。又如 MARPOL 附则Ⅵ“防止船舶造成空气污染规则”的接受日期为 2004 年 5 月 19 日,生效日期为 2005 年 5 月 19 日。除了 IMO 的公约外,也适用于国际劳工组织(ILO)的《2006 年海事劳工公约》(MLC 2006),该公约的接受日期为 2012 年 8 月 20 日,生效日期为 2013 年 8 月 20 日。

(2)“修正案”和“议定书”

目前,在船舶设计、建造和营运中必须予以考虑的主要是 SOLAS 的附则。在附则第Ⅰ章“总则”中规定了适用范围、定义、检验与证书,以及事故等。

“SOLAS 1978 年议定书” 对 SOLAS 1974 的修订与补充主要涉及该公约附则的第Ⅰ、Ⅱ、Ⅴ章。在第Ⅰ章中,对于“检验与证书”有较大的修订和补充。

“SOLAS 1988 年议定书”将代替并废除“SOLAS 1978 年议定书”,“SOLAS 1988 年议定书”附则对 SOLAS 1974 附则第Ⅰ章“总则”和附录“证书”均做了全面的修正。

可见议定书均涉及 SOLAS 附则第Ⅰ章(当然也可同时涉及其他章),因此须按“明示接受”程序予以接受,从其通过至生效所需时间往往较长,如上述 SOLAS 1988 年议定书于 1988 年 11 月 11 日通过,直至 2000 年 2 月 3 日才生效。

这是由于 SOLAS 1974 第Ⅷ条规定，对于公约条款及附则第Ⅰ章的修正，在其被三分之二的缔约国政府接受之日起，应认为已被接受（明示接受）。由于缔约国数量（截至 2018 年 4 月 24 日缔约国数量为 163）的增加，这一需获批准的缔约国数量也不断增加，使得对"议定书"的接受条件比 SOLAS 公约本身的接受条件（至少 25 个国家，其商船合计吨数不少于世界商船总吨数的 50%）更严格。因此议定书较难接受和生效。

从 SOLAS 1974 附则第Ⅱ章开始，较多地涉及具体的技术问题，因而从 1981 年修正案开始，历次修正案都对其内容做了较大改动。一般而言，"修正案"仅涉及 SOLAS 附则中除第Ⅰ章之外其他各章的修正，按"默认接受"程序予以接受，较易被接受和生效。这是由于 SOLAS 1974 第Ⅷ条规定，对于公约附则中除第Ⅰ章之外的其他各章的修正，在下列情况下，应认为已被接受（默认接受）：

①从通知缔约国政府供其接受之日起的两年期限届满时；

②在海上安全委员会（MSC）扩大会议上，由到会并投票的缔约国政府的三分之二多数通过时所确定的不短于一年的不同期限届满时。

但如果在上述期间内，三分之一的缔约国政府或商船合计吨数不少于世界商船总吨数 50% 的缔约国政府，通知国际海事组织秘书长反对该修正案，那么应认为该修正案未被接受。

从实际情况来看，在"默认接受"条件中，也由于缔约国数量（截至 2018 年 4 月 24 日缔约国数量为 163）的增加，这一需通知 IMO 秘书长反对该修正案的缔约国数量也不断增加（至少 55 个），由于缔约国，或者说缔约国的经办人员的惰性，对无关该国核心利益的修正案或议定书，既不会表示反对，也不会表示接受，使各该修正案未被接受的条件很难达到。事实上，迄今为止，对于 SOLAS 1974 的修正案中，没有一个不生效的。这些修正案是 SOLAS 公约修正中最活跃，最值得船舶设计与建造者关注，最具实质内容的修正，反映技术更新的部分。

但也有特殊情况，如"修正案"涉及 SOLAS 附则中第Ⅰ章的修正，仍须按"明示接受"程序予以接受，例如，MSC204（81）决议通过的对 1988 年议定书的 2006 年 5 月修正案（该修正案对 SOLAS 第Ⅰ章"总则"做出修正），须三分之二的缔约国政府接受之日起 6 个月后生效，但此情况极少。

1.4.2.3 SOLAS 及其特点与系列文件

摘　要：本文从 SOLAS 的诞生和演变，探讨了公约"修正"的"默认接受"程序对于 SOLAS 等具有技术性内容之公约的影响，即使"修正"较易被接受，因此在 SOLAS 1974 通过 44 年后仍无迹象表明由一个新的公约来代替它，而不断通过和生效的修正案却能使该公约跟上日新月异的技术进步，揭示了今后 SOLAS 将以综合文本与修正案相结合的形式，为造船与航运界服务。文中择要概述了 SOLAS 的正文、附则，以及 SOLAS 附则有关章的扩展，特别是作为 SOLAS 之一部分的规则和决议为 SOLAS 附则的扩展提供了无限的空间。本文阐明了无论是对造船界，还是对海事航运界，SOLAS 都是最重要的强制性标准。

（1）"泰坦尼克"与 SOLAS 的诞生和演变

对于《国际海上人命安全公约》（International Convention for the Safety of Life at Sea，缩写 SOLAS）的诞生，还得追溯到 100 余年前著名的"冰海沉船"。

1912 年 4 月 15 日天亮之前，当时世界上最大的客船"泰坦尼克"（Titanic）号撞冰山沉没，1500 多名旅客和船员丧生，这次灾难使国际航运界注意海上安全问题。英国政府于 1913 年底邀请世界上主要海运国家法、美、瑞士、意大利等，于 1914 年 1 月 20 日签订了第一个 SOLAS 1914。由于第一次世界大战的爆发，此公约未能生效，但其中的一些规定成为之后公约的基础。

第二次国际海上人命安全会议于 1929 年在伦敦召开，并于当年 5 月 1 日通过 SOLAS 1929，该公约被 36 个国家所同意。主要对客船规定了安全措施，并规定了 1 600 总吨以上货船必须设有无线电装置。

第三次国际海上人命安全会议于 1948 年在伦敦召开，SOLAS 1948 于 1952 年 11 月 19 日生效。对货船规定了更为具体、详细的要求。

第四次国际海上人命安全会议于 1960 年 5 月 17 日至 6 月 17 日在伦敦召开，会议制定了 SOLAS 1960，并根据不同专业成立了若干技术委员会，负责研究有关船舶结构、救生、消防、无线电、航行安全、谷类运输、危险品装卸和核能船安全方面的问题。SOLAS 1960 于 1965 年 5 月 26 日生效。

SOLAS 1974 是由政府间海事协商组织(IMCO)于 1974 年 10 月 21 日至 11 月 1 日在伦敦召开的国际海上人命安全会议上讨论通过的。有包括我国在内的 67 国派代表团出席了会议，奥地利派观察员出席了会议，海协组织联系会员(中国)香港派观察员出席了会议。SOLAS 1974 于 1980 年 5 月 25 日生效。根据该公约最终议定书规定，由 SOLAS 1974 代替 SOLAS 1960。

从以上五次 SOLAS 替代可见，每隔十余年就会由一个新的 SOLAS 替代原有的 SOLAS，但由于 SOLAS 1974 对该公约附则中除第 Ⅰ 章以外的其他各章的修正，采用了"默认接受"程序。使这一切发生了变化。

(2)"默认接受""明示接受" 与综合文本

SOLAS 1974 第Ⅷ条"修正"中，规定了对公约条款正文及附则的各章有不同的接受要求。

• 对于公约条款及附则第 Ⅰ 章的修正，在其被三分之二的缔约国政府接受之日起，应认为已被接受(明示接受)。

• 对于公约附则中除第 Ⅰ 章之外的其他各章的修正，在下列情况下，应认为已被接受(默认接受)：

①从通知缔约国政府供其接受之日起的两年期限届满时；

②在海上安全委员会(MSC)扩大会议上，由到会并投票的缔约国政府的三分之二多数通过时所确定的不短于一年的不同期限届满时。

但如果在上述期间内，三分之一的缔约国政府或商船合计吨数不少于世界商船总吨数百分之五十的缔约国政府，通知国际海事组织秘书长反对该修正案，那么应认为该修正案未被接受。

从 SOLAS 1974 第Ⅷ条"修正"中可以看出，对于除第 Ⅰ 章之外的附则的其他章的修正，采用了"默认接受"程序，这是 SOLAS 1974 较之 SOLAS 1960 的一个重大变革。以往，对 SOLAS 1960 条文及其附则的修正，都只能在三分之二的缔约国政府批准之后才能采用，由于缔约国数(截至 2018 年 4 月 24 日缔约国数为 163，其占世界商船总吨数为 99.45 %)的增加，这一需获批准的缔约国数也不断增加，使得对"修正案"的接受条件比 SOLAS 公约本身的接受条件(至少 25 个国家，其商船合计吨数不少于世界商船总吨数的 50 %)更严格。

实践证明，旧的接受程序(明示接受)不可能对公约及其附则进行修正。事实上，对于 SOLAS 1960 的修正案中，至今没有一个正式生效。

由于采用了"默认接受"程序，SOLAS 1974 的各修正案中，大部分已生效，有些也已确定了"预计生效日期"。迄今为止，对于 SOLAS 1974 的修正案中，没有一个不生效。

鉴于涉及对 SOLAS 1974 附则中具有技术性内容的大部分章(除第 Ⅰ 章外)的修正案较易被接受，因此在 SOLAS 1974 通过 44 年后仍无迹象表明由一个新的公约来代替它，而不断通过和生效的修正案却能使该公约跟上日新月异的技术进步，推动诸如 ARPA(自动雷达标绘仪)、GMDSS(全球海上遇难和安全系统)等新技术，随着各有关修正案所规定的生效时间表进入实船使用。

考虑到对 SOLAS 的多次修正，为便于采用《国际海上人命安全公约》(SOLAS) 的现行有效文本，IMO 相继出版了 SOLAS 1986 年综合文本、SOLAS 1992 年综合文本、SOLAS 1997 年综合文本、SOLAS

2001 年综合文本、SOLAS 2004 年综合文本、SOLAS 2009 年综合文本和 SOLAS 2014 年综合文本[SOLAS(Consolidated edition，2014)]。其中 SOLAS 2014 年综合文本为至 2018 年 4 月 26 日可查找到的最新文本，它包括了截至 2014 年 7 月 1 日已生效的 SOLAS 1974 和 1988 年议定书及其有关修正案。

由上所述可见，“默认接受”对 SOLAS 的修正、替代、更新等具有深远的影响，决定了今后 SOLAS 将以综合文本与修正案相结合的形式，为造船、航运与海事界服务。

(3)SOLAS 的正文(Articles)

“SOLAS”的正文共十三条，其中最值得注意的是第Ⅰ、Ⅱ、Ⅷ条。该公约的第Ⅰ条“公约的一般义务”中规定了“各缔约国政府承担义务实施本公约及其附则的各项规定，该附则应构成本公约不可分割的部分。凡引用本公约时，同时也就是引用该附则。”因此我们通常所指的 SOLAS 包括此公约的正文及附则两部分。

第Ⅰ条中还要求“各缔约国政府承担义务颁布一切必要的法律、法令、命令和规则，并采取一切可能必要的其他措施，使本公约充分和完全生效”，这一要求在各国法定检验机构颁布的规则中得到了充分的体现。例如在美国海岸警卫队(USCG)、英国贸易部(DOT)、挪威海事管理局(NMD)制定的规则、规定中以及我国海事局所颁布的《船舶与海上设施法定检验规则》中，都可以找到与 SOLAS 中有关条款相对应的部分。

该公约第Ⅱ条“适用范围”中规定“本公约适用于被准予悬挂缔约国政府国旗的船舶。”也就是说，凡准予悬挂上述 163 国国旗的船舶均应遵守此公约，因此该公约的适用范围可以说是无所不包的，它凌驾于各国际规则，各国政府规则之上。近年来，IMO 对其公约分类做出调整，将其公约分为六大类，第 1 大类为“关键的 IMO 公约”，包括 SOLAS、MARPOL 和 STCW 三项公约，SOLAS 居于此三项关键公约的第 1 项。由于从广义上来说，规则、公约、规范等均属标准的范畴，因此对于船舶工业而言，此公约是一个典型的、最重要的强制性标准。

前已述及，该公约第Ⅷ条“修正”中，规定了对公约条款正文及附则的各章有不同的接受要求。

(4)SOLAS 的附则(Annex)

在船舶设计、建造和营运中必须予以考虑的主要是该公约的附则。迄今已生效的附则共分 14 章，其中前 8 章(第Ⅰ章至第Ⅷ章)是 1974 年国际海上人命安全公约(SOLAS 1974)通过时就规定的，后 6 章(第Ⅸ章至第ⅪⅤ章)是此后陆续增列的，现分列于下。

1994 年 5 月 24 日 SOLAS 缔约国政府大会以第 1 号决议通过了 SOLAS 附则的新的 3 章：

- 第Ⅸ章“船舶安全营运管理”(Chapter Ⅸ-Management for the Safe Operation of Ships)；
- 第Ⅹ章“高速船安全措施”(Chapter Ⅹ-Safety measures for high－speed craft)；和
- 第Ⅺ章“加强海上安全的特别措施”(Chapter Ⅺ-Special measures to enhance maritime safety)。

以上 3 个章即形成了《SOLAS 的 1994 年修正案（新增第Ⅸ、Ⅹ和Ⅺ章）》。该修正案中列于附件 1 的部分（新增第Ⅹ、Ⅺ章）已于 1996 年 1 月 1 日生效；列于附件 2 的部分（新增第Ⅸ章）已于 1998 年 7 月 1 日生效。其后的各修正案也对这些章做了多次修正，特别是美国 911 事件后，2002 年 12 月 13 日通过的 SOLAS 的 2002 年 12 月修正案关注海上保安，将第Ⅺ章改为第Ⅺ-1 章，且新增第Ⅺ-2 章，从而形成了：

- 第Ⅺ-1 章“加强海上安全的特别措施”（Chapter Ⅺ-1-Special measures to enhance maritime safety）；
- 第Ⅺ-2 章“加强海上保安的特别措施”(Chapter Ⅺ-2-Special measures to enhance maritime security)。

第Ⅻ章“散货船的附加安全措施”(Chapter Ⅻ-Additional safety measures for bulk carriers)是 SOLAS 的 1997 年修正案中新增的，该章已于 1999 年 7 月 1 日生效。它包括了对 1999 年 7 月 1 日及以后建造

的船长为 150 m 及以上,设计用于载运密度为 1 000 kg/m^3 及以上固体散装货物(如谷物、木材等)的新散货船的结构要求;也包括了对载运密度为 1 780 kg/m^3 及以上固体散装货物(如铁矿石、钢、水泥等)的现有散货船的专门的结构要求。

除了以上新增的 4 章外,特别值得关注的是 2014 年新增的 2 章:

• 第Ⅷ章"符合性验证"是 2014 年 5 月召开的 IMO 海上安全委员会第 93 届会议(MSC 93)以 MSC. 366 (93) 决议"经修正的《1974 年国际海上人命安全公约》修正案" 通过的,2016 年 1 月 1 日生效。该修正案新增 SOLAS 第Ⅷ章"符合性验证"。其旨在强制执行 A. 1070 (28) "IMO 文件实施规则"(Ⅲ Code);

• 第ⅩⅣ章"极地水域营运船舶安全措施"是 2014 年 11 月召开的 MSC 94 以 MSC 386(94)决议"经修正的《1974 年国际海上人命安全公约》修正案"通过的,2017 年 1 月 1 日生效。该修正案新增 SOLAS 第ⅩⅣ章"极地水域营运船舶安全措施",使《国际极地水域营运船舶规则》(Polar Code)的引言和第Ⅰ-A 篇"安全措施"具有强制性。

可见 2014 年,SOLAS 附则又新增了两章后,使其附则总数达 14 章,至 2017 年 1 月 1 日,这 14 章均已生效,详见表 1-9。

表 1-9　SOLAS 附则的组成与概述

章	标题	主要内容
Ⅰ	General Provisions 总则	除另有明文规定外,本规则仅适用于从事国际航行的船舶。本规则不适用于军用舰艇和运兵船、总吨位小于 500 总吨的货船、非机动船、制造简陋的木船、非营业的游艇以及渔船。公约中提及的"主管机关"系指船旗国政府,即各船旗国的法定检验机构,而不是只具有民间性质的船级社(经船旗国政府授权的船级社例外)。 此外,还对检验与证书做了规定,客船和货船都应接受:船舶投入营运前的初次检验(an initial survey)、每隔一定时间一次的换证检验(a renewal survey)及必要时的附加检验(additional surveys)。这三种检验的项目在公约中均有规定,以船舶投入营运前的初次检验的项目最多,换证检验次之,附加检验是在事故、发现影响安全的缺陷、以及重要的修理或换新时进行。对于客船,应每 12 个月进行一次换证检验;对于货船,换证检验的期限应由主管机关规定,但不超过 5 年*
Ⅱ-1	Construction Structure, Subdivision and stability, machinery and electrical installations 建造—结构、分舱与稳性、机电设备	对于"B 部分 分舱与稳性"的要求主要适用于客船,但如规则中指明,也适用于货船。对于"C 部分 机器设备"和"D 部分 电气装置"的要求,除另有明文规定者外,适用于客船和货船,对于"E 部分 周期性无人值班机器处所的附加要求"适用于货船(但其中第 54 条涉及客船)。该章涉及《2008 年国际完整稳性规则》和《船上噪声级规则》*
Ⅱ-2	Construction-Fire protection, fire detection and fire extinction 建造一防火、探火和灭火	围绕"火灾和爆炸的防止""火灾的抑制""脱险"三个消防目标,对船舶的防火、探火、结构完整性、灭火、脱险通道的布置等功能提出适用的安全性要求。针对船舶的一些特殊用途如载运危险货物、设有滚装处所和直升机平台,提出了特殊要求。为了减少人为因素对火灾发生和发展造成的不利影响,还增加了有关消防系统维护保养、船上消防演习和培训、消防安全操作要求的条款。此外,依据综合安全评估的理论引入了替代设计和布置的概念。该章涉及的消防系统和设备以及消防用品的具体技术条件被归纳到《国际消防安全系统规则》中,该章还涉及《国际实施耐火试验程序规则》,这两项规则均作为与该章配套的强制性规则*

表 1－9(续)

章	标题	主要内容
Ⅲ	Life-saving appliances and arrangements 救生设备与装置	对救生艇筏、救助艇、救生圈及其上的属具，以及救生衣、救生服和抗暴露服都提出了要求。有些要求适用于客船及货船，有些仅适用于客船，有些则仅适用于货船。该章涉及的救生设备的具体要求见强制性的《国际救生设备规则》*
Ⅳ	Radio communications 无线电通信	船舶应设有：能发送和接收的 VHF 无线电装置；能在 VHF-70 频道上保持连续 DSC 值班的无线电装置；能在 9 GHz 频带上工作的雷达应答器；以及卫星应急无线电示位标(卫星 EPIRB)等。 对 A1、A2、A3 和 A4 海区的无线电设备做了规定*
Ⅴ	Safety of navigation 航行安全	对遇险信号、通信信号灯、航行设备(如雷达、自动雷达标绘仪、电罗经)、引水员登离船装置以及救生信号等都做了规定。本章内容包括为船舶提供气象服务、冰区巡逻服务、船舶航线划定等*
Ⅵ	Carriage of Cargoes 货物装运	适用于因其对船舶或船上人员的特别危害而需在本规则(系指本附则)所适用的一切船舶上，及小于 500 总吨的货船上采取特别预防措施的货物的装运(散装液体、散装气体或其他章内已做出装运规定的除外)。在第 9 条"货船装运谷物的要求"中明确，装运谷物的货船还应符合《国际安全散装运输谷物规则》(IMO 的 MSC. 23(59)决议，International Code for the Safe Carriage of Grain in Bulk，Grain Code)的要求*
Ⅶ	Carriage of dangerous goods 危险货物的载运	对危险货物的分类、包装、标志、标签、文件及装载要求等都做了规定。危险货物的分类采用联合国制定的方法，该分类方法适用于各种运输方式，危险货物的海上运输也不例外，但某些规定比其他运输方式更严。该章要求各缔约国政府颁布或促使颁布关于危险货物安全包装及积载的细则。为了给各缔约国政府提供帮助，IMO 制定了《国际海运危险货物规则》(IMDG Code)，为了编入新的危险货物并补充或修改现有的条款，IMO 不断地对该规则进行更新。此外，该章还涉及《国际散装运输危险化学品船舶构造和设备规则》《国际散装运输液化气船舶构造和设备规则》和《国际船舶安全运输密封装辐射性核燃料，钚和强放射性废料规则》*
Ⅷ	Nuclear ships 核能船舶	适用于所有核能船舶，但军用船舶除外。本章对核反应堆装置的认可、安全鉴定书、检验、证书等做了规定。在 SOLAS 历次修正案中均未对该章做出任何修正，因此公约附则的该章是现行有效的。不过 1981 年的 IMO 大会以 A. 491(Ⅻ)号决议通过了一个内容详尽全面的《核商船安全规则》作为本章的一个补充文件*
Ⅸ	Management for the Safe Operation of Ships 船舶安全营运管理	适用于包括高速客船在内的客船；500 总吨及以上的包括油船、化学品液货船、气体运输船、散货船和高速货船在内的货船和海上移动式钻井平台。该章涉及《国际安全管理规则》。 本章 1994 年 5 月 24 日通过，1998 年 7 月 1 日生效
Ⅹ	Safety measures for high-speed craft 高速船安全措施	该章涉及《1994 年国际高速船安全规则》和《2000 年国际高速船安全规则》。 本章 1994 年 5 月 24 日通过，1996 年 1 月 1 日生效

表 1-9(续)

章	标题	主要内容
XI-1	Special measures to enhance maritime safety 加强海上安全的特别措施	涉及"对被认可组织的授权""加强检验"和"船舶识别号"等。 第XI章 1994 年 5 月 24 日通过,1996 年 1 月 1 日生效。美国 911 事件后,2002 年 12 月 13 日通过的 SOLAS 的修正案关注海上保安,将第XI章改为第XI-1 章,并新增第XI-2 章。 该章涉及《被认可组织规则》。 本章 1994 年 5 月 24 日通过,1996 年 1 月 1 日生效
XI-2	Special measures to enhance maritime security 加强海上保安的特别措施	适用于从事国际航行的客船,包括高速客船;500 总吨及以上的货船,包括高速货船;和海上移动式钻井平台;以及为此类国际航行船舶服务的港口设施。该章涉及《国际船舶和港口设施保安规则》。 本章 2002 年 12 月 13 日通过,2004 年 7 月 1 日生效
XII	Additional safety measures for bulk carriers 散货船的附加安全措施	对 1999 年 7 月 1 日及以后建造的船长为 150 m 及以上,设计用于载运密度为 1 000 kg/m³ 及以上固体散装货物(如谷物、木材等)的新散货船的结构要求;也包括了对载运密度为 1 780 kg/m³ 及以上固体散装货物(如铁矿石、钢、水泥等)的现有散货船的专门的结构要求。 本章 1997 年 11 月 27 日通过,1999 年 7 月 1 日生效
XIII	Verification of compliance 符合性验证	旨在强制执行《IMO 文件实施规则》。从实施、执行、评估和复审等方面规定船旗国、沿岸国、港口国如何履约。阐明了缔约国政府在履行包含在 SOLAS 中的它们的义务和责任时,应采用《IMO 文件实施规则》的规定。 本章 2014 年 5 月 22 日通过,2016 年 1 月 1 日生效
XIV	Safety measures for ships operating in polar waters 极地水域营运船舶安全措施	该章包括第 1 条"定义"、第 2 条"适用范围"、第 3 条"对本章适用船舶的要求"和第 4 条"替代的设计与布置"。 该章使《国际极地水域营运船舶规则》(引言和第 I-A 篇"安全措施")具有强制性。 本章 2014 年 11 月 21 日通过,2017 年 1 月 1 日生效

* 第 I 章至第Ⅷ章均系 SOLAS 1974 通过时已有的,它们于 1974 年 11 月 1 日通过,1980 年 5 月 25 日生效。

在使用 SOLAS 附则时,要十分注意各章开始处的"适用范围"和"定义"。例如对于第Ⅱ-1 章的第 1 条"适用范围"中规定了"除另有明文规定外,本章适用于 1986 年 7 月 1 日或以后安放龙骨或处于类似建造阶段的船舶。"并对"处于类似建造阶段"这一术语做了明确的阐述,以有助于检验和监督检查。

(5)SOLAS 附则内容的扩展和系列文件

作为造船界最重要的公约, SOLAS 在"泰坦尼克号" 的"冰海沉船"中诞生,并在以后一系列海难事故所得出的血的教训中不断完善,例如 2006 年 3 月,一艘豪华旅游客船"Star Princess"在牙买加失火,火势从某一外阳台开始,蔓延至几层甲板,引起人们对客舱阳台防火的关注。形成了以 MSC 216(82)决议通过的 SOLAS 的 2006 年 12 月修正案附件 1(2008 年 7 月 1 日生效)中的"阳台防火规则"。这一修正案也导致对"国际消防安全系统规则"(FSS)的修正。差不多每一次重大的海上事故都会导致 SOLAS 的修正,并使 SOLAS 附则有关章内容得到扩展。

此外,当代技术进步,推动诸如 AIS(Automatic Identification System,自动识别系统)等新技术的发展,随着各有关 SOLAS 修正案所规定的生效时间表进入实船使用,这也导致了 SOLAS 附则内容的扩展。这种扩展包括"SOLAS 附则本身的扩展(增添、分拆)"以及"SOLAS 附则之外的扩展(SOLAS 的一部分的规则和决议)"。

①SOLAS 附则本身的扩展:增添前已述及,SOLAS 1974 附则原有 8 章,迄今已生效的附则已增至 14 章;分拆,SOLAS 附则有关章的"分拆"可从该附则章条的编号中得到证实,第Ⅱ-1 章"构造 - 结构、分舱与稳性、机电设备"、第Ⅱ-2 章"构造 - 防火、探火和灭火"、第Ⅺ-1 章"加强海上安全的特别措施"和第Ⅺ-2 章"加强海上保安的特别措施"就是 SOLAS 附则有关章"分拆"的明显例证。这是由于 SOLAS 附则中并未留有"空缺"编号,即"备用"(Reserved)编号。这一点在美国海岸警卫队(United States of Coast Guard,USCG)的规则中有所不同。与船舶设计、建造等有关的 USCG 规则列于美国《联邦政府法规》(Code of Federal Regulations,CFR)中,用于对船舶执行法定检验。在 CFR 的分章、节、分节、条的编号中均留有"空缺"编号,例如在第46 篇第Ⅰ章中,第114~139 节是空缺的。这是由于在美国的法定检验规则中,相互参照引用甚多,又由于各规则经常修正,在修正中除了对原有条文做修正外,有时尚需增加、删除一些分章、节、条。为了使修正后的编号不变(这对相互引用是至关重要的),必须留有空缺编号。

除了 SOLAS 有关章存在明显的"分拆"痕迹外,在章以下的编号中也存在类似情况,例如在以 MSC 216(82)决议通过的 SOLAS 的 2006 年 12 月修正案附件 2 中,第Ⅱ-1 章 A 部分、B 部分和 B-1 部分由新文本替代,成为:

A 部分"通则";

B 部分"分舱与稳性";

B-1 部分"稳性";

B-2 部分"分舱、水密与风雨密完整性";

B-3 部分"客船分舱载重线的核定";

B-4 部分"稳性管理"。

其中 B-2 部分至 B-4 部分也是其内容"分拆"的见证。

②SOLAS 附则之外的扩展。

由于需扩展增列的内容太多,仅通过附则各章的增添、分拆已远远不能满足日益增长的需求,为此把 SOLAS 附则中某些专题内容编入规则和决议中,且在 SOLAS 附则的某些章中明确须符合这些规则、决议。即通过"作为 SOLAS 一部分的规则、决议",对 SOLAS 附则内容进行扩展。

对于已作为 SOLAS 一部分的规则,具有与公约相同的性质和特点,截至 2018 年 4 月,作为 SOLAS 一部分的规则有 21 项,它们的缩写、名称和相对应的 SOLAS 章号见表 1-10。

表 1-10 作为 SOLAS 一部分的强制性规则

缩写	名称	对应的 SOLAS 章号
IS Code	Code on Intact Stability for All Types of Ships Covered by IMO Instruments 国际海事组织文件中所有类型船舶的完整稳性规则	Ⅱ-1
2008 IS Code	International Code on Intact Stability,2008 2008 年国际完整稳性规则(2010 年 7 月 1 日生效,替代 IS Code)	Ⅱ-1

表 1-10(续 1)

缩写	名称	对应的 SOLAS 章号
IGF Code	International Code of Safety for Ships using Gases or other Low-flashpoint Fuels 国际使用燃气或其他低闪点燃料船舶安全规则 【该规则以 MSC.392(95)决议通过,2017 年 1 月 1 日生效】	Ⅱ-1
Noise Levels	Code on Noise Levels on Board Ships 船上噪声级规则 【该规则以 MSC.337(91)决议通过,2014 年 7 月 1 日生效,替代 A.468(Ⅻ)决议"船上噪声级规则"(推荐性)】	Ⅱ-1
FTP Code	International Code for Application of Fire Test Procedures 国际实施耐火试验程序规则	Ⅱ-2
FSS Code	International Code for Fire Safety Systems 国际消防安全系统规则	Ⅱ-2
LSA Code	International Life-Saving Appliances Code 国际救生设备规则	Ⅲ
Grain Code	International Code for the Safe Carriage of Grain in Bulk 国际安全散装运输谷物规则	Ⅵ
IMSBC Code	International Maritime Solid Bulk Cargoes Code 国际海运固体散装货物规则 【该规则 2011 年 1 月 1 日生效,替代推荐性的"固体散装货物安全操作规则"(BC Code)】	Ⅵ、Ⅶ
IMDG Code	International Maritime Dangerous Goods Code 国际海运危险货物规则	Ⅶ
IBC Code	International Code for the Construction and Equipment of Ships Carrying Dangerous Chemicals in Bulk 国际散装运输危险化学品船舶构造和设备规则	Ⅶ
IGC Code	International Code for the Construction and Equipment of Ships Carrying Liquefied Gases in Bulk 国际散装运输液化气船舶构造和设备规则	Ⅶ
INF Code	International Code for the Safe Carriage of Packaged Irradiated Nuclear Fuel, plutonium and High-Level Radioactive Wastes in Flasks on board Ships 国际船舶安全运输密封装辐射性核燃料,钚和强放射性废料规则	Ⅶ
ISM Code	International Safety Management Code 国际安全管理规则	Ⅸ
1994 HSC Code	International Code of Safety for High-Speed Craft, 1994 1994 年国际高速船安全规则 【1996 年 1 月 1 日或以后,但在 2002 年 7 月 1 日以前建造的高速船,须符合此规则要求】	Ⅹ

表 1－10(续 2)

缩写	名称	对应的 SOLAS 章号
2000 HSC Code	International Code of Safety for High－Speed Craft, 2000 2000 年国际高速船安全规则 【2002 年 7 月 1 日或以后建造的高速船,须符合此规则要求】	X
2011 ESP Code	International code on the enhanced programme of inspections during surveys of bulk carriers and oil tankers, 2011 2011 年国际散货船和油船检验期间的加强检查方案规则 【该规则以 A. 1049(27)通过,2014 年 1 月 1 日生效,替代 A. 744(18)"散货船和油船检验期间的加强检查方案指南"】	XI－1
RO Code	Code for Recognized Organizations 被认可组织规则 【该规则以 MSC. 349(92)通过,该规则的第 1 和第 2 部分具有强制性,第 3 部分为推荐性,2015 年 1 月 1 日生效】*	XI－1
ISPS Code	International Ship and Port Facility Security Code 国际船舶和港口设施保安规则	XI－2
III Code	IMO Instruments Implementation Code IMO 文件实施规则 【该规则以 A. 1070 (28) 决议通过,2016 年 1 月 1 日生效】	XIII
Polar Code	International Code for Ships Operating in Polar Waters 国际极地水域营运船舶规则 * * 【该规则以 MSC. 385(94)决议通过,2017 年 1 月 1 日生效】	XIV

＊ MSC. 356 (92) 决议"经修正的《1966 年国际载重线公约 1988 年议定书》(1988 Load Lines Protocol)修正案"(该修正案 2015 年 1 月 1 日生效)也使《被认可组织规则》具有强制性。因此 RO Code 是作为 SOLAS 和 1988 Load Lines Protocol 这两项(公约和议定书)之一部分的强制性规则。

＊＊ 该极地规则包括了强制性的第 I －A 篇"安全措施"(Part I －A: Safety Measures)和第 II －A 篇"防污染措施"(Part II －A: Pollution Prevention Measures),以及推荐性的规定(第 I －B 篇和第 II －B 篇)。极地规则中的第 I －A 篇和第 I －B 篇已由 MSC 94 通过,第 II －A 篇和第 II －B 篇已由 2015 年 5 月的 MEPC 68 通过。因此极地规则是作为 SOLAS 和 MARPOL 这两项公约之一部分的强制性规则。

同样,对于已作为 SOLAS 一部分的决议,具有与公约相同的性质和特点,截至 2018 年 1 月,作为 SOLAS 一部分的决议有 5 项,它们的决议号、名称和相对应的 SOLAS 章号见表 1－11。

表 1－11 作为 SOLAS 之一部分的强制性决议

决议号	名称	对应的 SOLAS 章号
MSC. 215(82)	Performance standard for protective coatings for dedicated seawater ballast tanks in all types of ships and double－side skin spaces of bulk carriers 所有类型船舶专用海水压载舱和散货船双舷侧处所保护涂层性能标准(简称"压载舱 PSPC")	II －1

表 1-11(续)

决议号	名称	对应的 SOLAS 章号
MSC.287 (87)	International Goal - Based Ship Construction Standards for Bulk Carriers and Oil Tankers 国际散货船和油船目标型船舶建造标准(即 GBS)	Ⅱ-1
MSC.288 (87)	Performance standard for protective coatings for cargo oil tanks of crude oil tanker 原油船货油舱保护涂层性能标准(简称“货油舱 PSPC”)	Ⅱ-1
MSC.289 (87)	Performance standard for alternative means of corrosion protection for cargo oil tanks of crude oil tankers 原油船货油舱防腐蚀替代措施的性能标准(简称“货油舱防腐蚀替代措施”)	Ⅱ-1
A.744(18)	Guidelines on the enhanced programme of inspections during surveys of bulk carriers and oil tankers 散货船和油船检验期间的加强检查方案指南 【2014 年 1 月 1 日,该决议已由以 A.1049(27)决议通过的 2011 ESP Code(2011 年国际散货船和油船检验期间的加强检查方案规则)所替代】	Ⅺ-1

这些作为 SOLAS 一部分的规则和决议为 SOLAS 附则的扩展提供了无限空间。例如第Ⅹ章“高速船安全措施”仅 2 页,但明确须符合 1994 HSC Code(1994 International Code of Safety for High - Speed Craft,“1994 年国际高速船安全规则”)和 2000 HSC Code,这 2 项规则的内容相当丰富。又例如第ⅪⅤ章“极地水域营运船舶安全措施” 仅 3 页,而其须符合的《国际极地水域营运船舶规则》(Polar Code)为 56 页,可见其扩展比例甚高。目前 SOLAS 正文及附则约 300 页,如果加上这些作为 SOLAS 一部分的规则和决议,合计页数必定在千页以上,据此,SOLAS 堪称 IMO 各公约中内容最丰富的一项公约,特别是其涉及至关重要的“海上人命安全”。

截至 2018 年 4 月,作为 SOLAS 一部分的 21 项规则和 5 项决议(这一规则和决议数还会增加)与 SOLAS 本身构成了完整的系列文件,值得关注。

目前 IMO 在统计 SOLAS 的修正案数时,有几种方法,其中有一种方法,就把作为 SOLAS 一部分的规则和决议及其修正也计入 SOLAS 修正案数之中,这样截至 2018 年 4 月 18 日,已通过的 SOLAS 修正案达 174 项,其中 SOLAS 及作为 SOLAS 一部分的规则和决议的修正案 157 项,1978 年议定书的修正案 4 项,1988 年议定书的修正案 13 项,详见 IMO 的《国际海事组织或其秘书长履行保管或其他职能的多边公约和文件状态的综合信息,2018 年 4 月 18 日》(Comprehensive information on the status of multilateral Conventions and instruments in respect of which the International Maritime Organization or its Secretary - General performs depositary or other functions. 18 April 2018)。

值得一提的是,上述作为 SOLAS 一部分的规则和决议,只是在 SOLAS 附则中明确须符合的规则和决议,不包括在 SOLAS 附则的脚注(脚注并不构成 SOLAS 的一部分)中引用的数量更多的决议和通函等,它们是推荐性的,仅供参见。

可见整个 SOLAS 系列文件不仅如通常所指的,包括 SOLAS 的正文及附则两部分,而且包括作为 SOLAS 一部分的强制性规则和决议。

(6)船舶行业最重要的强制性标准

对于一般性的各行业而言,国际标准化组织(ISO)和国际电工委员会(IEC)的国际标准无疑是应用最多和最重要的国际标准。但由于就广义而言,公约、规则和规范等都可归类于“标准”,因此对船舶行业而言,国际海事组织(IMO)的公约、规则等要比 ISO 和 IEC 的国际标准(船舶行业主要有 ISO / TC8 “船舶及海上技术”、ISO / TC188“小艇”和 IEC / TC18 “船舶及移动式和固定式近海装置的电气设备”、IEC / TC80“海上导航和无线电通信设备及系统”的 国际标准)更重要。

这是由于 IMO 的公约具有强制性,作为 IMO 公约一部分的 IMO 规则和决议也具有强制性;而 ISO 和 IEC 的国际标准都是推荐性的。此外,IMO 的公约、规则和决议等往往涉及对整艘船舶或系统的要求,是船舶法定检验的主要依据,而 ISO 和 IEC 的国际标准大部分仅涉及对船上某些设备或装置的要求。特别是,IMO 的公约、规则和决议等与至关重要的安全(如 SOLAS)和防止污染(如 MARPOL)等直接相关。因此 IMO 的公约、规则是船舶设计院所、造船企业进行船舶设计、建造的主要依据,是船舶行业广泛接受的安全标准。

一般认为,对船舶设计和建造而言,1974 年国际海上人命安全公约(International Convention for the Safety of Life at Sea, 1974,缩写 SOLAS 1974)、1973 年国际防止船舶造成污染公约(International Convention for the Prevention of Pollution from Ships,1973,缩写 MARPOL 1973) 和 1966 年国际载重线公约(International Convention on Load Lines,1966,缩写 Load Lines 1966)为国际海事组织(IMO)公约中最重要三项公约。

国际海事界普遍认为,2006 年 2 月 23 日在日内瓦举行的第 94 届国际劳工组织(ILO)大会暨第十届海事大会上通过的 2006 年海事劳工公约 (Maritime Labour Convention, 2006, 缩写 MLC 2006),在世界劳工史和海运史上具有划时代的意义,将与国际海事组织(IMO)的国际海上人命安全公约、国际防止船舶造成污染公约、1978 年海员培训、发证和值班标准国际公约(International Convention on Standards of Training, Certification & Watchkeeping for Seafarers, 1978,缩写 STCW 1978)一起,构成世界海事法规体系的四大支柱。

综上所述,无论是对造船业,还是对海事航运业,SOLAS 和 MARPOL 都是至关重要的公约,是十分重要的强制性标准,其中又以 SOLAS 为最重要的强制性标准。

1.4.2.4 SOLAS 2014 年综合文本及其 12 项修正案

摘　要:本文从《SOLAS 2014 年综合文本》出发,概述了对 SOLAS 2014 年综合文本的 12 项修正案,其第 1 项修正案的生效日期为“三分之二的缔约国政府接受之日起 6 个月后生效”;其余各项修正案分别于 2015 年 1 月 1 日至 2020 年 1 月 1 日生效。了解这些已生效和即将生效的修正案,对于船舶设计和建造至关重要。各修正案的概述主要依据 IMO 英文资料翻译,仅供参考。

为便于采用《国际海上人命安全公约》(SOLAS)的现行有效文本,IMO 相继出版了 SOLAS 1986 年综合文本、SOLAS 1992 年综合文本、SOLAS 1997 年综合文本、SOLAS 2001 年综合文本、SOLAS 2004 年综合文本、SOLAS 2009 年综合文本和 SOLAS 2014 年综合文本。其中 SOLAS 2014 年综合文本包括了截至 2014 年 7 月 1 日已生效的 SOLAS 1974 和 1988 年议定书及其有关修正案。

对于 2015 年 1 月 1 日以后签合同、设计和建造的船舶,应将 SOLAS 2014 年综合文本与以下 12 项修正案中,截至采用日已生效的修正案一并考虑,才能得出 SOLAS 的现行有效文本。

(1)以 MSC204(81)决议通过的对 1988 年议定书的 2006 年 5 月修正案, 三分之二的缔约国政府接受之日起 6 个月后生效

该修正案对 SOLAS 第 I 章“总则”做出修改。

第 I /10 条“货船船体、机器和设备的检验”修改,明确了在货船构造安全证书或货船安全证书有效的 5 年期内(该时间可延长与证书的展期一致),至少进行 2 次间隔期不超过 36 个月的船底外部

检查。

（2）以 MSC.350（92）决议通过的 2013 年 6 月修正案，2015 年 1 月 1 日生效

该修正案对 SOLAS 第Ⅲ、Ⅴ和Ⅺ-1 章做出修正。

第Ⅲ章"救生设备和装置"B 部分"对船舶和救生设备的要求"第 19 条"应急培训与演习"（Emergency training and drills）中，2.2 和 2.3 修改成：

•2.2　对于乘客在船上航行的计划时间超过 24 h 的船舶，应在开航前或开航后立即召集新上船的乘客（newly – embarked passengers）集合。应向乘客介绍救生衣的使用方法以及在紧急情况下应采取的行动。

•2.3　当有新的乘客登船时，应在开航前，或在开航后立即召开一次乘客安全简要介绍会。此介绍会应包括第 8.2 条和第 8.4 条所要求的应变须知，并应以一种或几种易被乘客听懂的语言进行宣讲。此宣讲应使用船上的公共广播系统（the ship's public address system）或其他等效的方式，至少使得在航行中尚未听到的乘客易于听到。此简要介绍会也可包括在上述 2.2 所要求的集合之内。可使用资料卡或标贴（Information cards or posters），或船上录像机播放的录像节目作为简要介绍会的补充，但其不可替代宣讲。

在现有的 3.2 之后插入 3.3：

•3.3　负责围蔽处所进入和救助的船员应每两个月至少参加一次在船上举行的围蔽处所进入和救助演习。

现有的 3.3 和 3.4 相应地修改编号为 3.4 和 3.5，在修改编号的 3.5 之后，新增 3.6"围蔽处所进入和救助演习"（Enclosed space entry and rescue drill），涉及：

•3.6.1　"围蔽处所进入和救助演习"应予以计划，且以安全的方式进行，并适当地考虑由 IMO 所编制的建议案（参见 A.1050（27）"进入船上围蔽处所的经修订的建议案"）中所提供的指南；

•3.6.2　每次"围蔽处所进入和救助演习"应包括：

•3.6.2.1　检查和使用为进入所要求的个人防护设备；

•3.6.2.2　检查和使用通信设备和程序；

•3.6.2.3　检查和使用供测量围蔽处所中大气的仪表；

•3.6.2.4　检查和使用救助设备和程序；

•3.6.2.5　介绍急救和复苏技术（first aid and resuscitation techniques）。

第Ⅴ章"航行安全"第 19 条"船载航行系统和设备的配备要求"中，在现有的 1.2.3 之后，新增1.2.4：

•1.2.4　应按下列要求配备 2.2.3 所要求的系统（系指桥楼航行值班报警系统，Bridge Navigational Watch Alarm System，BNWAS）：

•1.2.4.1　不论尺度大小的客船，不迟于 2016 年 1 月 1 日以后的第一次检验；

•1.2.4.2　3 000 总吨及以上的货船，不迟于 2016 年 1 月 1 日以后的第一次检验；

•1.2.4.3　500 总吨及以上，但小于 3 000 总吨的货船，不迟于 2017 年 1 月 1 日以后的第一次检验；和

•1.2.4.4　150 总吨及以上，但小于 500 总吨的货船，不迟于 2018 年 1 月 1 日以后的第一次检验.

无论船舶是否在海上航行，桥楼航行值班报警系统应始终运行。

在新的 1.2.4 之后，新增 1.3：

•1.3　如船舶在以上 1.2.4.1 至 1.2.4.4 所规定的实施日期之后的两年内将永久退出使用，则主管机关可对这些船舶免除 1.2.4 的要求。

第XI-1 章“加强海上安全的特别措施” 第 1 条“对被认可组织的授权”修改成：

主管机关应按本公约(SOLAS)的规定和《被认可组织规则》(Code for Recognized Organizations,RO Code),对第I/6 条所述组织,包括船级社进行授权,《被认可组织规则》由第 1 部分和第 2 部分(其规定应为强制性),以及第 3 部分(其规定应为推荐性)组成,由 IMO 以 MSC.349 (92) 决议通过,且可由本组织修正：

- (a) 对 RO Code 第 1 部分和第 2 部分的修正案应按本公约第Ⅷ条的规定通过、生效和实施；
- (b) 对 RO Code 第 3 部分的修正案应由海上安全委员会按其程序的规定予以通过；
- (c) 由海上安全委员会和海上环境保护委员会所通过的任何修正案应完全相同和在同一日期生效或实施(come into force or take effect at the same time)。

(3)以 MSC.365(93) 决议通过的 2014 年 6 月修正案,2016 年 1 月 1 日生效

该修正案对 SOLAS 第Ⅱ-1 和Ⅱ-2 章做出修改。

对第Ⅱ-1/29 条“操舵装置”做出修改,在 3.2 款“主操舵装置和舵杆应能在船舶最深航行吃水和以最大营运前进航速前进时将舵自一舷 35°转至另一舷 35°,以及于相同条件下在不超过 28 s 内将舵自一舷 35°转至另一舷 30°”后增列新内容,阐明:如船舶在其最深航行吃水(at its deepest seagoing draught)和以与主机最大连续转速和最大设计螺距相对应的(corresponding to the number of maximum continuous revolutions of the main engine and maximum design pitch)前进航速航行的情况下,验证其符合航行试验期间的这一要求并不切实可行,则不论船舶的建造日期如何,都可通过三种方法之一验证其符合此要求。并具体列出了这三种可供选择方法。其旨在更新与海上试航有关的操舵装置的试验要求,适用于新造船和现有船。

对第Ⅱ-2/3 条“定义”,新增“挡火闸”(Fire damper)、“挡烟闸”(Smoke damper)以及“车辆运输船”(Vehicle carrier)系指具有多层甲板滚装处所,设计成载运空载的汽车和卡车作为货物的货船(a cargo ship with multi deck ro – ro spaces designed for the carriage of empty cars and trucks as cargo)”3 个定义。

第Ⅱ-2/4 条“引燃的可能性”中,“5.5 惰性气体系统”已换新。要求 2016 年 1 月 1 日及以后建造的 8 000 载重吨及以上的液货船,其液货舱的保护应通过符合“国际消防安全系统规则”(International Code for Fire Safety Systems,FSS Code)第 15 章要求的固定式惰性气体系统来达到。其中 5.5.1.4规定了安装惰性气体系统之液货船应符合的要求;5.5.2 针对化学品船和气体运输船的惰性气体系统。

第Ⅱ-2/9 条“火灾的限制”中,“9.7 通风系统”已换新。引人新船上通风系统的强制性要求。涉及“7.2 导管的布置”(Arrangement of ducts)、“7.3 挡火闸和导管贯穿的细节” (Details of fire dampers and duct penetrations)、“7.4 载客超过 36 人客船的通风系统”“7.5 厨房炉灶的排气导管”“7.6 服务于设有内燃机的 A 类机器处所的风机房”“7.7 载客超过 36 人客船洗衣间的通风系统”等。其中 7.6 和 7.7 为新增的。

对第Ⅱ-2/10 条“灭火”的修改,涉及设计用于在露天甲板或以上载运集装箱的新船的防火要求。其“10.1 目的”已换新。其中 10.1.2 规定,“对于 2016 年 1 月 1 日及以后建造的敞口集装箱货舱(open – top container holds)和设计用于在露天甲板或以上载运集装箱的船舶的甲板集装箱堆装区域(deck container stowage areas),应提供防火布置,以抑制火源所在处所或区域的失火,且冷却邻近区域,从而防止失火蔓延和结构损坏”。此外,在“7.2 用于危险货物的固定式气体灭火系统”之后,新增“7.3　2016 年 1 月 1 日及以后建造的设计用于在露天甲板或其上方载运集装箱的船舶的防火”,提出设计在露天甲板或其上方载运 5 层或 5 层以上集装箱的船舶,除水雾枪(water mist lance)外,还应配备移动式消防水炮(mobile water monitor)的附加要求。

第Ⅱ-2/13 条“脱险通道”中，提出对机器处所的附加脱险通道的强制性要求。在“4.1.4 机器控制室的脱险通道”之后，新增“4.1.5 斜梯和梯道”和“4.1.6 机器处所内主工作间的脱险通道”；此外，在“4.2.3 A 类以外机器处所的脱险通道”之后，新增了“4.2.4 斜梯和梯道”“4.2.5 A 类机器处所内机器控制室的脱险通道”和“4.2.6 A 类机器处所内主工作间的脱险通道”。要求对于 2016 年 1 月 1 日及以后建造的船舶，所有斜梯和梯道应采用钢质材料，其开口指向机器处所，其底面采用钢质护板，以防止下方的高温和火焰危及脱险人员。机器处所内的主工作间(main workshop within a machinery space)应设有 2 条脱险通道。其中至少有 1 条应提供连续防火遮蔽至机器处所外的安全位置。

第Ⅱ-2/16 条“操作”中，在“3.2 液货舱驱气和/或除气程序”之后，新增“3.3 惰性气体系统的操作”(Operation of inert gas system)，以确保安全。

在第Ⅱ-2/20 条“车辆处所、特种处所和滚装处所的保护”之后，新增第Ⅱ-2/20-1 条“载运储罐内备有自用压缩氢气或天然气的机动车辆作为货物的车辆运输船的要求”(Requirements for vehicle carriers carrying motor vehicles with compressed hydrogen or natural gas in their tanks for their own propulsion as cargo)，适用于 2016 年 1 月 1 日及以后建造的船舶，要求所有电气设备和布线应为适用于爆炸性气体(爆炸性甲烷和爆炸性氢)和空气混合物的合格安全型；应至少配备两台手提式气体探测仪(at least two portable gas detectors shall be provided)；不应允许可能构成爆炸性气体和空气混合物的点火源的其他设备；并对通风布置提出要求。

(4)以 MSC.366(93) 决议通过的 2014 年 6 月修正案，2016 年 1 月 1 日生效

该修正案新增 SOLAS 第ⅩⅢ章“符合性验证”(Verification of compliance)。旨在强制执行 A.1070(28)“IMO 文件实施规则”【IMO Instruments Implementation Code (Ⅲ Code)】，从实施、执行、评估和复审等方面规定船旗国、沿岸国、港口国如何履约。

该新增第ⅩⅢ章包括 3 条：

第 1 条“定义”(Definitions)中，列出了“审核”(Audit)、“审核机制”(Audit Scheme)、“实施规则”(Code for Implementation)和“审核标准”(Audit Standard)的定义。其中，实施规则系指 IMO 文件实施规则(Ⅲ Code)；审核标准系指实施规则。

第 2 条“适用范围”(Application)中阐明，缔约国政府在履行包含在本公约(SOLAS)中的它们的义务和责任时，应采用“实施规则”的规定。

第 3 条“符合性验证”(Verification of compliance)规定，每一缔约国政府应经受本组织(IMO)按审核标准进行的定期审核，以验证其符合和实施本公约(to verify compliance with and implementation of the present Convention)。

该条还明确，所有缔约国政府的审核均应依据 IMO 秘书长制定的总体计划，且应定期进行。且考虑到 IMO 制定的 A.1067(28)“国际海事组织成员国审核机制框架和程序”(the Framework and Procedures for the IMO Member State Audit Scheme)。

(5)以 MSC.380(94) 决议通过的 2014 年 11 月修正案，2016 年 7 月 1 日生效

该修正案对 SOLAS 第Ⅱ-2、Ⅵ、Ⅺ-1 章和附录“证书”做出修改。

对第Ⅱ-2 章第 10 条“灭火”(Fire fighting)做出修改，将该条 5.2(即Ⅱ-2/10.5.2)的标题“设有内燃机的机器处所”修改为“设有内燃机的 A 类机器处所”。

第Ⅵ章第 2 条“货物资料”(Cargo information)中，增列“载货集装箱毛重强制验证”(mandatory verification of the gross mass of a container carrying cargoes)的要求，明确所有的载货集装箱(短程国际航行的由拖车或平板运输车载运，且通过滚装船运输的集装箱除外)均应由托运人验证集装箱毛重，验证方式用经过校验和认证的设备对集装箱进行称重，或者采用经过集装箱装运国的主管机关(competent authority of the State in which packing of the container was completed)认可的合格方法对集装箱的所有包

装和货物进行称重(weighing all packages and cargo items)。

第Ⅺ-1 章"加强海上安全的特别措施"中,新增第 7 条"封闭处所气体检测仪"(Atmosphere testing instruments for enclosed spaces),要求在进入封闭处所之前,船舶配备能测量氧气、易燃气体或蒸汽、硫化氢和一氧化碳浓度(capable of measuring concentrations of oxygen, flammable gases or vapours, hydrogen sulphide and carbon monoxide, prior to entry into enclosed spaces)的合适的便携式气体检测仪或气体检测仪(an appropriate portable atmosphere testing instrument or instruments),以便确保进入封闭处所的安全。MSC 94 还批准了有关"尽早执行封闭处所气体检测仪的 SOLAS 第Ⅺ-1/7 条"的 MSC 通函。

对附录"证书"的修改,涉及货船设备安全证书的设备记录(格式 E)和货船安全证书的设备记录(格式 C)。对 MSC.338 (91) 修订的这两个证书格式进行修订,将救生艇分为"吊架降落救生艇"与"自由降落救生艇"(原为"救生艇"与"自由降落救生艇"),并明确了自由降落艇的可载总人数。

(6)以 MSC.386(94) 决议通过的 2014 年 11 月修正案,2017 年 1 月 1 日生效

该修正案新增 SOLAS 第ⅩⅣ章"在极地水域营运船舶的安全措施"(Safety measures for ships operating in polar waters)。

该新增第ⅩⅣ章包括 4 条:

第 1 条"定义"(Definitions)列出了"极地规则"(Polar Code)系指《国际极地水域营运船舶规则》,由引言和 Ⅰ-A 和Ⅱ-A 部分以及 Ⅰ-B 和 Ⅱ-B 部分组成,……;"极地水域"(Polar waters)系指北极水域和/或南极区域;还列出了"南极区域"(Antarctic area)、"北极水域"(Arctic waters)、"建造的船舶"(Ship constructed)的定义。

第 2 条"适用范围"(Application)规定了,除另有明文规定外,本章适用于在极地水域营运,且按 SOLAS 第Ⅰ章发证的船舶;2017 年 1 月 1 日以前建造的船舶应在 2018 年 1 月 1 日后的第一次中间检验或换证检验之前(取较早者)满足极地规则的相关要求……

第 3 条"对本章适用船舶的要求"(Requirements for ships to which this chapter applies)明确,本章适用的船舶应符合极地规则的引言和 Ⅰ-A 部分中与安全相关的要求,且除符合 SOLAS 第 Ⅰ/7、Ⅰ/8、Ⅰ/9 和 Ⅰ/10 条的适用要求外,还应按该规则的规定进行检验和发证……

第 4 条"替代设计与布置"(Alternative design and arrangement)规定了,本条的目标(The goal of this regulation)是为结构、机电设备、消防安全以及救生设备和布置的替代设计和布置提供方法;结构布置、机电设备、消防安全的设计和布置措施以及救生设备和布置可偏离极地规则第 3,6,7 和 8 章所规定的要求,但替代设计和布置应满足相关的目标和功能要求的意图(the intent of the goal and functional requirements concerned)并具有与该几章中的要求相等效的安全等级(an equivalent level of safety to the requirements in those chapters)……

该章使《国际极地水域营运船舶规则》(International Code for Ships Operating in Polar Waters ,Polar Code)(引言和第Ⅰ-A 篇"安全措施")具有强制性。

(7)以 MSC.392 (95) 决议通过的 2015 年 6 月修正案,2017 年 1 月 1 日生效

该修正案对 SOLAS 第Ⅱ-1、Ⅱ-2 章和附录做出修改。

对第Ⅱ-1 章第 2 条"定义",在现有 28 后新增:

"29 使用低闪点燃料船舶规则(IGF Code)系指本组织海上安全委员会以 MSC.391(95)决议通过,并可能经本组织修正的《国际使用燃气或其他低闪点燃料船舶安全规则》(International Code of Safety for Ships using Gases or other Low-flashpoint Fuels)……"

"30 低闪点燃料(Low-flashpoint fuel)系指其闪点低于第 Ⅱ-2/4.2.1.1 条规定(该条另有许可者除外)的气体或液体燃料。"

对第Ⅱ-1 章 F 部分第 55 条“替代设计和布置”做出修改;并在现有 F 部分后新增 G 部分“使用低闪点燃料船舶”(Part G- Ships using low- flashpoint fuels),其包括第 56 条“适用范围”(Regulation 56-Application)和第 57 条“对使用低闪点燃料船舶的要求”(Requirements for ships using low-flashpoint fuels)。

在第 56 条中,对适用日期,规定了:

- 56.1　除 56.4 和 56.5 的规定外,本部分适用于使用低闪点燃料的下列船舶:
- 56.1.1　2017 年 1 月 1 日或以后签订建造合同;
- 56.1.2　如无建造合同,2017 年 7 月 1 日或以后安放龙骨或处于类似建造阶段;
- 56.1.3　2021 年 1 月 1 日或以后交付。

在第 57 条中,规定了“使用低闪点燃料的船舶应符合 IGF Code 的要求”。

上述第Ⅱ-1 章第 2 条中新增的 29 的定义,以及新增的第Ⅱ-1 章 G 部分,使 IGF Code 具有强制性。

对第Ⅱ-2 章第 4 条“引燃的可能性”(Probability of ignition)、第 11 条“结构完整性”(Structural integrity)和第 20 条“车辆处所、特种处所和滚装处所的保护”(Protection of vehicle, special category and ro-ro spaces)做出修改,其与第 Ⅱ-1 章 G 部分的新增有关。

对附录“证书”的修改,明确了:

- 对“客船安全证书格式”的“客船安全证书”(PASSSENGER SHIP SAFETY CERTIFICATE),应在该证书中新增“2.2 该船符合公约第 Ⅱ-1 章 G 部分要求,……”
- “货船构造安全证书格式”的“货船构造安全证书”(CARGO SHIP SAFETY CONSTRUCTION CERTIFICATE)中,现有 2 替换如下:

“2　检验表明:

2.1　该船在上述条文所定义的结构、机械和设备等方面的状况令人满意,并符合公约第 Ⅱ-1 章和第 Ⅱ-2 章的有关要求(消防安全系统和设备及防火控制图除外);

2.2　该船符合公约第 Ⅱ-1 章 G 部分要求,…… ”

(8)以 MSC.394 (95) 决议通过的对 1978 年议定书的 2015 年 6 月修正案,2017 年 1 月 1 日生效

该修正案对 SOLAS 的 1978 年议定书做出修改,具体涉及对附录“证书”的修改。

明确了在“货船构造安全证书格式”的“货船构造安全证书”中,现有 2 替换如下:

“2　检验表明:

2.1　该船在上述条文所定义的结构、机械和设备等方面的状况令人满意,并符合公约第 Ⅱ-1 章和第 Ⅱ-2 章的有关要求(消防安全系统和设备及防火控制图除外);

2.2　该船符合公约第 Ⅱ-1 章 G 部分要求,…… ”

(9)以 MSC.395 (95) 决议通过的对 1988 年议定书的 2015 年 6 月修正案,2017 年 1 月 1 日生效

该修正案对 SOLAS 的 1988 年议定书做出修改,具体涉及对附录“证书”的修改。

明确了:

- “客船安全证书格式”的“客船安全证书”,应在该证书中新增“2.2 该船符合公约第 Ⅱ-1 章 G 部分要求,……”
- “货船构造安全证书格式”的“货船构造安全证书”中,现有 2 替换如下:

“2　检验表明:

2.1　该船在上述条文所定义的结构、机械和设备等方面的状况令人满意,并符合公约第 Ⅱ-1 章和第 Ⅱ-2 章的有关要求(消防安全系统和设备及防火控制图除外);

2.2　该船符合公约第 Ⅱ-1 章 G 部分要求,…… ”

- “货船安全证书格式”的“货船安全证书”,应在该证书中新增“2.2 该船符合公约第 Ⅱ-1 章 G

部分要求，……”

(10)以 MSC.404 (96) 决议通过的 2016 年 5 月修正案，预计 2020 年 1 月 1 日生效

该修正案对 SOLAS 第Ⅱ-2 和第Ⅲ章做出修改。

对第Ⅱ-2 章第 3 条“定义”，在现有 56 后新增：

“57　直升机降落区域(Helicopter landing area)系指船上用于直升机偶尔或应急降落(occasional or emergency landing)，但不用于直升机例行作业的区域。

58　绞车作业区域(Winching area)系指用于直升机悬停在甲板上方运送人员、物料或往来船舶的搭乘区域(pick-up area)。”

对第Ⅱ-2 章第 13 条“脱险通道”做出修改，例如在现有 3.2.6.2 后新增：

“3.2.7　客船撤离分析(Evacuation analysis for passenger ships)

3.2.7.1　应在设计过程的早期通过撤离分析对脱险通道进行评估。这种分析应适用于：

3.2.7.1.1　1999 年 7 月 1 日或以后建造的客滚船；

3.2.7.1.2　2020 年 1 月 1 日或以后建造的载客超过 36 名的其他客船。

3.2.7.2　这种分析应适用于尽实际可行地确定并消除，在弃船过程中由于乘客和船员沿脱险通道正常移动，包括可能有船员需沿这些通道朝着与乘客相反的方向移动时可能造成的拥挤。此外，这种分析还应用于验证逃生布置具有充分的灵活性，以适应可能由于事故而引起某些脱险通道、集合站、登乘站或救生艇筏不能使用的情况。”

对第Ⅱ-2 章第 18 条“直升机设施”做出修改，新增了“2020 年 1 月 1 日或以后建造的设有直升机降落区域的船舶应备有符合消防安全系统规则第 17 章相关规定的泡沫灭火设备。”等规定。

对第Ⅲ章第 3 条“定义”，在现有 24 后新增：

“25 维护、全面检查、操作试验、检修和修理的要求(Requirements for maintenance, thorough examination, operational testing, overhaul and repair)系指本组织海上安全委员会以 MSC.402(96)决议通过的“救生艇和救助艇，降放设备和释放装置的维护、全面检查、操作试验、检修和修理的要求”，该要求可能经本组织修正，……”

此外，还对第Ⅲ章第 20 条“使用准备状态、维护与检查”(Operational readiness, maintenance and inspections)做出修改。

(11)以 MSC.409 (97) 决议通过的 2016 年 11 月修正案，预计 2020 年 1 月 1 日生效

该修正案对 SOLAS 第Ⅱ-1、Ⅱ-2 和Ⅺ-1 章做出修改。

对第Ⅱ-1 章第 3－12 条“噪声的防护”(Protection against noise)做出修改，现有 2.1 修正如下：

“2.1　2014 年 7 月 1 日以前签订建造合同，且在 2009 年 1 月 1 日或以后安放龙骨或处于类似建造阶段的船舶；或”

对第Ⅱ-2 章第 1 条“适用范围”(Application)，在现有 2.8 后新增如下：

“2.9　经 MSC.409(97)决议修正的第 10.5.1.2.2 条适用于在 2020 年 1 月 1 日前建造的船舶，包括在 2012 年 7 月 1 日前建造的船舶。”

对第Ⅱ-2 章第 10 条“灭火”(Firefighting)做出修改，5.1.2.2 中，最后一句替换为：

“对小于 175 kW 的生活用锅炉(domestic boilers)或由 5.6 要求的固定式水基局部使用灭火系统(fixed water-based local application fire-extinguishing systems)保护的锅炉，不要求设有容量至少为 135 L 经认可的泡沫型灭火器(an approved foam-type extinguisher)。”

对第Ⅺ-1 章，在现有第 2 条后插入以下新的第 2-1 条：

“第 2－1 条——不执行强化检查方案规则的货船的检验周期的协调(Harmonization of survey periods of cargo ships not subject to the ESP Code) ”

对于不执行第 Ⅺ-1/2 条强化检验(enhanced surveys)的货船,尽管有其他规定,可在可能经修正的《2011 年国际散货船和油船检验期间的强化检查方案规则》(2011 ESP Code)和本组织制定的相应指南[参见经本组织大会决议 A.1104(29)通过,且可能经修正的《2015 年检验与发证协调体系(HSSC)检验指南》](如合适)规定的相应周期内进行和完成第 Ⅰ/10 条包括的中间检验和换证检验(the intermediate and renewal surveys)。

(12)以 MSC.421 (98) 决议通过的 2017 年 6 月修正案,预计 2020 年 1 月 1 日生效

该修正案对 SOLAS 第Ⅱ-1、Ⅱ-2、Ⅲ章和附录做出修改。该修正案约 27 页(英文版,下同),是近年来内容较丰富的一项修正案。

对第Ⅱ-1 章的修正多达 22 页,涉及:

• A 部分“通则”第 1 条“适用范围”(Application)和第 2 条“定义”(Definitions),对吃水(Draught)、纵倾(Trim)、舱壁甲板(Bulkhead deck)等的定义进行了适当修改。

• B 部分“分舱与稳性”第 4 条“通则”(General),明确了:除非另有规定, B－1 至 B－4 部分中的要求适用于客船;在 B－1 部分中,第 5 条适用于货船,第 5－1 条适用于除液货船之外的货船;除非另有规定,B－2 和 B－4 部分中的要求适用于货船。

• B－1 部分“稳性”中,第 5 条“完整稳性”(Intact stability)、第 5－1 条、第 6 条、第 7 条、第7－1 条、第 7－2 条、第 8 条、第 8－1 条均做了修改。

• B－2 部分“分舱、水密与风雨密完整性”中,第 9 条、第 10 条、第 12 条、第 13 条、第 15 条、第 16 条、第 16－1 条和第 17 条均做了修改或替换。

• B－4 部分“稳性管理”中,第 19 条做了修改,新增第 19－1 条“客船破损控制演习”(Damage control drills for passenger ships),第 20 条、第 21 条、第 22 条、第 22－1 条、第 23 条和第 24 条均做了修改或替换。

• C 部分 “机器设备”中,第 35－1 条做了修改。

对第Ⅱ-2 章的修正涉及:

• A 部分“通则”第 3 条“定义”(Definitions),第Ⅱ-2/3.56 条替换成“车辆运输船(Vehicle carrier)系指只在滚装处所或车辆处所内装载货物(only carries cargo in ro-ro spaces or vehicle spaces),且设计用于载运无人无货的机动车辆作为货物(which is designed for the carriage of unoccupied motor vehicles without cargo, as cargo)的货船”

• C 部分“火灾的抑制”第 9 条“火灾的限制”(Containment of fire)中,新增 4.1.3.4 至4.1.3.6 ,明确船舶面向救生艇和应急滑道、登乘区域的窗以及位于这些区域以下的窗(windows facing survival craft and escape slide, embarkation areas and windows situated below such areas)应具有至少等于“A－0”级耐火完整性(fire integrity at least equal to “A－0” class)。

• G 部分“特殊要求”第 20 条“车辆处所、特种处所和滚装处所的保护”(Protection of vehicle, special category and ro-ro spaces)和第 20－1 条“对拟载运储罐内备有自用压缩氢气或天然气的机动车辆货物的车辆运输船的要求”(Requirements for vehicle carriers carrying motor vehicles with compressed hydrogen or natural gas in their tanks for their own propulsion as cargo)均做了修改。

对第Ⅲ章的修正涉及:

• A 部分“通则”第 1 条“适用范围”(Application)做了修改和新增。

• B 部分“船舶和救生设备的要求”第 30 条“演习”(Drills)和第 37 条“应变部署表与应变须知”(Muster list and emergency instructions)均做了修改和新增。

这些修改和新增(第Ⅲ章新增了 1.4.3、30.3 和 37.3.9)与第Ⅱ-1 章新增第 19－1 条“客船破损控制演习”的要求相对应。

对附录证书的修正涉及：

• 客船安全证书的设备记录（格式 P）【RECORD OF EQUIPMENT FOR PASSENGER SHIP SAFETY（FORM P）】

在“5　航行系统和设备明细表”中，3.1 替换成：

“3.1　全球卫星导航系统/全球无线电导航系统接收装置/多系统船载无线电导航接收装置”（Receiver for a global navigation satellite system/Terrestrial radionavigation system/Multi-system shipborne radionavigation receiver）

• 货船设备安全证书的设备记录（格式 E）【RECORD OF EQUIPMENT FOR THE CARGO SHIP SAFETY EQUIPMENT CERTIFICATE（FORM E）】

在“3　航行系统和设备明细表”中，3.1 替换成：

“3.1　全球卫星导航系统/全球无线电导航系统接收装置/多系统船载无线电导航接收装置”

• 货船安全证书的设备记录（格式 C）【RECORD OF EQUIPMENT FOR CARGO SHIP SAFETY（FORM C）】

在“5　航行系统和设备明细表”中，3.1 替换成：

“3.1　全球卫星导航系统/全球无线电导航系统接收装置/多系统船载无线电导航接收装置”

1.4.2.5　IMO 规则（Codes）

IMO 规则通常用“Code”而不用“Regulation”表示，这是因为 IMO 规则不像 IMO 公约那样，一旦生效即具有强制性（指对各该公约的缔约国而言）。IMO 规则由各船旗国自愿采用作为其国家规则，一旦采用，对该国即具强制性；对于已作为公约一部分的规则，具有与公约相同的强制性；此外，对于已列入某船舶技术规格书中“规则/规范”标题下的规则，对该船舶也具强制性。因此，IMO 规则具有极大的强制性倾向，“Code”一词在很多场合译成“法规”，例如（美国）国家电气法规（National Electrical Code，NEC），（美国）《联邦政府法规》（Code of Federal Regulations，CFR）等。其实，IMO 的“Code”具有“法规”的特征，但因国内已习惯译成“规则”，按照“约定俗成”原则，应予尊重。尽管如此，仍必须注意到“Code”与“Regulation”在强制性倾向上的差别。

IMO 第 85 届海上安全委员会（MSC 85）在 2008 年 12 月 4 日以 MSC.267（85）决议通过“2008 年国际完整稳性规则”（International Code on Intact Stability，2008，2008 IS Code），其由引言、强制性的 A 部分和推荐性的 B 部分组成，已于 2010 年 7 月 1 日生效，该规则的 A 部分具有与 SOLAS 相同的强制性。该规则替代“国际海事组织文件中所有类型船舶的完整稳性规则”（IS Code）。2010 年 7 月 1 日及之后建造的船长 24 m 及以上的船舶应至少满足该规则 A 部分的要求。

MSC 85 以 MSC.268（85）决议通过“国际海运固体散装货物规则”（International Maritime Solid Bulk Cargoes Code，IMSBC Code），已于 2011 年 1 月 1 日生效，并于 2009 年 1 月 1 日起在自愿的基础上全部或部分地采用。该规则具有与 SOLAS 相同的强制性。该规则替代“2004 年固体散装货物安全实施规则”（2004 BC Code）。

2012 年 11 月，MSC 91 以 MSC.337(91)决议通过《船上噪声级规则》，将替代 1981 年通过的A.468（Ⅶ）决议（推荐性），同时还通过了 SOLAS 修正案（MSC.338（91）决议），新增 SOLAS 第Ⅱ-1/3-12 条“噪声防护”，使船上噪声级规则成为强制性文件，并于 2014 年 7 月 1 日生效。

对于常用的与船舶工业有关的 IMO 规则，详见表 1－12。

表 1-12 与船舶有关的常用 IMO 规则

Abbreviatio 缩写	Title 名称	Resolutions 决议号
1995 Alarms and Indicators	Code on Alarms and Indicators, 1995 1995 年报警器和指示器规则	A. 830(19),由 A. 1021(26)所废除
2009 Alerts and Indicators	Code on alerts and indicators, 2009 2009 年报警器和指示器规则	A. 1021(26), 废除 A. 830(19)
BC Code 或 2004 BC Code	Code of Safe Practice for Solid Bulk Cargoes,2004 2004 年固体散装货物安全操作规则	MSC. 193(79)
BLU Code	Code of Practice for the Safe Loading and Unloading of Bulk Carriers 散货船安全装卸操作规则	A. 862(20),经 MSC. 238(82) 和 MSC. 304 (87)修正
Casualty Investigation Code	Code of the International Standards and Recommended Practices for a Safety Investigation into a Marine Casualty or Marine Incident 海上事故或海上事件安全调查国际标准和推荐规程规则	
CSS Code	Code of Safe Practice for Cargo Stowage and Securing 货物堆装和系固安全操作规则	A. 714(17),经 MSC/Circ. 664 等修正
DS Code	Code of Safety for Diving Systems, 1995 1995 年潜水系统安全规则	A. 831(19)
DSC Code	Code of Safety for Dynamically Supported Craft 动力支承艇安全规则	A. 373(X),经 MSC. 37(63) 等修正
2011 ESP Code	International code on the enhanced programme of inspections during surveys of bulk carriers and oil tankers, 2011 2011 年国际散货船和油船检验期间的强化检查方案规则 【该规则 2014 年 1 月 1 日生效,替代 A. 744(18)“散货船和油船检验期间的加强检查方案指南”】	A. 1049(27)
FSS Code	International Code for Fire Safety Systems 国际消防安全系统规则	MSC. 98 (73), 经 MSC. 217(82)等修正
FTP Code	International Code for Application of Fire Test Procedures 国际实施耐火试验程序规则	MSC. 61 (67), 经 MSC. 101(73)等修正
GC Code	Code for the Construction and Equipment of Ships Carrying Liquefied Gases in Bulk 散装运输液化气船舶构造和设备规则	
Grain Code	International Code for the Safe Carriage of Grain in Bulk 国际安全散装运输谷物规则	MSC. 23(59)

表 1－12(续 1)

Abbreviatio 缩写	Title 名称	Resolutions 决议号
1994 HSC Code	International Code of Safety for High－Speed Craft, 1994 1994 年国际高速船安全规则 【1996 年 1 月 1 日或以后,但在 2002 年 7 月 1 日以前建造的高速船,须符合此规则要求】	MSC. 36 (63), 经 MSC. 119(74)等修正
2000 HSC Code	International Code of Safety for High－Speed Craft, 2000 2000 年国际高速船安全规则 【2002 年 7 月 1 日或以后建造的高速船,须符合此规则要求】	MSC. 97 (73), 经 MSC. 175(79)等修正
IBC Code	International Code for the Construction and Equipment of Ships Carrying Dangerous Chemicals in Bulk 国际散装运输危险化学品船舶构造和设备规则	
IGC Code	International Code for the Construction and Equipment of Ships Carrying Liquefied Gases in Bulk 国际散装运输液化气船舶构造和设备规则	
IGF Code	International Code of Safety for Ships using Gases or other Low－flash-point Fuels 国际使用燃气或其他低闪点燃料船舶安全规则 【该规则 2017 年 1 月 1 日生效】	MSC. 392(95
Ⅲ Code	IMO Instruments Implementation Code 国际海事组织文件实施规则 【该规则 2016 年 1 月 1 日生效】	A. 1070 (28)
IMDG Code	International Maritime Dangerous Goods Code 国际海运危险货物规则	
IMSBC Code	International Maritime Solid Bulk Cargoes Code 国际海运固体散装货物规则 【该规则 2011 年 1 月 1 日生效,替代推荐性的“固体散装货物安全操作规则”(BC Code)】	MSC. 268(85)
INF Code	International Code for the Safe Carriage of Packaged Irradiated Nuclear Fuel, plutonium and High－Level Radioactive Wastes in Flasks on board Ships 国际船舶安全装运密封装辐射性核燃料、钚和强放射性废料规则	MSC. 88 (71), 经 MSC. 118(74)等修正
IS Code	Code on Intact Stability for All Types of Ships Covered by IMO Instruments 国际海事组织文件中所有类型船舶的完整稳性规则	A. 749(18), 经 MSC. 75(69) 等修正
2008 IS Code	International Code on Intact Stability, 2008 2008 年国际完整稳性规则(该规则替代 IS Code)	MSC. 267(85)

表 1-12(续 2)

Abbreviatio 缩写	Title 名称	Resolutions 决议号
ISM Code	International Safety Management Code 国际安全管理规则	经 MSC. 179(79) 等修正
ISPS Code	International Ship and Port Facility Security Code 国际船舶和港口设施保安规则	经 MSC. 196(80)修正
LSA Code	International Life - Saving Appliances Code 国际救生设备规则	MSC. 48 (66), 经 MSC. 218(82)等修正
MODU Code	Code for the construction and equipment of mobile offshore drilling units 移动式近海钻井平台构造和设备规则 (对于 1991 年 5 月 1 日之后建造的 MODU,由 A. 649(16)决议替代)	A. 414(XI),经 MSC/Circular. 561 修正
1989 MODU Code	Code for the construction and equipment of mobile offshore drilling units, 1989 1989 年移动式近海钻井平台构造和设备规则 (对于 2012 年 1 月 1 日或以后安放龙骨或处于类似建造阶段的 MODU,由 A. 1023(26)决议替代)	A. 649(16),经 MSC/Circular. 561 等修正
2009 MODU Code	Code for the construction and equipment of mobile offshore drilling units, 2009 2009 年移动式近海钻井平台构造和设备规则	A. 1023(26)
Noise Levels	Code on Noise Levels on Board Ships 船上噪声级规则(推荐性)	A. 468(Ⅻ)
Noise Levels	Code on Noise Levels on Board Ships 船上噪声级规则 【强制性,该规则 2014 年 7 月 1 日生效,替代 A. 468(Ⅻ)决议"船上噪声级规则"(推荐性)】	MSC. 337(91)
NOx Technical Code	Technical Code on Control of Emission of Nitrous Oxides from Marine Diesel Engines 船用柴油机氮氧化物排放控制技术规则	经 MEPC/Circular. 369 修正
2008 NOx Technical Code	Technical Code on Control of Emission of Nitrogen Oxides from Marine Diesel Engines, 2008 2008 年船用柴油机氮氧化物排放控制技术规则	
OSV Code	Code of Safe Practice for the Carriage of Cargoes and Persons by Offshore Supply Vessels 近海供应船货物和人员载运安全操作规则	A. 863(20),经 MSC. 237(82) 修正
Port State control	Procedures for port State control 港口国控制程序	A. 787(19),经 A. 882(21) 修正

表 1 – 12(续 3)

Abbreviatio 缩写	Title 名称	Resolutions 决议号
Polar Code	International Code for Ships Operating in Polar Waters 国际极地水域营运船舶规则 【该规则 2017 年 1 月 1 日生效】	MSC. 385(94)
RO Code	Code for Recognized Organizations 被认可组织规则 【该规则的第 1 和第 2 部分具有强制性,第 3 部分为推荐性,2015 年 1 月 1 日生效】	MSC. 349(92)
SPS Code	Code of Safety for Special Purpose Ships 特殊用途船安全规则	A. 534(13),经 MSC/ Circular. 739 等修正
2008 SPS Code	Code of Safety for Special Purpose Ships,2008 2008 年特殊用途船安全规则	MSC. 266(84),经 MSC. 299(87)修正
STCW Code	Seafarers' Training, Certification and Watchkeeping Code 海员培训、发证和值班规则	经 MSC. 156(78)和 MSC. 209(81)修正
1991 TDC Code Timber Code	Code of Safe Practice for Ships Carrying Timber Deck Cargoes, 1991 1991 年载运木材甲板货船舶安全操作规则	A. 715(17),由 A. 1048(27)所废除
2011 TDC Code Timber Code	Code of safe practice for ships carrying timber deck cargoes, 2011 2011 年载运木材甲板货船舶安全操作规则	A. 1048(27),废除 A. 715(17)
	Code of Safety for Nuclear Merchant Ships 核商船安全规则(1981 年 11 月 19 日通过)	A. 491(Ⅻ)

1.4.2.6 IMO 大会决议数减少趋势与探讨

IMO 大会每两年召开一届,从第 1 届至第 30 届 IMO 大会相隔 58 年,许多较早时期的大会决议,已被此后的大会决议、MSC 决议、MEPC 决议、MSC 通函和 IMO 规则等所修正、废除、参见和替代。了解这些情况,对于采用现行有效的最新决议,避免误用已被废除和替代的过期决议,至关重要。对于这些决议的目录见本选编“第 3 篇 国际海事组织(IMO)第 1 届至第 30 届大会决议目录”。

自 1959 年第 1 届大会至 2017 年第 30 届大会已通过 1 130 项决议。其中除五届特别举行的大会(ES)通过 36 项决议(见表 1 – 13)外,30 届大会共通过 1 094 项决议(见表 1 – 14)。

表 1 – 13 IMO 特别举行的大会(ES)* 决议

届数	通过日期	决议号	决议数量
ES. Ⅰ	1963 年 10 月 18 日	A. 44(ES. Ⅰ)	1
ES. Ⅱ	1964 年 9 月 15 日	A. 69(ES. Ⅱ)	1
ES. Ⅲ	1966 年 11 月 30 日	A. 108(ES. Ⅲ)—A. 110(ES. Ⅲ)	3

表 1-13(续)

届数	通过日期	决议号	决议数量
ES. Ⅳ	1968 年 11 月	A. 146(ES. Ⅳ)—A. 173(ES. Ⅳ)	28
ES. Ⅴ	1974 年 10 月	A. 315(ES. Ⅴ)—A. 317(ES. Ⅴ)	3

* 各决议标题前的编码的含义:A 表示国际海事组织大会(Assembly),阿拉伯数字表示决议编号,括号内罗马字表示大会届数(从第 13 届开始,大会届数以阿拉伯数字表示),ES 表示特别举行的大会。

表 1-14 IMO 大会决议数

届数	通过日期	决议号	决议数量
Ⅰ	1959 年 1 月	A. 1(Ⅰ)—A. 20(Ⅰ)	20
Ⅱ	1961 年 4 月	A. 21(Ⅱ)—A. 43(Ⅱ)	23
Ⅲ	1963 年 10 月	A. 45(Ⅲ)—A. 68(Ⅲ)	24
Ⅳ	1965 年 9 月	A. 70(Ⅳ)—A. 107(Ⅳ)	38
Ⅴ	1967 年 10 月	A. 111(Ⅴ)—A. 145(Ⅴ)	35
Ⅵ	1969 年 10 月	A. 174(Ⅵ)—A. 201(Ⅵ)	28
Ⅶ	1971 年 10 月	A. 202(Ⅶ)—A. 258(Ⅶ)	57
Ⅷ	1973 年 11 月	A. 259(Ⅷ)—A. 314(Ⅷ)	56
Ⅸ	1975 年 11 月	A. 318(Ⅸ)—A. 370(Ⅸ)	53
Ⅹ	1977 年 11 月	A. 371(Ⅹ)—A. 409(Ⅹ)	39
Ⅺ	1979 年 11 月	A. 410(Ⅺ)—A. 462(Ⅺ)	53
Ⅻ	1981 年 11 月	A. 463(Ⅻ)—A. 512(Ⅻ)	50
13	1983 年 11 月	A. 513(13)—A. 557(13)	45
14	1985 年 11 月	A. 558(14)—A. 595(14)	38
15	1987 年 11 月	A. 596(15)—A. 635(15)	40
16	1989 年 10 月	A. 636(16)—A. 679(16)	44
17	1991 年 11 月	A. 680(17)—A. 732(17)	53
18	1993 年 11 月	A. 733(18)—A. 779(18)	47
19	1995 年 11 月	A. 780(19)—A. 838(19)	59
20	1997 年 11 月	A. 839(20)—A. 873(20)	35
21	1999 年 11 月	A. 874(21)—A. 901(21)	28
22	2001 年 11 月	A. 902(22)—A. 935(22)	34
23	2003 年 11 至 12 月	A. 936(23)—A. 965(23)	30
24	2005 年 11 至 12 月	A. 966(24)—A. 988(24)	23
25	2007 年 11 月	A. 989(25)—A. 1010(25)	22
26	2009 年 11 月	A. 1011(26)—A. 1032(26)	22
27	2011 年 11 月	A. 1033(27)—A. 1059(27)	27

表 1 - 14(续)

届数	通过日期	决议号	决议数量
28	2013 年 11 至 12 月	A. 1060(28)—A. 1092(28)	33
29	2015 年 11 至 12 月	A. 1093(29)—A. 1109(29)	17
30	2017 年 12 月	A. 1110(29)—A. 1130(29)	21

由表 1 - 14 可见，自第Ⅰ届至第Ⅵ届大会，每届大会通过决议 20 ~ 38 项，考虑到 1959 年至 1969 年期间还召开了四届特别举行的大会（ES），通过了 33 项决议，这 6 届大会共通过 201 项决议，平均每届大会通过的决议数为 33.5。

自第Ⅶ届至第Ⅻ届大会，每届大会通过决议 39 ~ 57 项，考虑到 1971 年至 1981 年期间还召开了一届特别举行的大会（ES. Ⅴ），通过了 3 项决议，这 6 届大会共通过 311 项决议，平均每届大会通过的决议数为 51.8。

自第 13 届至第 20 届大会，每届大会通过决议 35 ~ 59 项，这 8 届大会共通过 361 项决议，平均每届大会通过的决议数为 45.1。

自第 21 届至第 23 届大会，每届大会通过决议 28 ~ 34 项，这 3 届大会共通过 92 项决议，平均每届大会通过的决议数为 30.7。

自第 24 届至第 26 届大会，每届大会通过决议 22 ~ 23 项，这 3 届大会共通过 67 项决议，平均每届大会通过的决议数为 22.3。

自第 27 届至第 30 届大会，每届大会通过决议 17 ~ 33 项，这 4 届大会共通过 98 项决议，平均每届大会通过的决议数为 24.5。

综上所述，IMO 每届大会通过的决议数量，经历了由 33.5 项至 51.8 项（20 世纪 60 年代至 70 年代）的增加，此后逐渐减少至 45.1 项、30.7 项、22.3 项和 24.5 项（20 世纪 80 年代至 2017 年）。如果说 20 世纪 60 年代至 70 年代，大会决议数量的增加与技术进步和 IMO 更多地介入船舶建造与营运相关，那么 20 世纪 80 年代至 2017 年，IMO 每届大会通过的决议数量由 50 余项逐渐减少至 40 余项、30 余项和 20 余项，其中的原因值得探讨。

一些较早的大会决议，已被此后的 MSC 决议等所修正、废除、参见和替代。例如，1993 年 11 月通过的 A.751(18) 决议“船舶操纵性的暂行标准”（Interim standards for ship manoeuvrability）的附件已由 MSC.137(76) 决议“船舶操纵性的标准”（Standards for ship manoeuvrability）的附件所替代，即 MSC.137 (76) 决议废除 A.751(18) 决议。也就是对于从事船舶设计、建造和报价者，须采用现行有效的 MSC.137(76)，而不能采用已废除的 A.751(18)，否则会造成损失。又如 1993 年 11 月 4 日通过的 A.744(18)决议“散货船和油船检验期间的强化检查方案指南”已由 MSC.49(66)、MSC.105(73)、MSC.125(75)、MSC.144(77)决议所修正，并须参见 MSC/Circ.696 通函。

除了部分大会决议由 MSC 决议等所修正、废除和替代外，作为 IMO 最重要公约的“国际海上人命安全公约”（International Convention for the Safety of Life at Sea，SOLAS），在 1974 年之前，对 1960 年国际海上人命安全公约（SOLAS 1960）的修正案 A.108(ES. Ⅲ)、A.122(Ⅴ)、A.146(ES. Ⅳ)、A.174(Ⅵ)、A.205(Ⅶ)、A.263(Ⅷ)和 A.264(Ⅷ)均以大会决议形式出现；而在 1974 年之后，对 1974 年国际海上人命安全公约（SOLAS 1974）的修正案均以 MSC 决议形式出现，例如 MSC.1(XLV)…… MSC.291(87) 等，至 2018 年 4 月 18 日，SOLAS 1974 的修正案已达 174 项（包括作为 SOLAS 一部分的规则的修正案），这一 SOLAS 修正案由大会决议转为 MSC 决议，使大会决议减少了 174 项。

对“国际防止船舶造成污染公约”（International Convention for the Prevention of Pollution from Ships，MARPOL）修正案，也均以 MEPC 决议出现，例如，MEPC.14(20) — MEPC.189(60)等。至 2018 年 4

月 18 日，MARPOL 的修正案已达 94 项（包括作为 MARPOL 之一部分的规则的修正案），也使大会决议减少。

此外，与船舶设计和建造关系密切的 1966 年国际载重线公约的 1988 年议定书（LL PROT 1988）等公约或议定书的修正案，都逐渐由大会决议转换成 MSC、MEPC 决议，这些因素也导致近年来大会决议的减少。

迄今为止，只有极少数公约［如 1966 年国际载重线公约（LL 1966）和 1972 年国际海上避碰规则公约（COLREG 1972）］仍由大会决议进行修正，但它们的修正案数量很少（至 2018 年 4 月 18 日，LL 1966 的修正案仅 8 项，COLREG 1972 的修正案仅 7 项）。

综上所述，20 世纪 80 年代至 2017 年，IMO 每届大会通过的决议数逐渐减少的一个重要原因，是 SOLAS 和 MARPOL 等 IMO 最重要的具有技术性内容的公约的修正案（这些修正案与船舶设计建造关系密切），不再以大会决议，而是以 MSC 决议和 MEPC 决议出现，对此应予以重点关注。

1.4.2.7　IMO 海上安全委员会决议（MSC Resolutions）

MSC 每年召开一至两次会议，至 2017 年 6 月 IMO 第 98 届海上安全委员会（海安会）会议已通过 435 项决议。常用的与船舶设计和建造相关的 IMO 海上安全委员会决议，详见表 1－15。为便于查到最新的决议，表 1－15 中将编号大的（即最新的决议）排在前面。

2018 年 4 月从 IMO 的网址：http://www.imo.org/en/Pages/Default.aspx，可查找到 IMO 第 97 届海安会会议及其之前已通过的决议目录，并通过链接查找到各决议英文原文，但在第 97 届海安会决议中，MSC.412(97)、MSC.413(97)、MSC.414(97)这 3 项还有待认证（AWAITING CERTIFICATION）。

此外，第 98 届海安会决议，系从会议文件中获得，其在成为 MSC 正式文件之前，变动的可能性较大，仅供参考。至于第 99 届海安会，在 2018 年 5 月 16 日至 25 日召开，决议将在此后相当时间后获得。

表 1－15　与船舶设计和建造相关的 IMO 海上安全委员会决议

Resolution 决议号	Title 标题	Status 状态
MSC.435(98)	Amendments to the code for the consteruction and equipment of mobile offshore drilling units，2009（2009 MODU Code） 《2009 年海上移动式钻井平台构造和设备规则》（2009 MODU Code）修正案	
MSC.434(98)	Pperformance standards for a ship earth station for use in the GMDSS 全球海上遇险与安全系统（GMDSS）中使用的船舶地面站的性能标准	
MSC.433(98)	Guidelines and criteria for ship reporting systems 船舶报告系统的指南和衡准	
MSC.432(98)	Amendments to performance standards for multi-system shipborne radionavigation receivers［Resolution MSC.401(95)］ 多系统船载无线电导航接收器性能标准［MSC.401(95)决议］的修正案	修正 MSC.401(95)
MSC.431(98)	Amendments to the revised performance standards for enhanced group call（EGC）Equipment［Resolution MSC.306(87)］ 经修订的强化群呼（EGC）设备性能标准［MSC.306(87)决议］的修正案	修正 MSC.306(87)

表 1－15(续 1)

Resolution 决议号	Title 标题	Status 状态
MSC. 430(98)	Amendments to the revised performance standards for narrow-band direct-printing telegraph equipment for the reception of navigational and meteorological warnings and urgent information to ships (Navtex) [Resolution MSC. 148(77)] 经修订的《接收船舶的航行和气象警告以及紧急信息的窄带直接印字电报设备的性能标准》(Navtex)[MSC. 148(77)决议]的修正案	修正 MSC. 148(77)
MSC. 429(98)	Revised explanatory notes to the SOLAS chapter Ⅱ－1 subdivision and damage stability regulations 经修订的对《国际海上人命安全公约》(SOLAS)第Ⅱ－1 章关于分舱与破损稳性条款的解释性说明	
MSC. 428(98)	Maritime cyber risk management in safety management systems 安全管理系统中的海上网络风险管理	
MSC. 427(98)	Amendments to the revised recommendation on testing of life-saving appliancess [Resolution MSC. 81(70), as amended] 《经修订的救生设备试验的建议案》[经修正的 MSC. 81(70)决议]的修正案	修正 MSC. 81(70)
MSC. 426(98)	Amendments to the international maritime solid bulk cargoes (IMSBC) Code 《国际海运固体散装货物规则》(IMSBC Code)修正案	
MSC. 425(98)	Amendments to the international life-saving appliance (LSA) Code 国际救生设备规则(LSA Code)修正案	
MSC. 424(98)	Amendments to the international code of safety for high-speed craft, 2000 (2000 HSC Code) 2000 年国际高速船安全规则(2000 HSC Code)修正案	
MSC. 423(98)	Amendments to the international code of safety for high-speed craft, 1994 (1994 HSC Code) 1994 年国际高速船安全规则(1994 HSC Code)修正案	
MSC. 422(98)	Amendments to the international code of safety for ships using gases or other low-flashpoint fuels(IGF Code) 《国际使用燃气或其他低闪点燃料船舶安全规则》(IGF Code)修正案	
MSC. 421(98)	Amendments to the international convention for the safety of life at sea, 1974, as amended (Amends Chapters Ⅱ－1, Ⅱ－2, Ⅲ and Appendix) 经修正的《1974 年国际海上人命安全公约》修正案(修正第Ⅱ－1、Ⅱ－2、Ⅲ章和附录)	
MSC. 420(97)	Interim recommendations for carriage of liquefied hydrogen in bulk 散装运输液化氢临时建议案	

表 1-15(续 2)

Resolution 决议号	Title 标题	Status 状态
MSC.419(97)	Amendments to the general provisions on ships' routeing (Resolution A.572(14), AS AMENDED) 船舶定线制的一般规定[经修正的 A.572(14) 决议]的修正案	修正 A.572(14)
MSC.418(97)	Interim recommendations on the safe carriage of more than 12 industrial personnel on board vessels engaged on international voyages 对在从事国际航行的船上安全载运 12 名以上工业人员的临时建议案	
MSC.417(97)	Amendments to part a of the seafarers' training, certification and watchkeeping (STCW) code 《海员培训、发证和值班(STCW)规则》A 部分的修正案	
MSC.416(97)	Amendments to the international convention on standards of training, certification and watchkeeping for seafarers (STCW), 1978, as amended 经修正的《1978 年国际海员培训、发证和值班标准(STCW)公约》修正案	
MSC.415(97)	Amendments to part b of the international code on intact stability, 2008 (2008 IS Code) 《2008 年国际完整稳性规则》(2008 IS Code) B 部分的修正案	
MSC.414(97)	Amendments to the introduction and part a of the international code on intact stability, 2008 (2008 IS Code) (under the 1988 LOAD LINES Protocol) 《2008 年国际完整稳性规则》(2008 IS Code)(1966 年国际载重线公约 1988 年议定书之下)引言和 A 部分的修正案	
MSC.413(97)	Amendments to the introduction and part a of the international code on intact stability, 2008 (2008 IS Code) (under the 1974 SOLAS convention) 《2008 年国际完整稳性规则》(2008 IS Code)(1974 年国际海上人命安全公约之下)引言和 A 部分的修正案	
MSC.412(97)	Amendments to the international code on the enhanced programme of inspections during surveys of bulk carriers and oil tankers, 2011 (2011 ESP Code) 2011 年散货船和油船检验期间的强化检查方案国际规则(2011 ESP Code)修正案	
MSC.411(97)	Amendments to the international code for the construction and equipment of ships carrying liquefied gases in bulk (IGC Code) 国际散装运输液化气船舶构造与设备规则(IGC Code)修正案	
MSC.410(97)	Amendments to the international code for fire safety systems (FSS Code) 国际消防安全系统规则(FSS Code)修正案	
MSC.409(97)	Amendments to the international convention for the safety of life at sea, 1974, as amended (amends chapters Ⅱ-1, Ⅱ-2 and Ⅺ-1) 经修正的《1974 年国际海上人命安全公约》修正案(修正第Ⅱ-1、Ⅱ-2 和Ⅺ-1 章)	

表 1 – 15(续 3)

Resolution 决议号	Title 标题	Status 状态
MSC.408(96)	Amendments to chapter 2 of the code of safety for special purpose ships, 2008 (2008 SPS Code) 2008 年特殊用途船安全规则(2008 SPS Code)第 2 章修正案	
MSC.407(96)	Amendments to the code for the construction and equipment of mobile offshore drilling units, 2009 (2009 MODU Code) 2009 年海上移动式钻井平台构造和设备规则(2009 MODU Code)修正案	
MSC.406(96)	Amendments to the international maritime dangerous goods (IMDG Code) 国际海运危险货物规则(IMDG Code)修正案	
MSC.405(96)	Amendments to the international code on the enhanced programme of inspections during surveys of bulk carriers and oil tankers, 2011 (2011 ESP Code) 2011 年散货船和油船检验期间的强化检查方案国际规则(2011 ESP Code)修正案	
MSC.404(96)	Amendments to the international convention for the safety of life at sea, 1974, as amended (amends chapters Ⅱ-2 and Ⅲ) 经修正的《1974 年国际海上人命安全公约》修正案(修正第Ⅱ-2 和Ⅲ章)	
MSC.403(96)	Amendments to the international code for fire safety systems (FSS Code) 国际消防安全系统规则(FSS Code)修正案	
MSC.402(96)	Requirements for maintenance, thorough examination, operational testing, overhaul and repair of lifeboats and rescue boats, launching appliances and release gear 救生艇筏和救助艇以及降放设备和释放装置的维护、全面检查、操作试验、检修和修理的要求	
MSC.401(95)	Performance standards for multi-system shipborne radionavigation receivers 船载多系统无线电导航接收器性能标准	由 MSC.432(98)所修正
MSC.400(95)	Amendments to the revised performance standards and functional requirements for the long-range identification and tracking (LRIT) of ships [resolution MSC.263(84), as amended] 《经修订的船舶远程识别与跟踪(LRIT)的性能标准与功能要求》[经修正的 MSC.263(84)决议]的修正案	修正 MSC.263(84)
MSC.399(95)	Amendments to the guidelines for the application of plastic pipes on ships (resolution a.753(18)), as amended by resolution MSC.313(88) 船上塑料管使用指南(经 MSC.313(88)决议修正的 A.753(18)决议)的修正案	修正经 MSC.313(88)修正的 A.753(18)

表 1－15(续 4)

Resolution 决议号	Title 标题	Status 状态
MSC. 398(95)	Amendments to part B of the international code on intact stability, 2008 (2008 IS Code) 《2008 年国际完整稳性规则》(2008 IS Code) B 部分的修正案	
MSC. 397(95)	Amendments to part a of the seafarers' training, certification and watchkeeping (STCW) Code 《海员培训、发证和值班(STCW)规则》A 部分的修正案	
MSC. 396(95)	Amendments to the international convention on standards of training, certification and watchkeeping for seafarers (STCW), 1978, as amended 经修正的《1978 年国际海员培训、发证和值班标准(STCW)公约》修正案	
MSC. 395(95)	Amendments to the protocol of 1988 relating to the international convention for the safety of life at sea, 1974 《1974 年国际海上人命安全公约 1988 年议定书》修正案	
MSC. 394(95)	Amendments to the protocol of 1978 relating to the international convention for the safety of life at sea, 1974 《1974 年国际海上人命安全公约 1978 年议定书》修正案	
MSC. 393(95)	Amendments to the international maritime solid bulk cargoes (IMSBC) code 《国际海运固体散装货物(IMSBC)规则》修正案	
MSC. 392(95)	Amendments to the international convention for the safety of life at sea, 1974, as amended (amends chapters Ⅱ－1, Ⅱ－2 and appendix) 经修正的《1974 年国际海上人命安全公约》修正案(修正第Ⅱ－1、Ⅱ－2 章及附录)	
MSC. 391(95)	Adoption of international code of safety for ships using gases or other low-flash-point fuels (IGF Code) 通过《国际使用燃气或其他低闪点燃料船舶安全规则》(IGF Code)	
MSC. 390(94)	Amendments to the code of the international standards and recommended practices for a safety investigation into a marine casualty or marine incident (casualty investigation code) 海上事故或海上事件安全调查国际标准和推荐规程规则(事故调查规则)修正案	
MSC. 389(94)	amendments to the existing mandatory ship reporting system "off chengshan jiao promontory" 现有的成山角周边海域船舶强制报告系统修正案	
MSC. 388(94)	Amendment to the recommendation on conditions for the approval of servicing stations for inflatable liferafts [resolution a. 761(18)] 气胀式救生筏服务站认可条件建议[A. 761(18)决议]修正案	修正 A. 761(18)

表 1－15(续 5)

Resolution 决议号	Title 标题	Status 状态
MSC. 387(94)	Amendments to the code for the construction and equipment of mobile offshore drilling units, 2009 (2009 MODU Code) 2009 年海上移动式钻井平台构造和设备规则(2009 MODU Code)修正案(修正第 14 章)	
MSC. 386(94)	Amendments to the international convention for the safety of life at sea (SOLAS), 1974, as amended (new chapter xiv) 经修正的《1974 年国际海上人命安全公约》(SOLAS)修正案(新增第XIV章)	
MSC. 385(94)	International code for ships operating in polar waters (POLAR Code) 国际极地水域营运船舶规则(POLAR Code)	
MSC. 384(94)	Amendments to the code for the construction and equipment of mobile offshore drilling units, 2009 (2009 MODU Code) 2009 年海上移动式钻井平台构造和设备规则(2009 MODU Code)修正案(新增第 15 章)	
MSC. 383(94)	Amendments to the code for the construction and equipment of mobile offshore drilling units, 1989 (1989 MODU Code) 1989 年海上移动式钻井平台构造和设备规则(1989 MODU Code)修正案	
MSC. 382(94)	Amendments to the code for the construction and equipment of mobile offshore drilling units (MODU Code) 海上移动式钻井平台构造和设备规则(MODU Code)修正案	
MSC. 381(94)	Amendments to the international code on the enhanced programme of inspections during surveys of bulk carriers and oil tankers, 2011 (2011 ESP Code) 2011 年散货船和油船检验期间的强化检查方案国际规则(2011 ESP Code)修正案	
MSC. 380(94)	Amendments to the international convention for the safety of life at sea (SOLAS), 1974, as amended (amends chapters II-2, VI and XI-1 and appendix) 经修正的《1974 年国际海上人命安全公约》(SOLAS)修正案(修正第II-2、VI 和 XI-1 章及附录)	
MSC. 379(93)	Performance standards for shipborne beidou satellite navigation system (BDS) receiver equipment 船载北斗卫星导航系统(BDS)接收设备性能标准	
MSC. 378(93)	Amendments to the revised recommendation on testing of life-saving appliances [resolution MSC. 81(70)], as amended 经修正的《经修订的救生设备试验的建议案》[MSC. 81(70)决议]的修正案	修正 MSC. 81(70)

表 1 - 15(续 6)

Resolution 决议号	Title 标题	Status 状态
MSC. 377(93)	Amendments to the code for the construction and equipment of ships carrying liquefied gases in bulk (GC Code) 散装运输液化气船舶构造与设备规则(GC Code)修正案	
MSC. 376(93)	Amendments to the code for the construction and equipment of ships carrying dangerous chemicals in bulk (BCH Code) 散装运输危险化学品船舶构造与设备规则(BCH Code)修正案	
MSC. 375(93)	Amendments to the protocol of 1988 relating to the international convention on load lines, 1966 (1988 LOAD LINES Protocol), as amended 经修正的《1966 年国际载重线公约 1988 年议定书》(1988 LOAD LINES Protocol)修正案	
MSC. 374(93)	Amendments to the seafarers' training, certification and watchkeeping (STCW) Code 海员培训、发证和值班规则(STCW Code)修正案	
MSC. 373(93)	Amendments to the international convention on standards of training, certification and watchkeeping for seafarers (STCW), 1978 1978 年国际海员培训、发证和值班标准公约(STCW 1978)修正案	
MSC. 372(93)	Amendments to the international maritime dangerous goods (IMDG) Code 国际海运危险货物规则(IMDG Code)修正案	
MSC. 371(93)	Amendments to the international code on the enhanced programme of inspections during surveys of bulk carriers and oil tankers, 2011 (2011 ESP Code) 2011 年散货船和油船检验期间的强化检查方案国际规则(2011 ESP Code)修正案	
MSC. 370(93)	Amendments to the international code for the construction and equipment of ships carrying liquefied gases in bulk (IGC Code) 国际散装运输液化气船舶构造与设备规则(IGC Code)修正案	
MSC. 369(93)	Amendments to the international code for the construction and equipment of ships carrying dangerous chemicals in bulk (IBC Code) 国际散装运输危险化学品船舶构造与设备规则(IBC Code)修正案	
MSC. 368(93)	Amendments to the international life-saving appliance (LSA) Code 国际救生设备规则(LSA Code)修正案	
MSC. 367(93)	Amendments to the international code for fire safety systems (FSS Code) 国际消防安全系统规则(FSS Code)修正案	
MSC. 366(93)	Amendments to the international convention for the safety of life at sea (SOLAS), 1974, as amended (new chapter XIII) 经修正的《1974 年国际海上人命安全公约》修正案(新增第XIII章)	

表 1－15(续 7)

Resolution 决议号	Title 标题	Status 状态
MSC. 365(93)	Amendments to the international convention for the safety of life at sea (SOLAS), 1974, as amended (amends Chapters Ⅱ-1and Ⅱ-2) 经修正的《1974 年国际海上人命安全公约》修正案(修正第Ⅱ-1 和Ⅱ-2 章)	
MSC. 363(92)	Performance Standards for Electronic Inclinometers 电子测斜仪性能标准	
MSC. 362(92)	Revised Recommendation on a Standard Method for Evaluating Cross-Flooding Arrangements 经修订的评估横贯浸水装置标准方法建议案	
MSC. 361(92)	Operation of the International LRIT data exchange after 2013 国际 LRIT(远程识别与跟踪)数据交换站 2013 年之后的运行	
MSC. 360(92)	Adoption of Amendments to the Code of Safety for Dynamically Supported Craft (DSC Code) [Resolution A. 373(X)] 通过《动力支承艇安全规则》[DSC Code) (A. 373(X)决议]修正案	修正 A. 373(X)
MSC. 359(92)	Adoption of Amendments to the Code for the Construction and Equipment of mobile Offshore Drilling Units, 2009 (2009 MODU Code) (Resolution A. 1023(26)) 通过《2009 年海上移动式钻井平台构造和设备规则》(2009 MODU Code) [A. 1023(26)决议] 修正案	修正 A. 1023(26)
MSC. 358(92)	Adoption of Amendments to the Code for the Construction and Equipment of mobile Offshore Drilling Units, 1989 (1989 MODU Code) [Resolution A. 649(16)] 通过《1989 年海上移动式钻井平台构造和设备规则》(1989 MODU Code) [A. 649(16)决议]修正案	修正 A. 649(16)
MSC. 357(92)	Adoption of Amendments to the Code for the Construction and Equipment of mobile Offshore Drilling Units (MODU Code) [Resolution A. 414(XI)] 通过《海上移动式钻井平台构造和设备规则》(MODU Code) [A. 414(XI)决议]修正案	修正 A. 414(XI)
MSC. 356(92)	Adoption of Amendments to the Protocol of 1988 relating to the International Convention on Load Lines, 1966 (1988 LOAD LINES PROTOCOL) 通过《1966 年国际载重线公约 1988 年议定书》修正案	
MSC. 355(92)	Adoption of Amendments to the International Convention for Safe Containers, 1972 (CSC 1972) 通过《1972 年国际安全集装箱公约》修正案	

表 1-15(续 8)

Resolution 决议号	Title 标题	Status 状态
MSC. 354(92)	Adoption of Amendments to the International Maritime Solid Bulk Cargoes (IMSBC) Code 通过《国际海运固体散装货物规则》(IMSBC Code)修正案	
MSC. 353(92)	Adoption of Amendments to the International Safety Management Code (ISM Code) 通过《国际安全管理规则》(ISM Code) 修正案	
MSC. 352(92)	Adoption of amendments to the International Code of Safety for High-Speed Craft, 2000 (2000 HSC Code) 通过《2000 年国际高速船安全规则》(2000 HSC Code) 的修正案	
MSC. 351(92)	Adoption of amendments to the International Code of Safety for High-Speed Craft, 1994 (1994 HSC Code) 通过《1994 年国际高速船安全规则》(1994 HSC Code) 的修正案	
MSC. 350(92)	Adoption of amendments to the International Convention for the Safety of Life at Sea, 1974, as amended 通过经修正的《1974 年国际海上人命安全公约》修正案	
MSC. 349(92)	Adoption of Code for Recognized Organizations (RO Code) 通过《被认可组织规则》(RO Code)	
MSC. 347(91)	Recommendation for the protection of the AIS VHF data link 对自动识别系统(AIS)甚高频(VHF)数据链防护的建议案	废除 MSC. 140(76)
MSC. 346(91)	Application of SOLAS regulation Ⅲ/17-1 to ships to which SOLAS Chapter Ⅲ does not apply 对 SOLAS 第Ⅲ章不适用的船舶实施 SOLAS 第Ⅲ/17-1 条	
MSC. 345(91)	Adoption of amendments to the Protocol of 1988 relating to the International Convention on Load Lines, 1966, as amended 通过《经修正的 1966 年载重线公约 1988 议定书》修正案	
MSC. 344(91)	Adoption of amendments to the Protocol of 1988 relating to the International Convention for the Safety of Life at Sea, 1974 通过《1974 年国际海上人命安全公约 1988 年议定书》修正案	
MSC. 343(91)	Adoption of amendments to the protocol of 1978 relating to the International Convention for the Safety of Life at Sea, 1974 通过《1974 年国际海上人命安全公约 1978 年议定书》修正案	
MSC. 342(91)	Adoption of amendments to the performance standard for protective coatings for cargo oil tanks of crude oil tankers [Resolution MSC. 288(87)] 通过《原油船货油舱保护涂层性能标准》[MSC. 288(87)]修正案	修正 MSC. 288(87)

表 1 – 15(续 9)

Resolution 决议号	Title 标题	Status 状态
MSC. 341(91)	Adoption of amendments to the Performance Standard for Protective Coatings for Dedicated Seawater Ballast Tanks in all types of ships and double side skin spaces of bulk carriers [Resolution MSC. 215(82)] 通过《所有类型船舶专用海水压载舱及散货船双舷侧处所保护涂层性能标准》[MSC. 215(82)]修正案	修正 MSC. 215(82)
MSC. 340(91)	Adoption of amendments to the International Code for the Construction and Equipment of Ships Carrying Dangerous Chemicals in Bulk (IBC Code) 通过《国际散装运输危险化学品船舶构造与设备规则(IBC Code)》修正案	
MSC. 339(91)	Adoption of amendments to the International Code for Fire Safety Systems (FSS Code) 通过《国际消防安全系统规则(FSS Code)》修正案	
MSC. 338(91)	Adoption of amendments to the International Convention for the Safety of Life at Sea, 1974, as amended 通过经修正的《1974 年国际海上人命安全公约》修正案	
MSC. 337(91)	Adoption of the code on Noise Levels on Board Ships 通过《船上噪声级规则》	
MSC. 336(90)	Adoption of measures aimed at enhancing the safety of passenger ships 通过旨在加强客船安全的措施	
MSC. 335(90)	Adoption of amendments to the guidelines for the design and construction of offshore supply vessels, 2006 [Resolution MSC. 235(82] 通过 2006 年近海供应船设计与建造指南[MSC. 235(82)决议]的修正案	修正 MSC. 235(82)
MSC. 334(90)	Adoption of amendments to the performance standards for devices to measure and indicate speed and distance [Resolution MSC. 96(72)] 通过速度与距离测量和指示装置性能标准[MSC. 96(72)决议]的修正案	修正 MSC. 96(72)
MSC. 333(90)	Adoption of revised performance standards for Shipborne Voyage Data Recorders (VDRs) 通过经修订的《船载航行数据记录仪》(VDR)性能标准	
MSC. 330(90)	Adoption of amendments to the Revised Performance Standards and Functional Requirements for the Long-Range Identification and Tracking of Ships [Resolution MSC. 263(84)] 通过《船舶远程识别与跟踪的经修订的性能标准和运行要求》[MSC. 263(84)决议]的修正案	修正 MSC. 263(84)
MSC. 329(90)	Adoption of amendments to the Protocol of 1988 relating to the International Convention on Load Lines, 1966, as amended 通过经修正的《1966 年国际载重线公约 1988 年议定书》的修正案	

表 1－15(续 10)

Resolution 决议号	Title 标题	Status 状态
MSC. 328(90)	Adoption of amendments to the International Maritime Dangerous Goods (IMDG) Code (amendment 36－12) 通过《国际海运危险货物规则》(IMDG Code) 的修正案 (36－12 修正案)	
MSC. 327(90)	Adoption of amendments to the International Code for Fire Safety Systems (FSS Code) 通过《国际消防安全系统规则》(FSS Code) 的修正案	
MSC. 326(90)	Adoption of amendments to the International Code of Safety for High-Speed Craft, 2000 (2000 HSC Code) 通过《2000 年国际高速船安全规则》(2000 HSC Code) 的修正案	
MSC. 325(90)	Adoption of amendments to the International Convention for the Safety of Life at Sea, 1974, as amended 通过经修正的《1974 年国际海上人命安全公约》修正案	
MSC. 323(89)	Adoption of Amendments to the Revised Recommendation on Testing of Life-Saving Appliances [Resolution MSC. 81(70)] 通过《经修订的救生设备试验的建议案》[MSC. 81(70)决议]的修正案	修正 MSC. 81(70)
MSC. 322(89)	Operation of the International LRIT Data Exchange 国际(船舶) 远程识别与跟踪(LRIT)数据交换的运行	
MSC. 321(89)	Adoption of Amendments to the Revised Recommendation on Testing of Life-Saving Appliances [Resolution MSC. 81(70)], as amended 通过经修正的《经修订的救生设备试验的建议案》[MSC. 81(70)决议]的修正案	修正 MSC. 81(70)
MSC. 320(89)	Adoption of Amendments to the International Life Saving Appliance (LSA) Code 通过《国际救生设备规则》(LSA Code)修正案	修正 MSC. 48(66)
MSC. 319(89)	Amendments to the International Code on Intact Stability, 2008 (2008 IS Code) 《2008 年国际完整稳性规则》(2008 IS Code)修正案	修正 MSC. 267(85)
MSC. 318(89)	Adoption of Amendments to the International Maritime Solid Bulk Cargoes (IMSBC) Code 通过《国际海运固体散装货物规则》(IMSBC Code)修正案	修正 MSC. 268(85)
MSC. 317(89)	Adoption of Amendments to the International Convention for the Safety of Life at Sea, 1974, as amended 通过经修正的《1974 年国际海上人命安全公约》修正案	
MSC. 313(88)	Amendments to the Guidelines for the Application of Plastic Pipes on Ships [Resolution A. 753(18)] 船上塑料管使用指南[A. 753(18)决议]的修正案	修正 A. 753(18),由 MSC. 399(95)所修正

表 1－15(续 11)

Resolution 决议号	Title 标题	Status 状态
MSC. 311(88)	Adoption of Amendments to the International Code for Fire Safety Systems (FSS Code) 通过《国际消防安全系统规则》修正案	
MSC. 310(88)	Adoption of Amendments to the International Convention for Safe Containers (CSC), 1972 通过《1972 年国际安全集装箱公约》修正案	
MSC. 309(88)	Adoption of Amendments to the Protocol of 1988 relating to the International Convention for the Safety of Life at Sea, 1974 通过《1974 年国际海上人命安全公约 1988 年议定书》修正案	
MSC. 308(88)	Adoption of Amendments to the International Convention for the Safety of Life at Sea, 1974, as amended 通过经修正的《1974 年国际海上人命安全公约》修正案	
MSC. 307(88)	Adoption of the International Code for Application of Fire Test Procedures, 2010 (2010 FTP Code) 通过《2010 年国际实施耐火试验程序规则》	
MSC. 306(87)	Revised performance standards for enhanced group call (EGC) equipment 经修订的强化群呼(EGC)设备性能标准	由 MSC. 431(98)所修正
MSC. 304(87)	Adoption of Amendments to the Code of Practice for the Safe Loading and Unloading of Bulk Carriers (BLU Code) 通过《散货船装卸安全操作规则》(BLU Code)修正案	
MSC. 302(87)	Adoption of performance standards for Bridge Alert Management 通过"桥楼报警管理"的性能标准	
MSC. 299(87)	Adoption of amendments to the code of Safety for Special Purpose Ships, 2008 通过《2008 年特殊用途船安全规则》(SPS Code)修正案	
MSC. 297(87)	Establishment of the international LRIT data exchange 建立国际(船舶)远程识别与跟踪(LRIT)数据交换	
MSC. 296(87)	Adoption of the guidelines for verification of conformity with Goal-Based Ship Construction Standards for bulk carriers and oil tankers 通过《与散货船和油船目标型船舶建造标准相符合的验证指南》	
MSC. 295(87)	Adoption of amendments to the revised recommendation on Testing of Life-Saving Appliances [Resolution MSC. 81(70)] 通过经修订的《救生设备试验建议案》[MSC. 81(70)决议]修正案	修正 MSC. 81(70)

表 1-15(续 12)

Resolution 决议号	Title 标题	Status 状态
MSC. 294(87)	Adoption of amendments to the International Maritime Dangerous Goods (IMDG) Code 通过《国际海运危险货物规则》(IMDG Code)修正案	
MSC. 288(87)	Performance standard for protective coatings for cargo oil tanks of crude oil tankers 原油船货油舱保护涂层性能标准	由 MSC. 342(91)所修正
MSC. 286(86)	Recommendations for material safety data sheets (MSDS) for MARPOL Annex I oil cargo and oil fuel 国际防止船舶造成污染公约(MARPOL)附则 I 的油货和燃油的物质安全数据单(MSDS)的建议案	废除 MSC. 150(77)
MSC. 285(86)	Interim guidelines on safety for natural gas-fuelled engine installations in ships 船上以天然气为燃料的发动机装置安全的临时指南	
MSC. 284(86)	Amendments to the revised guidelines for approval of sprinkler systems equivalent to that referred to in SOLAS Regulation Ⅱ-2/12 [Resolution A. 800(19)] 经修订的与 SOLAS 第Ⅱ-2/12 条规定等效的喷水器系统的认可指南[A. 800(19)决议]的修正案	修正 A. 800(19)
MSC. 283(86)	Adoption of amendments to the protocol of 1988 relating to the International Convention for the Safety of Life at Sea, 1974 通过《1974 年国际海上人命安全公约 1988 年议定书》修正案	
MSC. 282(86)	Adoption of amendments to the international convention for the Safety of Life at Sea, 1974, as amended 通过经修正的《1974 年国际海上人命安全公约》修正案	
MSC. 281(85)	Explanatory notes to the SOLAS Chapter Ⅱ-1 subdivision and damage stability regulations SOLAS 第Ⅱ-1 章分舱与破舱稳性条款的解释性说明	
MSC. 277(85)	Clarification of the term "Bulk Carrier" and guidance for application of regulations in SOLAS to ships which occasionally carry dry cargoes in bulk and are not determined as bulk carriers in accordance with Regulation Ⅻ/1.1 and Chapter Ⅱ-1 "散货船"术语的澄清,以及对偶尔载运散装干货,但按 SOLAS 第Ⅻ/1.1 条和第Ⅱ-1 章并未确定为散货船的船舶的 SOLAS 条款应用指南	
MSC. 276(85)	Operation of the International LRIT data exchange on an interim basis 临时国际(船舶)远程识别与跟踪(LRIT)数据交换的运行	

表 1－15(续 13)

Resolution 决议号	Title 标题	Status 状态
MSC. 275(85)	Appointment of the LRIT Coordinator (船舶)远程识别与跟踪(LRIT)协调者的指定	
MSC. 274(85)	Adoption of Amendments to the Revised Recommendation on Testing of Life-Saving Appliances [Resolution MSC. 81(70)] 通过经修订的《救生设备试验建议案》[MSC. 81(70)决议]修正案	修正 MSC. 81(70)
MSC. 272(85)	Adoption of Amendments to the International Life-Saving Appliance (LSA) Code 通过《国际救生设备规则》修正案	
MSC. 271(85)	Adoption of Amendments to the International Code of Safety for High-Speed Craft, 2000 (2000 HSC Code) 通过《2000 年国际高速船安全规则》(2000 HSC Code)修正案	修正 MSC. 97(73)
MSC. 270(85)	Adoption of Amendments to the Protocol of 1988 relating to the International Convention on Load Lines, 1966, as amended 通过经修正的《1966 年国际载重线公约 1988 年议定书》修正案	
MSC. 269(85)	Adoption of Amendments to the International Convention for the Safety of Life at Sea, 1974, as amended 通过经修正的《1974 年国际海上人命安全公约》修正案	
MSC. 268(85)	Adoption of the International Maritime Solid Bulk Cargoes (IMSBC) Code 通过《国际海运固体散装货物规则》(IMSBC Code)	附件替代 MSC. 193(79),由 MSC. 318(89)所修正
MSC. 267(85)	Adoption of the International Code on Intact Stability, 2008 (2008 IS Code) 通过《2008 年国际完整稳性规则》(2008 IS Code)	由 MSC. 319(89)所修正
MSC. 266(84)	Code of safety for special purpose ships, 2008 2008 年特种用途船安全规则	替代 A. 534(13)
MSC. 265(84)	Amendments to the revised guidelines for approval of sprinkler systems equivalent to that referred to in SOLAS Regulation Ⅱ－2/12 [Resolution A. 800(19)] 经修订的与 SOLAS 第Ⅱ－2/12 条规定等效的喷水器系统的认可指南[A. 800(19)决议]的修正案	修正 A. 800(19)
MSC. 264(84)	Establishment of the international LRIT data exchange on an interim basis 建立临时 LRIT 国际数据交换	废除 MSC. 243(83)
MSC. 263(84)	Revised performance standards and functional requirements for the long range identification and tracking of ships 经修订的船舶远程识别与跟踪的性能标准和功能要求	废除 MSC. 254(83),由 MSC. 330(90)所修正

表 1 – 15(续 14)

Resolution 决议号	Title 标题	Status 状态
MSC. 262(84)	Adoption of Amendments to the International Maritime Dangerous Goods (IMDG) Code 通过国际海运危险货物(IMDG)规则)的修正案	
MSC. 261(84)	Adoption of Amendments to the Guidelines on the Enhanced Programme of Inspections During Surveys of Bulk Carriers and Oil Tankers [Resolution A. 744 (18), as amended] 通过散货船和油船检验期间的强化检查方案指南[经修正的 A. 744(18)决议] 的修正案	修正 A. 744(18)
MSC. 260(84)	Adoption of Amendments to the International Code of Safety for High-speed Craft, 2000 (2000 HSC Code) 通过《2000 年国际高速船安全规则》(2000 HSC Code)修正案	修正 MSC. 97(73)
MSC. 259(84)	Adoption of Amendments to the International Code of Safety for High-speed Craft, 1994 (1994 HSC Code) 通过《1994 年国际高速船安全规则》(1994 HSC Code)修正案	修正 MSC. 36(63)
MSC. 258(84)	Adoption of Amendments to the Protocol of 1988 relating to the International Convention for the Safety of Life at Sea, 1974, 通过 1974 年国际海上人命安全公约 1988 年议定书的修正案	
MSC. 257(84)	Adoption of Amendments to the International Convention for the Safety of Life at Sea, 1974, as amended 通过经修正的 1974 年国际海上人命安全公约的修正案	
MSC. 256(84)	Adoption of Amendments to the International Convention for the Safety of Life at Sea, 1974, as amended 通过经修正的 1974 年国际海上人命安全公约的修正案	
MSC. 254(83)	Adoption of amendments to the performance standards and functional requirements for the long range identification and tracking of ships 通过船舶远程识别与跟踪的性能标准和功能要求的修正案	由 MSC. 263(84)所废除
MSC. 253(83)	Adoption of Performance standards for navigation lights, navigation light controllers and associated equipment 通过航行灯、航行灯控制器及相关设备的性能标准	
MSC. 252(83)	Adoption of the revised performance standards for integrated navigation systems (INS) 通过经修订的综合航行系统(INS)的性能标准	修正 MSC. 86(70)

表 1 – 15(续 15)

Resolution 决议号	Title 标题	Status 状态
MSC. 247(83)	Adoption of amendments to Performance standards for survival craft radar transponders for use in search and rescue operations [Resolution A. 802(19)] 通过用于搜寻和救助作业的救生艇筏雷达应答器的性能标准[A. 802(19)决议]的修正案	修正 A. 802(19)
MSC. 246(83)	Performance standards for AIS search and rescue transmitters (AIS-SART) for use in search and rescue operations 用于搜寻和救助作业的自动识别系统搜救发送器(AIS-SART)的性能标准	在 2010 年 1 月 1 日或以后所安装的
MSC. 245(83)	Recommendation on a standard method for evaluating cross-flooding arrangements 横贯注水布置评估标准方法的建议案	
MSC. 244(83)	Performance standard for protective coatings for void spaces on bulk carriers and oil tankers 散货船和油船空舱保护涂层性能标准	
MSC. 243(83)	Establishment of International LRIT Data Exchange on an interim basis 建立临时 LRIT 国际数据交换	由 MSC. 264(84)所废除
MSC. 242(83)	Use of LRIT information for safety and environmental purposes 为(船舶)安全和环境保护而采用远程识别与跟踪(LRIT)信息	
MSC. 241(83)	Adoption of Amendments to the International Code for the Safe Carriage of Packaged Irradiated Nuclear Fuel, Plutonium and High-Level Radioactive Wastes on board Ships (INF Code) 通过国际船舶安全装运密封装辐射性核燃料、钚和强放射性废料规则(INF 规则)的修正案	修正 MSC. 88(71)
MSC. 240(83)	Adoption of Amendments to the Protocol of 1988 relating to the International Convention for the Safety of Life at Sea, 1974, as amended 通过经修正的 1974 年国际海上人命安全公约 1988 年议定书的修正案	
MSC. 239(83)	Adoption of Amendments to the International Convention for the Safety of Life at Sea, 1974, as amended 通过经修正的 1974 年国际海上人命安全公约的修正案	
MSC. 238(82)	Adoption of amendments to the code of practice for the safe loading and unloading of bulk carriers 通过《散货船装卸安全操作规则》修正案	修正 A. 862(20)
MSC. 237(82)	Adoption of amendments to the code of safe practice for the carriage of cargoes and persons by offshore supply vessels (OSV Code) 通过《近海供应船货物和人员载运安全操作规则(OSV Code)》修正案	修正 A. 863(20)

表 1-15(续 16)

Resolution 决议号	Title 标题	Status 状态
MSC.236(82)	Adoption of amendments to the guidelines for the transport and handling of limited amounts of hazardous and noxious liquid substances in bulk on offshore support vessels 通过《近海供应船舶散装有限数量有害和有毒液体物质的运输和装卸指南》修正案	修正 A.673(16)
MSC.235(82)	Adoption of the guidelines for the design and construction of offshore supply vessels, 2006 通过《2006 年近海供应船设计与建造指南》	替代 A.469(Ⅻ),由 MSC.335(90)修正
MSC.232(82)	Adoption of the revised performance standards for electronic chart display and information systems (ECDIS) 通过经修订的电子海图显示和信息系统(ECDIS)的性能标准	修正 A.817(19)
MSC.227(82)	Adoption of amendments to the protocol of 1988 relating to the international convention for the safety of life at sea, 1974 通过 1974 年国际海上人命安全公约 1988 年议定书的修正案	
MSC.226(82)	Adoption of amendments to the revised recommendation on testing of life-saving appliances, as amended 通过经修正的《经修订的救生设备试验建议案》修正案	修正 MSC.81(70)
MSC.225(82)	Adoption of amendments to the code for the construction and equipment of ships carrying liquefied gases in bulk, as amended 通过经修正的《散装运载液化气船的构造和设备规则》修正案	修正 A.328(Ⅸ)
MSC.224(82)	Adoption of amendments to the Code of Safety for Dynamically Supported Craft, as amended 通过经修正的《动力支承艇安全规则》修正案	修正 A.373(X)
MSC.223(82)	Adoption of amendments to the protocol of 1988 relating to the International Convention on Load Lines, 1966, as amended 通过经修正的《1966 年国际载重线公约 1988 年议定书》修正案	
MSC.222(82)	Adoption of amendments to The International Code of Safety for High-Speed Craft, 2000 通过《2000 年国际高速船安全规则》修正案	修正 MSC.97(73)
MSC.221(82)	Adoption of amendments to The International Code of Safety for High-Speed Craft (1994 HSC Code) 通过《1994 年国际高速船安全规则》(1994 HSC Code)修正案	修正 MSC.36(63)

表 1－15(续 17)

Resolution 决议号	Title 标题	Status 状态
MSC. 220(82)	Adoption of amendments to the International Code for the construction and equipment of ships carrying liquefied gases in bulk 通过《国际散装运输液化气船舶构造与设备规则》修正案	修正 MSC. 5(48)
MSC. 219(82)	Adoption of amendments to The International Code for the Construction and equipment of ships carrying dangerous chemicals in bulk 通过《国际散装运输危险化学品船舶构造与设备规则》修正案	修正 MSC. 4(48)
MSC. 218(82)	Adoption of amendments to The International Life-Saving Appliance (LSA) Code 通过《国际救生设备规则(LSA Code)》修正案	修正 MSC. 48(66)
MSC. 217(82)	Adoption of amendments to the international code for Fire Safety Systems 通过《国际消防安全系统规则》修正案	修正 MSC. 98(73)
MSC. 216(82)	Adoption of amendments to the international convention for the Safety of Life at Sea, 1974, as amended 通过经修正的 1974 年国际海上人命安全公约的修正案	
MSC. 215(82)	Performance standard for protective coatings for dedicated seawater ballast tanks in all types of ships and double-side skin spaces of bulk carriers 所有类型船舶专用海水压载舱及散货船双舷侧处所保护涂层性能标准	由 MSC. 341(91)所修正
MSC. 214(81)	Adoption of amendments to the performance standards for shipborne voyage data recorders (VDRs)[Resolution A. 861(20)]and performance standards for shipborne simplified voyage data recorders (S-VDRs) [Resolution MSC. 163(78)] 通过船载航行数据记录仪(VDRs)性能标准[A. 861(20)决议]和船载简化的航行数据记录仪(S-VDRs)性能标准[(MSC. 163(78)决议]的修正案	修正 A. 861(20)和 MSC. 163(78)
MSC. 210(81)	Performance standards and functional requirements for the long range identification and tracking of ships 船舶远程识别与跟踪的性能标准和功能要求	由 MSC. 254(83)所修正，由 MSC. 263(84)所废除
MSC. 209(81)	Adoption of amendments to the seafarers' training, certification and watchkeeping 通过《海员培训、发证和值班规则》(STCW Code) 修正案	修正 A. 959(23)
MSC. 207(81)	Adoption of amendments to the international life-saving appliance (LSA) Code 通过《国际救生设备规则(LSA Code)》修正案	修正 MSC. 48(66)
MSC. 206(81)	Adoption of amendments to the international code for fire safety systems (FSS Code) 通过《国际消防安全系统规则(FSS Code)》修正案	

表 1－15(续 18)

Resolution 决议号	Title 标题	Status 状态
MSC. 201(81)	Adoption of amendments to the international convention for the Safety of Life at Sea, 1974, as amended 通过经修正的 1974 年国际海上人命安全公约的修正案	
MSC. 200(80)	Adoption of amendments to the revised recommendation on testing of life-saving appliances 通过《经修订的救生设备试验建议案》修正案	修正 MSC. 81(70)
MSC. 199(80)	Adoption of amendments to provision of radio services for the global maritime distress and safety system (GMDSS) [Resolution A. 801(19)] 通过《全球海上遇险与安全系统(GMDSS)无线电业务规定[A. 801(19)决议]》修正案	修正 A. 801(19)
MSC. 197(80)	Adoption of amendments to the guidelines on the enhanced programme of inspections during surveys of bulk carriers and oil tankers [Resolution A. 744(18), as amended] 通过《散货船和油船检验期间的强化检查方案指南》[经修正的 A. 744(18)决议]修正案	修正 A. 744(18)
MSC. 194(80)	Adoption of amendments to the international convention for the safety of life at sea, 1974, as amended 通过经修正的 1974 年国际海上人命安全公约的修正案	
MSC. 193(79)	Code of Safe Practice for Solid Bulk Cargoes, 2004 2004 年固体散装货物安全操作规则	修订 A. 434(Ⅺ),由 MSC. 268(85)的附件所替代
MSC. 192(79)	Adoption of the revised performance standards for radar equipment 通过《经修订的雷达设备性能标准》	
MSC. 187(79)	Adoption of amendments to the code for the Construction and Equipment of Mobile Offshore Drilling Units (MODU Code) 通过《海上移动式钻井平台构造和设备规则》(MODU Code)修正案	修正 A. 649(16)
MSC. 186(79)	Adoption of amendments to the code of safety for dynamically supported craft, as amended (DSC Code) 通过经修正的《动力支承艇安全规则》(DSC Code) 修正案	修正 A. 373(X)
MSC. 183(79)	Adoption of amendments to the code of safety for special purpose ships (SPS Code) 通过《特种用途船安全规则》(SPS Code) 修正案	修正 A. 534(13)
MSC. 178(79)	Amendments to the International Code for the Safe Carriage of Packaged Irradiated Nuclear Fuel, Plutonium and High-Level Radioactive Wastes on board Ships (INF Code) 国际船舶安全装运密封装辐射性核燃料、钚和强放射性废料规则 (INF 规则) 的修正案	修正 MSC. 88 (71) ,由 MSC. 241 (83) 所修正

表 1 – 15(续 19)

Resolution 决议号	Title 标题	Status 状态
MSC. 173(79)	Adoption of amendments to the international code for application of Fire Test Procedures (FTP Code) 通过《国际实施耐火试验程序规则》(FTP Code) 修正案	
MSC. 163(78)	Performance standards for shipborne simplified voyage data recorders (S-VDRs) 船载简化的航行数据记录仪(S-VDRs)性能标准	由 MSC. 214(81)所修正
MSC. 153(78)	Adoption of amendments to the International Convention for the Safety of Life at Sea, 1974, as amended 通过经修正的 1974 年国际海上人命安全公约的修正案	
MSC. 149(77)	Revised performance standards for survival craft portable two-way VHF radiotelephone apparatus 经修订的救生艇筏便携式双向甚高频无线电话装置的性能标准	修订 A. 809(19)附件 1
MSC. 148(77)	Adoption of the Revised Performance standards for narrow-band direct printing telegraph equipment for the reception of navigational and meteorological warnings and urgent information to ships (NAVTEX) 通过经修订的《接收船舶的航行和气象警告以及紧急信息的窄带直接印字电报设备的性能标准》(NAVTEX)	修订 A. 525(13) 由 MSC. 430(98)决议所修正
MSC. 143(77)	Amendments to the Protocol of 1988 relating to the International Convention on Load Lines, 1966 《1966 年国际载重线公约 1988 年议定书》修正案	
MSC. 137(76)	Standards for ship manoeuvrability 船舶操纵性的标准	废除 A. 751(18),替代 A. 751(18)附件的规定
MSC. 133(76)	Technical provisions for means of access for inspections 检查通道的技术规定	
MSC. 128(75)	Performance standards for a bridge navigational watch alarm system (BNWAS) 桥楼航行值班报警系统(BNWAS)的性能标准	
MSC. 123(75)	Amendments to the International Convention for the Safety of Life at Sea, 1974, as amended 通过经修正的 1974 年国际海上人命安全公约的修正案	
MSC. 120(74)	Amendments to the performance standards for float-free satellite emergency position-indicating radio beacons (EPIRBs) operating on 406 MHz [Resolution A. 810(19)] 在 406MHz 上工作的自浮式卫星应急无线电示位标(EPIRBs)性能标准[A. 810(19)决议]的修正案	修正 A. 810(19)

表 1-15(续 20)

Resolution 决议号	Title 标题	Status 状态
MSC. 116(73)	Performance standards for marine transmitting heading devices (THDs) 船用首向发送装置(THDs)性能标准	替代 MSC. 86(70)
MSC. 98(73)	Adoption of the international code for Fire Safety Systems 通过《国际消防安全系统规则》	由 MSC. 206(81)和 MSC. 217(82)所修正
MSC. 97(73)	Adoption of the International Code of Safety for High-Speed Craft, 2000 (2000 HSC Code) 通过《2000 年国际高速船安全规则》	由 MSC. 175(79), MSC. 222(82), MSC. 260(84)和 MSC. 271(85)所修正
MSC. 96(72)	Amendments to performance standards for devices to indicate speed and distance [Resolution A. 824(19)] 航速和航程指示装置的性能标准[A. 824(19)决议]的修正案	修正 A. 824(19)由 MSC. 334(90)所修正
MSC. 88(71)	Adoption of the International Code for the Safe Carriage of Packaged Irradiated Nuclear Fuel, Plutonium and High-Level Radioactive Wastes on board Ships (INF Code) 通过国际船舶安全装运密封装辐射性核燃料、钚和强放射性废料规则(INF 规则)	由 MSC. 178(79)和 MSC. 241(83)所修正
MSC. 86(70)	Adoption of New and Amended performance standards for Navigational Equipment 通过新的和经修正的航行设备性能标准	修正 A. 817(19),参见 MSC. 166(78);附件 2 由 MSC. 116(73)所替代,附件 3 现在 MSC. 252(83)中,但对 2011 年 1 月 1 日之前安装的设备仍有效
MSC. 81(70)	Revised Recommendation on Testing of Life-Saving Appliances 经修订的救生设备试验的建议案	修正 A. 689(17)的附件,由 MSC. 200(80), MSC. 226(82), MSC. 274(85), MSC. 295(87), MSC. 321(89), MSC. 323(89), MSC. 378(93)和 MSC. 427(98)所修正

表 1－15(续 21)

Resolution 决议号	Title 标题	Status 状态
MSC. 68(68)	Amendments to performance standards for shipborne radiocommunications equipment 船上无线电通信设备性能标准的修正案	修正 A. 803(19)、A. 804(19)、A. 806(19)和 A. 807(19)
MSC. 56(66)	Amendments to the Performance standards for float-free satellite EPIRBs operating on 406 MHz [Resolution A. 810(19)] 在 406 MHz 上工作的自浮式卫星 EPIRBs 性能标准[A. 810(19)决议]的修正案	修正 A. 763(18)和 A. 810(19)
MSC. 48(66)	Adoption of the international life-saving appliance (LSA) Code 通过《国际救生设备规则(LSA Code)》	由 MSC. 207(81), MSC. 218(82)和 MSC. 272(85)所修正
MSC. 39(63)	Amendments to the Code on Alarms and Indicators 报警器和指示器规则的修正案	修正 A. 686(17)、由 A. 830(19)所废除
MSC. 36(63)	Adoption of The International Code of Safety for High-Speed Craft 通过国际高速船安全规则	由 MSC. 174(79), MSC. 221(82)和 MSC. 259(84)所修正
MSC. 5(48)	Adoption of the International Code for the construction and equipment of ships carrying liquefied gases in bulk(IGC Code) 通过《国际散装运输液化气船舶构造与设备规则》(IGC Code)	由 MSC. 59(67), MSC. 103(73), MSC. 177(79)和 MSC. 220(82)所修正
MSC. 4(48)	Adoption of The International Code for the Construction and equipment of ships carrying dangerous chemicals in bulk(IBC Code) 通过《国际散装运输危险化学品船舶构造与设备规则》(IBC Code)	由 MSC. 10(54), M. SC. 50(66), M. SC. 58(67), M. SC. 102(73), M. SC. 176(79), M. SC. 219(82)和 M. EPC. 19(22)所修正
MSC. 1(XLV)	1981 amendments to the International Convention for the Safety of Life at Sea, 1974 1974 年国际海上人命安全公约的 1981 年修正案	合并 A. 325(Ⅸ)、A. 336(Ⅸ)和 A. 344(Ⅸ)等

1.4.2.8　IMO 海上环境保护委员会决议(MEPC Resolutions)

MEPC 每年召开一至两次会议,至 2017 年 7 月海上环境保护委员会(环保会)第 71 届会议(MEPC 71)已通过 295 项决议。对于部分常用的与船舶设计和建造相关的 IMO 海上环境保护委员会决议,详见表 1－16,为便于查到最新的决议,表 1－16 中将编号大的(即最新的决议)排在前面。

2018 年 4 月从 IMO 的网址:http://www. imo. org/en/Pages/Default. aspx,可查找到 IMO 第 70 届环保会会议及其之前已通过的决议目录,并通过链接查找到各决议英文原文。但在第 70 届和 69 届环保会决议中,有些项目还有待认证(AWAITING CERTIFICATION)。

此外,第 71 届海安会决议,系从会议文件中获得,其在成为 MEPC 正式文件之前,变动的可能性较大,仅供参考。至于第 72 届环保会,在 2018 年 4 月 9 日至 13 日召开,决议将在此后相当时间后获得。

表 1－16　与船舶设计和建造相关的 IMO 海上环境保护委员会决议

Resolution 决议号	Title 标题	Status 状态
MEPC. 295(71)	2017 Guidelines for the implementation of MARPOL annex V 2017 年国际防止船舶造成污染公约(MARPOL)附则 V 实施指南	
MEPC. 294(71)	Designation of tubbataha reefs natural park as a particularly sensitive sea area 指定图巴塔哈群礁自然公园作为特别敏感海区	
MEPC. 293(71)	2017 Guidelines for the development and management of the IMO ship fuel oil consumption database 2017 年建立和管理国际海事组织船舶燃油消耗数据库指南	
MEPC. 292(71)	2017 Guidelines for administration verification of ship fuel oil consumption data 2017 年船舶燃油消耗数据的主管机关验证指南	
MEPC. 291(71)	2017 Guidelines addressing additional aspects of the NO_X technical code 2008 with regard to particular requirements related to marine diesel engines fitted with selective catalytic reduction (SCR) systems 2017 年涉及与设置选择性催化还原法（SCR）系统的船用柴油机的特殊要求有关的“2008 年氮氧化物技术规则”附加状况的指南	
MEPC. 290(71)	The experience-building phase associated with the BWM convention 《国际船舶压载水及沉积物控制和管理公约》相关的经验累积阶段	
MEPC. 289(71)	2017 Guidelines for risk assessment under regulation A－4 of the BWM Convention (G7) 2017 年国际船舶压载水及沉积物控制和管理公约第 A－4 条之下的风险评估指南（G7）	
MEPC. 288(71)	2017 Guidelines for ballast water exchange (G6) 2017 年压载水交换指南(G6)	
MEPC. 287(71)	Implementation of the BWM Convention 实施国际船舶压载水及沉积物控制和管理公约(BWM Convention)	

表 1-16(续 1)

Resolution 决议号	Title 标题	Status 状态
MEPC. 286(71)	Amendments to MARPOL annex Ⅵ (Designation of the baltic sea and the north sea emission control areas for NO_X tier Ⅲ control and information to be included in the bunker delivery note) 国际防止船舶造成污染公约(MARPOL)附则Ⅵ修正案(指定波罗的海和北海为氮氧化物第Ⅲ层排放控制区及应纳入燃油交付单中的信息)	
MEPC. 285(70)	Amendments to the revised guidelines and specifications for pollution prevention equipment for machinery space bilges of ships [Resolution MEPC. 107(49)] 《经修订的船舶机器处所舱底水防污染设备指南和技术条件》[MEPC .107(49)决议]修正案	
MEPC. 284(70)	Amendments to the 2012 guidelines on implementation of effluent standards and performance tests for sewage treatment plants 《2012 年生活污水处理装置排出物标准和性能试验实施指南》(MEPC. 227(64)决议)修正案	
MEPC. 283(70)	Designation of the jomard entrance as a particularly sensitive sea area 指定乔马德入口为特别敏感海区	
MEPC. 282(70)	2016 Guidelines for the development of a ship energy efficiency management plan (SEEMP) 2016 年船舶能效管理计划(SEEMP)编制指南	
MEPC. 281(70)	Amendments to the 2014 guidelines on the method of calculation of the attained energy efficiency design index (EEDI) for new ships [Resolution MEPC. 245(66), as amended by resolution MEPC. 263(68)] 《2014 年新船实际能效设计指数(EEDI)计算方法指南》[经 MEPC. 263(68)决议修正的 MEPC. 245(66)决议]修正案	
MEPC. 280(70)	Effective date of implementation of the fuel oil standard in regulation 14. 1. 3 of MARPOL annex Ⅵ 国际防止船舶造成污染公约(MARPOL)附则 Ⅵ 第 14. 1. 3 条规定的燃油标准实施的生效日期	
MEPC. 279(70)	2016 Guidelines for approval of ballast water management systems (G8) 2016 年压载水管理系统认可指南(G8)	Supersedes (替代) MEPC. 174(58)
MEPC. 278(70)	Amendments to the annex of the protocol of 1997 to amend the international convention for the prevention of pollution from ships, 1973, as modified by the protocol of 1978 relating thereto-amendments to MARPOL annex Ⅵ(Data Collection system for fuel oil consumption of ships) 对《经 1978 年议定书修正的 1973 年国际防止船舶造成污染公约》进行修正的 1997 年议定书附则的修正案——国际防止船舶造成污染公约(MARPOL)附则 Ⅵ修正案(船舶燃油消耗数据收集机制)	AWAITING CERTIFICATION

表 1 – 16(续 2)

Resolution 决议号	Title 标题	Status 状态
MEPC. 277(70)	Amendments to the annex of the international convention for the prevention of pollution from ships, 1973, as modified by the protocol of 1978 relating thereto-amendments to marpol annex Ⅴ (HME substances and form of garbage record book) 《经 1978 年议定书修正的 1973 年国际防止船舶造成污染公约》(MARPOL)附则修正案—MARPOL 附则 Ⅴ 修正案[对海洋环境有害(HME)物质和垃圾记录簿格式]	Awaiting Certification
MEPC. 276(70)	Amendments to the annex of the international convention for the prevention of pollution from ships, 1973, as modified by the protocol of 1978 relating thereto-amendments to MARPOL annex Ⅰ (form B of the supplement to the international oil pollution prevention certificate) 《经 1978 年议定书修正的 1973 年国际防止船舶造成污染公约》(MARPOL)附则修正案 - MARPOL 附则 Ⅰ 修正案[《国际防油污证书》(IOPP)附件格式 B]	Awaiting Certification
MEPC. 275(69)	Establishment of the date on which regulation 11.3 of MARPOL annex Ⅳ in respect of the baltic sea special area shall take effect 确立国际防止船舶造成污染公约(MARPOL)附则Ⅳ第 11.3 条有关波罗的海特殊区域将生效的日期	
MEPC. 274(69)	Amendments to MARPOL annex Ⅳ (baltic sea special area and form of ISPP certificate) 国际防止船舶造成污染公约(MARPOL)附则Ⅳ修正案[波罗的海特殊区域和国际防止生活污水污染(ISPP)证书格式]	Awaiting Certification
MEPC. 273(69)	Amendments to the 2010 guidelines for monitoring the worldwide average sulphur content of fuel oils supplied for use on board ships [Resolution MEPC. 192(61)] 2010 年全球船用燃油平均含硫量监测指南[MEPC. 192(61)决议]修正案	
MEPC. 272(69)	Amendments to the NO_X technical code 2008 (Testing of Gas-Fuelled and dual fuel engines) 《2008 年氮氧化物技术规则》修正案(气体燃料和双燃料发动机的试验)	Awaiting Certification
MEPC. 271(69)	Amendments to regulation 13 of MARPOL annex Ⅵ (Record requirements for operational compliance with NO_X tier Ⅲ emission control areas) 国际防止船舶造成污染公约(MARPOL)附则Ⅵ第 13 条修正案(氮氧化物第Ⅲ层排放控制区操作性遵从的记录要求)	Awaiting Certification
MEPC. 270(69)	Amendments to marpol annex Ⅱ (Revised GESAMP hazard evaluation procedure) 国际防止船舶造成污染公约(MARPOL)附则Ⅱ修正案(经修订的海洋污染科学问题联合专家组(GESAMP)危险评估程序)	Awaiting Certification

表 1－16(续 3)

Resolution 决议号	Title 标题	Status 状态
MEPC. 269(68)	2015 Guidelines for the development of the inventory of hazardous materials 2015 年有害物质清单编制指南	Supersedes (替代) MEPC. 197(62)
MEPC. 268(68)	Designation of the south-west coral sea as an extension of the great barrier reef and torres strait particularly sensitive sea area 将珊瑚海西南部分划定为大堡礁和多雷海峡特别敏感海区的延伸	
MEPC. 267(68)	Amendments to the revised guidelines for the identification and designation of particularly sensitive sea areas [Resolution A. 982(24)] 《经修订的确定和划定特别敏感海区的指南》[A. 982(24)决议]的修正案	
MEPC. 266(68)	Amendments to the annex of the international convention for the prevention of pollution from ships, 1973, as modified by the protocol of 1978 relating thereto 《经 1978 年议定书修正的 1973 年国际防止船舶造成污染公约》附则的修正案(修正附则 I 第 12 条)	
MEPC. 265(68)	Amendments to the annex of the protocol of 1978 relating to the international convention for the prevention of pollution from ships, 1973 《1973 年国际防止船舶造成污染公约(MARPOL)1978 年议定书》附则的修正案(修正附则 I 、附则 II 、附则 IV 和附则 V)	
MEPC. 264(68)	International code for ships operating in polar waters (Polar Code) 国际极地水域营运船舶规则(Polar Code)	
MEPC. 263(68)	Amendments to the 2014 guidelines on the method of calculation of the attained energyefficiency design index (EEDI) for new ships [Resolution MEPC. 245(66)] 《2014 年新船实际能效设计指数(EEDI)计算方法指南》[MEPC. 245(66)决议]的修正案	
MEPC. 262(68)	Amendments to the 2013 interim guidelines for determining minimum propulsion power to maintain the manoeuvrability of ships in adverse conditions [Resolution MEPC. 232(65), as amended by resolution MEPC. 255(67)] 《2013 年用于确定为保持船舶在恶劣海况下操纵性所需最低推进功率的临时指南》[经 MEPC. 255(67)决议修正的 MEPC. 232(65)决议]的修正案	
MEPC. 261(68)	Amendments to the 2014 guidelines on survey and certification of the energy efficiency design index (EEDI) [Resolution MEPC. 254(67)] 《2014 年能效设计指数(EEDI)检验和发证指南》[MEPC. 254(67)决议]的修正案	

表 1－16(续 4)

Resolution 决议号	Title 标题	Status 状态
MEPC. 260(68)	Amendments to the 2011 guidelines addressing additional aspects to the NO_X technical code 2008 with regard to particular requirements related to marine diesel engines fittedwith selective catalytic reduction (SCR) systems [Resolution MEPC. 198(62)] 《2011 年涉及与设置选择性催化还原法(SCR)系统的船用柴油机的特殊要求有关的"2008 年氮氧化物技术规则"附加状况的指南》[MEPC. 198(62)决议]的修正案	
MEPC. 259(68)	2015 Guidelines for exhaust gas cleaning systems 2015 年废气清洗系统指南	Supersedes(替代) MEPC. 184(59)
MEPC. 258(67)	Amendments to the annex of the protocol of 1997 to amend the international convention for the prevention of pollution from ships, 1973, as modified by the protocol of 1978 relating thereto 对《经 1978 年议定书修正的 1973 年国际防止船舶造成污染公约》进行修正的 1997 年议定书附则的修正案(修正附则Ⅵ)	
MEPC. 257(67)	Amendment to the annex of the protocol of 1978 relating to the international convention for the prevention of pollution from ships, 1973 《1973 年国际防止船舶造成污染公约(MARPOL)1978 年议定书》附则的修正案(修正附则Ⅲ)	
MEPC. 256(67)	Amendment to the annex of the protocol of 1978 relating to the international convention for the prevention of pollution from ships, 1973 《1973 年国际防止船舶造成污染公约(MARPOL)1978 年议定书》附则的修正案(修正附则Ⅰ)	
MEPC. 255(67)	Amendments to the 2013 interim guidelines for determining minimum propulsion power to maintain the manoeuvrability of ships in adverse conditions [Resolution MEPC. 232(65)] 《2013 年用于确定为保持船舶在恶劣海况下操纵性所需最低推进功率的临时指南》[MEPC. 232(65)决议]的修正案	
MEPC. 254(67)	2014 Guidelines on survey and certification of the energy efficiency design index (EEDI) 2014 年能效设计指数(EEDI)检验和发证指南 【废除经 MEPC. 234(65)修正的 MEPC. 214(63)决议,由 MEPC. 261(68)决议所修正】	Revokes MEPC. 214(63), as amended by MEPC. 234(65), Amended by MEPC. 261(68)
MEPC. 253(67)	Measures to be taken to facilitate entry into force of the international convention for the control and management of ships' ballast water and sediments, 2004 为便利《2004 年国际船舶压载水及沉 积物控制和管理公约》(BWM 2004)生效应采取的措施	

表 1 – 16(续 5)

Resolution 决议号	Title 标题	Status 状态
MEPC. 252(67)	Guidelines for port state control under the BWM convention 《压载水公约》(BWM 2004)港口国控制指南	
MEPC. 251(66)	Amendments to the annex of the protocol of 1997 to amend the international convention for the prevention of pollution from ships, 1973, as modified by the protocol of 1978 relating thereto 对《经 1978 年议定书修正的 1973 年国际防止船舶造成污染公约》进行修正的 1997 年议定书附则的修正案(修正附则Ⅵ和《2008 年氮氧 化物技术规则》)	
MEPC. 250(66)	Amendments to the international code for the construction and equipment of ships carrying dangerous chemicals in bulk (IBC Code) 《国际散装运输危险化学品船舶构造与设备规则》(IBC Code)修正案	Amends(修正) MEPC. 19(22)
MEPC. 249(66)	Amendments to the code for the construction and equipment of ships carrying dangerous chemicals in bulk (BCH Code))(Cargo containment and Form of Certificate of Fitness) 《散装运输危险化学品船舶构造与设备规则》(BCH Code))修正案(货物围护和适装证书表)	Amends(修正) MEPC. 20(22)
MEPC. 248(66)	Amendments to the annex of the protocol of 1978 relating to the international convention for the prevention of pollution from ships, 1973 (Amendments to MARPOL Annex I on mandatory carriage requirements for a stability instrument) 《1973 年国际防止船舶造成污染公约(MARPOL)1978 年议定书》附则的修正案(对 MARPOL 附则 I 有关稳性装载仪强制性安装要求的修正案)	
MEPC. 247(66)	Amendments to the annex of the protocol of 1997 to amend the international convention for the prevention of pollution from ships, 1973, as modified by the protocol of 1978 relating thereto 对《经 1978 年议定书修正的 1973 年国际防止船舶造成污染公约》进行修正的 1997 年议定书附则的修正案(修正附则Ⅵ)	
MEPC. 246(66)	Amendments to the annex of the protocol of 1978 relating to the international convention for the prevention of pollution from ships, 1973 《1973 年国际防止船舶造成污染公约(MARPOL)1978 年议定书》附则的修正案(修正附则Ⅰ、附则Ⅱ、附则Ⅲ、附则Ⅳ和附则Ⅴ)	
MEPC. 245(66)	2014 Guidelines on the method of calculation of the attained energy efficiency design index (EEDI) for new ships 2014 年新船实际能效设计指数(EEDI)计算方法指南 【替代经 MEPC. 224(64)修正的 MEPC. 212(63)决议,由 MEPC. 263(68)决议所修正】	Supersedes MEPC. 212(63), as amended by MEPC. 224(64), Amended by MEPC. 263(68)

表 1－16(续 6)

Resolution 决议号	Title 标题	Status 状态
MEPC. 244(66)	2014 Standard specification for shipboard incinerators 2014 年船用焚烧炉标准技术条件 【替代经 MEPC. 93(45)修正的 MEPC. 76(40)决议】	Supersedes MEPC. 76(40), as amended by MEPC. 93(45)
MEPC. 243(66)	2014 Guidelines on the approved method process 2014 年认可方法程序指南	
MEPC. 242(66)	2014 Guidelines in respect of the information to be submitted by an administration to the organization covering the certification of an approved method as required under regulation 13. 7. 1 of MARPOL annex Ⅵ 关于主管机关按照国际防止船舶造成污染公约(MARPOL)附则Ⅵ第 13. 7. 1 条要求向本组织提交涉及经认可方法认证资料的 2014 年指南	
MEPC. 240(65)	2013 Amendments to the revised guidelines and specifications for oil discharge monitoring and control systems for oil tankers [Resolution MEPC. 108(49)] 2013 年经修订的油船排油监测和控制系统指南和技术要求的修正案	Amends (修正) MEPC. 108(49)
MEPC. 239(65)	Amendments to the 2012 guidelines for the implementation of MARPOL Annex Ⅴ 2012 年 MARPOL 附则Ⅴ实施指南的修正案	
MEPC. 238(65)	Amendments to the annex of the protocol of 1978 relating to the international convention for the prevention of pollution from ships, 1973 (Amendments to MARPOL Annexes Ⅰ and Ⅱ to make the RO Code mandatory) 1973 年国际防止船舶造成污染公约 1978 年议定书附则的修正案[MARPOL 附则Ⅰ和附则Ⅱ修正案使被认可组织规则(RO Code)成为强制性要求]	
MEPC. 236(65)	Amendments to the condition assessment scheme under MARPOL Annex Ⅰ MARPOL 附则Ⅰ的状态评估计划(CAS)的修正案	
MEPC. 235(65)	Amendments to the Annex of the Protocol of 1978 relating to the International Convention for the Prevention of Pollution from Ships, 1973 (Amendments to Form A and Form B of Supplements to the IOPP Certificate under MARPOL Annex Ⅰ) 1973 年国际防止船舶造成污染公约 1978 年议定书附则的修正案(对 MARPOL 附则Ⅰ的 IOPP 证书(国际防油污证书)附录的表格 A 和表格 B 的修正案)	
MEPC. 234(65)	Amendments to the 2012 guidelines on survey and certification of the Energy Efficiency Design Index (EEDI) [Resolution MEPC. 214(63)], as amended 对经修订的 2012 年能效设计指数(EEDI)检验和发证指南[MEPC. 214(63)决议]的修正案	Amends(修正) MEPC. 214(63)

表 1 – 16(续 7)

Resolution 决议号	Title 标题	Status 状态
MEPC. 233(65)	2013 guidelines for calculation of reference lines for use with the Energy Efficiency Design Index (EEDI) for cruise passenger ships having non-conventional propulsion 2013 年用于具有非传统推进的游乐型客船的能效设计指数(EEDI)的基准线计算指南	
MEPC. 232(65)	2013 Interim guidelines for determining minimum propulsion power to maintain the manoeuvrability of ships in adverse conditions 2013 年用于确定为保持船舶在恶劣海况下操纵性所需最低推进功率的临时指南	Revokes(废除) MSC – MEPC. 2/Circ. 11
MEPC. 231(65)	2013 Guidelines for calculation of reference lines for use with the Energy Efficiency Design Index (EEDI) 2013 年用于能效设计指数(EEDI)的基准线计算指南	Revokes(废除) MEPC. 215(63)
MEPC. 230(65)	2013 Guidelines as required by regulation 13. 2. 2 of MARPOL Annex VI in respect of non-identical replacement engines not required to meet the tier Ⅲ limit 2013 年 MARPOL 附则Ⅵ第 13. 2. 2 条关于非完全相同替代柴油机无须满足Ⅲ级(Tier Ⅲ)限值的指南	
MEPC. 229(65)	Promotion of technical co-operation and transfer of technology relating to the improvement of energy efficiency of ships 促进关于改善船舶能效的技术合作和技术转让	
MEPC. 228(65)	Information reporting on type approved ballast water management systems 关于经型式认可的压载水管理系统的信息报告	Revokes(废除) MEPC. 175(58)
MEPC. 227(64)	2012 Guidelines on implementation of effluent standards and performance tests for sewage treatment plants 2012 年生活污水处理装置排出物标准和性能试验实施指南	替代 MEPC. 159(55).
MEPC. 225(64)	2012 Amendments to the international code for the construction and equipment of ships carrying dangerous chemicals in bulk (IBC Code) 2012 年对国际散装运输危险化学品船舶构造与设备规则(IBC Code) 的修正案	
MEPC. 224(64)	Amendments to the 2012 guidelines on the method of calculation of the attained Energy Efficiency Design Index (EEDI) for new ships 2012 年对新船实际能效设计指数(Attained EEDI)计算方法指南的修正案	
MEPC. 223(64)	2012 Guidelines for the inspection of ships under the Hong Kong Convention 2012 年按香港公约对船舶检查指南	
MEPC. 222(64)	2012 Guidelines for the survey and certification of ships under the Hong Kong Convention 2012 年按香港公约对船舶检验与发证指南	

表 1－16(续 8)

Resolution 决议号	Title 标题	Status 状态
MEPC. 217(63)	Amendments to the Annex of the Protocol of 1997 to amend the International Convention for the Prevention of Pollution from Ships, 1973, as modified by the protocol of 1978 relating thereto (Regional arrangements for port reception facilities under MARPOL Annex VI and Certification of marine diesel engines fitted with Selective Catalytic Reduction systems under the NOx Technical Code 2008) 对经 1978 年议定书修正的 1973 年国际防止船舶造成污染公约进行修正的 1997 年议定书附则修正案(按 MARPOL 附则 VI 的港口接收设施的地区性安排以及按“2008 年氮氧化物技术规则”设置选择性催化还原法系统的船用柴油机的发证)	
MEPC. 216(63)	Amendments to the Annex of the Protocol of 1978 relating to the International Convention for the Prevention of Pollution from Ships, 1973 (Regional arrangements for port reception facilities under MARPOL Annexes Ⅰ, Ⅱ, Ⅳ and Ⅴ) 1973 年国际防止船舶造成污染公约 1978 年议定书附则修正案(按 MARPOL 附则Ⅰ,Ⅱ,Ⅳ和Ⅴ的港口接收设施的地区性安排)	
MEPC. 215(63)	Guidelines for calculation of reference lines for use with the energy efficiency design index (EEDI) 用于能效设计指数(EEDI)的基准线计算指南	
MEPC. 214(63)	2012 Guidelines on survey and certification of the energy efficiency design index (EEDI) 2012 年能效设计指数(EEDI)检验和发证指南	废除 MEPC. 1/Circ. 682
MEPC. 213(63)	2012 Guidelines for the development of a ship energy efficiency management plan (SEEMP) 2012 年船舶能效管理计划(SEEMP)编制指南	废除 MEPC. 1/Circ. 683
MEPC. 212(63)	2012 Guidelines on the method of calculation of the attained energy efficiency design index (EEDI) for new ships 2012 年新船实际能效设计指数(Attained EEDI)计算方法指南	废除 MEPC. 1/Circ. 681
MEPC. 211(63)	2012 Guidelines for the authorization of ship recycling facilities 2012 年拆船厂批准指南	
MEPC. 210(63)	2012 Guidelines for safe and environmentally sound ship recycling 2012 年安全与环境无害化拆船指南	
MEPC. 209(63)	2012 Guidelines on design and construction to facilitate sediment control on ships (G12) 2012 年便利船上沉积物控制的设计和建造指南 (G12)	废除 MEPC. 150 (55)
MEPC. 208(62)	2011 Guidelines for inspection of anti-fouling systems on ships 2011 年船舶防污底系统检查指南	废除 MEPC. 105 (49)

表 1 - 16(续 9)

Resolution 决议号	Title 标题	Status 状态
MEPC. 207(62)	2011 Guidelines for the control and management of ships' biofouling to minimize the transfer of invasive aquatic species 2011 年为使入侵水生物种的迁移减至最少的船舶生物污物控制和管理指南	
MEPC. 206(62)	Procedure for approving other methods of ballast water management in accordance with regulation B - 3.7 of the BWM Convention 按《国际船舶压载水及沉积物控制和管理公约》第 B - 3.7 条批准压载水管理的其他方法的程序	
MEPC. 205(62)	2011 Guidelines and specifications for add-on equipment for upgrading Resolution MEPC. 60(33) compliant oil filtering equipment 2011 年对符合 MEPC. 60(33)决议的滤油设备升级用附加设备的指南和技术条件	
MEPC. 203(62)	Amendments to the annex of the protocol of 1997 to amend the international convention for the prevention of pollution from ships, 1973, as modified by the protocol of 1978 relating thereto (Inclusion of regulations on energy efficiency for ships in MARPOL Annex Ⅵ) 对经 1978 年议定书修正的 1973 年国际防止船舶造成污染公约进行修正的 1997 年议定书附则修正案 (国际防止船舶造成污染公约(MARPOL)附则Ⅵ中包括对船舶能效的规定)	
MEPC. 202(62)	Amendments to the annex of the protocol of 1997 to amend the international convention for the prevention of pollution from ships, 1973, as modified by the protocol of 1978 relating thereto (Designation of the United States Caribbean Sea Emission Control Area and exemption of certain ships operating in the North American Emission Control Area and the United States Caribbean Sea Emission Control Area under regulations 13 and 14 and Appendix Ⅶ of MARPOL Annex Ⅵ) 对经 1978 年议定书修正的 1973 年国际防止船舶造成污染公约进行修正的 1997 年议定书附则修正案 (MARPOL 附则Ⅵ的第 13 和 14 条以及附录Ⅶ对美国加勒比海排放控制区的指定以及对在北美排放控制区和美国加勒比海排放控制区内营运的某些船舶的免除)	
MEPC. 201(62)	Amendments to the annex of the protocol of 1978 relating to the international convention for the prevention of pollution from ships, 1973 (Revised MARPOL Annex Ⅴ) 1973 年国际防止船舶造成污染公约 1978 年议定书附则修正案 (修订的 MARPOL 附则Ⅴ)	

表 1－16(续 10)

Resolution 决议号	Title 标题	Status 状态
MEPC. 200(62)	Amendments to the Annex of the protocol of 1978 relating to the international convention for the prevention of pollution from ships, 1973 (Special Area Provisions and the Designation of the Baltic Sea as a Special Area under MARPOL Annex Ⅳ) 1973 年国际防止船舶造成污染公约 1978 年议定书附则修正案 (MARPOL 附则Ⅳ对特殊区域的规定和指定波罗的海为特殊区域)	
MEPC. 199(62)	2011 Guidelines for reception facilities under MARPOL Annex Ⅵ 2011 年 MARPOL 附则Ⅵ的接收设施指南	
MEPC. 198(62)	2011 Guidelines addressing additional aspects to the NOx technical code 2008 with regard to particular requirements related to marine diesel engines fitted with selective catalytic reduction (SCR) systems 2011 年涉及与设置选择性催化还原法(SCR)系统的船用柴油机的特殊要求有关的“2008 年氮氧化物技术规则”附加状况的指南	
MEPC. 197(62)	2011 Guidelines for the development of the inventory of hazardous materials 2011 年有害物质清单编制指南	废除 MEPC. 179(59)
MEPC. 196(62)	2011 Guidelines for the development of the ship recycling plan 2011 年拆船计划编制指南	
MEPC 195(61)	2010 Guidelines for survey and certification of anti-fouling systems on ships 2010 年船舶防污底系统的检验与发证指南	废除 MEPC. 102(48)
MEPC. 194(61)	Amendments to the Annex of the Protocol of 1997 to amend the International Convention for the Prevention of Pollution from Ships, 1973, as modified by the Protocol of 1978 relating thereto(Revised form of Supplement to the IAPP Certificate) 对经 1978 年议定书修正的 1973 年国际防止船舶造成污染公约进行修正的 1997 年议定书附则修正案(经修订的国际防止空气污染证书附录的表格)	
MEPC. 193(61)	Amendments to the Annex of the Protocol of 1978 relating to the International Convention for the Prevention of Pollution from Ships, 1973 (Revised MARPOL Annex Ⅲ) 1973 年国际防止船舶造成污染公约 1978 年议定书附则修正案(经修订的 MARPOL 附则Ⅲ)	
MEPC. 192(61)	2010 Guidelines for monitoring the worldwide average sulphur content of fuel oils supplied for use on board ships 2010 年全球船用燃油平均含硫量监测指南	废除 MEPC. 183(59)

表 1-16(续 11)

Resolution 决议号	Title 标题	Status 状态
MEPC. 190(60)	Amendments to the Annex of the protocol of 1997 to amend the International Convention for the Prevention of Pollution from Ships, 1973, as modified by the protocol of 1978 relating thereto (North American Emission Control Area) 对经 1978 年议定书修正的 1973 年国际防止船舶造成污染公约进行修正的 1997 年议定书附则修正案(北美排放控制区)	
MEPC. 189(60)	Amendments to the annex of the protocol of 1978 relating to the International Convention for the Prevention of Pollution from Ships, 1973 (addition of a new chapter 9 to MARPOL Annex Ⅰ) 1973 年国际防止船舶造成污染公约 1978 年议定书附则修正案(对 MARPOL 附则Ⅰ附加新的第 9 章)	
MEPC. 188(60)	Installation of ballast water management systems on new ships in accordance with the application dates contained in the ballast water management convention (BWM Convention) 按《国际船舶压载水及沉积物控制和管理公约》(BWM 公约)中所包含的采用日期在新船上安装压载水管理系统	
MEPC. 187(59)	Amendments to the Annex of the Protocol of 1978 relating to the International Convention for the Prevention of Pollution from Ships, 1973 1973 年国际防止船舶造成污染公约 1978 年议定书附则修正案	
MEPC. 186(59)	A Amendments to the Annex of the Protocol of 1978 relating to the International Convention for the Prevention of Pollution from Ships, 1973 1973 年国际防止船舶造成污染公约 1978 年议定书附则修正案	
MEPC. 185(59)	Guidelines for the development of a VOC management plan 挥发性有机化合物管理计划的编制指南	
MEPC. 184(59)	2009 Guidelines for exhaust gas cleaning systems 2009 年废气清洗系统指南	废除 MEPC. 170(57)
MEPC. 183(59)	2009 Guidelines for monitoring the worldwide average sulphur content of residual fuel oils supplied for use on board ships 2009 年供船上使用残余燃油全球平均硫含量的监测指南	废除 MEPC. 82(43),由 MEPC. 192(61)所废除
MEPC. 182(59)	2009 Guidelines for the sampling of fuel oil for determination of compliance with the revised MARPOL Annex Ⅵ 2009 年确定与经修订的 MARPOL 附则Ⅵ相符合的燃油取样指南	废除 MEPC. 96(47)
MEPC. 181(59)	2009 Guidelines for port state control under the revised MARPOL Annex Ⅵ 2009 年对经修订的 MARPOL 附则Ⅵ的港口国管理指南	

表 1-16(续 12)

Resolution 决议号	Title 标题	Status 状态
MEPC. 180(59)	Amendments to the survey guidelines under the harmonized system of survey and certification for the revised MARPOL Annex Ⅵ 对经修订的 MARPOL 附则Ⅵ的检验和发证协调体系的检验指南的修正案	由 A. 1053(27) 所废除
MEPC. 179(59)	Guidelines for the development of the inventory of hazardous materials 有害物质清单编制指南	由 MEPC. 197(62) 所废除
MEPC. 178(59)	Calculation of recycling capacity for meeting the entry-into-force conditions of the Hong Kong international convention for the Safe and Environmentally Sound Recycling of Ships, 2009 满足《2009 年香港国际安全与环境无害化拆船公约》生效条件的拆船能力的计算	
MEPC. 177(58)	Amendments to the technical code on control of emission of nitrogen oxides from marine diesel engines (NOx Technical Code 2008) 船用柴油机氮氧化物排放控制技术规则(2008 年 NOx 技术规则)修正案	
MEPC. 176(58)	Amendments to the Annex of the Protocol of 1997 to amend the International Convention for the Prevention of Pollution from Ships, 1973, as modified by the Protocol of 1978 relating thereto (Revised MARPOL Annex Ⅵ) 对经 1978 年议定书修正的 1973 年国际防止船舶造成污染公约进行修正的 1997 年议定书附则修正案(经修订的 MARPOL 附则Ⅵ)	
MEPC. 175(58)	Information reporting on type approved ballast water management systems 对型式认可压载水管理系统的报告信息	
MEPC. 174(58)	Guidelines for approval of ballast water management systems (G8) 压载水管理系统认可指南(G8)	废除 MEPC. 125(53)
MEPC. 173(58)	Guidelines for ballast water sampling (G2) 压载水取样指南(G2)	
MEPC. 169(57)	Procedure for approval of ballast water management systems that make use of active substances (G9) 使用活性物质的压载水管理系统认可程序(G9)	废除 MEPC. 126(53)
MEPC. 163(56)	Guidelines for ballast water exchange in the Antarctic treaty area 南极区域中压载水交换指南	
MEPC. 162(56)	Guidelines for risk assessment under regulation A-4 of the BWM convention (G7) 国际船舶压载水及沉积物控制和管理公约第 A-4 条的风险评估指南(G7)	
MEPC. 161(56)	Guidelines for additional measures regarding ballast water management including emergency situations (G13) 压载水管理包括应急状态下的附加措施指南(G13)	

表 1 – 16(续 13)

Resolution 决议号	Title 标题	Status 状态
MEPC. 159(55)	Revised guidelines on implementation of effluent standards and performance tests for sewage treatment plants 经修订的生活污水处理装置排出物标准和性能试验实施指南	替代 MEPC. 2(Ⅵ)
MEPC. 158(55)	Amendments to the guidelines for the transport and handling of limited amounts of hazardous and noxious liquid substances in bulk on off-shore support vessels [Resolution A. 673(16)] 近海供应船散装有限数量有害和有毒液体物质的运输和装卸指南[A. 673(16)决议]修正案	修正 A. 673(16)
MEPC. 153(55)	Guidelines for ballast water reception facilities (G5) 压载水接收设施指南(G5)	
MEPC. 152(55)	Guidelines for sediment reception facilities (G1) 沉积物接收设施指南(G1)	
MEPC. 151(55)	Guidelines on designation of areas for ballast water exchange (G14) 指定压载水交换区域指南(G14)	
MEPC. 150(55)	Guidelines on design and construction to facilitate sediment control on ships (G12) 便利船上沉积物控制的设计和建造指南(G12)	
MEPC. 149(55)	Guidelines for ballast water exchange design and construction standards (G11) 压载水交换设计和建造标准指南(G11)	
MEPC. 140(54)	Guidelines for approval and oversight of prototype ballast water treatment technology programmes (G10) 压载水原型处理技术的认可和监督指南(G10)	
MEPC. 127(53)	Guidelines for ballast water management and development of ballast water management plans (G4) 压载水管理和制定压载水管理计划的指南(G4)	
MEPC. 126(53)	Procedure for approval of ballast water management systems that make use of active substances (G9) 使用活性物质的压载水管理系统认可程序(G9)	
MEPC. 125(53)	Guidelines for approval of ballast water management systems (G8) 压载水管理系统认可指南(G8)	
MEPC. 124(53)	Guidelines for ballast water exchange (G6) 压载水交换指南(G6)	
MEPC. 123(53)	Guidelines for ballast water management equivalent compliance (G3) 压载水管理等效符合指南(G3)	

1.5 国际船级社协会(IACS)及其有关出版物

截至2018年5月10日,国际船级社协会(International Association of Classification Societies,IACS)有12个会员(members)。原有13个会员中,DNV(挪威船级社)和GL(德意志劳埃德船级社)已于2013年9月合并为DNV-GL。

现将IACS的12个会员的英文全称、缩写、网址和E-mail分列如下(按各船级社缩写的英文字母顺序排列):

- ABS——AMERICAN BUREAU OF SHIPPING 美国船级社
  网址:http://www.eagle.org
  E-mail:abs-worldhq@eagle.org
- BV——BUREAU VERITAS 法国船级社
  网址:http://www.veristar.com
  E-mail:veristarinfo@bureauveritas.com
- CCS——CHINA CLASSIFICATION SOCIETY 中国船级社
  网址:http://www.ccs.org.cn
  E-mail:ccs@ccs.org.cn
- CRS——CROATIAN REGISTER OF SHIPPING 克罗地亚船级社
  网址:http://www.crs.hr
  E-mail:iacs@crs.hr
- DNV-GL——DET NORSKE VERITAS - GERMANISCHER LLOYD 挪威船级社-德意志劳埃德船级社
  网址:http://www.dnvgl.com
  E-mail:iacs@dnvgl.com
- IRS——INDIAN REGISTER OF SHIPPING 印度船级社
  网址:http://www.irclass.org
  E-mail:ho@irclass.org
- KR——KOREAN REGISTER OF SHIPPING 韩国船级社
  网址:http://www.krs.co.kr
  E-mail:krsiacs@krs.co.kr
- LR——LLOYD'S REGISTER 英国劳氏船级社
  网址:http://www.lr.org
  E-mail:Lloydsreg@lr.org
- NK——NIPPON KAIJI KYOKAI 日本海事协会
  网址:http://www.classnk.or.jp
  E-mail:xad@classnk.or.jp
- PRS——POLISH REGISTER OF SHIPPING 波兰船级社
  网址:http://www.prs.pl
  E-mail:iacs@prs.pl

- RINA——REGISTRO ITALIANO NAVALE 意大利船级社
  网址：http://www. rina. org
  E-mail：info@ rina. org
- RS——RUSSIAN MARITIME REGISTER OF SHIPPING 俄罗斯船级社
  网址：http://www. rs – head. spb. ru/
  E-mail：international. dept@ rs – class. org

以上 12 个会员船级社的标志如图 1 – 1 所示。

图 1 – 1　12 个会员船级社标志

IACS 发布的文件：共同结构规范、统一要求、统一解释、程序要求和建议等。

1.5.1　共同结构规范（COMMON STRUCTURE RULE，CSR）

IACS 于 2006 年 1 月 1 日出版《双壳油船共同（结构）规范》（Common Structural Rules for Double Hull Oil Tankers）和《散货船共同（结构）规范》（Common Structural Rules for Bulk Carriers），其生效日期均为 2006 年 4 月 1 日。这两项共同规范均经多次修改（Change）和勘误（Corrigenda），出版了多个综合文本，截至 2013 年 7 月 30 日，两项共同规范综合文本为 2012 年综合文本（生效日期 2012 年 7 月 1 日）。

《双壳油船共同结构规范》适用于船长为 150 m 或以上的双壳油船。《散货船共同结构规范》适用于船长为 90 m 或以上的散货船。

此后，IACS 继 2012 年 7 月 1 日发布《协调版共同结构规范》（Harmonized Common Structural Rules，HCSR）草案第 1 稿后，又于 2013 年 4 月 1 日发布 HCSR 草案第 2 稿，并于 2013 年 4 月 1 日至 2013 年 8 月 31 日期间进行第 2 次供公众评审和征求工业界的意见。在征求意见过程中，该规范草案封面上的名称已由《协调版共同结构规范》改为《散货船和油船共同结构规范》（Common Structural Rules for Bulk Carriers and Oil Tankers，CSR）。

截至 2018 年 5 月 10 日，可从 www. iacs. org. uk 这一网站查得 CSR 的英文名称为“CSR for Bulk Carriers and Oil Tankers”。该规范于 2013 年 12 月 18 日通过，2015 年 7 月 1 日生效，且替代上述生效日期均为 2012 年 7 月 1 日的《双壳油船共同结构规范》和《散货船共同结构规范》。

从 www. iacs. org. uk 这一网站可下载：

- 2014 年 1 月 1 日发布的《散货船和油船共同结构规范》（2014 年 7 月 1 日生效）；
- 2015 年 1 月 1 日发布的《散货船和油船共同结构规范》（2015 年 7 月 1 日生效）；

•2017 年 1 月 1 日发布的《散货船和油船共同结构规范》(共同结构规范的综合文本,包括 2015 年发布的散货船和油船共同结构规范及其后的修改);

•2018 年 1 月 1 日发布的《散货船和油船共同结构规范》(共同结构规范的综合文本,包括 2017 年发布的散货船和油船共同结构规范以及其后的修改)。

可见,截至 2018 年 5 月 10 日,可查找到的最新版本为 2018 年 1 月 1 日发布的《散货船和油船共同结构规范》,其生效日期为 2018 年 7 月 1 日,且替代 2017 年 1 月 1 日发布的《散货船和油船共同结构规范》,该规范英文版为 822 页。

《散货船和油船共同结构规范》共有 2 篇(Part),第 1 篇为"通用船体要求"(General Hull Requirements),适用于散货船和油船;第 2 篇为"船舶类型"(Ship Types),分别阐明对于散货船和油船的专用要求(或附加要求)。

第 1 篇共 13 章(Chapter):

第 1 章　规范总则(Rule General Principles);

第 2 章　总布置设计(General Arrangement Design);

第 3 章　结构设计原则(Structural Design Principles);

第 4 章　载荷(Loads);

第 5 章　船体梁强度(Hull Girder Strength);

第 6 章　船体局部构件尺寸(Hull Local Scantling);

第 7 章　直接强度分析(Direct Strength Analysis);

第 8 章　屈曲(Buckling);

第 9 章　疲劳(Fatigue);

第 10 章　其他结构(Other Structures);

第 11 章　上层建筑、甲板室和船体舾装(Superstructure, Deckhouses and Hull Outfitting);

第 12 章　建造(Construction);

第 13 章　营运船舶———换新标准(Ship in Operation-Renewal Criteria)。

第 2 篇共 2 章,第 1 章"散货船"(Bulk Carriers)和第 2 章"油船"(Oil Tankers)。

第 2 篇第 1 章共 6 节(Section):

第 1 节　总布置设计(General Arrangement Design);

第 2 节　结构设计原则(Structural Design Principles);

第 3 节　船体局部构件尺寸(Hull Local Scantling);

第 4 节　$L<150$ m 散货船的船体局部构件尺寸(Hull Local Scantling for Bulk Carriers $L<150$ m);

第 5 节　货舱舱口盖(Cargo Hatch Covers);

第 6 节　抓斗附加船级标志(Additional Class Notation Grab)。

第 2 篇第 2 章共 4 节:

第 1 节　总布置设计(General Arrangement Design);

第 2 节　结构设计原则(Structural Design Principles);

第 3 节　船体局部构件尺寸(Hull Local Scantling);

第 4 节　船体舾装(Hull Outfitting)。

1.5.2 统一要求(UNIFIED REQUIREMENTS,UR)

统一要求是针对与船级社的特定规范要求和实践直接相关的或涉及的事项所通过的决定(Unified

Requirements are adopted resolutions on matters directly connected to or covered by specific Rule requirements and practices of classification societies)。

经每一会员船级社主管机关的批准,在该会员船级社的规范和实践中应载入统一要求(Subject to ratification by the governing body of each Member Society, Unified Requirements shall be incorporated in the Rules and practices of the Member Societies)。

UR 的出现并不要求会员船级社颁布相关的规范(如果该船级社并无相关类别船舶或海洋结构物的规范)。

统一要求是最低要求,每一会员船级社可以制定更严的要求(Unified Requirements are minimum requirements. Each Member remains? free to set more stringent requirements)。

UR 中可以找到与新散货船相称的船级附加标志和相应的设计装载条件。

截至 2018 年 5 月 10 日,统一要求涉及:

A	Mooring and Anchoring	系泊和锚泊;
D	Mobile Offshore Drilling Units	海上移动式钻井平台;
E	Electricity	电气;
F	Fire Protection	防火;
G	Gas Tankers	气体运输船;
I	Polar Class	极地级船舶
K	Propellers	推进器;
L	Subdivision, Stability and Load Line	分舱、稳性和载重线;
M	Machinery Installations	机械装置;
N	Navigation	航行;
P	Pipes and Pressure Vessels	管路和受压容器;
S	Strength of Ships	船舶强度;
W	Materials and Welding	材料和焊接;
Z	Survey and Certification	检验和证书。

1.5.3 统一解释(UNIFIED INTERPRETATIONS,UI)

统一解释是针对在执行 IMO 公约或建议的要求中所产生问题而通过的决定(Unified Interpretations are adopted resolutions on matters arising from implementing the requirements of IMO Conventions or Recommendations)。这些决定可包括对 IMO 公约、规则或决议的统一解释,公约中的这些问题是要求主管机关满意,或者是含糊的。

解释在各相关主管机关征求意见,或发送 IMO(如合适)。

解释应被(其相应船旗国主管机关尚未对相关条款颁布解释的)船级社所采用。应明确执行日期。

截至 2018 年 5 月 10 日,统一解释涉及:

UI CC	IMO Chemical Code	IMO 化学品规则;
UI COLREG	Interpretations of the COLREG	国际海上避碰规则的解释;
UI FTP	Fire Test Procedure	耐火试验程序;

UI GC	Liquefied Gases in Bulk	散装液化气；
UI GF	Interpretations of the IGF Code	国际使用燃气或其他低闪点燃料船舶安全规则的解释；
UI HSC	High Speed Craft Code	高速船规则；
UI LL	Load Line Convention	载重线公约；
UI MODU	Interpretations of the Mobile Offshore Drilling Units (MODU)	海上移动式钻井平台的解释；
UI MPC	MARPOL Convention	防污染公约；
UI PASSUB	Passenger Submersible Craft	载客潜水艇；
UI SC	SOLAS	国际海上人命安全公约；
UI TM	Tonnage Measurement	吨位丈量。

1.5.4　程序要求(PROCEDURAL REQUIREMENT,PR)举例

程序要求是对程序问题所通过的、供会员船级社遵循的决定(Procedural Requirements are adopted resolutions on matters of procedures to be followed by Members)。例如:IACS PR 9《国际安全管理规则认证的程序要求》(PR 9 Procedural Requirements for ISM Code Certification)

1.5.5　建议(RECOMMANDATION)举例

IACS 编制了与所通过决议有关的建议和指南(IACS produces recommendations and guidelines related to? adopted resolutions),它们并不是入级的必要事项,但 IACS 认为,其将有助于对船舶工业提供某些建议。例如:Rec 11《海上移动式钻井平台材料选择指南》(Rec 11 Materials Selection Guideline for Mobile Offshore Drilling Units)

1.6 国际劳工组织(ILO)及有关公约

国际劳工组织(International Labour Organization,ILO)成立于1919年,其宗旨是改善劳动者的工作条件和健康状况。1946年,ILO成为联合国的一级咨询组织。

1.6.1 MLC 2006的生效和修正

自2001年以来,经过近五年的努力,ILO整合并修订了自20世纪20年代以来的现有ILO的60多个公约及议定书,形成了一本综合的《2006年海事劳工公约》(MLC 2006,Maritime Labour Convention,2006),并于2006年2月23日在日内瓦举行的第94届大会暨第10届海事大会上通过。该公约将在至少有30个国家批准、且这些国家的商船总吨位占世界商船总吨位的33%之日起12个月后生效。2012年8月20日,该公约达到了这两个生效条件。据此,该公约已于2013年8月20日正式生效。

国际海事界普遍认为,MLC 2006的通过(2006年2月23日)、接受(2012年8月20日)和生效(2013年8月20日),必然对海事界产生深远的影响,并构成今后全球质量航运(Quality Shipping)的重要内容。MLC 2006将与国际海事组织(IMO)的三项公约:国际海上人命安全公约(SOLAS)、国际防止船舶造成污染公约(MARPOL)和国际海员培训、发证和值班标准公约(STCW)一起构成世界海事法规体系的四大支柱。

截至2018年5月11日,MLC 2006已进行2次修正:

2014年6月11日在日内瓦举行的第103届国际劳工大会上批准了"MLC 2006的2014年修正案"(Amendments of 2014 to the MLC 2006)。该修正案已生效(生效日期为2017年1月18日)。该修正案系对实施规则2.5"遣返"和4.2"船东责任"的守则和附件的修正。

2016年6月9日在日内瓦举行的第105届国际劳工大会上批准了"MLC 2006的2016年修正案"(Amendments of 2016 to the MLC 2006),截至2018年5月11日,该修正案未生效。该修正案系对规则4.3"健康和安全保护以及事故防止"和5.1"船旗国责任"有关的守则的修正。(由于该修正案是对守则的修正,采用类似于SOLAS中"默认接受"的要求,即在预先确定的期限届满时,应认为已被接受,除非在此之前,正式表示不同意该修正案的会员国数超过已签署该公约的会员国数的40%,且这些会员国的商船合计总吨位不少于已签署该公约的会员国的商船合计总吨位的40%。但这种情况发生的可能性极小,一般说来,该修正案将在其预计生效日期2019年1月8日生效。)

2018年5月11日可从http://www.ilo.org/下载"经修正的MLC 2006"(Maritime Labour Convention, 2006, as amended),包括MLC 2006及已生效的MLC 2006的2014年修正案,但不包括MLC 2006的2016年修正案(尚未生效,但须注意2019年1月8日该修正案很可能生效,届时经修正的MLC 2006也将包括此修正案)。

此"经修正的MLC 2006"英文版共119页,本文以下所述的MLC 2006均指该"经修正的MLC 2006"(以下均简称为"MLC 2006")。

1.6.2 MLC 2006解释性说明

MLC 2006的结构包括正文"条款"(Articles)与"规则和守则"(Regulations and Code)两大部分,在

这两大部分之间，插入“海事劳工公约的规则和守则的解释性说明”（Explanatory note to the Regulations and Code of the Maritime Labour Convention），在该说明中明确了本解释性说明旨在对海事劳工公约作一般性指导，不构成公约的组成部分。“条款和规则”规定了核心权利和原则，以及批准本公约的成员国的基本义务（the core rights and principles and the basic obligations of Members ratifying the Convention）；“守则”包含了规则的实施细节（the details for the implementation of the Regulations）。它由 A 部分（强制性标准，mandatory Standards）和 B 部分（非强制性指南，non－mandatory Guidelines）组成。在该解释性说明中还明确该公约有三个根本目标（underlying purposes）：

• 在正文和规则中规定一套确定的权利和原则（a firm set of rights and principles）；

• 通过守则允许成员国在履行这些权利和原则的方式上有相当程度的灵活性（a considerable degree of flexibility in the way Members implements those rights and principles）；

• 通过第 5 篇确保这些权利和原则得以妥善的遵守和执行。

MLC 2006 在实施中有两个方面的灵活性：其一是成员国在必要时（见第Ⅵ条第 3 款）通过实质上等效（按第Ⅵ条第 4 款的规定）来执行守则 A 部分的具体要求；其二是通过将 A 部分许多规定的强制性要求表述得更加宽泛（by formulating the mandatory requirements of many provisions in Part A in a more general way）来实现的，这样就为在国家的层面上采取确切的行动留出了更广泛的自主权（leaving a wider scope for discretion as to the precise action to be provided for at the national level）。在这种情况下，守则中非强制性的 B 部分给出了实施指导（guidance on implementation）。

尽管该解释性说明不构成公约的组成部分，但其对于了解和使用该公约十分重要，特别是该 ILO 公约的结构与船舶业界比较熟悉的 IMO 公约通常分成正文和附则的结构有所不同。因此在采用 MLC 2006 时，建议先阅读此说明。

1.6.3　MLC 2006 正文“条款”

MLC 2006 的正文“条款”共 16 条，其中最值得注意的是第Ⅰ、Ⅱ、Ⅵ、Ⅹ、ⅩⅣ和ⅩⅤ条。该公约的第Ⅰ条“一般义务”中规定了批准本公约的各成员国承诺按第Ⅵ条规定的方式全面履行公约的规定，以确保所有海员体面就业的权利。成员国应为确保有效实施和执行本公约之目的而相互合作。

第Ⅱ条“定义和适用范围”对主管机关（competent authority）、海员（seafarer）、船舶和船东（shipowner）等做出定义，其中：

海员（seafarers）系指在本公约所适用的船舶上以任何职务受雇、从业或工作的任何人员；

船舶（ship）系指除专门在内河水域（inland waters）、遮蔽水域（sheltered waters）之内或其紧邻水域或适用港口规定的区域航行的船舶以外的船舶。

对于适用范围，明确了除非另有明文规定，本公约适用于除从事捕鱼或类似捕捞（engaged in fishing or in similar pursuits）的船舶和用传统方法制造的船舶，如独桅三角帆船和舢板（dhows and junks）以外的通常从事商业活动（ordinarily engaged in commercial activities）的所有船舶，无论其为公有或私有（whether publicly or privately owned）。本公约不适用于军舰和海军辅助船（warships or naval auxiliaries）。在该条中强调，除非另有规定，提及本公约的同时意味着提及规则和守则，这意味着规则和守则是本公约的一部分，且在船舶设计与建造中，主要是采用规则和守则，特别是守则，因为其涉及具体的技术要求。

第Ⅵ条“规则以及守则的 A 部分和 B 部分”明确，除非本公约另有明文规定，不能按守则 A 部分规定的方式履行权利和原则的成员国，可通过实质上等效于（substantially equivalent） A 部分规定的法律和条例的规定或其他措施（provisions in its laws and regulations or other measures）来实施 A 部分。这使强制性的 A 部分标准具有灵活性，当然这种“实质上等效”应有助于充分达到守则 A 部分有关规定的总体目标和目的(the general object and purpose)，且落实守则 A 部分的有关规定。

第Ⅹ条“生效的影响”(Effect of entry into force)中列出了该公约生效后修订的 36 个 ILO 公约和 1 个议定书，其中包括船舶设计与建造中广泛采用的 ILO 第 92 号和 133 号(海员舱室)公约，以及第 68 号(海员膳食与餐桌)公约和第 147 号(商船最低标准)公约。

第ⅩⅣ条“本公约的修正案”(Amendment of this Convention)中阐明，修正案应在合计总吨位占世界商船总吨位的至少 33% 的至少 30 个成员国，对修正案或经修正的公约(视实际情况)的批准书已经登记后视为已被接受。在此接受之日起 12 个月后生效。可见对该公约修正案的生效条件与该公约本身的生效条件相同，因此要对该公约进行修正，相当困难，为此制定了第ⅩⅤ条。

第ⅩⅤ条“对守则的修正案”(Amendments to the Code)提出了较为宽松的守则修正案的生效条件，考虑到在船舶设计与建造中主要采用守则中 A 部分标准和 B 部分指南的要求，因此这一条具有实用价值。

1.6.4 MLC 2006 的“规则和守则”

MLC 2006 的“规则和守则”分列于以下 5 篇(Titles)中。

第 1 篇：海员上船工作的最低要求(Minimum requirements for seafarers to work on a ship)。

第 2 篇：就业条件(Conditions of employment)。

第 3 篇：起居舱室、娱乐设施、食品和膳食服务(Accommodation, recreational facilities, food and catering)。

第 4 篇：健康保护、医疗、福利和社会保障(Health protection, medical care, welfare and social security protection)。

第 5 篇：遵守与执行(Compliance and enforcement)。

以上 5 篇中的每一篇包含了关于具体权利或原则的几组规定(groups of provisions relating to a particular right or principle)，其编号相关联。例如，第 3 篇的第 1 组包括关于“起居舱室和娱乐设施”的规则 3.1、标准 A 3.1 和导则 B 3.1。

在这 5 篇规则和守则中，与船舶业关系最密切的为第 3 篇。该篇的规则 3.1“起居舱室和娱乐设施”中规定，实施本规则的守则中与船舶建造和设备有关的要求仅适用于本公约对有关成员国生效之日或以后建造的船舶。对于该日之前建造的船舶，ILO 第 92 号“海员舱室公约(修正)”和第 133 号“海员舱室(补充规定)公约“中规定的对于船舶建造和设备的要求，应根据有关成员国的法律或规程，在其适用的范围内继续适用。明确在 2013 年 8 月 20 日或以后建造的船舶，应实施 MLC 2006 规则和守则第 3 篇的要求，在 2013 年 8 月 20 日之前建造的船舶，应继续实施第 92 号和第 133 号公约的要求。

1.6.4.1 起居舱室的一般要求

第 3 篇的标准 A 3.1“起居舱室和娱乐设施”的 6“对于起居舱室的一般要求”(With respect to general requirements for accommodation)中规定：所有海员起居舱室应具有足够的净高(there shall be adequate headroom in all seafarer accommodation)；必须充分和自由活动的所有海员起居舱室的最小允许净高(the minimum permitted headroom)不得小于 203 cm；主管机关可准许在这些舱室中的任何处所或处所的一部分酌情有限降低上述高度(may permit some limited reduction in headroom in any space, or part of any space)，如主管机关认为该降低是合理的且不会给海员带来不适[标准 A 3.1/6(a)]。

起居舱室应予以充分隔热(the accommodation shall be adequately insulated)[标准 A 3.1/6(b)]。

在经修订的 SOLAS 所定义的客船以外的船舶上，卧室(sleeping rooms)应位于中部或尾部的载重线以上，但在特殊情况下，如因船舶的尺度、类型或其预期的用途，使卧室位于任何其他位置并不切实可行，则卧室可位于船舶首部，但无论如何不得位于防撞舱壁之前[标准 A 3.1/6(c)]。

在客船以及特殊用途船上，如对照明和通风做出了满意的安排，主管机关可准许将卧室置于载重线以下，但无论如何不得置于紧贴工作通道之下(immediately beneath working alleyways)[标准 A 3.1/6(d)]。

卧室不应与货物和机器处所、厨房、仓库、烘干房或公共卫生区域(communal sanitary areas)直接相通；将上述处所与卧室分开的舱壁部分和外部舱壁应使用钢材或其他经认可的材料有效地建造，并具备水密和气密性[标准 A 3.1/6(e)]。

用于建造内部舱壁、天花板和衬板、地板和接合的材料(the materials used to construct internal bulkheads, panelling and sheeting, floors and joinings)应适合于其用途，且有益于确保健康环境[标准 A 3.1/6(f)]。

应提供适当的照明和足够的排水设施(proper lighting and sufficient drainage)[标准 A 3.1/6(g)]。

对于健康和安全保护以及事故防止(Health and safety protection and accident prevention)的要求，考虑到为防止海员暴露于船上有害的噪声级和振动，以及其他环境因素和化学品的风险中(with respect to preventing the risk of exposure to hazardous levels of noise and vibration and other ambient factors and chemicals on board ships)，并为海员提供一个可接受的职业和船上生活环境(to provide an acceptable occupational and onboard living environment for seafarers)，起居舱室和娱乐设施及膳食服务设施应满足规则 4.3 以及守则的相关规定[标准 A 3.1/6(h)]。

1.6.4.2　卧室的要求

第 3 篇的标准 A 3.1 的 9 中规定了对于卧室的要求，在除客船以外的船舶上，应为每一位海员提供单独的卧室，对小于 3 000 总吨的船舶或特殊用途船舶，主管机关在与有关船东和海员组织协商后可准予免除此要求[标准 A 3.1/9(a)]。

应为男海员和女海员提供分开的卧室(separate sleeping rooms)[标准 A 3.1/9(b)]。

卧室应有足够的尺寸并配备适当的陈设(properly equipped)，以确保合理的舒适性及便于整洁(to facilitate tidiness)[标准 A 3.1/9(c)]。

在所有情况下都应为每个海员提供单独的床位[标准 A 3.1/9(d)]。

床的最小内部尺寸(the minimum inside dimensions)应为 198 cm×80 cm[标准 A 3.1/9(e)]。

对单床位的海员卧室地板面积要求如下：

- 在 3 000 总吨以下的船舶上，地板面积应不小于 4.5 m^2；
- 在 3 000 总吨或以上但小于 10 000 总吨的船舶上，地板面积应不小于 5.5 m^2；
- 在 10 000 总吨或以上的船舶上，地板面积应不小于 7 m^2[标准 A 3.1/9(f)]。

但为了在 3 000 总吨以下的船舶、客船和特殊用途船上提供单床位的卧室，主管机关可允许减小地板面积[标准 A 3.1/9(g)]。

对于客船和特殊用途船以外的 3 000 总吨以下的船舶，卧室最多可容许两名海员居住；此类卧室的地板面积应不小于 7 m^2[标准 A 3.1/9(h)]。

在客船和特殊用途船上，不担任高级海员职责的海员的卧室地板面积要求如下：

- 双人间，地板面积应不小于 7.5 m^2；
- 三人间，地板面积应不小于 11.5 m^2；
- 四人间，地板面积应不小于 14.5 m^2[标准 A 3.1/9(i)]。

在特殊用途船舶上，卧室可容纳 4 人以上，此类卧室的地板面积应不小于 3.6 m^2/人[标准 A3.1/9

(j)]。

在客船和特殊用途船舶以外的船舶上,对于担任高级海员职责的海员(seafarers who perform the duties of ships' officers)的卧室,如果不提供专用起居室或休息室(private sitting room or day room),地板面积要求如下:

- 在3 000总吨以下的船舶上,地板面积应不小于7.5 m^2/人;
- 在3 000总吨或以上但小于10 000总吨的船舶上,地板面积应不小于8.5 m^2/人;
- 在10 000总吨或以上的船舶上,地板面积应不小于10 m^2/人[标准A 3.1/9(k)]。

在客船和特殊用途船舶上,对担任高级海员职责的海员的卧室,如果不提供专用的起居室或休息室,每人所占的地板面积对于低级别的高级海员应不少于7.5 m^2,对于高级别的高级海员应不少于8.5 m^2;低级别的高级海员指操作级,高级别的高级海员指管理级(junior officers are understood to be at the operational level, and senior officers at the management level)[标准A 3.1/9(l)]。

除卧室外,船长、轮机长和大副(the master, the chief engineer and the chief navigating officer)还应有相连的起居室、休息室或相当的附加处所(an adjoining sitting room, day room or equivalent additional space)。主管机关经与有关船东和海员组织协商后,可对3 000总吨以下的船舶免除此要求[标准A 3.1/9(m)]。

对于每一居住者,其家具应包括一个宽敞的衣柜(至少为475 L)和空间不小于56 L的抽屉或相当空间;如抽屉设在衣柜里面,则衣柜的合计容积至少应为500 L;柜内应设搁板,并可由居住者上锁,以确保隐私[标准A 3.1/9(n)]。

每间卧室应设有一张桌子或书桌,其可以为固定式、折叠式或可滑动式的类型(which may be of the fixed, drop-leaf or slide-out type),并按需配备舒适的座位[标准A 3.1/9(o)]。

1.6.4.3 照明和餐厅的要求

标准A 3.1的8中规定了对于照明的要求,根据客船可能允许的特殊布置,卧室和餐厅应有自然采光,并应配备足够的人工照明[标准A 3.1/8]。

标准A 3.1的10中规定了对于餐厅(mess rooms)的要求:餐厅的位置应与卧室隔开,并应尽实际可行地靠近厨房;主管机关在与有关的船东和海员组织协商后,可对小于3 000总吨的船舶免除此要求[标准A 3.1/10(a)]。

餐厅应足够大,且舒适,并在考虑到任一时间可能用餐的海员人数的基础上,配备适当的家具和设备(包括提供茶点的常开设施);在适当时应配备分开的或共用的餐厅设施[标准A 3.1/10(b)]。

在第3篇的标准A 3.1之后,即为导则B 3.1"起居舱室和娱乐设施"的要求,其虽为非强制性的,但对船舶设计与建造具有指导性。

例如导则B 3.1.4"照明"(Lighting)中要求,在所有船舶中,应为海员起居舱室配备电灯。如没有两个独立的照明电源,则应通过适当构造的灯具或照明器具提供应急使用的附加照明(导则B 3.1.4/1)。

在卧室中,应在每个铺位的床头处(at the head of each berth)安装一个阅读灯(an electric reading lamp)(导则B 3.1.4/2)。

自然采光和人工照明的适当标准(Suitable standards of natural and artificial lighting)应由主管机关确定(导则B 3.1.4/3)。

又例如导则B3.1.6"餐厅"中要求,在客船以外的船舶上,海员餐厅的地板面积应不少于按计划容纳人数1.5 m^2/人(1.5 square meters per person of the planned seating capacity)(导则B 3.1.6/3)。

1.6.4.4 卫生设施的要求

标准A 3.1的11中规定了对于卫生设施(sanitary facilities)的要求,船上的所有海员均应能使用满足最低健康和卫生标准以及合理的舒适标准(reasonable standards of comfort)的卫生设施,应为男海员和女海员提供分开的卫生设施[标准 A 3.1/11(a)];

在驾驶桥楼(navigating bridge)和机器处所的易于到达之处或靠近机舱控制中心处应设有卫生设施;对小于 3 000 总吨的船舶,在主管机关与有关的船东和海员组织协商后可免除此要求[标准 A 3.1/11(b]。

在所有船舶上,应在方便的位置为没有个人卫生设施的每 6 名或以下海员至少提供一个厕所、一个洗脸盆和一个浴盆和/或淋浴[标准 A 3.1/11(c)]。

在除客船以外的船上,每个卧室均应配备带有流动冷热淡水的洗脸盆,但当该洗脸盆已位于所提供的个人浴室中者除外[标准 A 3.1/11(d)]。

对于航行时间通常不大于 4 h 的客船,主管机关可考虑做出特殊安排或减少所要求的卫生设施数[标准 A 3.1/11(e)]。

所有盥洗场所(wash places)均应有流动的冷热淡水[标准 A 3.1/11(f)]。

导则 B 3.1.7"卫生设施"中要求:

洗脸盆和浴缸应具备合适的尺寸,且以表面光滑,不易开裂、剥落或腐蚀的认可材料制成(导则 B 3.1.7/1)。

所有厕所均应为经认可的样式,具有足量的冲洗水或某些其他合适的冲洗方式,如空气,其须随时可用,且可独立控制(导则 B 3.1.7/2)。

拟供多于一人使用的卫生间(Sanitary accommodation)应符合以下要求:

①地板应为认可的耐用材料,防潮,且应完善地排水;

②舱壁应采用钢材或其他认可的材料,在甲板以上至少 23 cm 及以下的部分应为水密;

③ 卫生间内应有足够的照明、供暖和通风;

④ 厕所应位于卧室和盥洗室易于到达之处,但又要与其隔开,厕所门不应直接朝向卧室或卧室与厕所之间的唯一通道,但如厕所位于总人数不多于 4 名海员的两间卧室之间的卫生间内,则此要求不适用;

⑤ 如同一舱室有多于一个厕所,应予充分遮挡,以确保隐私(导则 B 3.1.7/3)。

供海员使用的洗衣设施应包括:

① 洗衣机;

② 烘干机或具有足够加热和通风的烘干室;

③ 熨斗和熨衣板或其相当设施(导则 B 3.1.7/4)。

1.6.5 ILO 第 92 号和 133 号公约及三项公约的比较

在 2013 年 8 月 20 日 MLC 2006 正式生效前,由 ILO 制定的与船舶有关的公约见表 1-17。

表 1-17　ILO 制定的与船舶有关的公约

No. 序号	Official title 正式标题	Adopted 通过时间/年
1	ILO 68 Convention Concerning Food and Catering for Crews on Board Ship ILO 第 68 号 海员膳食与餐桌公约	1946
2	ILO 92 Convention concerning Crew Accommodation on Board Ship (Revised 1949) ILO 第 92 号 海员舱室公约(修正)	1949

表 1－17(续)

No. 序号	Official title 正式标题	Adopted 通过时间/年
3	ILO 133 Convention Concerning Crew Accommodation on Board Ship (Supplementary Provisions) ILO 第 133 号 海员舱室(补充规定)公约	1970
4	ILO 147 Convention Concerning Minimum Standards in Merchant Ships ILO 第 147 号 商船最低标准公约	1976
5	ILO 152 Convention Concerning Occupational Safety and Health in Dock Work ILO 第 152 号 职业安全与健康(码头工作)公约	1979

为确保和改善船上海员的工作和生活条件，ILO 曾相继制定了第 92 号和 133 号公约。

ILO 的第 92 号公约即“有关船上海员舱室公约”(1949 年修订)，该公约于 1949 年 6 月 18 日通过，故可称为“1949 年海员舱室公约(修正)”，其生效日期为 1953 年 1 月 29 日。

为进一步改善海员的工作和生活条件，ILO 又通过了第 133 号公约，即“有关船上海员舱室公约(补充规定)”(1970 年)，该公约于 1970 年 10 月 30 日通过，故可称为“1970 年海员舱室(补充规定)公约”，其生效日期为 1991 年 8 月 27 日。

一般来说，ILO 第 133 号公约比 ILO 第 92 号公约提出了更高的要求，如海员卧室的每人居住面积更大。第 133 号公约规定床的最小内部尺寸(198 cm×80 cm)更大(92 号公约为 190 cm×68 cm)；餐厅占地面积和设备配置要求更高；对娱乐室和娱乐设施提出了更高和具体的要求；对厕所、浴卫设施，要求设更多的单独的个人浴室、供冷热水的洗脸盆等。

ILO 的第 92 号公约是对海员舱室的基本要求，ILO 的第 133 号公约是以补充规定的形式对第 92 号公约中部分条款做修正，这种修正是有条件的，即只有对在船舶合同中写明，须遵照 ILO 的第 92 号公约和第 133 号公约的船舶才适用，这两项公约在 2013 年 8 月 20 日之前有效。在 2013 年 8 月 20 日或以后建造的船舶，应实施 MLC 2006 规则和守则第 3 篇的要求。表 1－18 列出了三项公约对海员舱室某些要求的比较。

表 1－18　ILO 三项公约对海员舱室某些要求的比较

第 92 号公约	第 133 号公约	MLC 2006
第 10 条 7. 海员卧室的甲板间净高应不小于 1.90 m (6 英尺 3 英寸)	第 10 条 所有须充分和自由活动的海员起居舱室，其最小净高应不小于 198 cm(6 英尺 6 英寸)	标准 A 3.1/6(a) 海员所有起居舱室具有足够的净高；所有海员必须充分和自由移动的起居舱室的最低允许净高不得低于 203 cm
第 10 条 8. 应有足够数量的卧室，以为每一部门提供一间或多间单独的卧室；对小船，主管机关可放宽这一要求	第 5 条 5. 初级海员卧室的人数每室不应超过 1～2人。 7. 在除客船以外的船舶上，应为成年海员提供单独的卧室，但要视船的大小、从事的业务和实际布局的合理和可行而定	标准 A 3.1/9(a) 在除客船以外的船舶上，应为每一海员提供单独的卧室，对小于 3 000 总吨的船舶或特殊用途船舶，主管机关在与有关船东和海员组织协商后可准予免除此要求

表 1-18(续)

第 92 号公约	第 133 号公约	MLC 2006
第 10 条 16. 床的最小内部尺寸应为 1.9 m×0.68 m	第 5 条 10. 床的最小内部尺寸应为 198 cm × 80 cm	标准 A 3.1/9(e) 床的最小内部尺寸应为 198 cm ×80 cm
第 10 条 4. 一般海员卧室的人均居住面积应不小于: 在 800 吨以下的船舶上,1.85 m^2; 在 800 吨以上,但小于 3 000 吨的船舶上,2.35 m^2; 在 3 000 吨或以上的船舶上,2.78 m^2	第 5 条 1. 一般海员卧室的人均居住面积应不小于: 在不小于 1 000 吨但小于 3 000 吨的船舶上,3.75 m^2; 在不小于 3 000 吨但小于 10 000 吨的船舶上,4.25 m^2; 在不小于 10 000 吨的船舶上,4.75 m^2	标准 A 3.1/9(f) 对单床位的海员卧室,地板面积应不小于: 在3 000总吨以下的船舶上,4.5 m^2; 在 3 000 总吨或以上但小于 10 000 总吨的船舶上,5.5 m^2; 在 10 000 总吨或以上的船舶上,7 m^2
第 11 条 5. 每一餐厅的大小和设备应足以满足在任何时间同时使用的人员数	第 6 条 1. 高级海员和一般海员的餐厅占地面积,按计划座位数每人应不小于 1 m^2	导则 B 3.1.6/3 在客船以外的船舶上,海员餐厅的地板面积应不少于按计划容纳人数每人 1.5 m^2

由表 1-18 可见,第 133 号公约比第 92 号公约的要求更高,而 MLC 2006 的要求最高,这对船舶设计和建造提出更高要求,也无疑会相应提高船舶的造价。

1.7 国际电工委员会(IEC)所颁布的与船舶有关的出版物

1.7.1 IEC/TC18 和 IEC/SC 18A 正式颁布的国际标准目录

国际电工委员会(International Electrotechnical Commission,IEC)成立于1906年,当时的中央办公室设在伦敦,1947年中央办公室迁至日内瓦。IEC的主要活动为制定和发布国际标准和技术报告。1997年起,IEC采用新的编号体系,对国际标准、导则和技术报告进行统一编号。现使用的编号为60000~79999。如原IEC 92的现编号为IEC 60092。

IEC第18技术委员会(IEC/TC18)“船舶及移动式和固定式近海平台的电气装置”技术委员会的工作范围是编制船舶及移动式和固定式近海平台的电气标准,它结合了良好的实践,并尽可能与现行规则和IEC出版物相一致。这些标准是对《国际海上人命安全公约》(SOLAS)要求的实际解释和详细说明的法规,是将来可能编制的规则的指南,也是船东、船厂和有关机构采用的实践准则(These standards form a guide for future regulations which may be prepared and a statement of practice for use by shipowners, shipbuilders and appropriate organizations)。

1.7.1.1 IEC/TC18 正式颁布的国际标准

截至2018年5月15日,IEC/TC18正式颁布的国际标准为50项(包括修正案和勘误,以下所列中,已将修正案和勘误并入各相关项中,故项目数少于50),现将有关国际标准目录依照其标准编号分列如下:

IEC 60092-SER (2018/02)	船舶电气装置—系列文件—所有部分(Electrical installations in ships - All Parts)
IEC 60092-101 (2002/08)	船舶电气装置—第101部分:定义和一般规定(Electrical installations in ships-Part 101: Definitions and general requirements)
IEC 60092-201 (1994/08)	船舶电气装置—第201部分:系统设计—总则(Electrical installations in ships-Part 201: System design-General)
IEC 60092-202 (2016/09)	船舶电气装置—第202部分:系统设计—保护(Electrical installations in ships-Part 202: System design-Protection)
IEC 60092-301 (1980/01)	船舶电气装置—第301部分:设备—发电机和电动机(Electrical installations in ships-Part 301: Equipment-Generators and motors) 第1号修正案(Amendment 1,1994/05) 第2号修正案(Amendment 2,1995/03)

IEC 60092-302（1997/05） 船舶电气装置—第 302 部分:低压开关装置和控制装置组件(Electrical installations in ships-Part 302: Low-voltage switchgear and controlgear assemblies)

IEC 60092-303（1980/01） 船舶电气装置—第 303 部分:设备—电力和照明变压器(Electrical installations in ships-Part 303: Equipment-Transformers for power and lighting)
第 1 号修正案(Amendment 1,1997/09)

IEC 60092-304（1980/01） 船舶电气装置—第 304 部分:设备—半导体变换器(Electrical installations in ships-Part 304: Equipment-Semiconductor convertors)
第 1 号修正案(Amendment 1,1995/03)

IEC 60092-305（1980/01） 船舶电气装置—第 305 部分:设备—蓄电池(Electrical installations in ships-Part 305: Equipment-Accumulator (storage) batteries)
第 1 号修正案(Amendment 1,1989/07)

IEC 60092-306（2009/11） 船舶电气装置—第 306 部分:设备—灯具和附件(Electrical installations in ships-Part 306: Equipment-Luminaires and lighting accessories)

IEC 60092-307（1980/01） 船舶电气装置—第 307 部分:设备—电暖器和电炊具(Electrical installations in ships-Part 307: Equipment-Heating and cooking appliances)

IEC 60092-401（1980/01） 船舶电气装置—第 401 部分:安装和完工试验(Electrical installations in ships-Part 401: Installation and test of completed installation)
第 1 号修正案(Amendment 1,1987/01)
第 2 号修正案(Amendment 2,1997/05)

IEC 60092-501（2013/10） 船舶电气装置—第 501 部分:专辑—电力推进装置(Electrical installations in ships-Part 501: Special features-Electric propulsion plant)

IEC 60092-502（1999/02） 船舶电气装置—第 502 部分:液货船—专辑(Electrical installations in ships-Part 502: Tankers-Special features)

IEC 60092-503（2007/06） 船舶电气装置—第 503 部分:专辑—电压大于 1kV 至小于或等于 15kV 的交流供电系统(Electrical installations in ships-Part 503: Special features-AC supply systems with voltages in the range of above 1 kV up to and including 15 kV)

IEC 60092-504（2016/09） 船舶电气装置—第 504 部分:自动化、控制和测量仪表(Electrical installations in ships-Part 504: Automation, control and instrumentation)

IEC 60092-506（2003/06）	船舶电气装置—第 506 部分：专辑—运载特别危险货物和仅在散装时有害物质的船舶（Electrical installations in ships-Part 506：Special features-Ships carrying specific dangerous goods and materials hazardous only in bulk）
IEC 60092-507（2014/11）	船舶电气装置—第 507 部分：小船（Electrical installations in ships-Part 507：Small vessels）
IEC 60092-509（2011/05）	船舶电气装置—第 509 部分：电气装置的运行（Electrical installations in ships-Part 509：Operation of electrical installations）
IEC 60533（2015/08）	船舶电气和电子装置—电磁兼容（EMC）—金属船体的船舶（Electrical and electronic installations in ships-Electromagnetic compatibility（EMC）-Ships with a metallic hull）
IEC 61363-1（1998/02）	船舶及移动式和固定式近海平台的电气装置—第 1 部分：三 相交流短路电流计算程序（Electrical installations of ships and mobile and fixed offshore units-Part 1：Procedures for calculating short-circuit currents in three-phase a. c. ）
IEC 61892-SER（2015/07）	移动式和固定式近海平台—电气装置—系列文件—所有部分（Mobile and fixed offshore units-Electrical installations-ALL PARTS）
IEC 61892-1（2015/07）	移动式和固定式近海平台—电气装置—第 1 部分：一般规定和条件（Mobile and fixed offshore units-Electrical installations-Part 1：General requirements and conditions）
IEC 61892-2（2012/03）	移动式和固定式近海平台—电气装置—第 2 部分：系统设计（Mobile and fixed offshore units-Electrical installations-Part 2：System design）
	第 1 号勘误（Corrigendum 1，2013/03）
IEC 61892-3（2012/03）	移动式和固定式近海平台—电气装置—第 3 部分：设备（Mobile and fixed offshore units-Electrical installations-Part 3：Equipment）
IEC 61892-4（2007/06）	移动式和固定式近海平台—电气装置—第 4 部分：电缆（Mobile and fixed offshore units-Electrical installations-Part 4：Cables）
IEC 61892-5（2014/11）	移动式和固定式近海平台—电气装置—第 5 部分：移动式平台（Mobile and fixed offshore units-Electrical installations-Part 5：Mobile units）
IEC 61892-6（2013/12）	移动式和固定式近海平台—电气装置—第 6 部分：安装（Mobile and fixed offshore units-Electrical installations-Part 6：Installation）

IEC 61892-7 (2014/12)	移动式和固定式近海平台—电气装置—第7部分:危险区域(Mobile and fixed offshore units-Electrical installations-Part 7: Hazardous areas)
IEC TR 62482 (2008/02)	船舶电气装置—电磁兼容—船上电缆敷设的优化—走线距离的试验方法(Electrical installations in ships-Electromagnetic compatibility-Optimising of cable installations on ships - Testing method of routing distance)
IEC PAS 63108 (2017/05)	船舶电气装置—主电源的直流配电—系统设计架构(Electrical installations in ships-Primary DC distribution-System design architecture)
IEC/ISO/IEEE 80005-1(2012/07)	港口公用电力连接—第1部分:高压岸电连接(HVSC)系统——一般要求(Utility connections in port-Part 1: High Voltage Shore Connection (HVSC) Systems-General requirements)
IEC/IEEE 80005-2 (2016/06)	港口公用电力连接—第2部分:高压和低压岸电连接系统—监测和控制用数据通信(Utility connections in port-Part 2: High and low voltage shore connection systems-Data communication for monitoring and control)
IEC PAS 80005-3 (2014/08)	港口公用电力连接—第3部分:低压岸电连接(LVSC)系统——一般要求(Utility connections in port-Part 3: Low Voltage Shore Connection (LVSC) Systems-General requirements)
ISO 16315(2016/03)	小艇—电力推进系统(Small craft-Electric propulsion system)

注:TR—— 技术报告(Technical Report);
PAS——公众可获得的技术条件(Publicly Available Specification);
ISO 16315——该标准由ISO/TC188"小艇"与IEC/TC18联合编制,采用ISO标准编号。

1.7.1.2 IEC/SC 18A 正式颁布的国际标准

IEC/TC18下设IEC/SC 18A"电缆与电缆敷设"分技术委员会,其工作范围是在TC18的范围内编制电缆与电缆敷设的标准。截至2018年5月15日,IEC/SC 18A正式颁布的国际标准为9项(包括修正案和勘误,以下所列中,已将修正案和勘误并入各相关项中,故项目数少于9),现将有关国际标准依照其标准编号分列如下:

IEC 60092-350(2014/08)	船舶电气装置—第350部分:船舶及近海平台的电力、控制和仪表电缆的一般结构和试验方法(Electrical installations in ships-Part 350: General construction and test methods of power, control and instrumentation cables for shipboard and offshore applications)
IEC 60092-352(2005/09)	船舶电气装置—第352部分:电缆的选择和敷设(Electrical installations in ships-Part 352: Choice and installation of electrical cables)

IEC 60092-353(2016/09)	船舶电气装置—第 353 部分:额定电压 1 kV 和 3 kV 的电力 电缆(Electrical installations in ships-Part 353: Power cables for rated voltages 1 kV and 3 kV)
IEC 60092-354(2014/08)	船舶电气装置—第 354 部分:额定电压 6 kV (Um = 7.2 kV) 至小于或等于 30 kV (Um = 36 kV) 的挤压固体绝缘的单芯和 三芯电力电缆【Electrical installations in ships-Part 354: Single-and three-core power cables with extruded solid insulation for rated voltages 6 kV (Um = 7.2 kV) up to30 kV(Um = 36 kV)】
IEC 60092-360(2014/04)	船舶电气装置—第 360 部分:船舶及近海平台的电力、控制、仪表和通信电缆的绝缘和护套材料(Electrical installations in ships-Part 360: Insulating and sheathing materials for shipboard and offshore units, power, control, instrumentation and telecommunication cables)
IEC TR 60092-370 (2009/07)	船舶电气装置—第 370 部分:通信和数据传输电缆,包括射频电缆的选择指南(Electrical installations in ships-Part 370: Guidance on the selection of cables for telecommunication and data transfer including radio-frequency cables)
IEC 60092-376(2017/05)	船舶电气装置—第 376 部分:150/250V(300V)控制和测量电路用电缆【Electrical installations in ships-Part 376: Cables for control and instrumentation circuits 150/250 V(300 V)】

1.7.2 IEC/TC80 正式颁布的国际标准目录

国际电工委员会(IEC) 成立于 1906 年,其主要活动为制定和发布国际标准和技术报告。

IEC 第 80 技术委员会(IEC/TC80)“海上导航和无线电通信设备及系统”(Maritime navigation and radiocommunication equipment and systems) 技术委员会的工作范围,是编制用于电工、电子、电声、电光学和数据处理技术的海上导航和无线电通信设备及系统的标准(To prepare standards for maritime navigation and radiocommunication equipment and systems making use of electrotechnical, electronic, electroacoustic, electro-optical and data processing techniques)。

(TC80 成立于 1980 年,其编制设备和系统的国际技术标准,这些标准与国际海事组织(IMO)各公约,特别是《国际海上人命安全公约》(SOLAS)强制性要求的一部分,或者可能成为这些强制性要求一部分的与那些设备和系统有关的要求相一致。)TC80 的优先工作计划(The priority work programme)与 IMO 海上安全委员会(MSC)直接相关。它反映了由 IMO 在其决议(Resolutions)中通过的性能标准(performance standards),以及任何相关的国际电信联盟(ITU)的建议案(Recommendations),其工作范围不排除与 IMO 的 SOLAS 相关的非强制性的项目。

TC80 现行出版的 65 项标准(截至 2018 年 4 月 12 日)中的大部分标准支持 IMO 的要求。通过其既代表 IMO,又代表 ITU,TC80 能影响这些决议和建议案的性能和技术内容。该技术委员会的目的是出版已获得压倒性的国际上所接受的标准(to publish standards that have gained overwhelming International acceptance),且为国际工业界提供单一的设备标准(and thus provide International industry with a single equipment standard)。在大多数情况下,其通过确保该委员会代表工业界、政府、用户和试验发证机构(by ensuring that the Committee has representatives from industry, Government, the user and test certification bodies)来达到这一目的。

IEC/TC80 与 IMO 和 ITU,特别是与 IMO 关系密切,从某种意义上,可认为 IEC/TC80 的大部分国际标准是 IMO 有关海上导航和无线电通信之要求的进一步细化。也就是说,如没有 IEC/TC80 国际标准,则 IMO 有关导航和无线电通信之要求将无法具体实施。

为了采用现行有效的国际标准,必须及时了解最新的 IEC/TC80 国际标准目录,以免因误用已过时标准而造成重大损失。截至 2018 年 4 月 12 日,IEC/TC80 正式颁布的国际标准为 65 项(包括修正案和勘误,以下所列中,已将修正案和勘误并入各相关项中,故项目数少于 65),现将有关国际标准依照其标准编号分列如下:

IEC 60945 (2002/08)　海上导航和无线电通信设备及系统——一般要求—试验方法及所要求的试验结果(Maritime navigation and radiocommunication equipment and systems—General requirements—Methods of testing and required test results)

IEC 60945:2002/第 1 号勘误(Corrigendum 1) (2008/04)

IEC 61023 (2007/06)　海上导航和无线电通信设备及系统—海上速度和距离测量设备(SDME)—性能要求、试验方法及所要求的试验结果(Maritime navigation and radiocommunication equipment and systems—Marine speed and distance measuring equipment (SDME)—Performance requirements, methods of testing and required test results)

IEC 61097-1(2007/06)　全球海上遇险与安全系统 (GMDSS)—第 1 部分:雷达应答器—海上搜救 (SART)—运行和性能要求、试验方法及所要求的试验结果(Global maritime distress and safety system (GMDSS)—Part 1: Radar transponder—Marine search and rescue (SART)—Operational and performance requirements, methods of testing and required test results)

IEC 61097-2 (2008-01)　全球海上遇险与安全系统 (GMDSS)—第 2 部分:(国际)搜救卫星搜寻遇险船舶的空间系统 *(COSPAS-SARSAT)的应急无线电示位标(EPIRB)—在 406 MHz 上运行的卫星应急无线电示位标—运行和性能要求、试验方法及所要求的试验结果[Global maritime distress and safety system (GMDSS)—Part 2: COSPAS-SARSAT EPIRB—Satellite emergency position indicating radio beacon operating on 406 MHz—Operational and performance requirements, methods of testing and required test results]【 * COSPAS-SARSAT 是 1981 年由加拿大、法国、美国和苏联联合开发的全球卫星搜救系统,1982 年上述 4 国为理事的国际低极轨道搜救卫星组织(COSPAS-SARSAT)成立,它是国际海事卫星组织推行的全球海上遇险与安全系统(GMDSS)的重要组成部分。该系统使用低极轨道卫星为全球包括

IEC 61097-2（2008-01） 极区在内的海上、陆上和空中提供遇险报警及定位服务，以使遇险者得到及时有效的救助。COSPAS 由俄语"Cosmicheskaya Sistyema Poiska Avariynich Sudov"缩写而成，其对应的英文为 Space System for the Search of Vessels in Distress，可译成"（国际）搜寻遇险船舶的空间系统"，SARSAT 系 Search and Rescue Satellite 的缩写，可译成"搜救卫星"，COSPAS-SARSAT 可译成"（国际）搜救卫星搜寻遇险船舶的空间系统"（又称为"国际低极轨道搜救卫星系统"，International Low-Orbit Search and Rescue Satellite Systems）】

IEC 61097-3（2017-10） 全球海上遇险与安全系统（GMDSS）—第 3 部分：数字选择性呼叫（DSC）设备—运行和性能要求、试验方法及所要求的试验结果[Global maritime distress and safety system（GMDSS）—Part 3：Digital selective calling（DSC）equipment—Operational and performance requirements，methods of testing and required testing results]

IEC 61097-4（2012-05） 全球海上遇险与安全系统（GMDSS）—第 4 部分：国际海事卫星组织 INMARSAT-C 船舶地面站（SES）和 INMARSAT 强化群呼（EGC）设备—运行和性能要求、试验方法及所要求的试验结果[Global maritime distress and safety system（GMDSS）—Part 4：INMARSAT-C ship earth station and INMARSAT enhanced group call equipment—Operational and performance requirements，methods of testing and required test results]

IEC 61097-4:2012/第 1 号修正案（2016/08）

IEC 61097-6（2005-12） 全球海上遇险与安全系统（GMDSS）—第 6 部分：用于接收船舶航行和气象告警以及紧急信息（NAVTEX）的窄带直接印字报（NBDP）设备[Global maritime distress and safety system（GMDSS）—Part 6：Narrowband direct-printing telegraph equipment for the reception of navigational and meteorological warnings and urgent information to ships（NAVTEX）]

IEC 61097-6:2005/第 1 号修正案（2011/12）

IEC 61097-7（1996-10） 全球海上遇险与安全系统（GMDSS）—第 7 部分：船载甚高频（VHF）无线电话发射和接收器—运行和性能要求、试验方法及所要求的试验结果[Global maritime distress and safety system（GMDSS）—Part 7：Shipborne VHF radiotelephone transmitter and receiver—Operational and performance requirements，methods of testing and required test results]

IEC 61097-7:1996/第 1 号修正案（2018/1）

IEC 61097-8（1998-09）　全球海上遇险与安全系统（GMDSS）—第 8 部分：在海上的中频（MF）、中频/高频（MF/HF）和甚高频（VHF）频带用于接收数字选择性呼叫（DSC）的船载值班接收器—运行和性能要求、试验方法及所要求的试验结果［Global maritime distress and safety system（GMDSS）—Part 8：Shipborne watchkeeping receivers for the reception of digital selective calling（DSC）in the maritime MF，MF/HF and VHF bands—Operational and performance requirements，methods of testing and required test results］

IEC 61097-9（1997-11）　全球海上遇险与安全系统（GMDSS）—第 9 部分：适合于电话、数字选择性呼叫（DSC）和窄带直接印字报（NBDP）的在中频（MF）和高频（HF）频带使用的船载发射和接收器—运行和性能要求、试验方法及所要求的试验结果［Global maritime distress and safety system（GMDSS）—Part 9：Shipborne transmitters and receivers for use in the MF and HF bands suitable for telephony，digital selective calling（DSC）and narrow band direct printing（NBDP）—Operational and performance requirements，methods of testing and required test results］

IEC 61097-12（1996-12）　全球海上遇险与安全系统（GMDSS）—第 12 部分：救生艇筏便携式双通道甚高频（VHF）无线电话设备—运行和性能要求、试验方法及所要求的试验结果［Global maritime distress and safety system（GMDSS）—Part 12：Survival craft portable two-way VHF radiotelephone apparatus—Operational and performance requirements，methods of testing and required test results］

IEC 61097-12:1996/第 1 号修正案（2017/07）

IEC 61097-13（2003-05）　全球海上遇险与安全系统（GMDSS）—第 13 部分：国际海事卫星组织 Inmarsat-F77 船舶地面站设备—运行和性能要求、试验方法及所要求的试验结果［Global maritime distress and safety system（GMDSS）—Part 13：Inmarsat F77 ship earth station equipment—Operational and performance requirements，methods of testing and required test results］

IEC 61097-14（2010-02）　全球海上遇险与安全系统（GMDSS）—第 14 部分：自动识别系统搜救发送机（AIS-SART）—运行和性能要求、试验方法及所要求的试验结果［Global maritime distress and safety system（GMDSS）—Part 14：AIS search and rescue transmitter（AIS-SART）—Operational and performance requirements，methods of testing and required test results］

IEC 61097-15（2012-05）　全球海上遇险与安全系统（GMDSS）—第 15 部分：国际海事卫星组织 Inmarsat-FB500 船舶地面站—运行和性能要求、试验方法及所要求的试验结果［Global maritime distress and safety system（GMDSS）—Part 15：Inmarsat FB500 ship earth station—Operational and performance requirements，methods of testing and required test results］

IEC 61108-1（2003-07）

海上导航和无线电通信设备及系统—全球导航卫星系统（GNSS）—第 1 部分：全球定位系统（GPS）—接收设备—性能标准、试验方法及所要求的试验结果[Maritime navigation and radiocommunication equipment and systems—Global navigation satellite systems（GNSS）—Part 1：Global positioning system（GPS）—Receiver equipment—Performance standards，methods of testing and required test results]

IEC 61108-2（1998-06）

海上导航和无线电通信设备及系统—全球导航卫星系统（GNSS）—第 2 部分：全球导航卫星系统（GLONASS）—接收设备—性能标准、试验方法及所要求的试验结果[Maritime navigation and radiocommunication equipment and systems—Global navigation satellite systems（GNSS）—Part 2：Global navigation satellite system（GLONASS）—Receiver equipmen—Performance standards，methods of testing and required test results]

IEC 61108-3（2010-05）

海上导航和无线电通信设备及系统—全球导航卫星系统（GNSS）—第 3 部分：伽利略（Galileo）接收设备—性能要求、试验方法及所要求的试验结果[Maritime navigation and radiocommunication equipment and systems-Global navigation satellite systems（GNSS）—Part 3：Galileo receiver equipment—Performance requirements，methods of testing and required test results]

IEC 61108-4（2004-07）

海上导航和无线电通信设备及系统—全球导航卫星系统（GNSS）—第 4 部分：船载差分全球定位系统（DGPS）和差分全球导航卫星系统（DGLONASS）海上无线电信标接收设备—性能要求、试验方法及所要求的试验结果[Maritime navigation and radiocommunication equipment and systems—Global navigation satellite systems（GNSS）—Part 4：Shipborne DGPS and DGLONASS maritime radio beacon receiver equipme—Performance requirements，methods of testing and required test results]

IEC 61162-1（2016-08）

海上导航和无线电通信设备及系统—数字接口—第 1 部分：单发话器和多受话器（Maritime navigation and radiocommunication equipment and systems—Digital interfaces—Part 1：Single talker and multiple listeners）

IEC 61162-2（1998-09）

海上导航和无线电通信设备及系统—数字接口—第 2 部分：高速传输的单发话器和多受话器（Maritime navigation and radiocommunication equipment and systems—Digital interfaces—Part 2：Single talker and multiple listeners，high-speed transmission）

IEC 61162-3（(2008-05)　海上导航和无线电通信设备及系统—数字接口—第3部分:串行数据测试网络(Maritime navigation and radiocommunication equipment and systems—Digital interfaces—Part 3: Serial data instrument network)

IEC 61162-3:2008/第1号修正案（2010/06）+第2号修正案（2014/07）

IEC 61162-450（2011-06）　海上导航和无线电通信设备及系统—数字接口—第450部分:多发话器和多受话器—以太网互连(Maritime navigation and radiocommunication equipment and systems—Digital interfaces—Part 450: Multiple talkers and multiple listeners—Ethernet interconnection)

IEC 61162-450:2011/第1号修正案（2016/03）

IEC 61162-460(2015-08)　海上导航和无线电通信设备及系统—数字接口—第460部分:多发话器和多受话器—以太网互连—安全与保安(Maritime navigation and radiocommunication equipment a nd systems-Digital interfaces-Part 460: Multiple talkers and multiple listeners-Ethernet interconnection-Safety and security)

IEC 61174(2015-08)　海上导航和无线电通信设备及系统—电子海图显示和信息系统（ECDIS)—运行和性能要求、试验方法及所要求的试验结果[Maritime navigation and radiocommunication equipment and systems-Electronic chart display and information system (ECDIS)-Operational and performance requirements, methods of testing and required test results]

IEC 61924-2（2012-12）　海上导航和无线电通信设备及系统—综合航行系统—第2部分:综合航行系统(INS)的模块化结构—运行和性能要求、试验方法及所要求的试验结果(Maritime navigation and radiocommunication equipment and systems—Integrated navigation systems—Part 2: Modulr structure for INS—Operational and performance requirements, methods of testing and required test results)

IEC 61924-2:2012/第1号勘误(Corrigendum 1)(2013/11)

IEC 61993-1（1999-04）　海上导航和无线电通信设备及系统—第1部分:使用甚高频(VHF)数字选择性呼叫（DSC）技术的船载自动应答系统装置—运行和性能要求、试验方法及所要求的试验结果(Maritime navigation and radiocommunication equipment and systems—Part 1: Shipborne automatic transponder system installation using VHF digital selective calling (DSC) techniques—Operational and performance requirements, methods of testing and required test results)

IEC 61993-2（2012-10） 海上导航和无线电通信设备及系统—自动识别系统（AIS)—第2部分:自动识别系统（AIS）的A级船载设备—运行和性能要求、试验方法及所要求的试验结果[Maritime navigation and radiocommunication equipment and systems—Automatic identification systems（AIS)—Part 2:Class A shipborne equipment of the automatic identification system（AIS)—Operational and performance requirements, methods of test and required test results]

IEC 61996-1（2013-5） 海上导航和无线电通信设备及系统—船载航行数据记录仪（VDR)—第1部分:性能要求、试验方法及所要求的试验结果[Maritime navigation and radiocommunication equipment and systems-Shipborne voyage data recorder（VDR)-Part 1:Performance requirements, methods of testing and required test results]

IEC 61996-1:2013/第1号勘误(Corrigendum 1)(2014/02)

IEC 61996-2（2007-11） 海上导航和无线电通信设备及系统—船载航行数据记录仪（VDR)—第2部分:简易航行数据记录仪(S-VDR)—性能要求、试验方法及所要求的试验结果[Maritime navigation and radiocommunication equipment and systems—Shipborne voyage data recorder（VDR)—Part 2:Simplified voyage data recorder（S-VDR)—Performance requirements, methods of testing and required test results]

IEC 62065（2014-02） 海上导航和无线电通信设备及系统—航线控制系统—运行和性能要求、试验方法及所要求的试验结果(Maritime navigation and radiocommunication equipment and systems-Track control systems-Operational and performance requirements, methods of testing and required test results)

IEC 62238（2003-03） 海上导航和无线电通信设备及系统—包含“D”级数字选择性呼叫(DSC）的甚高频(VHF)无线电话设备—试验方法及所要求的试验结果[Maritime navigation and radiocommunication equipment and systems—VHF radiotelephone equipment incorporating Class “D” Digital Selective Calling（DSC)—Methods of testing and required test results]

IEC 62287-1（2017-04） 海上导航和无线电通信设备及系统—自动识别系统（AIS）的B级船载设备—第1部分:载波侦听时间分割的多路存取(CSTDMA)技术[Maritime navigation and radiocommunication equipment and systems—Class B shipborne equipment of the automatic identification system（AIS)—Part 1:Carrier-sense time division multiple access（CSTDMA) techniques]

IEC 62287-2（2017-02）　海上导航和无线电通信设备及系统—自动识别系统（AIS）的 B 级船载设备—第 2 部分：自组织时间分割的多路存取（SOTDMA）技术［Maritime navigation and radiocommunication equipment and systems—Class B shipborne equipment of the automatic identification system（AIS）—Part 2：Self-organising time division multiple access（SOTDMA）techniques］

IEC 62288（2014-07）　海上导航和无线电通信设备及系统—在船载导航显示器上与导航有关信息的显示——般要求、试验方法及所要求的试验结果（Maritime navigation and radiocommunication equipment and systems-Presentation of navigation-related information on shipborne navigational displays-General requirements，methods of testing and required test results）

IEC 62320-1（2015-01）　海上导航和无线电通信设备及系统—自动识别系统（AIS）—第 1 部分：AIS 基站—最低的运行和性能要求、试验方法及所要求的试验结果［Maritime navigation and radiocommunication equipment and systems-Automatic identification system（AIS）-Part 1：AIS Base Stations-Minimum operational and performance requirements，methods of testing and required test results］

IEC 62320-2（2016-10）　海上导航和无线电通信设备及系统—自动识别系统（AIS）—第 2 部分：AIS 的 A 至 N 站—运行和性能要求、试验方法及所要求的试验结果［Maritime navigation and radiocommunication equipment and systems—Automatic identification system（AIS）—Part 2：AIS A to N Stations—Operational and performance requirements，methods of testing and required test results］

IEC 62320-3（2015-01）　海上导航和无线电通信设备及系统—自动识别系统（AIS）—第 3 部分：中继站—最低的运行和性能要求、试验方法及所要求的试验结果［Maritime navigation and radiocommunication equipment and systems-Automatic identification systems（AIS）-Part 3：Repeater stations-Minimum operational and performance requirements，Methods of test and required test results］

IEC 62388（2013-06）　海上导航和无线电通信设备及系统—船载雷达—性能要求、试验方法及所要求的试验结果（Maritime navigation and radiocommunication equipment and systems-Shipborne radar-Performance requirements，methods of testing and required test results）

IEC 62388：2013/第 1 号勘误（Corrigendum 1）（2014/02）

IEC 62616（2010-02）	海上导航和无线电通信设备及系统—桥楼航行值班报警系统（BNWAS）[Maritime navigation and radiocommunication equipment and systems—Bridge navigational watch alarm system（BNWAS）]
IEC 62616 :2010/第 1 号勘误(Corrigendum 1)(2012/07)	
IEC 62729（2012-06）	海上导航和无线电通信设备及系统—船载远程识别与跟踪（LRIT）设备—性能要求[Maritime navigation and radiocommunication equipment and systems—Shipborne equipments for Long-Range Identification and Tracking（LRIT）—Performance requirements]
IEC 62940（2016-10）	海上导航和无线电通信设备及系统—综合通信系统（ICS）—运行和性能要求、试验方法及所要求的试验结果[Maritime navigation and radiocommunication equipment and systems-Integrated communication system（ICS）-Operational and performance requirements, methods of testing and required test results]
IEC PAS 63062（2016-10）	海上导航和无线电通信设备及系统—可移动的外部数据源（REDS）—一般要求、试验方法及所要求的试验结果[Maritime navigation and radiocommunication equipment and systems-Removable external data source（REDS）-General requirements, methods of testing and required test results]

注：PAS——公众可获得的技术条件(Publicly Available Specification)。

1.8 国际标准化组织(ISO)所颁布的与船舶有关的出版物

1.8.1 ISO/TC8 正式颁布的国际标准目录

国际标准化组织(International Organization for Standardization,ISO)成立于 1947 年,是目前世界上最大的国际标准化机构。ISO 是联合国经社理事会的甲级咨询组织。ISO 的宗旨是“在全世界范围内促进标准化工作的发展,以便于国际物资交流和服务,并扩大在知识、科学、技术和经济方面的合作”。其主要活动是制定国际标准,协调世界范围的标准化工作,组织各成员国和技术委员会进行情报交流,以及与其他国际组织进行合作,共同研究有关标准化问题。ISO 的总部设在日内瓦。1978 年 9 月 1 日,我国以中国标准化协会(CAS)的名义重新进入 ISO 。1988 年起,改为以国家技术监督局 (CSBTS) 的名义参加 ISO 的工作。后“国家技术监督局”更名为“国家质量监督检验检疫总局”,简称“国家质检总局”;现“国家质检总局”改为“国家市场监督管理总局”,简称“国家市场监管总局”,并具体地以“国家市场监管总局”下属的国家标准化管理委员会(Standardization Administration of the People's Republic of China,SAC)的名义参加 ISO 的工作。

虽然就广义而言,国际公约、规则和规范等都可归类于“国际标准”,但从狭义上说,国际标准主要包括 ISO 和 IEC 的国际标准。ISO 是一个国际标准化组织,其成员由来自世界上 100 多个国家的国家标准化团体组成,ISO 与国际电工委员会(IEC)有密切的联系,ISO 和 IEC 有约 1 000 个专业技术委员会和分委员会,各会员国以国家为单位参加这些技术委员会和分委员会的活动。ISO 和 IEC 还有约 3 000个工作组,ISO 、IEC 每年制定和修订约 1 000 个国际标准。ISO 各技术委员会中,与船舶行业关系最密切的是 ISO/TC8“船舶与海上技术”和 ISO/TC188 “小艇” 。

ISO/TC8 “船舶与海上技术”(Ships and marine technology)的工作范围是造船和船舶营运,包括远洋船、内河航行船、近海结构物、船对岸接口和 IMO 要求所涉及的所有其他海上结构所采用的设计、建造、结构部件、舾装件、设备、方法和工艺,以及海上环境事项的标准化(Standardization of design, construction, structural elements, outfitting parts, equipment, methods and technology, and marine environmental matters, used in shipbuilding and the operation of ships, comprising sea-going ships, vessels for inland navigation, offshore structures, ship-to-shore interface and all other marine structures subject to IMO requirements.)。

它不包括:

①船舶与海上结构物上的电气与电子设备(electrical and electronic equipment on board ships and marine structures),这些属于 IEC/ TC18 和 IEC/ TC80 的工作范围;

②内燃机(internal combustion engines),这些属于 ISO / TC70 的工作范围;

③石油和天然气工业的近海结构物(offshore structures for petroleum and natural gas industries),包括对用于石油和天然气工业的移动式近海钻井和起居装置的现场特定适用性进行评估的程序(including procedures for assessment of the site specific application of mobile offshore drilling and accommodation units for the petroleum and natural gas industry),这些属于 ISO/TC 67/ SC7 的工作范围;

④钢和铝结构(steel and aluminium structures),这些属于 ISO/ TC167 的工作范围;

⑤艇长小于或等于 24 m 的游艇和采用类似设备的其他小艇的设备和结构(不包括救生艇和救生

设备),这些属于 ISO / TC188 的工作范围;

⑥海底采矿(sea bed mining);

⑦并非特定用于船舶与海上结构物上的设备(例如管子、钢缆等),以及已列入其他特定的 ISO 技术委员会工作范围的项目,其必须保持常规的相互联系(equipment which is not specific for use on board ships and marine structures (e. g. pipes, steel wire ropes, etc.) and falling within the scope of particular ISO technical committees with which a regular mutual liaISO n must be maintained)。

ISO/TC8 与 IMO 的关系相当密切,许多 ISO/TC8 的国际标准是配合 IMO 要求而制定和修订的,ISO/TC8 的相当大一部分国际标准是 IMO 公约、规则和决议之要求的进一步细化和具体化,可以说,如果没有 ISO/TC8 的国际标准,则 IMO 的要求将无法具体实施。

截至 2018 年 4 月 15 日,ISO/TC8 下设 10 个分委员会、9 个工作组和 1 个 ISO/TC8 主席的咨询小组(Chairman's Advisory Group),ISO/TC8 各分委员会及其颁布的标准数量见表 1 – 19。

表 1 – 19　ISO/TC8 下设的分委员会及其颁布的标准数

分委员会编号	分委员会标题	颁布的标准数量
ISO/TC8/SC1	Lifesaving and fire protection 救生与防火	37
ISO/TC8/SC2	Marine environment protection 海上环境保护	21
ISO/TC8/SC3	Piping and machinery 管系与机械	50
ISO/TC8/SC4	Outfitting and deck machinery 舾装与甲板机械	53
ISO/TC8/SC6	Navigation and ship operations 航行与船舶营运	42
ISO/TC8/SC7	Inland navigation vessels 内河航行船舶	35
ISO/TC8/SC8	Ship design 船舶设计	48
ISO/TC8/SC11	Intermodal and Short Sea Shipping 联合运输和近海航运	4
ISO/TC8/SC12	Ships and marine technology-Large yachts 船舶与海上技术—大型游艇	7
ISO/TC8/SC13	Marine technology 海上技术	0

截至 2018 年 4 月 15 日,由 ISO/TC8 颁布的标准为 314 项,其中由 ISO/TC8 秘书处直接负责(under the direct responsibility of ISO/TC8 Secretariat)的标准为 17 项,由 ISO/TC8 的各分委员会(SC)秘书处直接负责的标准为 297 项(详见表 1 – 19)。

为了采用现行有效的国际标准,必须及时了解最新的 ISO/TC8 国际标准目录,以免因误用已过时标准而造成重大损失。现将 2018 年 4 月 15 日由 ISO/TC8 颁布的 314 项国际标准(包括修正案和勘误,以下所列中,已将修正案和勘误并入各相关项中,故项目数量少于 314)依照其标准编号分列如下:

ISO 21:1985	造船—内河航行—有档锚链链轮(Shipbuilding—Inland navigation—Cable-lifters for stud-link anchor chains)
ISO 484-1:2015	造船—船用螺旋桨—制造公差—第 1 部分:直径大于 2.50 m 的螺旋桨(Shipbuilding—Ship screw propellers—Manufacturing tolerances—Part 1: Propellers of diameter greater than 2.50 m)
ISO 484-2:2015	造船—船用螺旋桨—制造公差—第 2 部分:直径为 0.80 ~ 2.50 m 的螺旋桨(Shipbuilding—Ship screw propellers—Manufacturing tolerances—Part 2: Propellers of diameter between 0.80 and 2.50 m inclusive)
ISO 614:2012	船舶与海上技术—矩形窗和舷窗的钢化玻璃—非破坏性强度试验的冲压法(Ships and marine technology—Toughened safety glass panes for rectangular windows and side scuttles—Punch method of non-destructive strength testing)
ISO 799:2004	船舶与海上技术—引水员软梯(Ships and marine technology—Pilot ladders)
ISO 1069:1973	航海磁罗经和罗经柜—术语(Magnetic compasses and binnacles for sea navigation—Vocabulary)
ISO 1704:2008	船舶与海上技术—有档锚链 (Ships and marine technology—Stud-link anchor chains)
ISO 1751:2012	船舶与海上技术—舷窗 (Ships and marine technology—Ships' side scuttles)
ISO 1964:1987	造船—船舶总体布置图中元件表示法 (Shipbuilding—Indication of details on the general arrangement plans of ships)
ISO 2412:1982	造船—指示灯的颜色(Shipbuilding—Colours of indicator lights)
ISO 3078:2016	造船—起货绞车 (Shipbuilding—Cargo winches)
ISO 3434:2012	船舶与海上技术—船舶矩形窗加热玻璃 (Shipbuilding and marine structures—Heated glass panes for ships' rectangular windows)
ISO 3652:1975	造船—内河船—绳索卷车 (Shipbuilding—Inland vessels—Rope reels)
ISO 3674:1976	造船—内河船—甲板栏杆 (Shipbuilding—Inland vessels—Deck rail)
ISO 3715-1:2002	船舶与海上技术—船舶推进装置—第 1 部分:螺旋桨几何形状的术语 (Ships and marine technology—Propulsion plants for ships—Part 1: Vocabulary for geometry of propellers)
ISO 3715-2:2001	船舶与海上技术—船舶推进装置—第 2 部分:可调螺距螺旋桨装置的术语 (Ships and marine technology—Propulsion plants for ships—Part 2: Vocabulary for controllable-pitch propeller plants)

ISO 3730:2012	造船与海上结构物—系缆绞车（Shipbuilding and marine structures—Mooring winches）
ISO 3786:1975	造船—内河航行拖钩—牵引力等级（Shipbuilding—Inland navigation towing hooks—Scale of tractive efforts）
ISO 3796:1999	船舶与海上技术—外部单扇门净开口（Ships and marine technology—Clear openings for external single-leaf doors）
ISO 3797:1976	造船—直立钢梯（Shipbuilding—Vertical steel ladders）
ISO 3828:2008	造船与海上结构物—甲板机械—词汇和符号（Shipbuilding and marine structures—Deck machinery—Vocabulary and symbols）
ISO 3876:1986	造船—内河船—手孔（Shipbuilding—Inland vessels—Hand-holes）
ISO 3902:1990	造船与海上结构物—矩形窗和舷窗的衬垫（Shipbuilding and marine structures—Gaskets for rectangular windows and side scuttles）
ISO 3903:2012	船舶与海上技术—船舶普通矩形窗（Ships and marine technology—Ships' ordinary rectangular windows）
ISO 3904:1990	造船与海上结构物—旋转视窗（Shipbuilding and marine structures—Clear-view screen）
ISO 3926:1980	造船—内河航行—滑油和燃料输入管接头—配合尺寸（Shipbuilding—Inland navigation—Couplings for oil and fuel reception—Mating dimensions）
ISO 3935:1977	造船—内河航行—消防水系统—压力（Shipbuilding—Inland navigation—Fire-fighting water system—Pressures）
ISO 3948:1977	造船—内河船—压缩空气系统—压力等级（Shipbuilding—Inland vessels—Compressed-air systems—Pressure ranges）
ISO 3969:1979	造船—内河船—完工文件（Shipbuilding—Inland vessels—Operational documentation）
ISO 4001:1977	造船—内河航行—筏类型救生设备（Shipbuilding—Inland navigation—Raft-type life-saving apparatus）
ISO 4050:1977	造船—内河船—“莱茵”和“霍尔”无杆锚（Shipbuilding—Inland vessels—“Rhine” and Hall's stockless anchors）
ISO 4051:1977	造船—内河船—操舵装置—扭矩值（Shipbuilding—Inland vessels—Steering gear—Values of torques）
ISO 4085:1979	造船—内河航行—旋臂吊杆（Shipbuilding—Inland navigation—Swing derricks）
ISO 4089:1979	造船—内河航行—货舱盖的密封橡胶（Shipbuilding—Inland navigation—Sealing rubber for covers of cargo hatches）

ISO 4127-1:1979	造船—内河航行—导缆器—第 1 部分:钳式导缆器(Shipbuilding—Inland navigation—Fairleads—Part 1: Two-lip fairleads)
ISO 4127-2:1980	造船—内河船—导缆器—第 2 部分:滚轮导缆器(Shipbuilding—Inland vessels—Fairleads—Part 2: Roller fairleads)
ISO 4143:1981	造船—内河船—开式划桨救生艇(Shipbuilding—Inland vessels—Open rowing lifeboats)
ISO 4175:1979	造船—系列 1 船载驳—主要尺寸(Shipbuilding—Shipborne barges, series 1—Main dimensions)
ISO 4568:2006	造船—海船—起锚机和起锚绞盘(Shipbuilding—Sea-going vessels—Windlasses and anchor capstans)
ISO 5480:1979	造船—货船栏杆(Shipbuilding—Guardrails for cargo ships)
ISO 5483:2003	船舶与海上技术—油水舱柜的放泄设施(Ships and marine technology—Drain facilities from oil and water tanks)
ISO 5485:1986	造船—内河船—固定式钢质甲板梯(Shipbuilding—Inland vessels—Fixed steel deck stairs)
ISO 5488:2015	船舶与海上技术—舷梯(Ships and marine technology—Accommodation ladders)
ISO 5489:2008	船舶与海上技术—登船梯(Ships and marine technology—Embarkation ladders)
ISO 5572:1987	造船与海上结构物—船舶设备和结构单元的编号(Shipbuilding and marine structures—Numbering of equipment and structural elements in ships)
ISO 5620-1:1992	造船与海上结构物—饮水舱的注水接头—第 1 部分:一般要求(Shipbuilding and marine structures—Filling connection for drinking water tanks—Part 1: General requirements)
ISO 5620-2:1992	造船与海上结构物—饮水舱的注水接头—第 2 部分:零部件(Shipbuilding and marine structures—Filling connection for drinking water tanks—Part 2: Components)
ISO 5621:1984	造船—机器处所和轴隧的舱底水滤箱——般设计特性(Shipbuilding—Bilge mud boxes for machinery spaces and tunnels—General design characteristics)
ISO 5625:1978	造船—钢管管路法兰焊接通舱管件—PN6、PN10 和 PN16 (Shipbuilding—Welded bulkhead pieces with flanges for steel pipework—PN 6, PN 10 and PN 16)
ISO 5778:1998	船舶与海上技术—钢质小型风雨密舱口(Ships and marine technology—Small weathertight steel hatches)
ISO 5779:1987	造船—普通矩形窗—定位(Shipbuilding—Ordinary rectangular window-Positioning)

ISO 5780:1987	造船—舷窗—定位(Shipbuilding—Side scuttles—Positioning)
ISO 5797:2004	船舶与海上技术—耐火结构的窗和舷窗(Ships and marine technology—Windows and side scuttles for fire-resistant constructions)
ISO 5894:1999	船舶与海上技术—螺栓固定盖的人孔(Ships and marine technology—Manholes with bolted covers)
ISO 6042:2015	船舶与海上技术—钢质单扇风雨密门(Ships and marine technology—Weathertight single-leaf steel doors)
ISO 6043:1985	造船与海上结构物—受拉伸作用的眼板和叉头—主要尺寸(Shipbuilding and marine structures—Eye and fork assemblies under tension load—Main dimensions)
ISO 6044:1985	造船与海上结构物—吊杆根部叉头—主要尺寸(Shipbuilding and marine structures—Derrick boom heel fittings—Main dimensions)
ISO 6045:1987	造船与海上结构物—吊杆座—装置和部件(Shipbuilding and marine structures—Bearings for derrick goosenecks—Assemblies and components)
ISO 6050:1987	造船—球鼻首和侧推器符号(Shipbuilding—Bulbous bow and side thruster symbols)
ISO 6115:1988	造船—拖网绞车(Shipbuilding—Trawl winches)
ISO 6216:1980	造船—内河航行—领航船—分类和基本要求(Shipbuilding—Inland navigation—Pilot craft—Classification and basic requirements)
ISO 6217:1982	造船—内河航行—领航船—识别颜色和标记(Shipbuilding—Inland navigation—Pilot craft—Identification painting and inscriptions)
ISO 6218:2015	内河航行船—顶推装置与连接船的手动和动力操作的连接装置—安全要求和主要尺寸(Inland navigation vessels—Manually-and power-operated coupling devices for pushing units and coupled vessels—Safety requirements and main dimensions)
ISO 6325:1987	造船—钢缆制动器(Shipbuilding—Cable stoppers)
ISO 6345:1990	造船与海上结构物—窗和舷窗—词汇(Shipbuilding and marine structures—Windows and side scuttles—Vocabulary)
ISO 6454:1984	造船—(舱底水)吸入滤网(Shipbuilding—Strum boxes)
ISO 6482:2017	造船—甲板机械—绞缆筒外形(Shipbuilding—Deck machinery—Warping end profiles)
ISO 6555:1988	造船—顶索定位绞车(Shipbuilding—Topping winches)

ISO 6764:1985	造船—系列1船载驳—吊杆装置—布置、尺寸和试验方法(Shipbuilding—Shipborne barges, series 1—Lifting post casting—Arrangement, dimensions and method of testing)
ISO 6765:1985	造船—系列3船载驳—主尺寸(Shipbuilding—Shipborne barges, series 3—Main dimensions)
ISO 6766:1984	造船—系列4船载驳—主尺寸(Shipbuilding—Shipborne barges, series 4—Main dimensions)
ISO 6812:1983	滚装船与岸的连接—岸端与带尾/首跳板的船舶之间的连接(Roll on/Roll off ship-to-shore connection—Interface between terminals and ships with straight stern/bow ramps)
ISO 7061:2015	船舶与海上技术—海船用铝质舷梯(Ships and marine technology—Aluminium shore gangways for seagoing vessels)
ISO 7221:1984	造船与海上结构物—载驳母船上系列1船载驳—主要技术要求(Shipbuilding and marine structures—Shipborne barges, series 1, on barge carriers—Principal technical requirements)
ISO 7222:1985	造船—系列2船载驳—主尺寸(Shipbuilding—Shipborne barges, series 2—Main dimensions)
ISO 7236:2014	船舶与海上技术—内河航行船舶—顶推拖船可倒信号桅杆的安装附件(Ships and marine technology—Inland navigation vessels—Mounting attachments for demountable signal masts for push-tows)
ISO 7255:1985	造船—船舶电控装置—词汇(Shipbuilding—Active control units of ships—Vocabulary)
ISO 7364:2016	船舶与海上技术—甲板机械—舷梯绞车(Ships and marine technology——Deck machinery—Accommodation ladder winches)
ISO 7365:2012	造船与海上结构物—甲板机械—深海用拖缆绞车(Shipbuilding and marine structures—Deck machinery—Towing winches for deep sea use)
ISO 7461:1984	造船—船体型线—船体几何图形构件的数字显示(Shipbuilding—Shiplines—Numerical representation of elements of the hull geometry)
ISO 7462:1985	造船—船舶主尺度—计算机用术语和定义(Shipbuilding—Principal ship dimensions—Terminology and definitions for computer applications)
ISO 7545:1983	造船与海上结构物—内河航行—顶推拖船单闭锁自动联结器(Shipbuilding and marine structures—Inland navigation—Single-lock automatic couplings for push tows)

ISO 7547:2002 船舶与海上技术—起居处所的空调与通风—设计条件和计算基准(Ships and marine technology—Air-conditioning and ventilation of accommodation spaces—Design conditions and basis of calculations)

ISO 7547:2002/第1号勘误:2008

ISO 7606:1988 造船—内河航行船舶—吃水标尺(Shipbuilding—Inland navigation vessels—Draught scales)

ISO 7607:1984 造船—内河航行—多斗挖泥船—斗容量尺寸(Shipbuilding—Inland navigation—Multi-bucket dredgers—Scale of bucket capacities)

ISO 7608:1985 造船—内河航行—油混合物和污水处理用联结器(Shipbuilding—Inland navigation—Couplings for disposal of oily mixture and sewage water)

ISO 7824:1986 造船与海上结构物—润滑油嘴—锥形及平肩形(Shipbuilding and marine structures—Lubrication nipples—Cone and flat types)

ISO 7825:2017 造船—甲板机械——般要求(Shipbuilding—Deck machinery—General requirements)

ISO 7838:1984 造船—船体型线—格式和数据结构(Shipbuilding—Shiplines—Formats and data organization)

ISO 8146:1985 造船与海上结构物—椭圆形眼板(Shipbuilding and marine structures—Oval eyeplates)

ISO 8147:1995 造船与海上结构物—吊杆装置及零部件—词汇(Shipbuilding and marine structures—Derrick rigs and component parts—Vocabulary)

ISO 8148:1985 造船与海上结构物—吊杆眼板—固定型(Shipbuilding and marine structures—Derrick boom headfittings—Fixed type)

ISO 8277: 2013 船舶与海上技术—管道系统及机械—信息传递(Ships and marine technology—Pipework and machinery—Information transfer)

ISO 8303:1985 造船—系列3船载驳—主要作业和技术要求(Shipbuilding—Shipborne barges, series 3—Main operational and technical requirements)

ISO 8304:1984 造船—系列3船载驳—通风系统—主要配合尺寸(Shipbuilding—Shipborne barges, series 3—Ventilation system—Principal mating dimensions)

ISO 8314:1987 造船与海上结构物—千斤座和导向滑车座的眼板(Shipbuilding and marine structures—Trunnion pieces for span bearings and lead block bearings)

ISO 8384:2000 船舶与海上技术—挖泥船—词汇(Ships and marine technology—Dredgers—Vocabulary)

ISO 8385:2018 船舶与海上技术—挖泥船—分类(Ships and marine technology—Dredgers—Classification)

ISO 8431:1988 造船—固定式悬臂起重机—杂货装卸用船上安装型(Shipbuilding—Fixed jib cranes—Ship-mounted type for general cargo handling)

ISO 8468:2007 船舶与海上技术—船舶桥楼布置和相关设备—要求和指南(Ships and marine technology—Ship's bridge layout and associated equipment—Requirements and guidelines)

ISO 8728:2014 船舶与海上技术—船用陀螺罗经(Ships and marine technology—Marine gyro-compasses)

ISO 8729-1:2010 船舶与海上技术—船用雷达反射器—第1部分:被动型(Ships and marine technology—Marine radar reflectors—Part 1: Passive type)

ISO 8729-2:2009 船舶与海上技术—船用雷达反射器—第2部分:主动型(Ships and marine technology—Marine radar reflectors—Part 2: Active type)

ISO 8861:1998 造船—柴油机船舶机舱通风—设计要求和计算基准(Shipbuilding—Engine-room ventilation in diesel-engined ships—Design requirements and basis of calculations)

ISO 8862:1987 船上机器控制室空调与通风—设计条件和计算基准(Air-conditioning and ventilation of machinery control-rooms on board ships—Design conditions and basis of calculations)

ISO 8863:1987 船舶驾驶室窗—以热空气加热窗格玻璃(Ship's wheelhouse windows—Heating by hot air of glass panes)

ISO 8864:1987 船上驾驶室的空调与通风—设计条件和计算基准(Air-conditioning and ventilation of wheelhouse on board ships—Design conditions and basis of calculations)

ISO 9089:1989 海上结构物—移动式近海装置—锚绞车(Marine structures Mobile offshore units—Anchor winches)

ISO 9099:1987 船上干粮库的空调与通风—设计条件和计算基准(Air-conditioning and ventilation of dry provision rooms on board ships—Design conditions and basis of calculations)

ISO 9203-1:1989 造船—船体结构单元的拓扑—第1部分—单元的位置(Shipbuilding—Topology of ship hull structure elements—Part 1: Location of elements)

ISO 9203-2:1989 造船—船体结构单元的拓扑—第2部分—单元的描述(Shipbuilding—Topology of ship hull structure elements—Part 2: Description of elements)

ISO 9203-3:1989 造船—船体结构单元的拓扑—第3部分—单元间的关系(Shipbuilding—Topology of ship hull structure elements—Part 3: Relations of elements)

ISO 9382:1990　　所有系列船载驳船—分类和主要要求(Shipborne barges, all series—Classification and main requirements)

ISO 9437:1986　　造船—内河船—马特洛索夫锚(Shipbuilding—Inland vessels—Matrosov anchors)

ISO 9519:1990　　造船与海上结构物—踏步梯的梯级(Shipbuilding and marine structures—Rungs for dog-step ladders)

ISO 9785:2002　　船舶与海上技术—具有内燃机驱动车辆的货物处所的通风—所需理论上总气流量的计算(Ships and marine technology—Ventilation of cargo spaces where vehicles with internal combustion engines are driven—Calculation of theoretical total airflow required)

ISO 9875:2000　　船舶与海上技术—船用回声测深设备(Ships and marine technology—Marine echo-sounding equipment)

ISO 9875:2000/第1号勘误:2006

ISO 9876:2015　　船舶与海上技术—船用气象图传真接收机(Ships and marine technology—Marine facsimile receivers for meteorological charts)

ISO 9943:2009　　造船—厨房和具有烹调设备的配餐室的通风和空气处理(Shipbuilding—Ventilation and air-treatment of galleys and pantries with cooking appliances)

ISO 10596:2009　　船舶与海上技术—船用风标翼和风速计(Ships and marine technology—Marine wind vane and anemometers)

ISO 11209:2012　　船舶与海上技术—大型游艇—甲板起重机和通道跳板的强度要求(Ships and marine technology—Large yachts—Deck crane and access gangways strength requirements)

ISO 11336-1:2012　　大型游艇—可视窗的强度、风雨密和水密完整性—第1部分:独立可视窗的设计衡准、材料、框架和试验(Large yachts—Strength, weathertightness and watertightness of glazed openings—Part 1: Design criteria, materials, framing and testing of independent glazed openings)

ISO 11347:2012　　船舶与海上技术—大型游艇—涂层可见外观的测量和评估(Ships and marine technology—Large yachts—Measurement and assessment of the visual appearance of coatings)

ISO 11606:2000　　船舶与海上技术—船用电磁罗经(Ships and marine technology—Marine electromagnetic compasses)

ISO 11606:2000/第1号勘误:2005

ISO 11674:2006　船舶与海上技术—首向控制系统(Ships and marine technology—Heading control systems)

ISO 11711-1:2013　船舶与海上技术—管系和机械—压载水取样和分析—第1部分:排放取样口(Ships and marine technology—Piping and machinery—Ballast water sampling and analysis—Part 1: Discharge sampling port)

ISO 13073-1:2012　船舶与海上技术—船舶防污底系统风险评估—第1部分:用于船舶防污底系统的生物活性物质的海洋环境风险评估方法(Ships and marine technology—Risk assessment on anti-fouling systems on ships—Part 1: Marine environmental risk assessment method of biocidally active substances used for anti-fouling systems on ships)

ISO 13073-2:2013　船舶与海上技术—船舶防污底系统风险评估—第2部分:采用生物活性物质的船舶防污底系统的海洋环境风险评估方法(Ships and marine technology—Risk assessment on anti-fouling systems on ships—Part 2: Marine environmental risk assessment method for anti-fouling systems on ships using biocidally active substances)

ISO 13073-3:2016　船舶与海上技术—船舶防污底系统风险评估—第3部分:用于船舶防污底涂料的生物活性物质在其施涂和去除过程中的人体健康风险评估方法(Ships and marine technology—Risk assessment on anti-fouling systems on ships—Part 3: Human health risk assessment method of biocidally active substances used in anti-fouling paints on ships during the application and removal processes)

ISO 13122:2011　船舶与海上技术—吊放式救生筏的下水装置(Ships and marine technology—Launching appliances for davit-launched liferafts)

ISO 13613:2011　船舶与海上技术　为减少推进的临界系统中损耗的维修和试验(Ships and marine technology—Maintenance and testing to reduce losses in critical systems for propulsion)

ISO 13617:2001　船舶与海上技术—船用焚烧炉—要求(Ships and marine technology—Shipboard incinerators—Requirements)

ISO 13643-1:2017　船舶与海上技术—船舶的机动性—第1部分:一般原理、数量和试验条件(Ships and marine technology—Manoeuvring of ships—Part 1: General concepts, quantities and test conditions)

ISO 13643-2:2017　船舶与海上技术—船舶的机动性—第2部分:回转与偏航的校核(Ships and marine technology—Manoeuvring of ships—Part 2: Turning and yaw checking)

ISO 13643-3:2017	船舶与海上技术—船舶的机动性—第3部分:偏航的稳定性与操纵(Ships and marine technology—Manoeuvring of ships—Part 3: Yaw stability and steering)
ISO 13643-4:2017	船舶与海上技术—船舶的机动性—第4部分:停船、加速、横移(Ships and marine technology—Manoeuvring of ships—Part 4: Stopping, acceleration, traversing)
ISO 13643-5:2017	船舶与海上技术—船舶的机动性—第5部分:潜艇的特别规定(Ships and marine technology—Manoeuvring of ships—Part 5: Submarine specials)
ISO 13643-6:2017	船舶与海上技术—船舶的机动性—第6部分:模型试验的特别规定(Ships and marine technolog—Manoeuvring of ships—Part 6: Model test specials)
ISO 13713:2012	船舶与海上技术—船舶系泊和拖带设备—系泊导缆孔(Ships and marine technology—Ship's mooring and towing fittingss—Mooring chock)
ISO 13728:2012	船舶与海上技术—船舶系泊和拖带设备—巴拿马运河导缆孔(Ships and marine technology—Ship's mooring and towing fittingss—Panama chocks)
ISO 13729:2012	船舶与海上技术—船舶系泊和拖带设备—闭式导缆孔(Ships and marine technology—Ship's mooring and towing fittingss—Closed chocks)
ISO 13733:2012	船舶与海上技术—船舶系泊和拖带设备—带有上滚轮的通用导缆孔(Ships and marine technology—Ship's mooring and towing fittingss—Universal fairleads with upper roller)
ISO 13742:2012	船舶与海上技术—船舶系泊和拖带设备—不带上滚轮的通用导缆孔(Ships and marine technology—Ship's mooring and towing fittingss—Universal fairleads without upper roller)
ISO 13755:2012	船舶与海上技术—船舶系泊和拖带设备—钢质滚轮(Ships and marine technology—Ship's mooring and towing fittingss—Steel rollers)
ISO 13767:2012	船舶与海上技术—船舶系泊和拖带设备—舷侧滚轮导缆孔(Ships and marine technology—Ship's mooring and towing fittingss—Shipside roller fairleads)
ISO 13776:2012	船舶与海上技术—船舶系泊和拖带设备—带座板的导缆孔(Ships and marine technology—Ship's mooring and towing fittingss—Pedestal fairleads)
ISO 13795:2012	船舶与海上技术—船舶系泊和拖带设备—海船用钢质焊接带缆桩(Ships and marine technology—Ship's mooring and towing fittingss—Welded steel bollards for sea-going vessels)
ISO 13797:2012	船舶与海上技术—船舶系泊和拖带设备—十字形带缆桩(Ships and marine technology—Ship's mooring and towing fittingss—Cruciform bollards)

ISO 13798:2012	船舶与海上技术—船舶系泊和拖带设备—凹形带缆桩(钢板型)(Ships and marine technology—Ship's mooring and towing fittingss—Recessed bitts （Steel plate type））
ISO 13799:2012	船舶与海上技术—船舶系泊和拖带设备—凹形带缆桩(铸件型)(Ships and marine technology—Ship's mooring and towing fittingss—Recessed bitts （Casting type)
ISO 14409:2011	船舶与海上技术—船舶下水气囊(Ships and marine technology—Ship launching air bags)
ISO/TR 14564:1995	造船与海上结构物—逃生路线标志(Shipbuilding and marine structures—Marking of escape routes)
ISO 14726:2008	船舶与海上技术—管系内含物识别颜色(Ships and marine technology—Identification colours for the content of piping systems)
ISO 14859:2012	船舶与海上技术—声接收系统(Ships and marine technology—Sound reception systems)
ISO 14884:2015	大型游艇—风雨密门—强度和风雨密要求(Large yachts—Weathertight doors—Strength and weathertightness requirements)
ISO 14885:2014	大型游艇—用于主推进和重要辅机的柴油机—安全要求(Large yachts—Diesel engines for main propulsion and essential auxiliaries—Safety requirements)
ISO 14886:2014	船舶与海上技术—大型游艇—玻璃纤维增强塑料艇的结构防火(Ships and marine technology—Large yachts—Structural fire protection for FRP yachts)
ISO 15016-2015	船舶与海上技术—通过测速试航数据的分析对航速和功率性能进行评估的指南(Ships and marine technology—Guidelines for the assessment of speed and power performance by analysis of speed trial data)
ISO 15364:2016	船舶与海上技术—液货舱压力/真空阀(Ships and marine technology—Pressure/vacuum valves for cargo tanks)
ISO 15370-2010	船舶与海上技术—客船低位照明（LLL)—布置(Ships and marine technology—Low-location lighting （LLL） on passenger ships—Arrangement)
ISO 15371-2015	船舶与海上技术—保护厨房烹调设备用灭火系统(Ships and marine technology—Fire-extinguishing systems for protection of galley cooking equipment)
ISO 15372:2000	船舶与海上技术—充气救助艇—充气腔的表层织物(Ships and marine technology—Inflatable rescue boats—Coated fabrics for inflatable chambers)
ISO 15401:2000	船舶与海上技术—散货船—船体结构建造质量(Ships and marine technology—Bulk carriers—Construction quality of hull structure)

ISO 15402:2000	船舶与海上技术—散货船—船体结构修理质量(Ships and marine technology—Bulk carriers—Repair quality of hull structure)
ISO 15516:2006	船舶与海上技术—吊放式救生艇的下水装置(Ships and marine technology—Launching appliances for davit-launched lifeboats)
ISO 15540:2016	船舶与海上技术—非金属软管组件和非金属补偿器的耐火—试验方法(Ships and marine technology—Fire resistance of non-metallic hose assemblies and non-metallic compensators—Test methods)
ISO 15541:2016	船舶与海上技术—非金属软管组件和非金属补偿器的耐火—试验台技术要求(Ships and marine technology—Fire resistance of non-metallic hose assemblies and non-metallic compensators—Requirements for the test bench)
ISO 15583:2005	船舶与海上技术—船用标准一览表(Ships and marine technology—Maritime standards list)
ISO 15734:2001	船舶与海上技术—水压释放装置(Ships and marine technology—Hydrostatic release units)
ISO 15736:2006	船舶与海上技术—烟火救生设备—产品单元的试验、检查与标记(Ships and marine technology—Pyrotechnic life-saving appliances—Testing, inspection and marking of production units)
ISO 15738:2002	船舶与海上技术—充气救生设备的气体充气系统(Ships and marine technology—Gas inflation systems for inflatable life-saving appliances)
ISO 15748-1:2002	船舶与海上技术—船舶与海上结构物的饮用水供应—第 1 部分:规划与设计(Ships and marine technology—Potable water supply on ships and marine structures—Part 1: Planning and design)
ISO 15748-2:2002	船舶与海上技术—船舶与海上结构物的饮用水供应—第 2 部分:计算方法(Ships and marine technology—Potable water supply on ships and marine structures—Part 2: Method of calculation)
ISO 15749-1:2004	船舶与海上技术—船舶与海上结构物的泄水系统—第 1 部分:卫生水泄水系统设计(Ships and marine technology—Drainage systems on ships and marine structures—Part 1: Sanitary drainage-system design)
ISO 15749-2:2004	船舶与海上技术—船舶与海上结构物的泄水系统—第 2 部分:卫生水泄水、重力系统的泄水管路(Ships and marine technology—Drainage systems on ships and marine structures—Part 2: Sanitary drainage, drain piping for gravity systems)
ISO 15749-3:2004	船舶与海上技术—船舶与海上结构物的泄水系统—第 3 部分:卫生水泄水、真空系统的泄水管路(Ships and marine technology—Drainage systems on ships and marine structures—Part 3: Sanitary drainage, drain piping for vacuum systems)

ISO 15749-4:2004　船舶与海上技术—船舶与海上结构物的泄水系统—第 4 部分:卫生水泄水、污水处理管(Ships and marine technology—Drainage systems on ships and marine structures—Part 4: Sanitary drainage, sewage disposal pipes)

ISO 15749-5:2004　船舶与海上技术—船舶与海上结构物的泄水系统—第 5 部分:甲板、货物处所和游泳池的泄水(Ships and marine technology—Drainage systems on ships and marine structures—Part 5: Drainage of decks, cargo spaces and swimming pools)

ISO 15837:2004　船舶与海上技术—管路系统用填实的机械管接头—性能要求(Ships and marine technology—Gasketed mechanical couplings for use in piping systems—Performance specification)

ISO 15838:2003　船舶与海上技术—管路用填实的机械管接头所采用的填料—性能要求(Ships and marine technology—Fittings for use with gasketed mechanical couplings used in piping applications-Performance specification)

ISO 15840:2004　船舶与海上技术—船用热固性玻璃纤维树脂管和填料的标准技术条件(Ships and marine technology—Standard specification for thermosetting resin fibreglass pipe and fittings to be used for marine applications)

ISO 15849:2001　船舶与海上技术—船队管理系统网络的实施指南(Ships and marine technology—Guidelines for implementation of a fleet management system network)

ISO 15849:2001/第 1 号修正案:2003

ISO 16145-1:2012　船舶与海上技术—保护涂层和检查方法—第 1 部分:专用海水压载舱(Ships and marine technology—Protective coatings and inspection method—Part 1: Dedicated sea water ballast tanks)

ISO 16145-2:2012　船舶与海上技术—保护涂层和检查方法—第 2 部分:散货船和油船的空舱(Ships and marine technology—Protective coatings and inspection method—Part 2: Void spaces of bulk carriers and oil tankers)

ISO 16145-3:2012　船舶与海上技术—保护涂层和检查方法—第 3 部分:原油船货油舱(Ships and marine technology—Protective coatings and inspection method—Part 3: Cargo oil tanks of crude oil tankers)

ISO 16145-4:2013　船舶与海上技术—保护涂层和检查方法—第 4 部分:水中可溶盐总量的自动测量方法(Ships and marine technology—Protective coatings and inspection method—Part 4: Automated measuring method for the total amount of water-soluble salts)

ISO 16145-5:2014　船舶与海上技术—保护涂层和检查方法—第 5 部分:涂层损坏的评估方法(Ships and marine technology—Protective coatings and inspection method—Part 5: Assessment method for coating damages)

ISO 16155:2006	船舶与海上技术—计算机应用—船上装载仪(Ships and marine technology—Computer applications—Shipboard loading instruments)
ISO 16165:2013	船舶与海上技术—海上环境保护—溢油处理相关术语(Ships and marine technology—Marine environment protection—Terminology relating to oil spill response)
ISO 16273:2003	船舶与海上技术—高速艇用夜视设备—运行和性能要求、试验方法及所要求的试验结果(Ships and marine technology—Night vision equipment for high-speed craft—Operational and performance requirements, methods of testing and required test results)
ISO 16304:2013	船舶与海上技术—海上环境保护—港口废物接收设施的布置和管理(Ships and marine technology—Marine environment protection—Arrangement and management of port waste reception facilities)
ISO 16328:2014	船舶与海上技术—高速艇用陀螺罗经(Ships and marine technology—Gyro-compasses for high-speed craft)
ISO 16329:2003	船舶与海上技术—高速艇用首向控制系统(Ships and marine technology—Heading control systems for high-speed craft)
ISO 16425:2013	船舶与海上技术—船上设备和系统用船舶通信网的安装指南(Ships and marine technology—Guidelines for the installation of ship communication networks for shipboard equipment and systems)
ISO 16437:2012	船舶与海上技术—救生与防火—船舶油雾探测器(Ships and marine technology—Lifesaving and fire protection—Atmospheric oil mist detectors for ships)
ISO 16446:2013	船舶与海上技术—海上环境保护—不同拦油栅接头之间的连接适配器(Ships and marine technology—Marine environmental protection—Adapter for joining dissimilar boom connectors)
ISO 16548:2012	船舶与海上技术—船舶设计—应急拖带程序总则(Ships and marine technology—Ship design—General guidance on emergency towing procedures)
ISO 16556:2014	大型游艇—甲板设备—锚设备(Large yachts—Deck equipment—Anchoring equipments)
ISO 16706:2016	船舶与海上技术—海上撤离系统—载荷计算与试验(Ships and marine technology—Marine evacuation systems—Load calculations and testing)
ISO 16707:2016	船舶与海上技术—海上撤离系统—承载量的确定(Ships and marine technology—Marine evacuation systems—Determination of capacity)
ISO 16855:2013	船舶与海上技术—船上起吊装置的可卸零部件——般要求(Ships and marine technology—Loose gear of lifting appliances on ships—General requirements)

ISO 16856:2013 船舶与海上技术—船上起吊装置的可卸零部件—吊钩(Ships and marine technology—Loose gear of lifting appliances on ships—Hooks)

ISO 16857:2013 船舶与海上技术—船上起吊装置的可卸零部件—卸扣(Ships and marine technology—Loose gear of lifting appliances on ships—Shackles)

ISO 16858:2013 船舶与海上技术—船上起吊装置的可卸零部件—滑轮(Ships and marine technology—Loose gear of lifting appliances on ships—Pulleys)

ISO 17325-1:2014 船舶与海上技术—海上环境保护—拦油栅—第1部分:设计要求(Ships and marine technology—Marine environment protection—Oil booms—Part 1: Design requirements)

ISO 17325-2:2014 船舶与海上技术—海上环境保护—拦油栅—第2部分:强度和性能要求(Ships and marine technology—Marine environment protection—Oil booms—Part 2: Strength and performance requirements)

ISO 17338:2009 船舶与海上技术—防火图—由船舶和高速艇的分隔所构成的耐火定额的指示(Ships and marine technology—Drawings for fire protection—Indications of fire rating by divisions for ships and high-speed craft)

ISO 17339:2002 船舶与海上技术—救生艇和救助艇用海锚(Ships and marine technology—Sea anchors for survival craft and rescue boats)

ISO 17357-1:2014 船舶与海上技术—浮动气压橡皮碰垫—第1部分:高压(Ships and marine technology—Floating pneumatic rubber fenders—Part 1: High pressure)

ISO 17357-2:2014 船舶与海上技术—浮动气压橡皮碰垫—第2部分:低压(Ships and marine technology—Floating pneumatic rubber fenders—Part 2: Low pressure)

ISO 17602:2014 船舶与海上技术—法兰管用的金属阀—面对面和中心对面的尺寸(Ships and marine technology—Metal valves for use in flanged pipe—Face-to-face and centre-to-face dimensions)

ISO 17631:2002 船舶与海上技术—船上防火图、救生设备和脱险设施(Ships and marine technology—Shipboard plans for fire protection, life-saving appliances and means of escape)

ISO 17631:2002/第1号修正案:2010 高速艇的特定要求

ISO 17631:2002/第1号勘误:2002

ISO 17682:2013 船舶与海上技术—船舶下水采用气囊的方法(Ships and marine technology—Methodology for ship launching utilizing air bags)

ISO 17683:2014 船舶与海上技术—船用陶瓷焊接衬垫(Ships and marine technology—Ceramic weld backing for marine use)

ISO 17884:2004	船舶与海上技术—高速艇用探照灯(Ships and marine technology—Searchlights for high-speed craft)
ISO 17894:2005	船舶与海上技术—计算机应用—船用可编程序电子系统的开发和使用的一般原理(Ships and marine technology—Computer applications—General principles for the development and use of programmable electronic systems in marine applications)
ISO 17899:2004	船舶与海上技术—船用窗电动刮水器(Ships and marine technology—Marine electric window wipers)
ISO 17905:2015	船舶与海上技术—船舶集装箱系固装置的安装、检查和维护(Ships and marine technology—Installation, inspection and maintenance of container securing devices for ships)
ISO 17907:2014	船舶与海上技术—常规液货船的单点系泊装置(Ships and marine technology—Single point mooring arrangements for conventional tankers)
ISO 17939:2015	船舶与海上技术—油舱舱口盖(Ships and marine technology—Oil tank hatches)
ISO 17940:2015	船舶与海上技术—铰链水密门(Ships and marine technology—Hinged watertight doors)
ISO 17941:2015	船舶与海上技术—液压铰链水密防火门(Ships and marine technology—Hydraulic hinged watertight fireproof doors)
ISO 18139:2017	船舶与海上技术—低温下使用的球阀—设计和试验要求(Ships and marine technology—Globe valves for use in low temperature applications—Design and testing requirements)
ISO 18154:2017	船舶与海上技术—液化天然气(LNG)运输船液货舱安全阀—设计和试验要求(Ships and marine technology—Safety valve for cargo tanks of LNG carriers—Design and testing requirements)
ISO 18215:2015	船舶与海上技术—极地水域中的船舶机械运行—指南(Ships and marine technology—Vessel machinery operations in polar waters—Guidelines)
ISO 18289:2014	船舶与海上技术—航行和浅水工程船—起锚机(Ships and marine technology—Navigation and shallow-water engineering vessels—Anchor winches)
ISO 18296:2014	船舶与海上技术—船舶移泊绞车(Ships and marine technology—Ship-shifting winches)
ISO 18309:2014	船舶与海上技术—焚烧炉的尺寸和选择—指南(Ships and marine technology—Incinerator sizing and selection—Guidelines)
ISO 18421:2016	船舶与海上技术—内河航行船舶—救生圈箱(Ships and marine technology—Inland navigation vessels—Lifebuoy housings)

ISO 18422:2014	船舶与海上技术—内河航行船舶—具有对溺水人员救助、复苏和急救说明的指示牌(Ships and marine technology—Inland navigation vessels—Plate with instructions for rescue, resuscitation and first aid for drowning persons)
ISO 18611-1:2014	船舶与海上技术—船用氮氧化物还原剂 AUS 40—第 1 部分:质量要求(Ships and marine technology—Marine NOx reduction agent AUS 40—Part 1: Quality requirements)
ISO 18611-2:2014	船舶与海上技术—船用氮氧化物还原剂 AUS 40—第 2 部分:试验方法(Ships and marine technology—Marine NOx reduction agent AUS 40—Part 2: Test methods)
ISO 18611-3:2014	船舶与海上技术—船用氮氧化物还原剂 AUS 40—第 3 部分:装卸、运输和储存(Ships and marine technology—Marine NOx reduction agent AUS 40—Part 3: Handling, transportation and storage)
ISO 18770:2005	船舶与海上技术—机器处所易燃油系统—防止易燃油漏泄(Ships and marine technology—Machinery-space flammable oil systems—Prevention of leakage of flammable oil)
ISO 18813:2006	船舶与海上技术—救生艇筏和救助艇的救生设备(Ships and marine technology—Survival equipment for survival craft and rescue boats)
ISO 19018:2004	船舶与海上技术—航行用术语、缩写、图形符号和概念(Ships and marine technology—Terms, abbreviations, graphical symbols and concepts on navigation)
ISO 19019:2005	远洋船与海上技术—对于海上试航之计划、执行和报告的说明(Sea-going vessels and marine technology—Instructions for planning, carrying out and reporting sea trials)
ISO 19030-1:2016	船舶与海上技术—船体变化和推进器性能的测量—第 1 部分:一般原则(Ships and marine technology—Measurement of changes in hull and propeller performance—Part 1: General principles)
ISO 19030-2:2016	船舶与海上技术—船体变化和推进器性能的测量—第 2 部分:缺省(默认)法(Ships and marine technology—Measurement of changes in hull and propeller performance—Part 2: Default method)
ISO 19030-3:2016	船舶与海上技术—船体变化和推进器性能的测量—第 3 部分:替代法(Ships and marine technology—Measurement of changes in hull and propeller performance—Part 3: Alternative methods)
ISO 19292:2014	船舶与海上技术—救生和防火—船舶用位置型可重新设定的火焰探测器(Ships and marine technology—Lifesaving and fire protection—Point-type resettable flame detectors for ships)

ISO 19354:2016	船舶与海上技术—船用起重机——般要求(Ships and marine technology—Marine cranes—General requirements)
ISO 19355:2016	船舶与海上技术—船用起重机—结构要求(Ships and marine technology—Marine cranes—Structural requirements)
ISO 19356:2016	船舶与海上技术—船用起重机—试验技术条件和程序(Ships and marine technology—Marine cranes—Test specifications and procedures)
ISO 19357:2016	船舶与海上技术—船用起重机—对低温运行的设计要求(Ships and marine technology—Marine cranes—Design requirements for low temperature operation)
ISO 19360:2016	船舶与海上技术—船用起重机—对索具应用的技术要求(Ships and marine technology—Marine cranes—Technical requirements for rigging applications)
ISO 19379:2003	船舶与海上技术—ECS 数据库—内容、品质、更新和试验(Ships and marine technology—ECS databases—Content, quality, updating and testing)
ISO 19697:2016	船舶与海上技术—航行与船舶营运—电子倾斜仪(Ships and marine technology—Navigation and ship operations—Electronic inclinometers)
ISO 19891-1:2017	船舶与海上技术—拟在船上使用的气体探测器的技术条件—第 1 部分:封闭处所大气试验用可携式气体探测器(Ships and marine technology—Specifications for gas detectors intended for use on board ships—Part 1: Portable gas detectors for atmosphere testing of enclosed spaces)
ISO 19921:2005	船舶与海上技术—具有弹性密封和弹力密封之金属管子部件的耐火—试验方法(Ships and marine technology—Fire resistance of metallic pipe components with resilient and elastomeric seals-Test methods)
ISO 19922:2005	船舶与海上技术—具有弹性密封和弹力密封之金属管子部件的耐火—对试验台的要求(Ships and marine technology—Fire resistance of metallic pipe components with resilient and elastomeric seals-Requirements imposed on the test bench)
ISO 20053:2017	船舶与海上技术—海上环境保护—吸附剂的设计和选择的技术条件(Ships and marine technology—Marine environment protection-Specifications on design and selection of sorbents)
ISO 20154:2017	船舶与海上技术—船上辅机的隔振设计方法指南(Ships and marine technology—Guidelines on vibration isolation design methods for shipboard auxiliary machinery)
ISO 20155:2017	船舶与海上技术—船用泵的管道内噪声源所感应的液流特性的试验方法(Ships and marine technology—Test method of flow induced in-pipe noise source characteristics for a ship-used pump)

ISO 20233-1:2018　船舶与海上技术—船舶设计中螺旋桨空泡噪声评估的模型试验方法—第 1 部分:噪声源等级估计(Ships and marine technology—Model test method for propeller cavitation noise evaluation in ship design—Part 1: Source level estimation)

ISO 20313:2018　船舶与海上技术—船舶的阴极保护(Ships and marine technology—Cathodic protection of ships)

ISO 20438:2017　船舶与海上技术—近海系泊链(Ships and marine technology—Offshore mooring chains)

ISO 20519:2017　船舶与海上技术—液化天然气燃料船舶加注燃料的技术条件(Ships and marine technology—Specification for bunkering of liquefied natural gas fuelled vessels)

ISO 20672:2007　船舶与海上技术—回转速率指示器(Ships and marine technology—Rate of turn indicators)

ISO 20672:2007/第 1 号勘误:2008

ISO 20673:2007　船舶与海上技术—电动舵角指示器(Ships and marine technology—Electric rudder angle indicators)

ISO 20858:2007　船舶与海上技术—海上港口设施保安评估和保安计划编制(Ships and marine technology—Maritime port facility security assessments and security plan development)

ISO 21005:2018　船舶与海上技术—窗和舷窗的热钢化安全玻璃(Ships and marine technology—Thermally toughened safety glass panes for windows and side scuttles)

ISO 21070:2017　船舶与海上技术—海上环境保护—船上垃圾的管理和处置(Ships and marine technology—Marine environment protection—Management and handling of shipboard garbage)

ISO 21072-1:2009　船舶与海上技术—海上环境保护:撇油器性能试验—第 1 部分:动态水条件(Ships and marine technology—Marine environment protection: performance testing of oil skimmers—Part 1: Moving water conditions)

ISO 21072-2:2009　船舶与海上技术—海上环境保护:撇油器性能试验—第 2 部分:静态水条件(Ships and marine technology—Marine environment protection: performance testing of oil skimmers—Part 2: Static water conditions)

ISO 21072-3:2010　船舶与海上技术—海上环境保护:撇油器性能试验—第 3 部分:高黏度油(Ships and marine technology—Marine environment protection: performance testing of oil skimmers—Part 3: High viscosity oil)

ISO/PAS 21195:2018　船舶与海上技术—人员从船上落下的探测系统(人员落水探测)【Ships and marine technology—Systems for the detection of persons while going overboard from ships (Man overboard detection)】

ISO 21984:2018	船舶与海上技术—与特种船上适居性相关的振动的测量、评估和报告的指南(Ships and marine technology—Guidelines for measurement, evaluation and reporting of vibration with regard to habitability on specific ships)
ISO 22090-1:2014	船舶与海上技术—首向传输装置(THD)—第1部分:陀罗罗经(Ships and marine technology—Transmitting heading devices (THDs)—Part 1: Gyro-compasses)
ISO 22090-2:2014	船舶与海上技术—首向传输装置(THD)—第2部分:地磁原理(Ships and marine technology—Transmitting heading devices (THDs)—Part 2: Geomagnetic principles)
ISO 22090-3:2014	船舶与海上技术—首向传输装置(THD)—第3部分:全球导航卫星系统原理(Ships and marine technology—Transmitting heading devices (THDs)—Part 3: GNSS principles)
ISO 22472:2016	船舶与海上技术—航行数据记录仪(VDR)运行和安装指南(Ships and marine technology—Guidelines for the operation and installation of voyage data recorders (VDR))
ISO 22488:2011	船舶与海上技术—船上消防员用具(防护衣、手套、長靴和头盔)(Ships and marine technology—Shipboard fire-fighters' outfits (protective clothing, gloves, boots and helmet)
ISO 22554:2015	船舶与海上技术—螺旋桨轴转速指示器—电动型和电子型(Ships and marine technology—Propeller shaft revolution indicators—Electric type and electronic type)
ISO 22555:2007	船舶与海上技术—螺旋桨螺距指示器(Ships and marine technology—Propeller pitch indicators)
ISO 22673:2008	船舶与海上技术—自由落水救生艇的下水装置(Ships and marine technology—Launching appliances for free-fall lifeboats)
ISO/PAS 22853:2005	船舶与海上技术—计算机应用—海上安全标记语言(MSML)的技术要求(Ships and marine technology—Computer applications—Specification of Maritime Safety Markup Language (MSML))
ISO 23269-1:2008	船舶与海上技术—船用呼吸器—第1部分:船用紧急脱险呼吸装置(EEBD)(Ships and marine technology—breathing apparatus for ships—Part 1: Emergency escape breathing devices (EEBD) for shipboard use)
ISO 23269-2:2011	船舶与海上技术—船用呼吸器—第2部分:船上消防员用自持式呼吸器(Ships and marine technology—breathing apparatus for ships—Part 2: Self-contained breathing apparatus for shipboard firefighters)

ISO 23269-3:2011　船舶与海上技术—船用呼吸器—第 3 部分:国际海事组织(IMO)的国际散装运输危险化学品船舶构造与设备规则(IBC Codes)和国际散装运输液化气船舶构造与设备规则(IGC Codes)所要求的自持式呼吸器(安全设备)(Ships and marine technology—breathing apparatus for ships—Part 3: Self-contained breathing apparatus (safety equipment) required by the IMO IBC and IGC Codes)

ISO 23269-4:2010　船舶与海上技术—船用呼吸器—第 4 部分:IMO 的国际散装运输危险化学品船舶构造与设备规则(IBC Codes)和国际散装运输液化气船舶构造与设备规则(IGC Codes)所要求的自持式紧急脱险呼吸器(Ships and marine technology—breathing apparatus for ships—Part 4: Self-contained breathing apparatus for emergency escape required by the IMO IBC and IGC Codes)

ISO 24408:2005　船舶与海上技术—救生设备位置指示灯—产品单元的试验、检查和标记(Ships and marine technology—Position-indicating lights for life-saving appliances—Testing, inspection and marking of production units)

ISO 24409-1:2010　船舶与海上技术—船上安全标志、与安全有关标志、安全通告和安全标记的设计、位置和使用—第 1 部分:设计原则(Ships and marine technology—Design, location and use of shipboard safety signs, safety-related signs, safety notices and safety markings—Part 1: Design principles)

ISO 24409-2:2014　船舶与海上技术—船上安全标志、与安全有关标志、安全通告和安全标记的设计、位置和使用—第 2 部分:目录(Ships and marine technology—Design, location and use of shipboard safety signs, safety-related signs, safety notices and safety markings—Part 2: Catalogue)

ISO 24409-3:2014　船舶与海上技术—船上安全标志、与安全有关标志、安全通告和安全标记的设计、位置和使用—第 3 部分:实践规则(Ships and marine technology—Design, location and use of shipboard safety signs, safety-related signs, safety notices and safety markings—Part 3: Code of practice)

ISO 25861:2007　船舶与海上技术—航行—白昼信号灯(Ships and marine technology—Navigation—Daylight signalling lamps)

ISO 25862:2009　船舶与海上技术—船用磁罗经、罗经柜和方位读数装置(Ships and marine technology—Marine magnetic compasses, binnacles and azimuth reading devices)

ISO 27991:2008　船舶与海上技术—海上撤离系统—通信设施(Ships and marine technology—Marine evacuation systems—Means of communication)

ISO 28004-1:2007　供应链的保安管理系统—ISO 28000 的实施指南—第 1 部分:一般原则(Security management systems for the supply chain—Guidelines for the implementation of ISO 28000—Part 1: General principle)

ISO 28004-1:2007/第 1 号勘误:2012

ISO 28004-2:2014 供应链的保安管理系统—ISO 28000 的实施指南—第 2 部分:在中等和小型海港业务中采用 ISO 28000 的指南(Security management systems for the supply chain—Guidelines for the implementation of ISO 28000—Part 2: Guidelines for adopting ISO 28000 for use in medium and small seaport operations)

ISO 28005-1:2013 供应链的保安管理系统—电子的出港许可证(EPC)—第 1 部分:信息结构(Security management systems for the supply chain—Electronic port clearance (EPC)—Part 1: Message structures)

ISO 28005-2:2011 供应链的保安管理系统—电子的出港许可证(EPC)—第 2 部分:核心数据元素(Security management systems for the supply chain—Electronic port clearance (EPC)—Part 2: Core data elements)

ISO 28007-1:2015 船舶与海上技术—对船上提供"私人订契约的武装保安人员"(PCASP)的"私营海上保安公司"(PMSC)(和形式合同)的指南—第 1 部分:一般要求(Ships and marine technology—Guidelines for Private Maritime Security Companies (PMSC) providing privately contracted armed security personnel (PCASP) on board ships (and pro forma contract)—Part 1: General)

ISO 28520:2009 船舶与海上技术—润滑油系统—洁净度和冲洗等级指南(Ships and marine technology—Lubricating oil systems—Guidance for grades of cleanliness and flushing)

ISO 28521:2009 船舶与海上技术—液压油系统—洁净度和冲洗等级指南(Ships and marine technology—Hydraulic oil systems—Guidance for grades of cleanliness and flushing)

ISO 28522:2009 船舶与海上技术—液压油系统—组装和冲洗指南(Ships and marine technology—Hydraulic oil systems—Guidance for assembly and flushing)

ISO 28523:2009 船舶与海上技术—润滑和液压油系统—取样确定洁净度和颗粒污染指南(Ships and marine technology—Lubricating and hydraulic oil systems—Guidance for sampling to determine cleanliness and particle contamination)

ISO 29400:2015 船舶与海上技术—近海风能—港口和海上运行(Ships and marine technology—Offshore wind energy—Port and marine operations)

ISO 29404:2015 船舶与海上技术—近海风能—供应链信息流(Ships and marine technology—Offshore wind energy—Supply chain information flow)

ISO 30000:2009 船舶与海上技术—拆船管理体系—安全与环境无害化拆船厂管理体系技术要求(Ships and marine technology—Ship recycling management systems—Specifications for management systems for safe and environmentally sound ship recycling facilities)

ISO 30002:2012	船舶与海上技术—拆船管理体系—拆船厂选择(和形式合同)指南(Ships and marine technology—Ship recycling management systems—Guidelines for selection of ship recyclers (and pro forma contract))
ISO 30003:2009	船舶与海上技术—拆船管理体系—对拆船管理审核与发证机构的要求(Ships and marine technology—Ship recycling management systems—Requirements for bodies providing audit and certification of ship recycling management)
ISO 30004:2012	船舶与海上技术—拆船管理体系—实施 ISO 30000 指南(Ships and marine technology—Ship recycling management systems—Guidelines for the implementation of ISO 30000)
ISO 30005:2012	船舶与海上技术—拆船管理体系—造船的制造环节和船舶营运中有害物质的信息管理(Ships and marine technology—Ship recycling management systems—Information control for hazardous materials in the manufacturing chain of shipbuilding and ship operations)
ISO 30006:2010	拆船管理体系—船上有害物质位置图(Ship recycling management systems—Diagrams to show the location of hazardous materials onboard ships)
ISO 30007:2010	船舶与海上技术—拆船中防止石棉发散和暴露的措施(Ships and marine technology—Measures to prevent asbestos emission and exposure during ship recycling)
IEC 62065:2014	海上导航和无线电通信设备和系统—航迹控制系统—运行和性能要求、试验方法和所要求的试验结果(Maritime navigation and radiocommunication equipment and systems—Track control systems—Operational and performance requirements, methods of testing and required test results)
ISO/IEC/IEEE 80005-1:2012	港口公用电力连接－第 1 部分:高压岸电连接(HVSC)系统—一般要求【Utility connections in port-Part 1: High Voltage Shore Connection (HVSC) Systems-General requirements】
IEC/IEEE 80005-2:2016	港口公用电力连接—第 2 部分:高压和低压岸电连接系统—监测和控制用数据通信【Utility connections in port-Part 2: High and low voltage shore connection systems—Data communication for monitoring and control】
IEC/PAS 80005-3:2014	港口公用电力连接—第 3 部分:低压岸电连接(LVSC)系统—一般要求【Utility connections in port-Part 3: Low Voltage Shore Connection (LVSC) Systems—General requirements】

以上系截至 2018 年 4 月 15 日,由 ISO/TC8 颁布的国际标准,以中英文对照方式提供,其中译文仅供参考,如中译文与英文发生歧义,请以英文原版为准,并请指正。

1.8.2 ISO/TC188 正式颁布的国际标准目录

ISO/TC188“小艇”(Small craft)的工作范围是艇长小于或等于24 m的游艇和采用类似设备的其他小艇的设备和结构的标准化(Standardization of equipment and construction details of recreational craft, and other small craft using similar equipment, up to 24 meters length of the hull)。它不包括救生艇和救生设备(lifeboats and lifesaving equipment),这些属于ISO/TC8的工作范围。

ISO/TC188是1984年从ISO/TC8“船舶与海上技术”(Ships and marine technology)委员会下属的第14分技术委员会(ISO/TC8/SC14)演变而成立的,它的成立反映了最近30余年来国际上游艇和采用类似设备的其他小艇的迅猛发展。与ISO/TC8类同,ISO/TC188的一部分国际标准是IMO公约、规则和决议之要求的进一步具体化,值得关注。

截至2018年5月18日,ISO/TC188下设:

2个分委员会——

ISO/TC188/SC 01“个人安全设备”(Personal safety equipment);

ISO/TC188/SC 02“发动机和推进系统”(Engines and propulsion systems)。

1个联合工作组——

ISO/TC188/JWG 01“电力推进系统”(Joint ISO/TC188-IEC/TC18; Electric propulsion systems),这是与国际电工委员会第18技术委员会(IEC/TC18)联合的工作组。

15个工作组——

ISO/TC188/ AHG1 “召集人和项目领导人”(Convenors and Project Leaders);

ISO/TC188/WG02 “充气和救生筏”(Inflatable and life rafts);

ISO/TC188/WG03 “尾舱、甲板附件和索具”(Cockpits; deck fittings and rigging parts);

ISO/TC188/WG09 “艇的主尺度和艇体的标识”(Main dimensions of the craft and identification of the hull);

ISO/TC188/WG10 “电气设备”(Electrical equipment);

ISO/TC188/WG18 “构件尺寸”(Scantlings);

ISO/TC188/WG20 “窗、舷窗、舱口盖、舷窗盖和门”(Windows, portlights, hatches, deadlights and doors);

ISO/TC188/WG24 “操舵部位的视野”(Field of vision from helm position);

ISO/TC188/WG30 “废水集存与处理”(Waste water retention and treatment);

ISO/TC188/SC02/WG01“螺旋桨的锥度”(Propeller tapers);

ISO/TC188/SC02/WG02“发动机和推进系统”(Engine and propulsive systems);

ISO/TC188/SC02/WG03“操舵装置”(Steering gear);

ISO/TC188/SC02/WG04“机动航速与功率”(Maneuvering speed and powering);

ISO/TC188/SC02/WG05 “通海旋塞”(Seacocks)和

ISO/TC188/SC02/WG06 “个人水上摩托”(Personal watercraft)

截至2018年5月18日,由TC188正式颁布的标准为104项(包括修正案和勘误,以下所列中,已将修正案和勘误并入各相关项中,故项目数少于104)。现依照其标准编号分列如下:

ISO 4566:1992	艇内机的小艇—带有1:10锥度的螺旋桨轴端及桨毂(Small craft with inboard engine—Propeller shaft ends and bosses with 1:10 taper)

ISO 6185-1:2001	充气艇—第1部分:发动机最大功率定额为4.5kW的艇(Inflatable boats—Part 1: Boats with a maximum motor power rating of 4.5 kW)
ISO 6185-2:2001	充气艇—第2部分:发动机最大功率定额大于4.5kW~15kW的艇(Inflatable boats—Part 2: Boats with a maximum motor power rating of 4.5 kW to 15 kW inclusive)
ISO 6185-3:2014	充气艇—第3部分:艇体长度小于8 m,发动机功率定额为15 kW及以上的艇(Inflatable boats—Part 3: Boats with a hull length less than 8 m with a motor rating of 15 kW and greater)
ISO 6185-4:2011	充气艇—第4部分:艇体长度为8~24 m,发动机功率定额为15 kW及以上的艇(Inflatable boats—Part 4: Boats with a hull length of between 8 m and 24 m with a motor power rating of 15 kW and greater)
ISO 7840:2013	小艇—耐火燃油软管(Small craft—Fire-resistant fuel hoses)
ISO 8099-1:2018	小艇—废物系统—废水集存(Small craft—Waste systems—Part 1: Waste water retention)
ISO 8469:2013	小艇—非耐火燃油软管(Small craft—Non-fire-resistant fuel hoses)
ISO 8665:2006	小艇—船用推进往复式内燃机—功率的测定和申报(Small craft—Marine propulsion reciprocating internal combustion engines—Power measurements and declarations)
ISO 8666:2016	小艇—主要数据(Small craft—Principal data)
ISO 8845:1994	艇内机小艇—带有1∶16锥度的螺旋桨轴端及桨毂(Small craft with inboard engine—Propeller shaft ends and bosses with 1∶6 taper)
ISO 8845:1994/第1号勘误:1995	
ISO 8846:1990	小艇—电气装置—防止周围可燃性气体点燃(Small craft—Electrical devices—Protection against ignition of surrounding flammable gases)
ISO 8847:2004	小艇—操舵装置—钢索及滑轮系统(Small craft—Steering gear—Cable and pulley systems)
ISO 8848:1990	小艇—遥控操舵系统(Small craft—Remote steering systems)
ISO 8849:2003	小艇—直流电动舱底泵(Small craft—Electrically operated direct-current bilge pumps)
ISO 9093-1:1994	小艇—通海旋塞和贯穿艇体配件—第1部分:金属件(Small craft—Seacocks and through-hull fittings—Part 1: Metallic)
ISO 9093-2:2002	小艇—通海旋塞和贯穿艇体配件—第2部分:非金属件(Small craft—Seacocks and through-hull fittings—Part 2: Non-metallic)

ISO 9094:2015	小艇—防火(Small craft—Fire protection)
ISO 9097:1991	小艇—电风扇(Small craft—Electric fans)
ISO 9650-1:2005	小艇—充气救生筏—第 1 部分: Ⅰ 型(Small craft—Inflatable liferafts—Part 1: Type Ⅰ)
ISO 9650-2:2005	小艇—充气救生筏—第 2 部分: Ⅱ 型(Small craft—Inflatable liferafts—Part 2: Type Ⅱ)
ISO 9650-3:2009	小艇—充气救生筏—第 3 部分:材料(Small craft—Inflatable liferafts—Part 3: Materials)
ISO 9775:1990	小艇—功率 15 ~ 40 kW 单个舷外机遥控操舵系统(Small craft—Remote steering systems for single outboard motors of 15 kW to 40 kW power)
ISO 10087:2006	小艇—艇体标识—代码系统(Small craft—Craft identification—Coding system)
ISO 10088:2013	小艇—永久性安装的燃油系统(Small craft—Permanently installed fuel systems)
ISO 10133:2012	小艇—电气系统—超低压直流装置(Small craft—Electrical systems—Extra-low-voltage d. c. installations)
ISO 10134:2003	小艇—电气装置—避雷保护系统(Small craft—Electrical devices—Lightning-protection systems)
ISO 10239:2014	小艇—液化石油气(LPG)系统(Small craft—Liquefied petroleum gas (LPG) systems)
ISO 10240:2004	小艇—艇主手册(Small craft—Owner's manual)
ISO 10240:2004/第 1 号修正案:2015	
ISO 10592:1994	小艇—液压操舵系统(Small craft—Hydraulic steering systems)
ISO 10862:2009	小艇—吊架索具的快速释放系统(Small craft—Quick release system for trapeze harness)
ISO 11105:1997	小艇—汽油发动机和/或汽油柜舱的通风(Small craft—Ventilation of petrol engine and/or petrol tank compartments)
ISO 11192:2005	小艇—图形符号(Small craft—Graphical symbols)
ISO 11547:1994	小艇—起动投入运行保护(Small craft—Start-in-gear protection)
ISO 11591:2011	发动机驱动的小艇—操舵部位的视野(Small craft, engine-driven—Field of vision from helm position)
ISO 11592-1:2016	小艇—采用机动航速的最大推进功率定额的确定—第 1 部分:艇长小于 8 m 的艇(Small craft—Determination of maximum propulsion power rating using maneuvering speed—Part 1: Craft with a length of hull less than 8 m)

ISO 11812:2001 小艇—水密尾舱和快速泄水尾舱(Small craft—Watertight cockpits and quick-draining cockpits)

ISO 12133:2011 小艇——氧化碳(CO)探测系统(Small craft—Carbon monoxide (CO) detection systems)

ISO 12215-1:2000 小艇—艇体结构和构件尺寸—第1部分:材料:热固性树脂、玻璃纤维增强材料、基准积层板(Small craft—Hull construction and scantlings—Part1: Materials: Thermosetting resins, glass-fibre reinforcement, reference laminate)

ISO 12215-2:2002 小艇—艇体结构和构件尺寸—第2部分:材料—夹层结构用芯材、埋置材料(Small craft—Hull construction and scantlings—Part2: Materials: Core materials for sandwich construction, embedded materials)

ISO 12215-3:2002 小艇—艇体结构和构件尺寸—第3部分:材料—钢、铝合金、木、其他材料(Small craft—Hull construction and scantlings—Part 3: Materials: Steel, aluminium alloys, wood, other materials)

ISO 12215-4:2002 小艇—艇体结构和构件尺寸—第4部分:车间和制造(Small craft—Hull construction and scantlings—Part4: Workshop and manufacturing)

ISO 12215-5:2008 小艇—艇体结构和构件尺寸—第5部分:单体艇的设计压力、设计应力和构件尺寸的确定(Small craft—Hull construction and scantlings—Part 5: Design pressures for monohulls, design stresses, scantlings determination)

ISO 12215-5:2008/第1号修正案:2014

ISO 12215-6:2008 小艇—艇体结构和构件尺寸—第6部分:结构布置和详图(Small craft—Hull construction and scantlings—Part6: Structural arrangements and details)

ISO 12215-8:2009 小艇—艇体结构和构件尺寸—第8部分:舵(Small craft—Hull construction and scantlings—Part 8: Rudders)

ISO 12215-8:2009/第1号勘误:2010

ISO 12215-9:2012 小艇—艇体结构和构件尺寸—第9部分:帆艇附体(Small craf—Hull construction and scantlings—Part 9: Sailing craft appendages)

ISO 12216:2002 小艇—窗、舷窗、舱口盖、舷窗盖和门—强度与密封性要求(Small craft—Windows, portlights, hatches, deadlights and doors—Strength and watertightness requirements)

ISO 12217-1:2015 小艇—稳性和浮力的评定和分类—第1部分:艇体长度为6 m及以上的非帆艇(Small craft—Stability and buoyancy assessment and categorization—Part 1: Non-sailing boats of hull length greater than or equal to 6 m)

ISO 12217-2:2015　小艇—稳性和浮力的评定方法和分类—第 2 部分:艇体长度为 6 m 及以上的帆艇(Small craft—Stability and buoyancy assessment and categorization—Part 2: Sailing boats of hull length greater than or equal to 6 m)

ISO 12217-3:2015　小艇—稳性和浮力的评定方法和分类—第 3 部分:艇体长度为 6 m 以下的艇(Small craft—Stability and buoyancy assessment and categorization—Part 3: Boats of hull length less than 6 m)

ISO 12401:2009　小艇—甲板安全索具和安全索—安全要求和试验方法(Small craft—Deck safety harness and safety line—Safety requirements and test methods)

ISO 12402-2:2006　个人漂浮装置—第 2 部分:275 性能等级救生衣—安全要求(Personal flotation devices—Part 2: Lifejackets, performance level 275—Safety requirements)

ISO 12402-2:2006/第 1 号修正案:2010

ISO 12402-3:2006　个人漂浮装置—第 3 部分:150 性能等级救生衣—安全要求(Personal flotation devices—Part 3: Lifejackets, performance level 150—Safety requirements)

ISO 12402-3:2006/第 1 号修正案:2010

ISO 12402-4:2006　个人漂浮装置—第 4 部分:100 性能等级救生衣—安全要求(Personal flotation devices—Part 4: Lifejackets, performance level 100—Safety requirements)

ISO 12402-4:2006/第 1 号修正案:2010

ISO 12402-5:2006　个人漂浮装置—第 5 部分:浮具(50 级)—安全要求(Personal flotation devices—Part 5: Buoyancy aids (level 50)—Safety requirements)

ISO 12402-5:2006/第 1 号修正案:2010

ISO 12402-5:2006/第 1 号勘误:2006

ISO 12402-6:2006　个人漂浮装置—第 6 部分:特种用途救生衣和浮具—安全要求和附加试验方法(Personal flotation devices—Part 6: Special purpose lifejackets and buoyancy aids—Safety requirements and additional test methods)

ISO 12402-6:2006/第 1 号修正案:2010

ISO 12402-7:2006　个人漂浮装置—第 7 部分:材料和部件—安全要求和试验方法(Personal flotation devices—Part 7: Materials and components—Safety requirements and test methods)

ISO 12402-7:2006/第 1 号修正案:2011

ISO 12402-8:2006　个人漂浮装置—第 8 部分:附件—安全要求和试验方法(Personal flotation devices—Part 8: Accessories—Safety requirements and test methods)

ISO 12402-8:2006/第 1 号修正案:2011

ISO 12402-9:2006 个人漂浮装置—第 9 部分:试验方法(Personal flotation devices—Part 9: Test methods)

ISO 12402-9:2006/第 1 号修正案:2011

ISO 12402-10:2006 个人漂浮装置—第 10 部分:个人漂浮装置和其他有关装置的选择与应用(Personal flotation devices—Part 10: Selection and application of personal flotation devices and other relevant devices)

ISO 13297:2014 小艇—电气系统—交流装置(Small craft—Electrical systems—Alternating current installations)

ISO 13342:1995 小艇—舷外机静推力的测定(Small craft—Static thrust measurement for outboard motors)

ISO 13590:2003 小艇—个人艇—建造和系统安装要求(Small craft—Personal watercraft—Construction and system installation requirements)

ISO 13591:1997 小艇—舷外机便携式燃油系统(Small craft—Portable fuel systems for outboard motors)

ISO 13592:1998 小艇—汽油发动机逆火火焰控制(Small craft—Backfire flame control for petrol engines)

ISO 13929:2001 小艇—操舵装置—齿条和小齿轮直接连接系统(Small craft—Steering gear—Geared link systems)

ISO 14227:2001 小艇—磁罗经(Small craft—Magnetic compasses)

ISO 14509-1:2008 小艇—由机动游艇所发出空气噪声之声压级的测定—第 1 部分:从旁边经过的测量程序(Small craft—Airborne sound emitted by powered recreational craft—Part 1: Pass-by measurement procedures)

ISO 14509-3:2009 小艇—由机动游艇所发出空气噪声之声压级的测定—第 3 部分:使用计算和测量程序的声评估(Small craft—Airborne sound emitted by powered recreational craft—Part 3: Sound assessment using calculation and measurement procedures)

ISO 14895:2016 小艇—液体燃料厨房炉灶和加热设备(Small craft—Liquid-fuelled galley stoves and heating appliances)

ISO 14945:2004 小艇—制造者标牌(Small craft—Builder's plate)

ISO 14946:2001 小艇—最大装载量(Small craft—Maximum load capacity)

ISO 15027-1:2012 救生服—第 1 部分:常穿服,包括安全的要求(Immersion suits—Part 1: Constant wear suits, requirements including safety)

ISO 15027-2:2012 救生服—第 2 部分:弃船服,包括安全的要求(Immersion suits—Part 2: Abandonment suits, requirements including safety)

ISO 15027-3:2012 救生服—第 3 部分:试验方法(Immersion suits—Part 3: Test methods)

ISO 15083:2003 小艇—舱底泵系统(Small craft-Bilge-pumping systems)

ISO 15084:2003 小艇—锚泊、系泊和拖曳—强力点(Small craft—Anchoring, mooring and towing—Strong points)

ISO 15085:2003 小艇—人员落水的防止和打捞(Small craft—Man-overboard prevention and recovery)

ISO 15085:2003/第 1 号修正案:2009

ISO 15085:2003/第 2 号修正案:2017

ISO 15584:2001 小艇—艇内安装汽油机—机装燃油及电气系统部件(Small craft—Inboard petrol engines—Engine-mounted fuel and electrical components)

ISO 15652:2003 小艇—用于艇内机微型喷水艇的遥控操舵装置(Small craft—Remote steering systems for inboard mini jet boats)

ISO 16147:2018 小艇—艇内柴油机—机装燃油及电气部件(Small craft—Inboard diesel engines—Engine-mounted fuel oil and electrical components)

ISO 16180:2013 小艇—航行灯—安装、布置和能见度(Small craft—Navigation lights—Installation, placement and visibility)

ISO 16315:2016 小艇—电力推进系统(Small craft—Electric propulsion system)

ISO 18854:2015 小艇—往复式内燃机废气排放的测量—气体和颗粒物排放的试验台测量(Small craft—Reciprocating internal combustion engines exhaust emission measurement—Test-bed measurement of gaseous and particulate exhaust emissions)

ISO 19009:2015 小艇—电气航行灯—LED 灯的性能(Small craft—Electric navigation lights—Performance of LED lights)

ISO 21487:2012 小艇—永久性安装的汽油和柴油舱柜(Small craft—Permanently installed petrol and diesel fuel tanks)

ISO 21487:2012/第 1 号修正案:2014

ISO 21487:2012/第 2 号修正案:2015

ISO 25197:2012 小艇—操舵、换挡和节气门的电气/电子控制系统(Small craft—Electrical/electronic control systems for steering, shift and throttle)

ISO 25197:2012/第 1 号修正案:2014

以上系截至 2018 年 5 月 18 日,由 ISO/TC188 正式颁布的国际标准,其以中英文对照方式提供,如中译文与英文发生歧义,请以英文原版为准,并请指正。

1.9 OCIMF 及其出版物和中英文对照本

石油公司国际海事论坛(Oil Companies International Marine Forum,OCIMF)成立于1970年4月,其旨在响应公众对海洋污染,特别是对油污染的日益增长的关注。其中1967年发生的“Torrey Canyon”号油船溢油事故是催生其成立的重要因素。

OCIMF是由国际上各石油公司自发成立的跨国行业组织,在油运链中代表货主利益,注重安全与环保,其制订的各种指南和最佳实践(做法)为保障油运安全起到积极作用,在业界有广泛的影响力。

20世纪70年代初,各国政府、地区和国际性机构对防止海洋污染的各项活动才刚刚开始,相互鲜有合作。通过OCIMF的组织和协调,石油工业凭其出色的专业技能,通过政府之间和政府间机构之间的协作,在海洋环境保护的各项活动中,扮演了重要而又关键的角色。

1971年OCIMF被国际海事组织(International Maritime Organization,IMO)授予咨询地位(granted consultative status),并有资格在IMO会议上介绍石油工业的观点。此后,OCIMF的作用已扩展至可改变其成员的海事行为。现在它所处理的事项涉及液货船、驳船、海上保障船和码头设施(tankers, barges, offshore support vessels and terminals),且对冰区航行和日益猖獗的规模化海盗活动之类的,当初OCIMF成立时尚未对石油业构成威胁的事项提出其建议。

虽然OCIMF是由在原油、成品油,石化制品和燃气的船运与港口装卸领域分享共同利益的石油公司组成的自愿性协会,但其制定的有关石油运输和码头装卸作业安全的指南和导则可作为国际公约、规则及船级社规范等技术标准之外的有益补充,对保障油运安全起到积极有效的作用,其虽不具有强制性,却深受业界遵从与认可,除国际海事组织(IMO)和国际船级社协会(IACS)等主要海事机构外,OCIMF在国际船规建设,特别是在液货船规则规范中扮演的角色不容小觑。

OCIMF负责向业内提供安全与环保的专业技术,并将其见解向政府、政府间机构以及相关立法部门建言献策。截至2018年5月27日,OCIMF的成员包括全球109家公司(The current membership of OCIMF comprises 109 companies worldwide)。中国海洋石油集团有限公司(China National Offshore Oil Corporation,CNOOC,其网址为 www. cnooc. com. cn/)是其成员之一。

如今,OCIMF业已被广泛公认为在“安全与环境上对于船舶和码头设施中碳氢化合物的输送和处理,以及对于制定持续改善的标准方面负责任的” 提供专业性意见的石油工业的代言人(the voice of the oil industry providing expertise)。其成员几乎遍及和包括了归属于大多数国家石油公司的世界上每一个重大油气项目。

作为一家非营利机构,OCIMF的主要目标是为其成员提供安全与环保方面的指南和标准。值得自豪的是,它不仅向IMO提供相当数量旨在液货船安全与环保的规则,还为反海盗和极地航行等目前急待解决的议题提供新的重要指南。出台一项跨越许多国家和地区,为国际上可接受的新规则需要时间,而OCIMF以公正的姿态,凭其特有的影响力,发挥各成员的优势,将石油这一重要工业领域急需的指南向前推进(to press ahead with much needed guidance on important industry issues),这不仅可在各成员中改善这些指南的实施,而且可将其向更广的工业领域推广,还可为规则的编制提供有价值的参考(a valuable reference for developing regulation)。

OCIMF网址为 http://www. ocimf. com/,OCIMF主要为石油公司提供船运与码头作业安全与环保的各种规则、指南、程序、评估软件、数据库和标准。其拥有众多的出版物,其中大部分由OCIMF主编,个别由OCIMF与其他机构,例如国际航运公会(International Chamber of Shipping Limited,ICS)、国际港口协会(International Association of Ports and Harbors,IAPH)和国际气体船和码头经营者协会(Society of International Gas Tanker and Terminal Operators,SIGTTO)等合编。

OCIMF 出版物大致按设计、安全和环保分为三类,其中大多数指南和标准为当今运输原油、成品油、液化石油气、液化天然气和化学品的船舶所采用。三类出版物包括:涉及设计和操作的 24 项(见表 1-20);涉及安全和管理的 15 项(见表 1-21);涉及环保的 2 项(见表 1-22),三类合计 41 项。OCIMF 图书馆网址为 https://www.ocimf.org/library/publications.aspx,以下各表中出版物为截至 2018 年 5 月 28 日的最新版本,其出版物标题中译文仅供参考,如与英文原文有歧义,请以英文为准。

表 1-20 OCIMF 出版物(设计和操作)目录(截至 2018 年 5 月 28 日)

序号	标题	版本	编者
1	Competence Assurance Guidelines for Mooring, Loading and Lightering Masters 系泊、装载和照明操控装置的能力保证指南	1st Edition 2015 2015 年第 1 版	OCIMF
2	Anchoring Systems and Procedures 锚泊系统及程序	2nd Edition 2010 2010 年第 2 版	OCIMF
3	Barge Safety (Liquefied Cargoes in Bulk) 驳船安全(散装液货)	1st Edition 1999 1999 年第 1 版	OCIMF
4	Competence Assurance Guidelines for F(P)SOs 浮式(生产)储油卸油系统能力保证指南	1st Edition 2009 2009 年第 1 版	OCIMF
5	Design and Construction Specification for Marine Loading Arms 船用装卸臂设计和建造技术条件	3rd Edition 1999 1999 年第 3 版	OCIMF
6	Disabled Tankers-Report of Studies on Ship Drift and Towage 废弃液货船——船舶漂移和拖带研究报告	1st Edition 1981 1981 年第 1 版	OCIMF
7	Drift Characteristics of 50,000 to 70,000 DWT Tankers 50000 至 70000 DWT 液货船漂移特性	1st Edition 1982 1982 年第 1 版	OCIMF
8	Effective Mooring 有效系泊*	3rd Edition 2010 2010 年第 3 版	OCIMF
9	Guide to Manufacturing and Purchasing Hoses for Offshore Moorings (GMPHOM) 近海系泊软管的制造和采购指南(GMPHOM)	5th Edition 2009 2009 年第 5 版	OCIMF
10	F(P)SO Poster 浮式(生产)储油卸油系统的公告	1st Edition 2012 2012 年第 1 版	OCIMF
11	Guidelines for the Design, Operation and Maintenance of Multi Buoy Moorings (MBM) 多浮筒系泊(MBM)的设计、操作和维护指南	1st Edition 2010 2010 年第 1 版	OCIMF
12	Guidelines for the Purchasing and Testing of SPM Hawsers 单点系泊缆索的采购和试验指南	1st Edition 2000 2000 年第 1 版	OCIMF

表 1-20(续)

序号	标题	版本	编者
13	Hawser Test Report 缆索试验报告	1st Edition 1982 1982 年第 1 版	OCIMF
14	Mooring Equipment Guidelines (MEG3) 系泊设备指南(MEG3)*	3rd Edition 2008 2008 年第 3 版	OCIMF
15	Offshore Loading Safety Guidelines with special relevance to harsh weather zones 与恶劣气象海区特别相关的海上装卸安全指南	1st Edition 1999 1999 年第 1 版	OCIMF
16	Recommendations for Equipment Employed in the Bow Mooring of Conventional Tankers at Single Point Moorings 单点系泊的常规液货船在船首系泊状态下对所用设备的建议	4th Edition 2007 2007 年第 4 版	OCIMF
17	Recommendations for Liquefied Gas Carrier Manifolds 液化气运输船歧管的建议	2nd Edition 2018 2018 年第 2 版	SIGTTO/ OCIMF
18	Recommendations for Oil and Chemical Tanker Manifolds and Associated Equipment 油船和化学品船歧管及附属设备的建议	1st Edition 2017 2017 年第 1 版	OCIMF
19	Safe Transfer of Liquefied Gas in an Offshore Environment (STOLGOE) 海上环境下液化气的安全驳载(STOLGOE)	1st Edition 2010 2010 年第 1 版	OCIMF
20	Ship to Ship Transfer Guide for Petroleum, Chemicals and Liquefied Gases 船对船过驳指南(石油、化学品和液化气)*	1st Edition 2013 2013 年第 1 版	OCIMF, CDI, ICS, SIGTTO
21	Single Point Mooring Maintenance and Operations Guide (SMOG) 单点系泊维护和作业指南(SMOG)	3rd Edition 2015 2015 年第 3 版	OCIMF
22	SPM Hose System Design Commentary (ebook only) 单点系泊软管系统设计说明(仅提供电子版)	2nd Edition 1993 1993 年第 2 版	OCIMF
23	Tandem Mooring and Offloading Guidelines for Conventional Tankers at F(P)SO Facilities 常规液货船靠泊浮式(生产)储油卸油设施时串列系泊与卸载指南	1st Edition 2009 2009 年第 1 版	OCIMF
24	The Use of Large Tankers in Seasonal First-Year Ice and Severe Sub-Zero Conditions 在季节性当年冰及冰点以下严酷海况下大型液货船的使用	1st Edition 2010 2010 年第 1 版	OCIMF

* CCS 与 OCIMF 合作出版发行中英文对照本。

表 1-21 OCIMF 出版物(安全和管理)目录(截至 2018 年 5 月 28 日)

序号	标题	版本	编者
1	Best Management Practices for Protection against Somalia Based Piracy(BMP4) 免遭以索马里为基地海盗袭击的最佳管理实践(BMP4)	4th Edition 2011 2011 年第 4 版	OCIMF 和其他工业组织

表 1-21(续)

序号	标题	版本	编者
2	Contingency Planning and Crew Response Guide for Gas Carrier Damage at Sea and in Port Approaches 气体运输船海上和港内遇险应急计划和船员反应指南	3rd Edition 1999 1999 年第 3 版	ICS/ OCIMF/ SIGTTO
3	Guide to Contingency Planning for the Gas Carrier Alongside and Within Port Limits 气体运输船靠泊及港内应急计划指南	2nd Edition 1999 1999 年第 2 版	ICS/ OCIMF/ SIGTTO
4	International Safety Guide for Inland Navigation Tank-Barges and Terminals (IS-GINTT) 国际内河航行油驳及码头设施安全指南(ISGINTT)	2010	
5	International Safety Guide for Oil Tankers and Terminals (ISGOTT) 国际油船及码头安全指南(ISGOTT)*	5th Edition 2006 2006 年第 5 版	IAPH/ ICS/OCIMF
6	Jetty Maintenance and Inspection Guide (栈桥)码头维护和检查指南	1st Edition 2008 2008 年第 1 版	OCIMF/ SIGTTO
7	Marine Terminal Management and Self Assessment (MTMSA) 船用码头管理与自评(MTMSA)	1st Edition 2012 2012 年第 1 版	OCIMF
8	Marine Terminal Operator Competence and Training Guide (MTOCT) 船用码头作业者能力和培训指南(MTOCT)	1st Edition 2013 2013 年第 1 版	OCIMF
9	Offshore Vessel Management and Self Assessment (OVMSA) 海上船舶管理与自评(OVMSA)	1st Edition 2012 2012 年第 1 版	OCIMF
10	Peril at Sea and Salvage A Guide for Masters (ebook only) 海难与救助——船长指南(仅提供电子版)	5th Edition 1998 1998 年第 5 版	ICS/OCIMF
11	Piracy and Armed Robbery Against Ships 海盗与武装抢劫船舶	1st Edition 2000 2000 年第 1 版	OCIMF
12	Ship to Ship Service Provider Management 船对船服务提供者的管理	1st Edition 2011 2011 年第 1 版	OCIMF
13	Survival Craft-A Seafarers' Guide 救生艇——船员指南	1st Edition 2009 2009 年第 1 版	OCIMF
14	Tanker Management and Self Assessment 3-A Best Practice Guide 液货船管理与自评 3——最佳实践指南	3rd Edition 2017 2017 年第 3 版	OCIMF
15	USA Barge Operations: Guidelines and Best Practices for Liquid Hydrocarbon Barges and Associated Tugs 美国驳船操作:液化碳氢化合物驳船与相关拖轮的指南和最佳实践	1st Edition 2014 2014 年第 1 版	OCIMF

* CCS 与 OCIMF 合作出版发行中英文对照本。

表 1-22　OCIMF 出版物(环保)目录(截至 2018 年 5 月 28 日)

序号	标题	版本	编者
1	Clean Seas Guide for Oil tankers 油船防止海洋污染指南	4th Edition 1994 1994 年第 4 版	ICS/OCIMF
2	Prevention of Oil Spillage Through Pumproom Sea Valves 防止货油从泵舱通海阀泄漏	2nd Edition 1991 1991 年第 2 版	ICS/OCIMF

除了上述出版物之外,OCIMF 还提供丰富的工具类文件汇编,包括《船舶检查报告程序》【Ship Inspection Report(SIRE)Programme】、《液货船管理及自评》【Tanker Management and Self Assessment(TMSA)】、《海上船舶检查数据库》【Offshore Vessel Inspection Database,OVID】和《海上码头信息系统》【Marine Terminal Information System,MTIS】等,这些工具书已获得业界广泛认可和接受,OCIMF 将继续编制新的工具书。

根据中国船级社(CCS)2015 年 4 月 30 日发布的"中国船级社与石油公司国际海事论坛合作翻译的中英对照出版物《有效系泊(第三版)》已正式出版发行"的信息,CCS 与 OCIMF 于 2013 年达成合作意向,决定由 CCS 负责将 OCIMF 的《有效系泊》(Effective Mooring)、《船对船过驳指南》(Ship to Ship Transfer Guide)、《锚泊设备指南》(Mooring Equipment Guidelines,本文译成"系泊设备指南")及《国际油轮与终端安全指南(ISGOTT)》(International Safety Guide for Oil Tankers and Terminals,本文译成"国际油船及码头安全指南")等 5 本核心出版物(实际上在该信息中 CCS 仅列出 4 本——编者注)的最新版本翻译成中文,OCIMF 负责以中英对照的方式在英国出版发行。按照双方协议约定,CCS 与 OCIMF 共同拥有上述出版物中英文版本的联合版权,这 4 本出版物在以上的表 1-20 和表 1-21 中以 * 号表示,目前《有效系泊(第三版)》已正式出版发行,见图 1-2,值得关注。

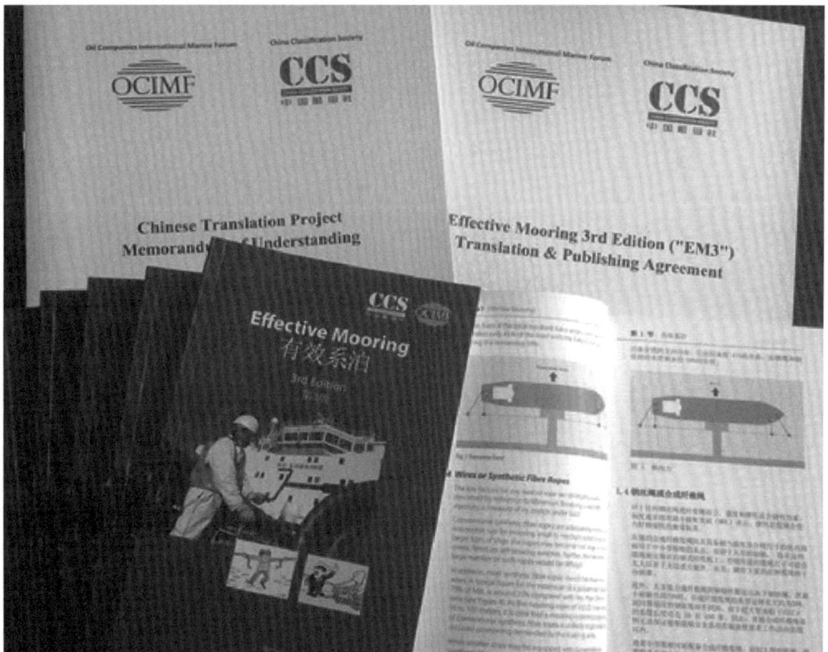

图 1-2　《有效系泊(第三版)》实物图

1.10 USCG 和 CFR 及其与船舶有关的出版物

1.10.1 USCG 和 CFR 的编制与表示

在第 1 篇 1.2“船舶及其产品检验”中已阐明,船舶及其产品的检验分为法定检验和入级检验。

美国海岸警卫队(United States of Coast Guard,简称 USCG)是美国政府授权对船舶执行法定检验的主要主管机关。1915 年美国政府为了加强海关缉私和救生勤务,组建成立美国海岸警卫队,隶属于财政部, 从 1967 年起归属运输部(DOT)管辖,911 事件后改属国土安全部(DHS)管辖。

凡挂美国旗的商船,应符合 USCG 等机构的有关规定,其列于美国《联邦政府法规》(Code of Federal Regulations,缩写 CFR)中。这些规则中有一部分也适用于在美国可航水域中航行的外国船。

CFR 是美国联邦政府各行政部门和机构所出版的一部全面的永久性规则的编纂。CFR 的编制包括篇、章、节和条四个层次,如表 1 – 23 所示。

表 1 – 23　CFR 各层次的序号与说明

编制层次	序号表示及举例	说明
Title 篇	以阿拉伯数字表示。 例如第 33 篇“航行和可航水域”(Title 33 Navigation and Navigable Water)、第 46 篇“航运”(Title 46 Shipping)	CFR 共分 50 篇,表明了受联邦规则所制约的宽广范围,包括与船舶设计密切相关的第 33 篇“航行和可航水域”、第 46 篇“航运”,还有一些篇,例如第 29 篇“劳动”、第 40 篇“环境保护”、第 42 篇“公共卫生”、第 47 篇“无线电通信”、第 49 篇“运输”和第 50 篇“野生动物和渔业”等也与船舶设计、建造等有关
Chapter 章 Subchapter 分章	章的序号以罗马数字表示。 例如第 46 篇第 I 章“国土安全部海岸警卫队” (Chapter I Coast Guard, Department of Homeland Security)。 分章的序号以英文大写字母表示。 例如第 46 篇第 I 章中包括 J 分章“电气工程”(Subchapter J Electrical Engineering)等	每一篇分成若干章,通常每章都具有与颁发此主体范围之规则有关的联邦当局或其分支机构的名称,例如第 46 篇包括第 I 章“国土安全部海岸警卫队”,第 Ⅱ 章“运输部海事管理局”(Chapter Ⅱ Maritime Administration, Department of Transportation),第 Ⅲ 章“国土安全部海岸警卫队(大湖区领航)”[Chapter Ⅲ Coast Guard (Great Lakes Pilotage), Department of Homeland Security]和第 Ⅳ 章“联邦海事委员会”(Chapter Ⅳ Federal Maritime Commission)。 每一章可视具体情况再分成若干分章(Subchapter)
Part 节 Subpart 分节	以阿拉伯数字表示。 例如第 46 篇第 I 章 J 分章第 110 节“总则”(Part110 General Provisions) 分节序号以阿拉伯数字表示。 例如第 46 篇第 I 章 J 分章第 111 节的第 111.01 分节“通则”(Subpart 111.01 General)等	每一章(或每一分章)又分成若干节,每节包括特定的管理范围、该机构的特定功能或大纲。例如第 46 篇第 I 章 J 分章包括了第 110 节“总则”、第 111 节“电力系统——通则”、第 112 节“应急照明和应急电力系统”以及第 113 节“通信和报警系统及设备”等 每一节也可视情况分成若干分节(Subpart),例如第 46 篇第 I 章 J 分章第 111 节“电力系统——通则”中包括了第 111.01 分节“通则”、第 111.05 分节“设备的接地、接地检测和接地系统”(Equipment Ground, Ground Detection, and Grounded Systems)和 第 111.10 分节“供电”(Power Supply)等

表 1-23(续)

编制层次	序号表示及举例	说明
Section 条	以阿拉伯数字表示。 “条”以“§”符号表示。 例如第 46 篇第 I 章 J 分章第 111 节第 111.10 分节的第 111.10-1 条“定义”(§111.10-1 Definitions)	每一节(或每一分节)又可分成若干条,这是 CFR 的基本单元。 值得注意的是,某些联邦机构(agency)所颁布的规则可不只出现在一篇中,例如国土安全部海岸警卫队(USCG)的规则出现在第 33 篇“航行和可航水域”、第 46 篇“航运”以及第 49 篇“运输”中

表示方法——CFR 采用了如上所述的篇、章、节、条的编制方法。而在表示 CFR 中某一条规则时,采用了“篇、条”的表示方法,例如对于第 33 篇中第 164 节第 37 条的规则,表示成“33CFR164.37”,即在“CFR”符号左边的数字为“篇”的编号,而在“CFR”符号右边的数字为“条”的编号。

除了对每一章可视情况再分成若干分章,对每一节也可视情况分成若干分节外,每一分节又可分成若干条,例如第 111.10 分节中包括了第 111.10-1 条“定义”、第 111.10-3 条“两套发电机组”等,这两条可分别表示成“46 CFR 111.10-1”和“46 CFR 111.10-3”。

备用编号——值得注意的是,在 CFR 的分章、节、分节、条的编号中均留有“空缺”编号,即“备用”(Reserved)编号,例如在第 46 篇第 I 章中,第 135~139 节是空缺的,又如在其第 111 节中,第 111.02~111.04 分节也是空缺的。这是由于在美国的法定检验规则中,相互参照引用甚多,又由于各规则经常修正,在修正中除了对原有条文做修正外,有时尚需增加、删除一些章、节、条。为了使修正后的章、节、条的编号不变(这对于相互引用是至关重要的),必须留有这些空缺编号,以供备用。

此外,CFR 共分 50 篇(Title),其中第 35 篇“巴拿马运河”(Title 35 Panama Canal)第 I 章“巴拿马运河规则”(Chapter I—Panama Canal Regulations)由属于美国政府机构的“巴拿马运河管理委员会”制定,在 2000 年 1 月 1 日前有效。此后,2000 年 1 月 1 日起,由属于巴拿马政府的巴拿马运河管理局(ACP)负责巴拿马运河的作业和管理等。但 CFR 中仍保留该篇,但其最新版本为 2000 年版(截至 1999 年 12 月 31 日生效),只能作为历史供参照。在 2000 年及其后,第 35 篇就作为“空缺”编号,即“备用”编号。

1.10.2　FR 与 CFR 中各条的来源引证

美国《联邦法规登记》(Federal Register,FR)是一份法律性的报纸,美国政府的行政部门在这份报纸上出版它的规则、命令和其他文件。因此一个公民可以了解到他(她)的权利、他(她)的义务。FR 由联邦法规登记办事处在每个工作日发行。

CFR 上提供和保持着一个由每日出版的 FR 所注明的日期。这两个出版物(CFR、FR)必须在一起使用,以确定任一规则的最新版本。当某一联邦当局在 FR 中出版一规则时,其一般是以对基本(原有)CFR 进行修改、附加或删除的形式来提供 CFR 的修正案。欲全面的研究在某一特定日期生效的与某一特定题目有关的规则,必须既参阅 CFR 中相应的篇章,又同时参阅 FR 中包含对该篇之修正案的相应部分。

CFR 的每一篇,至少每一个年度修订一次,且大致依据下列日期按季度出版:

第 1~16 篇　　1 月 1 日出版;
第 17~27 篇　　4 月 1 日出版;
第 28~41 篇　　7 月 1 日出版;

第 42 ~ 50 篇　　10 月 1 日出版。

CFR 的每一条或每几条规则的来源引证采用 FR 的卷数和页数以及其出版日期来表示，例如 CFR 第 46 篇第 I 章第 J 分章第 110 节第 110.01 分节的第 110.01 – 2 条的来源为 [49 FR 38121, Sept. 27, 1984, as amended by USCG – 2004 – 18884, 69 FR 58348, Sept. 30, 2004]，即其[摘自经 2004 年 9 月 30 日联邦法规登记第 69 篇 58348 页 USCG – 2004 – 18884 修正的 1984 年 9 月 27 日联邦法规登记第 49 篇 38121 页]。

1.10.3　CFR 中与船舶有关的 USCG 规则

与船舶设计、建造等有关的 USCG 的规则列于 CFR 中，其中与船舶有关的规则如下：

第 33 篇　航行和可航水域(Navigation and Navigable Water)

第 I 章　国土安全部海岸警卫队(Coast Guard , Department of Homeland Security)

第 0 分章　防污染

§ 151　载运油类、有毒液体物质、垃圾、城市或商业污水和压载水的船舶

§ 159　船用卫生装置

第 P 分章　港口和航道安全

§ 164　航行安全规则

第Ⅳ章　运输部圣劳伦斯航道发展公司 (Saint Lawrence Seaway Development corporation, Department of Transportation)

§ 401　航道规则(即通常所称的“圣劳伦斯航道规则”)

第 40 篇　环境保护 (Protection of Environment)

第 46 篇　航运 (Shipping)

第 I 章　国土安全部海岸警卫队(Coast Guard, Department of Homeland Security)

第 D 分章　液货船

§ 30　一般规定

§ 32.53　惰性气体系统

§ 34　消防设备

§ 39　蒸气控制系统

第 F 分章　轮机工程

第 H 分章　客船

§ 70　一般规定

§ 71　检验与发证

第 I 分章　货船或其他各种船

§ 90　一般规定

§ 96　船舶控制以及其他系统和设备

第 I – A 分章　移动式近海钻井平台

§ 108　设计与设备

第 J 分章　电气工程

§ 110　总则

§ 111　电力系统——通则

§ 112　应急照明和应急电力系统

§ 113　通信和报警系统及设备

第Ⅴ分章　海上职业安全与健康标准

§ 197　一般规定

第Ⅲ章　国土安全部海岸警卫队(大湖区领航)[Great Lakes Pilotage]

第47篇　无线电通信

第49篇　运输

此外,还有一些篇,例如第29篇“劳动”、第42篇“公共卫生”以及第50篇“野生动物和渔业”也与船舶设计、建造等有关。

第二篇

国外船舶规则、规范及相关标准中缩写词英汉对照

在涉及船舶的合同,及设计与建造的各种文件中,经常会遇到有关国际组织(特别是国际海事组织)的公约、规则和各主要法定检验机构规则,以及船级社规范及相关标准中专用术语的缩写词。为便于正确理解这些缩写词的含义,按英文字母顺序选编了这些缩写词的"英汉对照"。

以下"英汉对照"中,部分汉译名选编自有关出版物,其余汉译名由编者按英文翻译。本"英汉对照"仅供参考,差错之处,欢迎指正。

A

Assembly

大会

ABS

American Bureau of Shipping

美国船级社

ACM

Association for Computing Machine

(美国)计算机协会

ACP

Area Contingency Plan

区域预防计划(美国防污染)

ACP

Autoridad del Canal de Panama (Panama Canal Authority)

巴拿马运河管理局

ACS

Asia Classification Societies

亚洲船级社协会

ADCS

Automatic Data Collection System

自动数据收集系统

ADP

Automatic Data Processing

自动数据处理

AEA

American Electronics Association

美国电子协会

AFA

Amt fur Arbeitsschutz

(德国)劳动保护局

AFNOR

Association Francaise de Normalisation

法国标准化协会

AFS

Anti-Fouling Systems

防污底系统

AFS 2001

International Convention on the Control of Harmful Anti-Fouling Systems on Ships, 2001

2001 年国际控制船舶有害防污底系统公约

Aft.

Afterward

在船尾(尾部的、后面的、向后)

AIS

(vessels') Automatic Identification System

(船舶)自动识别系统

AISI

American Iron and Steel Institute

美国钢铁学会

AIS-SART

(vessel's) AIS Search and Rescue Transponder

(船舶)自动识别系统搜救应答器

AIT

Autogenous ignition temperature

自燃温度

ALARP

As Low As Reasonably Practicable

在合理可行范围内将风险降到最低

AMPD

Average Most Probable Discharge

平均可能最大排放(美国防污染要求)

AMS

Alternate Management System

替代管理系统(USCG 对压载水管理系统所许可的)

AMSA

Australian Maritime Safety Authority

澳大利亚海事安全局

AMS GROUP

Amendments Group

修订小组

AMVER

Automated Merchant Vessel Reporting

商船自动报告(系统)

ANSI

American National Standard Institute

美国国家标准学会

ANTS

Automatic Navigation and Track-keeping System

自动航行和航迹保持系统

APHIS

Animal and Plant Health Inspection Service (of U. S. Department of Agriculture)

(美国农业部)动植物检疫服务中心

API

American Petroleum Institute

美国石油学会

ARE

Arab Republic of Egypt

阿拉伯埃及共和国(苏伊士运河航行规则)

ARPA

Automatic Radar Plotting Aids

自动雷达标绘仪

ARREST 1999

International Convention on the Arrest of Ships, 1999

1999 年国际扣船公约(UN/IMO,1999 年 3 月 12 日通过)

AS

Annual Survey

年度检验

ASEF

Asian Shipbuilding Experts' Forum

亚洲造船技术论坛

ASGD

Alarm Signal Generator Device

报警信号发生器

ASME

American Society of Mechanical Engineers

美国机械工程师学会

ASNE

American Society of Naval Engineers

美国造船工程师学会

ASTM

American Society for Testing and Materials

美国试验与材料学会

ATA

Automatic Tracking Aid

自动跟踪仪

ATS

Annual Through Survey

年度全面检验

AWES

Association of West European Shipbuilders

西欧造船商协会

AWS

American Welding Society

美国焊接协会

BAPT

Bundesamt fur Post und Telekommunikation (Federal Office for Post and Telecommunication)

(德国)邮政与电信管理局

BC Code

Code of Safe Practice for Solid Bulk Cargoes

固体散装货物安全操作规则

BCH Code

Code for the Construction and Equipment of Ships Carrying Dangerous Chemicals in Bulk

散装运输危险化学品船舶构造与设备规则

BDS

(Shipborne) BeiDou Satellite(Navigation System)

(船载)北斗卫星(导航系统)

BIMCO

Baltic & International Maritime Council

波罗的海国际海运公会

BIPAR

International Association on Producers of Insurance & Reinsurance

国际保险和再保险经纪人协会

BLG

Sub-Committee on Bulk-Liquids and Gases

(IMO)散装液体和气体分委会

BLU Code

Code of Practice for the Safe Loading and Unloading of Bulk Carriers

散货船装卸安全操作规则

BMEP

Brake Mean Effective Pressure

平均制动有效压力

BMP

Best Management Practices

最佳管理实践(经验)

BNWAS

Bridge Navigational Watch Alarm System

桥楼航行值班报警系统

BOA

Beam overall

(船舶)总宽

BOD

Biochemical Oxygen Demand

生化需氧量(生活污水排出物指标)

BOD_5

5-day Biochemical Oxygen Demand

5 天生化需氧量(生活污水排出物指标)

BP

Between perpendicular

垂线间

BS

British Standards

英国标准

BSH

Bundesamt fur See Schiffahrt und Hydrographic (Federal Maritime and Hydrographic Agency)

(德国)海事与水文管理局

BSI

British Standards Institute

英国标准学会

BUNKERS 2001

International Convention on Civil Liability for Bunker Oil Pollution Damage, 2001

2001 年国际燃油舱油污损害民事责任公约

BV

Bureau Veritas

法国船级社

BW

Ballast Water

压载水

BWDS

Ballast Water Discharge Standard

压载水排放标准

BWDS

Ballast Water Discharge Systems

压载水排放系统

BWM 2004

International Convention for the Control and Management of Ships' Ballast Water and Sediments, 2004

2004 年国际船舶压载水及沉积物控制和管理公约

BWMP

Ballast Water Management Plan

压载水管理计划

BWMS

Ballast Water Management Systems

压载水管理系统

BWMS

Bridge Watch Monitoring System

桥楼值班监测系统

BWRG

Review Group on Ballast Water Treatment Technologies

压载水处理技术审核组

BWWG

Ballast Water Working Group

压载水工作组

C

Council

理事会

CA

Controlled Atmosphere (systems)

受控大气(系统)

CAA

Collision Avoidance Aids

避碰助航装置

CAC

Crew Accommodation Comfort

船员起居舒适

CAD

Computer Aided Design

计算机辅助设计

CAE

Computer Aided Engineering

计算机辅助工程

CAI

Container Aid International

国际集装箱推广协会

CANSI

China Association of the National Shipbuilding Industry

中国船舶工业行业协会

CAP

Condition Assessment Program

状态评估计划

CAS

China Association for Standardization

中国标准化协会

CAS

Condition Assessment Scheme

状态评估计划

CBT

Clean Ballast Tanks

清洁压载舱

CC

Customer Code

客户代码

CC

IMO Chemical Code

IMO 化学品规则(IACS 统一解释)

CCC

Sub-Committee on Carriage of Cargoes and Containers

(IMO)货物和集装箱运输分委员会

CCIR

International Radio-Communication Consultative Committee

国际无线电通信咨询委员会

CCITT

Consultative Committee for International Telegraphy and Telephony

国际电报和电话咨询委员会

CCRP

Consistent common reference point

统一共同基准点

CCRS

Consistent common reference system

统一共同基准系统

CCS

China Classification Society

中国船级社

CCSDS

Consultative Committee for Space Data Systems

航天数据系统咨询委员会

CD

Committee Draft

(国际标准的)委员会文件

CDG

Carriage of Dangerous Goods

危险品运输

CDM

Clean Development Mechanism

无污染发展机制

CDMA

Code Division Multiple Access

码分多址【船载北斗卫星导航系统】

CDV

Committee Draft for Vote

(国际标准的)供投票的委员会文件

CE

Council of Europe

欧洲委员会

CEFIC

European Chemical Industry Council

欧洲化学工业委员会

CEN

Comite Europeen de Nomalisation (European Committee for Standardization)

欧洲标准化委员会

CENELEC

Comite Europeen de Nomalisation Electrotechnique (European Committee for Electrotechnical Standardization)

欧洲电工标准化委员会

CEO

Chief Executive Officer

首席执行官(执行总裁)

CES

Coast Earth Station

(卫星导航)沿岸地面站

CFR

Code of Federal Regulations

(美国)联邦政府法规

CGCS

China Geodetic Coordinate System

中国大地坐标系【船载北斗卫星导航系统】

CIE

International Commission of Illumination

国际照明委员会

CIMS

Calculator Integrated Manufacturing System

计算机集成制造系统

CIN

Craft Identification Number

艇的识别号

Circ.

Circulars

通函(国际海事组织文件)

CIRM

International Radio-Maritime Committee(Comité International Radio-Maritime)

国际无线电海事委员会

CISPR

International Special Committee on Radio-Interference

国际无线电干扰特别委员会

CLC 1969

International Convention on Civil Liability for Oil Pollution Damage, 1969

1969 年国际油污损害民事责任公约

CLC PROT 1992

Protocol to the International Convention on Civil Liability for Oil Pollution Damage,1969(1992)

1969 年国际油污损害民事责任公约 1992 年议定书

CLIA

Cruise Lines International Association

国际(定期航线)旅游船协会

CM

Construction Monitoring

建造监测

CMS

Continuous Machinery Survey

循环机械检验

CNG

Compressed Natural Gas

压缩天然气

CNIS

China National Institute of Standardization

中国标准化研究院

COC

Certificate of Compliance

符合证书

COD

Chemical Oxygen Demand

化学需氧量(生活污水排出物指标)

CODOG

Combined Diesel engines and/or Gas turbines (power plant)

柴油机和/或燃气轮机联合(动力)装置

COG

Course Over Ground

对地航向【船载北斗卫星导航系统】

COLREG

Interpretations of the COLREG

国际海上避碰规则的解释(IACS 统一解释)

COLREG 1972

Convention on the International Regulations for Preventing Collisions at Sea,1972

1972 年国际海上避碰规则公约

COMAH

Control of Major Accident Hazard

重大事故隐患监控

COMSAR

Sub-Committee on Radio communications and Search and Rescue

(IMO)无线电通信与搜救分委会

COMSAT

Communication Satellite Corporation

(美国)通信卫星公司

COSPAS

Cosmicheskaya Sistyema Poiska Avariynich Sudov (Space System for the Search of Vessels in Distress)

(国际)搜寻遇险船舶的空间系统【COSPAS 由俄语缩写】

COSPAS-SARSAT

COSPAS-Search and Rescue Satellite

(国际)搜救卫星搜寻遇险船舶的空间系统【又译成“国际低极轨道搜救卫星系统”,International Low-Orbit Search and Rescue Satellite Systems】

【注:COSPAS-SARSAT 是由加拿大、法国、美国和苏联联合开发的全球性卫星搜救系统,它是国际海事卫星组织推行的全球海上遇险与安全系统的重要组成部分。该系统使用低极轨道卫星为全球包括极区在内的海上、陆上和空中提供遇险报警及定位服务,以使遇险者得到及时有效的救助。】

COT

Crude Oil Tank

原油舱

COTP

Captain of the Port (USCG)

(美国海岸警卫队)港区司令官

COW,COWS

Crude Oil Washing System

原油洗舱系统

CPA

Closest Point of Approach

最接近的目标点

CPI

Permanent International & European Commission of Industrial Gases & Calcium Carbide

工业瓦斯和电石国际及欧洲常设委员会

CPP

Controllable Pitch Propeller

可调螺距螺旋桨(调距桨)

CPPS

Permanent Commission for the South Pacific

南太平洋常设委员会

CPS

Coating Performance Standard

涂层性能标准

CRCH

Carriage of Refrigerated Containers in Holds

货舱内装运冷藏集装箱

CRS

Coast Radio Station

海岸无线电台

CRS

Croatian Register of Shipping

克罗地亚船级社

CSA

Canadian Standards Association

加拿大标准协会

CSC 1972

International Convention for Safe Containers,1972

1972 年国际安全集装箱公约

CSM

Cargo Securing Manual

货物系固手册

CSO

Company Security Officer

公司保安官员

CSQS

China Shipbuilding Quality Standard

中国造船质量标准

CSR

Common Structural Rules

(IACS)共同(结构)规范

CSR

Continuous Synopsis Record

连续概要记录

CSR (CSO)

Continuous Service Rating (of engine)

(主机)连续服务功率

CSS Code

Code of Safe Practice for Cargo Stowage and Securing

货物堆装和系固安全操作规则

CSSN

China Standards Service Net

中国标准服务网

CSTDMA

Carrier-Sense Time Division Multiple Access(techniques)

载波侦听时间分割的多路存取(技术)

CTF

Coating Technical File

涂装技术文件

CTU

Cargo Transport Units

货物运输单元

CWA

Clean Water Act

(美国)清洁水法

CWT

Cooling Water Tank

冷却水舱

DAP

Detail Assembly Procedure

详细组合要令

DASR

Document of Authorization to undertake Ship Recycling

拆船厂授权书

DBMS

Data Base Management System

数据库管理系统

DCBT

Dedicated Clean Ballast Tanks

专用清洁压载舱

DCE

Dangerous Cargo Endorsements

危险货物背书

DE

Sub-Committee on Ship Design & Equipment

(IMO)船舶设计和设备分委会

DFDE

Dual-Fuel Diesel Engine (Electric Propulsion system)

双燃料柴油机(电气推进系统)

DFEP

Dual-Fuel Electric Propulsion

双燃料电力推进

DFT

Dry Film Thickness

干膜厚度

DG

Dangerous Goods

危险品

DGLONASS

Differential Global Navigation Satellite Systems

差分全球导航卫星系统

DGPS

Differential Global Positioning System

差分全球定位系统

DHI

Deutsches Hydrographisches Institut

德国水文研究所

DHS

Department of Homeland Security

(美国)国土安全部

DIN

Deutsche Industrie Normen

德国工业标准

DIP

Dust-ignition-proof

防粉尘点燃

DIS

Draft Information System

吃水信息系统

DIS

Draft International Standard

国际标准草案

DLA

Dynamic Loading Analysis

动态载荷分析

DLA

Dynamic Loading Approach

动态载荷分析法

DMA

Danish Maritime Authority

丹麦海事局

DMLC

Declaration Maritime Labour Compliance

海事劳工符合声明

DMC

Distress Message Controller

遇险信息控制器

DMG

Distress Message Generator

遇险信息发生器

DNV

Det Norske Veritas

挪威船级社

DNV-GL

Det Norske Veritas-Germanischer Lloyd

挪威船级社-德意志劳埃德船级社

DO

Diesel Oil

柴油

DoC

Document of Compliance

符合声明(拆船公约“有害物质清单编制指南”要求提供)

DOS

Declaration of Security

保安公告

DOT

Department of Trade

(英国)贸易部

DOT

Department of Transportation

(美国)运输部

DP (DPS)

Dynamic Positioning System

动力定位(系统)

DSC

Digital Selective Calling

数字选择性呼叫

DSC

Direct Self-Control

直接自控制

DSC

Sub-Committee on The Carriage of Dangerous Goods Solid Cargoes and Containers

(IMO)危险品、固体货物和集装箱运输分委会

DSC Code

Code of Safety for Dynamically Supported Craft

动力支承艇安全规则

DTC

Direct Torque Control

直接力矩控制

DTI

Department of Trade and Industry

(英国)贸易工业部

DWT

Deadweight tons

载重吨

EAL

Environmentally Acceptable Lubricants

环保(可接受的)润滑油【美国环保署(EPA)船舶通用许可(Final 2013 VGP)要求】

EC

Electronic Chart

电子海图

EC

The European Community

欧洲共同体

ECA

Emission Control Area

排放控制区

ECDB

Electronic Chart Data Base

电子海图数据库

ECDE

Electronic Chart Display Equipment

电子海图显示设备

ECDIS

Electronic Chart Display and Information Systems

电子海图显示和信息系统

ECE

Economic Commission for Europe

欧洲经济委员会

ECMC

European Container Manufacturers' Committee

欧洲集装箱制造商委员会

ECOR

Engineering Committee on Oceanic Resources

海洋资源工程委员会

ECS

Electronic Chart System

电子海图系统

EDCS

Electronic Data Collection System

电子数据收集系统

EEBD

Emergency Escape Breathing Device

紧急脱险呼吸装置

EEC

The European Economic Community

欧洲经济共同体

EEDI

Energy Efficiency Design Index

能效设计指数

EEEC

Commission of the European (Economic) Communities

欧洲(经济)共同体委员会

EEOI

Energy Efficiency Operational Index

能效运行指数

EES

Emergency Equipment Signs

应急设备标志(IMO 大会决议 A.1116(30) 脱险通道标志和设备位置标记 2017 年 12 月 5 日)

EEZ

The Exclusive Economic Zone

专属经济区

EGC

Enhanced Group Call

增强群呼

EGC

Exhaust Gas Cleaning (systems)

废气清洗(系统)

EGC Code

Code for Existing Ships Carrying Liquefied Gases in Bulk

现有的散装运输液化气船舶规则

EGR

Exhaust Gas Recirculation

废气再循环

EIA

Electronic Industries Association

(美国)电子工业协会

EIAPP

Engine International Air Pollution Prevention Certificates

发动机国际防止空气污染证书

ELT

Emergency Location Transmitter

应急位置发信机

EMC

Electromagnetic Compatibility

电磁兼容性

EMK

Emergency Medical Kit / bag

全套应急医疗用具

EmS

Emergency Procedures for Ships Carrying Dangerous Goods

运输危险货物船舶的应急程序

EMS

Environment Management System

环境管理体系

EMSA

European Maritime Safety Authority

欧洲海事安全局

EN

Equipment Number

舾装数

EN

Europeen Normalisation (European Standards)

欧洲标准

ENC

Electronic Navigational Chart 或 Electronic Nautical Chart

电子海图

E & P Forum

Oil Industry International Exploration and Production Forum

石油工业国际勘探和生产论坛

EP

Environmental Protection

环境保护

EPA

Environmental Protection Agency

(美国)环境保护署(环保署)

EPA

Electronic Plotting Aid

电子标绘仪

EPIRB

Emergency Position Indicating Radio Beacon

应急无线电示位标

ERS

Emergency Release System

应急解除系统

ERS

Emergency Response Service

应急响应服务

ES

Enhanced Scantlings

增强的构件尺寸

ES

Environmental Safety

环境安全

ESA

European Space Agency

欧洲空间机构

ESD

Emergency Shutdown

应急切断

ESM

Environmental Sound Management

环境无害化管理

ESN

Enhanced Survivability Notation

加强残存能力标志

ESP

Enhanced Survey Program

强化检验方案

ESP Code 2011

International Code on Enhanced Programme of Inspections during Surveys of Bulk Carriers and Oil Tankers, 2011

2011 年国际散货船和油船检验期间的强化检查方案规则

ESPH

Evaluation of Safety and Pollution Hazards of Chemicals

化学品安全和污染危害评估

ETA

Emergency Towing Arrangements

应急拖带装置

ETA

Estimated Time of Arrival

预计到达时间

ETA

European Tug owners Association

欧洲拖船船东协会

ETAS

Emergency Technical Assistance Service

应急技术支持服务

ETB

Emergency Towing Book

应急拖带手册

ETD

Embedded Temperature Detectors

埋入式温度检测器

ETS

European Telecommunication Standards

欧洲电信标准

ETSI

European Telecommunication Standards Institute

欧洲电信标准学会

ETV

Environmental Technology Verification (Program) (BWMS)

环境技术验证(方案)(压载水管理系统)

EU

The European Union

欧洲联盟

EUROSPACE

European Industrial Space Study Group

欧洲工业空间研究组

EVTMS

Enhanced Vessel Traffic Management System

增强的船舶通航管理系统

FAL

Facilitation committee

(IMO)便利运输委员会(便运会)

FAL 1965

Convention on Facilitation of International Maritime Traffic, 1965

1965 年国际便利海上运输公约

FAO

Food & Agricultural Organization of The United Nations

联合国粮农组织

FCC

Fully Cellular Containership

全箱格导轨式集装箱船(苏伊士运河航行规则 2015 年 8 月版)

FDA

Fatigue Design Assessment

疲劳设计评估

FDIS

Final Draft International Standard

最终国际标准草案

FE

Finite Element

有限元

FEA

Finite Element Analysis

有限元分析

FEC

Forward Error Correction

向前纠错

FES

Fire-fighting Equipment Signs

防火设备标志(IMO 大会决议 A.1116(30) 脱险通道标志和设备位置标记 2017 年 12 月 5 日)

FL

Fatigue Life

疲劳寿命

FL

Filling limit

充装极限(IMO 的 IGF Code 中采用)

FMC

Federal Marine Commission

(美国)联邦海事委员会

FMEA

Failure Mode and Effect Analysis

故障模式和影响分析

FMECA

Failure Mode, Effect and Criticality Analysis

故障模式、影响和危害度分析

FMS

Fleet Management System

船队管理系统

FMSN

Fleet Management System Network

船队管理系统网络

FOE

Friends of the Earth International

国际地球之友

FOI

Floating Offshore Installation

浮式近海装置

FOV

Field of Vision

视野

FP

Sub-Committee on Fire Protection

(IMO)防火分委员会

FPD

Fall Prevention Devices

防跌落装置(救生艇钩)

FPP

Fixed Pitch Propeller

定螺距螺旋桨(定距桨)

FPSO

Floating Production, Storage and Offloading Facilities

浮式生产储(存和卸)油船(装置)

FPU

Floating Production Unit

浮式生产装置

FR

Federal Register

(美国)联邦法规登记

FSA

Formal Safety Assessment

综合安全评估

FSC

Flag State Control

船旗国控制

FSI

Sub-Committee on Flag State Implementation

(IMO)船旗国管理分委会

FSICR

Finnish-Swedish Ice-Class Rules

芬兰—瑞典冰级规范

FSS

Future Ship Safety

未来船舶安全

FSS Code

International Code for Fire Safety Systems

国际消防安全系统规则

FSU

Floating Storage Units

浮式储油装置

FTA

Failure Tree Analysis

故障树分析

FTP

Fire Test Procedures

耐火试验程序(IACS 统一解释)

FTP

Fuel Tank Protection

燃油舱保护

FTP Code

International Code for Application of Fire Test Procedures

国际实施耐火试验程序规则

FTVEB

Foreign Tank Vessel Exam Book

外国液货船检查手册(USCG 检查人员在港口国控制检查中使用)

FUND 1971

International Convention on the Establishment of an International Fund for Compensation for Oil Pollution Damage,1971

1971 年设立国际油污损害赔偿基金公约

FUND PROT 1992

Protocol to the International Convention on the Establishment of an International Fund for Compensation for Oil Pollution Damage, 1971(1992)

1971 年设立国际油污损害赔偿基金公约 1992 年议定书

FW

Fresh Water

淡水

FWBLAFFS

Fixed Water-Based Local Application Fire-Fighting System

固定式水基局部使用灭火系统

Fwd.

Forward

在船首(首部的、前面的、向前)

GAS

Grounding Avoidance System

避免搁浅系统

GATT

General Agreement on Tariffs & Trade

关税及贸易总协定(关贸总协定)

GBS

Goal-Based (new ship construction) Standards

目标型（新船建造）标准

GC

Liquefied Gases in Bulk

散装液化气（IACS 统一解释）

GC Code

Code for the Construction and Equipment of Ships Carrying Liquefied Gases in Bulk

散装运输液化气船舶构造与设备规则

GCU

Gas Combustion Unit

燃气燃烧装置

GEMS

Global Environmental Monitoring System

全球环境监测系统

GEO

Geosynchronous Earth Orbit（satellites）

地球同步轨道（卫星）【船载北斗卫星导航系统】

GESAMP

Joint Group of Experts on the Scientific Aspects of Marine Pollution

海洋污染科学问题联合专家组

GESAMP-BWWG

Joint Group of Experts on the Scientific Aspects of Marine Pollution-Ballast Water Working Group

海洋污染科学问题联合专家组-压载水工作组

GF

Interpretations of the IGF Code

国际使用燃气或其他低闪点燃料船舶安全规则的解释（IACS 统一解释）

GHG

Green House Gas

温室气体

GIE

Group of Independent Experts

独立专家组

GISIS

Global Integrated Shipping Information System

全球综合航运信息系统

GL

Germanischer Lloyd

德意志劳埃德船级社

GLONASS

Global Navigation Satellite Systems

全球导航卫星系统（俄罗斯的格洛纳斯卫星导航系统）

GMDSS

Global Maritime Distress and Safety System

全球海上遇险与安全系统

GNSS

Global Navigation Satellite System

全球导航卫星系统

GPR

Green Passport for Recycling

绿色拆船护照

GPS

Global Positioning System

全球定位系统

Grain Code

International Code for the Safe Carriage of Grain in Bulk

国际安全散装运输谷物规则

GRT

Gross Registered Tons

总登记吨

GSM

Global System for Mobile

全球移动电话系统

GWC

Grey Water Control

灰水控制

HACCP

Hazard Analysis and Critical Control Point

危害分析和关键点控制

HARDER

Harmonization of Rules and Design Rational

规范与合理设计的协调

HCM

Hull Condition Monitoring

船体状态监测

HCS

Heading Control System

(船舶)首向控制系统

HCSR

Harmonized Common Structural Rules

(IACS)协调版共同(结构)规范

HEAP

Human Element Analysing Process (Formal Safety Assessment)

人的因素分析程序(综合安全评估)

HFO

Heavy Fuel Oil

重燃油

HFTG

Human Factors Task Group

人类因素任务组

HGO

Heavy Grade Oil

重质油

HME

Harmful to the Marine Environment(substance)

对海洋环境有害物质

HMI

Human machine interface

人机界面

HMIS

Hazardous Material Information System

有害材料信息系统

HNS Convention 1996

International Convention on Liability and Compensation for Damage in Connection with the Carriage of Hazardous and Noxious Substances by Sea,1996

1996 年与有害和有毒物质海上载运有关的破损的责任和赔偿的国际公约

HNS Convention 2010

International Convention on Liability and Compensation for Damage in Connection with the Carriage of Hazardous and Noxious Substances by Sea,2010

2010 年与有害和有毒物质海上载运有关的破损的责任和赔偿的国际公约

HNS-OPRC 2000

Protocol on Preparedness, Response and Co-operation to pollution Incidents by Hazardous and Noxious Substances, 2000

2000 年由有害和有毒物质引起的污染事件的准备、响应和合作的议定书

HNS Protocol

Protocol on Preparedness, Response and Co-operation to pollution Incidents by Hazardous and Noxious Substances, 2000

2000 年由有害和有毒物质引起的污染事件的准备、响应和合作的议定书

HONG KONG SRC 2009

Hong Kong International Convention for the Safe and Environmentally Sound Recycling of Ships,2009

2009 年香港国际安全与环境无害化拆船公约

HPMS

Hull Planned Maintenance Scheme

船体计划维修制

HS

Hazardous Substances

有害物质

HSC

High-Speed Craft Code

高速船规则(IACS 统一解释)

HSC Code

International Code of Safety for High-Speed Craft

国际高速船安全规则

HSS

Hull Surveillance Systems

船体监视系统

HSSC

Harmonized System of Survey and Certification

检验和发证协调体系

HTSM

High Temperature Superconductor Motor

高温超导同步电动机

HTW

Sub-Committee on Human Element, Training and Watchkeeping

(IMO)人为因素、培训和值班分委员会

HVAC

Heating, Ventilation and Air Conditioning (system)

取暖、通风和空调(系统)

HVSC

High Voltage Shore Connection(Systems)

高压岸电连接(系统)

HVSCS

High Voltage Shore Connection Systems

高压岸电连接系统

HW

High Water

高潮

IACS

International Association of Classification Societies

国际船级社协会

IADC

International Association of Drilling Contractors

国际钻井承包商协会

IAEA

International Atomic Energy Agency

国际原子能机构

IAIN

International Association of Institutes of Navigation

国际航海学会协会

IALA

International Association of Lighthouse Authorities

国际灯塔主管机关协会

IAMSAR manual

International Aeronautical and Maritime Search And Rescue Manual

国际航空与航海搜救手册

IAPH

International Association of Ports and Harbors

国际港口协会

IAPP

International Air Pollution Prevention (Certificate)

国际防止空气污染（证书）

IAPRI

International Association of Packing Research Institutes

包装研究学会国际协会

IATA

International Air Transport Association

国际航空运输协会

IBC

Intermediate Bulk Container

中间散装容器

IBC Code

International Code for the Construction and Equipment of Ships Carrying Dangerous Chemicals in Bulk

国际散装运输危险化学品船舶构造与设备规则(国际散化规则)

IBRD

International Bank for Reconstruction & Development

国际复兴开发银行

IBS

Integrated Bridge System

综合桥楼系统

IBTS

Integrated Bilge Water Treatment Systems

综合舱底水处理系统

ICAO

International Civil Aviation Organization

国际民航组织

ICC

Integrated Computer Control

综合计算机控制

ICC

International Chamber of Commerce

国际商会

ICEM

Inter-Governmental Committee for European Migration

政府间欧洲移民委员会

ICFTU

International Confederation of Free Trade Unions

国际自由工会联合会

ICHCA

International Cargo Handling Coordination Association

国际货物装卸协调协会

ICIHM

International Certificate on Inventory of Hazardous Materials

国际有害物质清单证书(拆船公约"有害物质清单编制指南"要求提供)

ICMA

International Christian Maritime Association

国际基督徒海事协会

ICOMIA

International Council of Marine Industry Associations

国际船舶工业协会理事会

ICS

Integrated Communication System

综合通信系统

ICS

International Chamber of Shipping Limited

国际航运公会

IDA

International Development Association

国际开发协会

IDC

International LRIT Data Center

国际(远程识别与跟踪)数据中心

IDE

International LRIT Data Exchange

国际(远程识别与跟踪)数据交换

IEC

International Electrotechnical Commission

国际电工委员会

IEE

International Energy Efficiency(Certificate)

国际能效(证书)

IEEE

Institute of Electrical and Electronics Engineers

(美国)电气与电子工程师学会

IEP

Integrated Electric Propulsion(System)

综合电力推进(系统)

IES

Illuminating Engineering Society

(美国)照明工程协会

IEV

International Electro-technical Vocabulary

国际电工词汇

IFAC

International Federation of Automatic Control

国际自动控制联合会

IFAN

International Federation of Standard Users

国际标准用户联盟

IFC

International Finance Corporation

国际金融公司

IFC

Republic of Singapore Navy Information Fusion Center

新加坡海军情报中心

IFEP

Integrated Full Electric Propulsion(System)

综合全电力推进(系统)

IFP

Integrated Fire Protection (System)

综合防火(系统)

IFSMA

International Federation of Shipmasters' Associations

国际船长协会联合会

IGBT

Insulated Gate Bipolar Transistor

绝缘栅双极晶体管

IGC Code

International Code for the Construction and Equipment of Ships Carrying Liquefied Gases in Bulk

国际散装运输液化气船舶构造与设备规则

IGCT

Integrated Gate Commutated Thyristors

集成门极换流晶闸管

IGF Code

International Code of Safety for Ships using Gases or other Low-flashpoint Fuels

国际使用燃气或其他低闪点燃料船舶安全规则

IGS

Inert Gas System

惰性气体系统

IGSO

Inclined Geosynchronous Satellite Orbit

倾斜地球同步轨道(卫星)【船载北斗卫星导航系统】

IGU

International Gas Union

国际天然气联合会

IHM

Inventory of Hazardous Materials

有害物质清单

IHO

International Hydrographic Organization

国际航道组织

IICL

Institute of International Container Lessors

国际集装箱出租商协会

III

Sub-Committee on Implementation of IMO Instruments

IMO 文件实施分委员会

III Code

IMO Instruments Implementation Code

IMO 文件实施规则

IIR

International Institute of Refrigeration

国际制冷学会

IIWG

Inter-Industry Working Group

工业间工作组

ILA

International Law Association

国际法律协会

ILAMA

International Lifesaving Appliance Manufacturers' Association

国际救生设备制造商协会

ILLC

International Convention on Load Lines

国际载重线公约

ILO

International Labour Organization

国际劳工组织

IMB

International Maritime Bureau

国际海事局

IMC

International Maritime Committee

国际海事委员会

IMCA

International Maritime Contractors Association

国际海事承包商协会

IMCO

Inter-Governmental Maritime Consultative Organization

政府间海事协商组织

IMCO CONVENTION

Convention on the Inter-Governmental Maritime Consultative Organization

政府间海事协商组织公约

IMDG Code

International Maritime Dangerous Goods Code

国际海运危险货物规则

IMEC

International Marine Equipment Committee

国际船用设备委员会

IMF

International Monetary Fund

国际货币基金组织

IMLI

International Maritime Law Institute

国际海事法律学院(IMO 决议 A. 1129(30) 世界海事大学和国际海事法律学院学生访问 IMO 总部,2017 年 12 月 6 日通过)

IMO

International Maritime Organization

国际海事组织

IMO CONVENTION

Convention on the International Maritime Organization

国际海事组织公约

IMOSAR Manual

IMO Search and Rescue Manual

国际海事组织搜索与营救手册

IMPA

International Maritime Pilot's Association

国际海上引水员协会

IMS

Integrated Management System

综合管理体系

IMSBC Code

International Maritime Solid Bulk Cargoes Code

国际海运固体散装货物规则

IMSO

International Mobile Satellite Organization

国际移动卫星组织

IMSO C 1976

Convention on the International Maritime Satellite Organization,1976

1976 年国际海事卫星组织公约?

INEC

International Marine Equipment Committee

国际船用设备委员会

INF

Irradiated Nuclear Fuel

辐射性核燃料

INF Code

International Code for the Safe Carriage of Packaged Irradiated Nuclear Fuel,plutonium and High-Level Radioactive Wastes in Flasks on board Ships

国际船舶安全装运密封装辐射性核燃料、钚和强放射性废料规则

INMARSAT

International Maritime Satellite Organization

国际海事卫星组织

INMARSAT 1976

Convention on the International Maritime Satellite Organization, 1976

1976 年国际海事卫星组织公约

INMARSAT OPERATING AGREEMENT

Operating Agreement on the International Maritime Satellite Organization

国际海事卫星组织使用协定

INS

Integrated Navigation System

综合航行系统

INSA

International Shipowners Association

国际船东协会

INTERCARGO

International Association of Dry Cargo Shipowners

国际干货船船东协会

INTERTANKO

International Association of Independent Tanker Owners

国际独立油船船东协会

INTERVENTION 1969

International Convention Relating to Intervention on the High Seas in Cases of Oil Pollution Casualties, 1969

1969 年国际干预公海油污事件公约

INTERVENTION PROT 1973

Protocol Relating to Intervention on the High Seas in Cases of Marine Pollution by Substances other than Oil, 1973

1973 年干预公海非油类物质污染议定书

IOPC Fund

International Oil Pollution Compensation Fund

国际油污赔偿基金

IOPP

International Oil Pollution Prevention Certificate

国际防油污证书

IP

Institute of Petroleum

(英国)石油学会(标准)

IP

Intellectual Property

知识产权

IPCEA

Insulated Power Cable Engineer Association

(美国)绝缘电力电缆工程师协会

IPPIC

International Paint and Printing Ink Council

国际油漆和印刷油墨理事会(用于控制船舶有害防污底系统,Control of Harmful Anti-Fouling Systems on Ships, AFS)

IPS

Integrated Propulsion System

综合推进系统

IRCS

Integrated Radio Communication System

综合无线电通信系统

IRNSS

Indian Regional Navigation Satellite System

印度区域导航卫星系统【船载北斗卫星导航系统中涉及的区域性导航系统】

IRRC

International Ready for Recycling Certificate

国际适合拆船证书

IRS

Indian Register of Shipping

印度船级社

IS

Intermediate Survey

中间检验

ISA

Instrument Society of American

美国仪表协会

IS Code

Code on Intact Stability for All Types of Ships Covered by IMO Instruments (Intact Stability Code)

国际海事组织文件中所有类型船舶的完整稳性规则(完整稳性规则)

IS Code 2008

International Code on Intact Stability,2008

2008 年国际完整稳性规则

ISCOS

Inter-Governmental Standing Committee on Shipping

政府间航运常设委员会

ISF

International Shipping Federation Limited

国际航运联合会

ISGOTT

International Safety Guide for Oil Tankers & Terminals

国际油船与码头安全指南

ISM

International Safety Management

国际安全管理

ISMA

International Superphosphate Manufacturers' Association Limited

国际过磷酸盐制造商协会

ISM Code

International Management Code for the Safe Operation of Ships and for Pollution Prevention

国际船舶安全营运和防污染管理规则

ISM Code

International Safety Management Code

国际安全管理规则

ISMS

Information Security Management Systems(Ship Construction File)

信息保安管理体系(船舶建造档案)

ISO

International Organization for Standardization

国际标准化组织

ISPP Certificate

International Sewage Pollution Prevention Certificate

国际防止生活污水污染证书

ISPS

International Ship and Port Facility Security Certificate

国际船舶和港口设施保安证书

ISPS Code

International Ship and Port Facility Security Code

国际船舶和港口设施保安规则

ISSC

International Ship Security Certificate

国际船舶保安证书

ISSETA

Inflatable Safety & Survival Equipment Trade Association

气胀式安全与救生设备贸易协会

ISU

International Salvage Union

国际海难救助联合会

ITB

Integrated Tug-Barge combination

推-驳组合体(巴拿马运河作业部 N-1-2018 航运通告)

ITRF

International Terrestrial Reference Frame (System)

国际地球参考框架(系统)【船载北斗卫星导航系统】

ITU

International Telecommunication Union

国际电信联盟

IUMI

International Union of Marine Insurance

国际海上保险联盟

IWS

In-water Survey

水中检验

JBP

Joint Bulker Project

(IACS) 散货船联合项目组

JIS

Japanese Industrial Standards

日本工业标准

JMS

Japan Marine Standards

日本船舶标准

JMSA

Japan Marine Standards Association

日本船舶标准协会

JSA

Japanese Standards Association

日本标准协会

JTC 1

Joint Technical Committee 1(Joint Technical Committee for Information Technology)

(ISO/IEC)第1联合技术委员会(信息技术联合技术委员会)

JTP

Joint Tanker Project

(IACS)油船联合项目组

JWG

Joint MSC/MEPC Working Group

MSC/MEPC(海上安全委员会/海上环境保护委员会)联合工作组

KR

Korean Register of Shipping

韩国船级社

KS

Korean Standards

韩国标准

LAN

Local Area Network

局域网

LAS

League of Arab States

阿拉伯国家联盟

LASA

Latin American Ship owners' Association

拉丁美洲船东协会

Lat

Latitude

纬度

LCC

Large Crude Oil Carrier

大型(原)油船

LC 1972

Convention on the Prevention of Marine Pollution by Dumping of Wastes & Other Matters, 1972

1972年防止倾倒废弃物及其他物质污染海洋公约

LDC 1972

Convention on the Prevention of Marine Pollution by Dumping of Wastes & Other Matters, 1972

1972年防止倾倒废弃物及其他物质污染海洋公约

LEG

Legal Committee

(IMO)法律委员会(法委会)

LEL

Lower explosion limit

爆炸下限

LHNS Guidelines

Guidelines for the transport and handling of Limited amounts of Hazardous and Noxious liquid Substances in bulk on offshore support vessels

近海供应船散装有限数量有害和有毒液体物质的运输和装卸指南

LITP

Land-based Information Technology Platform

陆基信息技术平台

LL

Loading limit

加注极限(IMO 的 IGF Code 中采用)

LL

Load Line Convention

载重线公约(IACS 统一解释)

LL

International Load Lines Certificate

国际载重线证书

LL 1966

International Convention on Load Lines,1966

1966 年国际载重线公约

LLL

Low Location Lighting

低位照明

LLMC1976

Convention on Limitation of Liability for Maritime Claims,1976

1976 年海事索赔责任限制公约

LL PROT 1988

Protocol of 1988 Relating to the International Convention on Load Lines, 1966

1966 年国际载重线公约 1988 年议定书

LNG

Liquefied Natural Gas

液化天然气

LOA

Length Overall

总长

Long

Longitude

经度

LPG

Liquefied Petroleum Gas

液化石油气

LR

Lloyd's Register of Shipping

(英国)劳氏船级社

LRQA

Lloyd's Register Quality Assurance Limited

(英国)劳氏质量认证有限公司

LRIT

Long-Range Identification and Tracking (for Ships)

(船舶)远程识别与跟踪

LSA

Life-Saving Appliance

救生设备

LSA Code

International Life-Saving Appliance Code

国际救生设备规则

LSS

Life-Saving Systems and appliances signs

救生系统和设备标志(IMO 大会决议 A.1116(30) 脱险通道标志和设备位置标记 2017 年 12 月 5 日)

LSW

Loudspeaker Watch Receiver

带扬声器的值班接收机

LTE

Low Temperature Environments

低温环境

LUT

Local User Terminal

本地用户终端

LVSC

Low Voltage Shore Connection(Systems)

低压岸电连接(系统)

LW

Low Water

低潮

MARPOL 1973

International Convention for the Prevention of Pollution from Ships,1973

1973 年国际防止船舶造成污染公约

MARPOL 73/78

International Convention for the Prevention of Pollution from Ships,1973, as a modified by the Protocol of 1978 relating thereto

经 1978 年议定书修正的 1973 年国际防止船舶造成污染公约

MARVS

Maximum Allowable Relief Valve Setting

最大容许的溢流阀设定值(IMO 的 IGF Code 中采用)

MAS

Mandatory Annual Survey

强制年度检验

MAS

Maritime Assistance Services

海事援助服务

MAWP

Maximum Allowable Working Pressure

最大容许的工作压力(指系统部件或气罐,IMO 的 IGF Code 中采用)

MBMs

Market-Based Measures

市场机制措施(温室气体减排)

MCAP

Condition Assessment Program of Machinery

机械状态评估程序

MCC

Mission Control Center

执行控制中心

MCM

Machinery Condition Monitoring

机械状态监测

MCR

Maximum Continuous Rating (of engine)

(主机)最大持续定额

MD

(Hong Kong) Marine Department

(香港)海事处

MD

Material Document

材料声明(拆船公约“有害物质清单编制指南”要求由设备、部件和材料供应商提供)

MDCS

Mobile Data Collection System

移动数据收集系统

MEIC

Most easily ignited concentration

最易点燃浓度

MEO

Medium-Earth Orbit (satellites)

中地球轨道(卫星)【船载北斗卫星导航系统】

MEPC

Maritime Environment Protection Committee

(IMO)海上环境保护委员会(环保会)

MERSAR Manual

Merchant Ship Search and Rescue Manual

商船搜寻与救助手册

MES

Means of Escape Signs

脱险设施标志(IMO 大会决议 A.1116(30) 脱险通道标志和设备位置标记 2017 年 12 月 5 日)

MFAG

Medical First Aid Guide

急救指南

MFAG

Medical First Aid Guide for Use in Accidents Involving Dangerous Goods

涉及危险货物的事故中采用的急救指南

MHB

Materials Hazardous only in Bulk

仅在散装时有危害的物质(如散装运输会有危险,要求采取特殊措施的物质)

MHD

Magneto hydrodynamic Drive

磁流体推进器

MIC

Minimum ignition current

最小点燃电流

MIE

Minimum ignition energy

最小点燃能量

MIL

Military Specifications and Standards

(美国)军用规格和标准

MIL-SPEC

Military Specifications

(美国)军用规格

MIL-STD

Military Standards

(美国)军用标准

MKD

Minimum Keyboard Display

最小键盘显示(2017 年 7 月 1 日的圣劳伦斯航道规则 33CFR401 的 § 401.20 “自动识别系统”)

MLC

Maritime Labour Certificate

海事劳工证书

MLC 2006

Maritime Labour Convention, 2006

2006 年海事劳工公约

MM

Marine Marchande

(法国)海运局

MODU

Interpretations of the Mobile Offshore Drilling Units (MODU)

海上移动式钻井平台的解释(IACS 统一解释)

MODU Code

Code for the Construction and Equipment of mobile Offshore Drilling Units

海上移动式钻井平台构造和设备规则

MODU Code 2009

Code for the Construction and Equipment of Mobile Offshore Drilling Units, 2009

2009 年海上移动式钻井平台构造和设备规则

MOU

Mobile Offshore Units

海上移动式平台

MPC

MARPOL Convention

国际防止船舶造成污染公约(IACS 统一解释)

MPMS

Machinery Planned Maintenance Scheme

机械计划维修制

MRCC

Maritime Rescue Co-ordination Center

海事救援协调中心

MROPC

Maritime Regulations for the Operation of the Panama Canal

巴拿马运河海事操作规则

MSA China

Maritime Safety Administration China

中国海事局

MSC

Maritime Safety Committee

(IMO)海上安全委员会(海安会)

MSCHOA

Maritime Security Center Hom of Africa

非洲海角海事保安中心

MSDS

Material safety data sheets

材料安全数据单

MSI

Maritime Safety Information

海上安全信息

MSML

Maritime Safety Markup Language

海上安全标记语言

MSP3

3 rd Maritime Safety Package

(欧洲联盟)第三套海上安全一揽子措施

MTIS

Marine Terminal Information System

海上码头信息系统

NANPCA

The Non-indigenous Aquatic Nuisance Prevention and Control Act of 1990

(美国)1990 年防止和控制外来水生物污染法令

NARA

National Archives and Records Administration

(美国)国家档案与资料管理局

NATO

North Atlantic Treaty Organization

北大西洋公约组织

NAV

Sub-Committee on Safety of Navigation

(IMO)航行安全分委会

NAVAREA

Navigational Area

航行海区

NAVSEA

Naval Sea Systems Command

(美国)海军海上系统指挥部

NAVTEX

Navigation Telex

航行电传(航行气象告警电传接收机)

NBDP

Narrow Band Direct Printing

窄带直接印字报

NBFM

Narrow Band Frequency Modulation

窄带频率调制

NCS

Network Coordination Station

网络协调站

NCSR

Sub-Committee on Navigation, Communications and Search and Rescue

(IMO)航行、通信与搜救分委员会

NDFT

Nominal Dry Film Thickness (Coating)

(涂层)名义干膜厚度

NDT

Non-Destructive Test

无损检测

NEC

National Electrical Code

(美国)国家电气法规

NEC

NOx Emission Control

氮氧化物排放控制

NECA

NOx Emission Control Area

氮氧化物排放控制区

NEMA

National Electrical Manufacturers Association

(美国)国家电气制造商协会

NF

Normes Francaise

法国标准

NFPA

National Fire Protection Association

(美国)国家防火协会

NGHP

Natural Gas Hydrate Pellets

天然气水合物

NGHP carriers

Natural Gas Hydrate Pellets carriers

天然气水合物运输船

NIBS

Navigational Integrated Bridge System

航行的综合桥楼系统

NISA

National Invasive Species Act of 1996

（美国）1996 年国家有害入侵物种法

NISO

National Information Standards Organization

（美国）国家信息标准组织

NK

Nippon Kaiji Kyokai

日本海事协会

NLS

Noxious Liquid Substances

有毒液体物质

NLS Certificate

International Pollution Prevention Certificate for Carriage of Noxious Liquid Substances in Bulk

国际防止散装运输有毒液体物质污染证书

NMD

Norwegian Maritime Directorate

挪威海事管理局

NMEA

National Marine Electronics Association

（美国）国家航海电子协会

Noise Levels

Code on Noise Levels on Board Ships

船上噪声级规则

NOS

Network Operation System

网络操作系统

NOx

Nitrogen Oxides

氮氧化物

NP

New Work Item Proposal

（国际标准的）新工作项目建议

NPD

Norwegian Petroleum Directorate

挪威石油管理局

NPDES

National Pollution Discharge Elimination System

（美国） 国家污染物排放消减系统

NPX

New Panamax（Container Ship）

新巴拿马型（集装箱船）

NRT

Net Registered Tonnage

净登记吨

NSC

Norwegian Ship Control

挪威船舶检验机构

NSI

Netherlands Shipping Inspection

荷兰航运检验局

NSM

National Safety Management (Code)

(美国)国内安全管理(规则)

NSSN

National Resource of Global Standards

(美国)国家全球标准资源库

NSTC

Naval Ship Technical Committee (LR)

舰船技术委员会(英国劳氏船级社)

NTC 2008

NOx Technical Code 2008

2008 年氮氧化物技术规则

NTSC

(China) National Time Service Centre

(中国)国家授时中心)【船载北斗卫星导航系统】

NTT

Number of TEUs Transported

TEU 运输数(巴拿马运河作业部 N-1-2018 航运通告)

NTVRP

Non Tank Vessel Response Plans

非油船响应计划(美国防污染)

NUCLEAR 1971

Convention Relating to Civil Liability in the Field of Maritime Carriage of Nuclear Material, 1971

1971 年国际海上核材料运输民事责任公约

OAPEC

Organization of Arab Petroleum Exporting Countries

阿拉伯石油输出国组织

OAS

Organization of American States

美洲国家组织

OBO Carrier

Ore/Bulk/Oil Carrier

矿(砂) / 散(货) / 油船

OCC

Operations Coordination Center

操纵协调中心

OCIMF

Oil Companies International Marine Forum

石油公司国际海事论坛

OCM

Oil Content Meter

油分浓度计

OCSV

Offshore Construction Support Vessels

近海构筑物供应船

OCTI

Central Office for International Rail Transport

国际铁路运输中央事务局

ODAS

Ocean Data Acquisition Systems

海洋数据获得系统

ODM

Oil Discharge Monitoring and Control Systems

排油监控系统

ODME

Oil Discharge Monitoring Equipment

排油监测设备

OECD

Organization for Economic Cooperation and Development

经济合作与发展组织

OGP

The International Association of Oil and Gas Producers

国际燃油和燃气生产者协会

OHSAS

Occupational Health Safety Administration System

职业健康安全管理体系

OILPOL 1954

International Convention for the Prevention of Pollution of the Sea by Oil, 1954

1954 年国际防止海上油污公约

OIML

International Organization of Legal Metrology

国际法制计量组织

OMM

Onboard Monitoring Manual

船上监测手册

OOW

Officer on Watch

值班驾驶员

OP

Operations Department

作业部(巴拿马运河管理局所属机构)

OPEC

Organization of Petroleum Exporting Countries

石油输出国组织

OPRC 1990

International Convention on Oil Pollution Preparedness, Response and Co-operation, 1990

1990 年国际油污准备、响应和合作公约

OPRC-HNS

Oil Pollution Preparedness, Response and Co-operation and Hazardous and Noxious Substances

油污准备、响应和合作,以及有害和有毒物质

OPRC-HNS Protocol

Protocol on Preparedness, Response and Co-operation to pollution Incidents by Hazardous and Noxious Substances, 2000

2000 年由有害和有毒物质引起的污染事件的准备、响应和合作的议定书

OS

Open Service

公开服务【船载北斗卫星导航系统】

OSHA

Occupational Safety and Health Act

(美国)职业安全与健康条例

OSHMS

Occupational Safety and Health Management System

职业安全健康管理体系

OSV

Offshore Supply Vessel

近海供应船

OSV Code

Code of Safe Practice for the Carriage of Cargoes and Persons by Offshore Supply Vessels

近海供应船货物和人员载运安全操作规则

OVID

Offshore Vessel Inspection Database

海上船舶检查数据库

PAC

Passenger Accommodation Comfort

乘客起居舒适

PAL 1974

Athens Convention Relating to the Carriage of Passengers & their Luggage by Sea, 1974

1974 年海上载运旅客及其行李的雅典公约

PAL PROT 1976

Protocol of the Athens Convention Relating to the Carriage of Passengers & their Luggage by Sea, 1974 (1976)

1974 年海上载运旅客及其行李雅典公约 1976 年议定书

PAS

Publicly Available Specification

公众可获得的技术条件(IEC 的出版物)

PASSUB

Passenger Submersible Craft

载客潜水艇(IACS 统一解释)

PCAC

Passenger and Crew Accommodation Comfort

乘客和船员起居舒适

PCR

Performance Capability Rating (Class notations)

作业能力等级(船级标志)

PCSO

Panama Canal Security Officer

巴拿马运河保安员

PCSOPEP

Panama Canal Ship Oil Pollution Emergency Plan

巴拿马运河船舶油污染应急计划

PC/UMS

Panama Canal Universal Measurement System

巴拿马运河统一丈量系统

PCWBT

Protection Coatings in Water Ballast Tanks

压载水舱的保护涂层

PDOP

Position Dilution of Precision

位置精度因子【船载北斗卫星导航系统】

PES

Programmable Electronic Systems

可编程电子系统

PFSO

Port Facility Security Officer

港口设施保安官员

PIANC

Permanent International Association of Navigation Congresses

航运会议国际常设协会

PIMS

Planned Inspection and Maintenance System

计划检查与维修体系

PMA

Panama Maritime Authority

巴拿马海事局

PMA

Permanent Means of Access

永久性通道设施

PMM

Permanent Magnet synchronous Motors

永磁同步电动机

PMMS

Preventive Machinery Maintenance Scheme

预防的机械维修制度

PMS

Planned Machinery Maintenance Scheme

计划的机械维修制度

PMS

Position Monitoring System

位置监测系统

PMS

Power Management System

功率管理系统

PNIC

Pleasure Navigation International Joint Committee

游览航行国际联合委员会

POL

Polar Orbit Satellite System

极轨道卫星系统

Polar Code

International Code for Ships Operating in Polar Waters

国际极地水域营运船舶规则(简称“极地规则”)

POST

Deutsche Bundepost

(德国)联邦电信局

PPE

Pollution Prevention Equipment

防污染设备

PPR

Sub-Committee on Pollution Prevention and Response

(IMO)防污染及应对分委员会

PRS

Polish Register of Shipping

波兰船级社

PSC

Port State Control

港口国管理

PSP

Primary Surface Preparation (Coating)

(涂层)一次表面处理

PSPC

Performance Standard for Protective Coatings

保护涂层性能标准

PSSA

Particularly Sensitive Sea Area

特别敏感海区

PSV

Platform Supply Vessels

平台供应船

PT

Project Team

项目组

PWM

Pulse Width Modulation

脉冲宽度调制(变频器)

PWOM

Polar Water Operational Manual

极地水域营运手册

QMS

Quality Management System

质量管理体系

QSCS

Quality System Certification Scheme

质量体系认证规划

QZSS

Quasi-Zenith Satellite System

(日本)准天顶卫星系统【船载北斗卫星导航系统中涉及的区域性导航系统】

RAIM

Receiver Autonomous Integrity Monitoring

接收器自动完整性检测【船载北斗卫星导航系统】

RAS

Replenishment at Sea

海上航行补给

RCC

Rescue Coordination Center

搜救协调中心

RCDS

Raster Chart Display System

光栅海图显示系统

RCM

Reliability Centred Maintenance

以可靠性为中心的维修

RCN

Rule Change Notice

规范修改通报

REDS

Removable External Data Source

可移动的外部数据源

RFID

Radio Frequency Identification

射频识别

RINA

Registro Italiano Navale

意大利船级社

RINA

Royal Institution of Naval Architects

（英国）皇家造船师学会

RLV

Reference Line Value

（船舶的 EEDI）基准线值

RNC

Raster Navigational Chart

光栅航海图

RO

Recognized Organization

被认可组织

RO Code

Code for Recognized Organizations

被认可组织规则

RoHS

On Restriction of the Use of Certain Hazardous Substances in Electrical and Electronic Equipment

（欧盟）关于在电气和电子设备中限制使用某些有害物质的指令

ROPME

Regional Organization for the Protection of the Marine Environment

海洋环境保护地区组织（由 8 个海湾地区国家组成的海洋环境保护组织）

RPSSR

Report of Planned Start of Ship Recycling

拆船计划开工报告

RR

Radio Regulations

无线电规则

RS

Russian Maritime Register of Shipping

俄罗斯船级社

RSA

ROPME Sea Area

海洋环境保护地区组织的海区

RSC

Refrigeration System Control

冷藏系统控制

RSO

Recognized Security Organization

认可的保安组织

RTCM

Radio Technical Commission for Marine Service

航海无线电技术委员会

RTD

Reference Test Device(a suitable size standard reference lifejacket)

基准测试装置(适当尺寸标准的基准救生衣),或称“试验样衣”

SAC

Standardization Administration of China

中国标准化管理委员会

SAJ

Shipbuilders' Association of Japan

日本造船协会

SALVAGE 1989

International Convention on Salvage, 1989

1989 年国际打捞公约

SAR

Search and Rescue

搜救(搜寻与救助)

SAR 1979

International Convention on Maritime Search & Rescue, 1979

1979 年国际海上搜寻与救助公约

SARSAT

Search and Rescue Satellite

搜救卫星(萨赛特)

SARSAT

Search and Rescue Satellite-Aided Tracking

搜救卫星辅助跟踪

SART

Search and Rescue radar Transponder

搜救(雷达)应答器

SBG

See-Berufsgenossenschaft

(Professional Accident Insurance Association for Seamen)

(德国)海上职业联合会

SBM

Single Buoy Mooring

单浮筒系泊

SBT

Segregated Ballast Tanks

专用压载舱

SC

Sub-Committee

分技术委员会

SC

Cargo Ship Safety Construction Certificate

(货船)结构安全证书

SC

SOLAS

国际海上人命安全公约(IACS 统一解释)

SC

Suez Canal

苏伊士运河

SCA

Suez Canal Authority

苏伊士运河管理局

SCBA

Self Contained Breathing Apparatus

自持式呼吸器具

SCF

Ship Construction File

船舶建造档案

SCGT

Suez Canal Gross Tonnage

苏伊士运河总吨位

SCM

Screwshaft Condition Monitoring

尾轴状态监测

SCNT

Suez Canal Net Tonnage

苏伊士运河净吨位

SCR

Selective Catalytic Reduction

选择性催化还原

SCR

Suez Canal Regulation

苏伊士运河规则

SCR systems

Selective Catalytic Reduction systems

选择性催化还原法系统

SCS

Supply Chain Security

供应链保安

SCSR

Statement of Completion of Ship Recycling

拆船完工声明

SCT

Suez Canal Tonnage

苏伊士运河吨位

SCVTM

Suez Canal Vessel Traffic Management System

苏伊士运河船舶交通管理系统(苏伊士运河航行规则 2015 年 8 月版)

SDA

Structural Design Assessment

结构设计评估

SDC

Sub-Committee on Ship Design and Construction

(IMO)船舶设计与建造分委员会

SDME

(Marine) Speed and Distance Measuring Equipment

(海上)速度和距离测量设备

SDoC

Suppliers Document of Compliance

供应商符合声明(拆船公约“有害物质清单编制指南”要求提供)

SDR

Special Drawing Rights

特别提款权

SE

Cargo Ship Safety Equipment Certificate

（货船）设备安全证书

SEA（HSS）

Ship Event Analysis（Hull Surveillance Systems）

船舶事件分析（船体监视系统）

SEC

SOx Emission Control

硫氧化物排放控制

SECA

SOx Emission Control Area

硫氧化物排放控制区

SEEMP

Ship Energy Efficiency Management Plan

船舶能效管理计划

SEMS

Safety and Environmental Management System

安全和环境管理体系

SENC

System Electronic Nautical Chart

电子海图系统

SERS

Ship Emergency Response Service

船舶应急响应服务

SES

Ship Earth Station

船舶地面站

SES

Standards Engineers Society

（美国）标准工程师协会

SFC

Specific Fuel consumption

燃油消耗量参数（柴油机的 EIAPP 证书中要求）

SFV 1977

Torremolinos International Convention for the Safety of Fishing Vessels，1977

1977 年托雷莫利诺斯国际渔船安全公约

SHEMS

（Occupational）Safety and Health Management System

职业安全和健康管理体系

SIGTTO

Society of International Gas Tanker and Terminal Operators

国际气体船和码头经营者协会

SIRE

Ship Inspection Report Programme

船舶检查报告程序

SIS

Shanghai Institute of Standardization

上海标准化研究院

SIS

Swedish Standards Institute

瑞典标准学会

SIT

Spontaneous Ignition Temperature

自燃温度

SITP

Shipboard Information Technology Platform

船上信息技术平台

SLF

Sub-Committee on Stability & Load Lines and Fishing Vessels Safety

(IMO)稳性与载重线和渔船安全分委员会

SLSDC

(U. S.) Saint Lawrence Seaway Development Corporation

(美国)圣劳伦斯航道开发公司

SLSMC

(Canadian) Saint Lawrence Seaway Management Corporation

(加拿大)圣劳伦斯航道管理局

SMC

Safety Management Certificate

安全管理证书

SMCP

Standard Marine Communication Phrases

标准海上通信术语

SMPEP

Shipboard Marine Pollution Emergency Plan

船上海洋污染应急计划

SMS

Safety Management System

安全管理系统

SNAME

Society of Naval Architects & Marine Engineers

(美国) 舰船工程师协会

SOx

Sulphur Oxides

硫氧化物

SOC

Statement of Compliance

符合证明

SOG

Speed Over Ground

对地航速【船载北斗卫星导航系统】

SOLAS 1974

International Convention for the Safety of Life at Sea, 1974

1974 年国际海上人命安全公约

SOLAS PROT 1978

Protocol of 1978 relating to the International Convention for the Safety of Life at Sea, 1974

1974 年国际海上人命安全公约 1978 年议定书

SOPEP

Shipboard Oil Pollution Emergency Plan

船上油污应急计划

SOTDMA

Self-Organising Time Division Multiple Access(techniques)

自组织时间分割的多路存取(技术)

SPACE STP 1973

Protocol on Space Requirements for Special Trade Passenger Ships, 1973

1973 年特种业务客船舱室要求议定书

SPI

Ship/Port Interface

船舶/港口界面

SPM

Single Point Mooring (System)

单点系泊 (系统)

SPS

Standard Position Service

标准定位服务

SPS Code

Code of Safety for Special Purpose Ships

特殊用途船安全规则

SQAP

Software Quality Assurance Plan

软件质量保证计划

SR

Cargo Ship Safety Radio Certificate

货船无线电安全证书

SRF

Ship Recycling Facility

拆船厂

SRFP

Ship Recycling Facility (ies) Plan

拆船厂计划

SRNC

System Raster Navigational Chart Database

光栅航海图数据库系统

SRP

Ship Recycling Plan

拆船计划

SRR

Search and Rescue Region

搜救区域

SRS

Ship Reporting System

船舶报告制度

SS

Special Survey

特别检验

SSA

Ship Security Assessment

船舶保安评估

SSA

Singapore Shipping Association

新加坡(船东)航运协会

SSAS

Ship Security Alert System

船舶保安警戒系统

SSB

Single Sided Band

单边带

SSD

Slow Speed Diesel

低速柴油机

SSE

Sub-Committee on Ship Systems and Equipment

(IMO)船舶系统与设备分委员会

SSO

Ship Security Officer

船舶保安官员

SSP

Secondary Surface Preparation (Coating)

(涂层)二次表面处理

SSP

Ship Security Plan

船舶保安计划

SSR

Seafarer Safety Representative

海员安全代表

SSRS

Ship Security Report System

船舶保安报告系统

SSV

Safety Regulation for Seagoing Ships

（德国）海船安全法规

ST

Steam Turbine

蒸汽轮机

STCW 1978

International Convention on Standards of Training, Certification & Watchkeeping for Seafarers, 1978

1978 年国际海员培训、发证和值班标准公约

STCW-F 1995

International Convention on Standards of Training, Certification and Watchkeeping for Fishing Vessel Personnel, 1995

1995 年国际渔船人员培训、发证和值班标准公约

STCW Code

Seafarers' Training, Certification and Watchkeeping Code

海员培训、发证和值班规则

STEP

Shipboard Technology Evaluation Program

船上技术评估方案(步骤)(USCG 对压载水管理系统所要求的)

STL

Submerged Turret Loading (arrangement)

水下旋塔装载(装置)

STP 1971

Special Trade Passenger Ships Agreement, 1971

1971 年特种业务客船协定

STS

Ship to Ship (Trans-shipment operation)

船对船(载驳作业)

STW

Sub-Committee on Standards of Training and Watchkeeping

(IMO)培训和值班标准分委员会

SUA 1988

Convention for the Suppression of Unlawful Act against the Safety of Maritime Navigation, 1988

1988 年制止危及海上航行安全的非法行为公约

SUA PROT 1988

Protocol for the Suppression of Unlawful Act against the Safety of Fixed Platforms Located on the Continental Shelf, 1988

1988 年制止危及位于大陆架固定式平台安全的非法行为的议定书

S-VDR

Simplified Voyage Data Recorder

简易航行数据记录仪

SWL

Safety Working Load

安全工作载荷

TA

Type Approval (Certification)

型式认可(证书)

TB

Technical Background

技术背景

TBT

Tributyl tins

三丁基锡

TBTO

Tributyl tins oxide

三丁基氧化锡

TC

Technical Committee

技术委员会

TC

Technical Co-operation Committee

(IMO)技术合作委员会(技合会)

TCM

Main Steam Turbine Condition Monitoring

主汽轮机状态监测

TCPA

Time to Closest Point of Approach

至最接近目标点的时间

TCS

Track Control System

(船舶)航线控制系统

TDC Code 2011

Code of Safe Practice for Ships Carrying Timber Deck Cargoes, 2011

2011 年载运木材甲板货船舶安全操作规则

TDMA

Time Division Multiple Access(techniques)

时间分割的多路存取(技术)

TDRSS

Tracking and Data Relay Satellite System

跟踪和数据中继卫星系统

TDS

Technical Data Sheet (of coating)

(涂料)技术规格书

TEU

Twenty-foot Equivalent Unit container

相当于20英尺单元的集装箱(标准集装箱)

TFW

Tropical Fresh Water

热带淡水

THD

Total Harmonic Distortion

总谐波畸变

THD

Transmitting Heading Device

首向发送装置

Timber Code

Code of Safe Practice for Ships Carrying Timber Deck Cargos, 1991

1991年载运木材甲板货船舶安全操作规则

TM

Tonnage Measurement

吨位丈量(IACS统一解释)

TMAS

Tele-Medical Assistance Service

远程医疗辅助服务

TMHD

Transmitting Magnetic Heading Device

磁罗经首向发送装置

TMS

Taut Mooring System

张紧式系泊系统

TMSA

Tanker Management and Self Assessment

液货船管理和自评

TONNAGE 1969

International Convention on Tonnage Measurement of Ships, 1969

1969年国际船舶吨位丈量公约

TP

Thermal Protective

保温

TP Lifejacket

Thermal Protective Lifejacket

保温救生衣

TR

Technical Report

技术报告(IEC 的出版物)

TS

Technical Specification

技术条件(IEC 的出版物)

TSCF

Tanker Structure Co-operative Forum

油船结构合作论坛

TSPP 1978

International Conference on Tanker Safety and Pollution Prevention,1978

1978 年油船安全与防污染国际会议

TSS

Total Suspended Solids

悬浮固体总量(生活污水排出物指标)

TSS

Traffic Separation Scheme

分道航行制

TTA

Total TEU Allowance

总的 TEU 容许数(巴拿马运河作业部 N-1-2018 航运通告)

UCI

Unique Consignment Identifier

独特货运识别符

UEL

Upper explosive limit

爆炸上限

UFTAA

Universal Federation of Travel Agents Association

万国旅行社协会联合会

UI

Unified Interpretation

(IACS)统一解释

UL

Underwriters Laboratories Inc.

(美国)保险商试验所

ULCC

Ultra Large Crude Oil Carrier

特大型(原)油船(载重量30万吨以上)

ULCS

Ultra Large Container Ship

超大型集装箱船

UMS

Unattended Machinery Space(s)

无人值班机器处所

UMS

Universal Measurement System

(巴拿马运河)统一丈量系统

UN

United Nations

联合国

UNCLOS

United Nations Convention on the Law of the Sea

联合国海洋法公约

UNCTAD

United Nations Conference on Trade and Development

联合国贸易和发展会议

UNDP

United Nations Development Programmer

联合国开发计划署

UN/ECE

United Nations Economic Commission for Europe

联合国欧洲经济委员会

UNEP

United Nations Environment Programmer

联合国环境计划署

UNESCO

United Nations Educational, Scientific & Cultural Organization

联合国教科文组织

UNFCCC

United Nations Framework Convention on Climate Change

联合国气候变化框架公约

UNIDO

United Nations Industrial Development Organization

联合国工业发展组织

UPS

Uninterruptible Power System

不间断电源系统

UPU

Universal Postal Union

万国邮政联盟

UR

Unified Requirements

(IACS)统一要求

USCG

United States Coast Guard

美国海岸警卫队

UTC

Universal Time Co-ordinated

世界协调时【船载北斗卫星导航系统】

VCA

Vertical Contract Audit

垂直合同审核

VCS

Vapor Control Systems

蒸气控制系统

VDR

Voyage Data Recorder

航行数据记录仪

VDU

Visual Display Unit

视频显示器

VGP

Vessel General Permit

船舶通用许可(美国"国家污染物排放消减"中要求)

VHF

Very High Frequency

甚高频

VIMSAS

Voluntary IMO Member State Audit Scheme

IMO 成员国自愿审核机制

VIP

Vacuum Insulated Panel

真空绝热板

VLCC

Very Large Crude Oil Carrier

超大型(原)油船(载重量 17.5 万吨以上,30 万吨以下)

VLGC

Very Large(fully refrigerated liquefied)Gas Carrier

超大型(全冷式)液化气运输船

VLOC

Very Large Ore Carrier

超大型矿砂船

VLOO

Very Large Ore/Oil Carrier

超大型矿砂/石油运输船

VOC

Volatile Organic Compounds

挥发性有机化合物

VPQ

Vessel Particulars Questionnaire

船舶概况问卷(OCIMF 要求)

VRP

Vessel Response Plan

船舶响应计划(美国防污染要求提供)

VSP

Variable System Parameter

可变的系统参数(苏伊士运河航行规则 2015 年 8 月版)

VTM

Vessel Traffic Management

船舶通航管理

VTMS

Vessel Traffic Management System

船舶通航管理系统

VTS

Vessel Traffic Service (Centers)

船舶通航服务(中心)

VTS

Vessel Traffic Service (Personnel)

船舶通航服务(人员)

WAN

Wide Area Network

广域网

WARC

World Administration Radio Conference

世界无线电行政会议

WCD

Worst case discharge

最严重排放(美国防污染)

WCL

World Confederation of Labour

世界劳工联合会

WCO

World Customs Organization

世界海关组织

WD

Working-group Document

(国际标准)工作组文件

WG

Working Group

(国际标准)工作组

WHO

World Health Organization

世界卫生组织

WIG Craft

Wing-In-Ground (Craft)

地效翼(艇)

WIPO

World Intellectual Property Organization

世界知识产权组织

WMO

World Meteorological Organization

世界气象组织

WMU

World Maritime University

世界海事大学

WSSN

World Standards Service Network

世界标准服务网

WTO

World Trade Organization

世界贸易组织

WWNWS

World Wide Navigational Warning System

全球航行警告系统

第三篇

国际海事组织(IMO)第1届至第30届大会决议目录

说明:可按各决议原文标题前的编码查找其正文,此编码的含义:A 表示国际海事组织大会(Assembly),阿拉伯数字表示决议编号;括号内罗马数字表示大会届数(从第 13 届开始,大会届数以阿拉伯数字表示),ES 表示特别举行的大会。括号内通过日期后的页数为英文版的页数。

A.1(Ⅰ) Approval of the appointment of the Secretary-General by the Council
批准理事会对秘书长的任命(1959 年 1 月 9 日通过,1 页)

A.2(Ⅰ) Acceptance of duties under the International Convention for the Safety of Life at Sea (1948)—revision of the Regulations for Preventing Collisions at Sea (1948)
随 1948 年《国际海上人命安全公约》而来的——修改 1948 年海上避碰规则的义务的认可(1959 年 1 月 9 日通过,1 页)

A.3(Ⅰ) Acceptance of duties in connection with the International Code of Signals
与国际信号规则有关的义务的认可(1959 年 1 月 9 日通过,1 页)

A.4(Ⅰ) Acceptance of duties in connection with the establishment of the Group of Experts on the Unification of Maritime Tonnage Measurement
与建立关于统一船舶吨位丈量的专家小组有关的义务的认可(1959 年 1 月 9 日通过,1 页)

A.5(Ⅰ) Status of the Convention on IMCO
政府间海事协商组织公约的现状(1959 年 1 月 12 日通过,1 页)

A.6(Ⅰ) Report of the Credentials Committee
全权证书委员会报告(1959 年 1 月 13 日通过,1 页)

A.7(Ⅰ) Agreement on relationship with the United Nations
与联合国关系的协定(1959 年 1 月 13 日通过,1 页)

A.8(Ⅰ) Acceptance of duties under the International Convention for the Prevention of Pollution of the Sea by Oil (1954)
随 1954 年《国际防止海上油污公约》而来的义务的认可(1959 年 1 月 13 日通过,1 页)

A.9(Ⅰ) Election of Members of the Maritime Safety Committee, as provided in Article 28 of the Convention
按公约第 28 条规定选举海上安全委员会成员(1959 年 1 月 15 日通过,1 页)

A.10(Ⅰ) Report of the Assembly on the final text of the annex to the General Convention on the Privileges and Immunities of the Specialized Agencies
关于专门机构特权和豁免的一般公约附件最后文本的大会报告(1959 年 1 月 16 日通过,1 页)

A.11(Ⅰ) Relationship with other specialized agencies and other international organizations

与其他专门机构和其他国际组织的关系(1959 年 1 月 16 日通过,1 页)

A. 12(Ⅰ) Election of Members of the Maritime Safety Committee
选举海上安全委员会成员(1959 年 1 月 19 日通过,1 页)

A. 13(Ⅰ) Rules of Procedure for subsequent sessions of the Assembly
通过下届大会程序的规定(1959 年 1 月 19 日通过,5 页)

A. 14(Ⅰ) Financial Regulations of the Inter-Governmental Maritime Consultative Organization
Revoked by A. 1017(26)
政府间海事协商组织财务条例(1959 年 1 月 19 日通过,5 页)
由 A. 1017(26)决议所废除

A. 15(Ⅰ) Staff Regulations of the Inter-Governmental Maritime Consultative Organization
政府间海事协商组织的工作人员条例(1959 年 1 月 19 日通过,8 页)

A. 16(Ⅰ) Review of expenditures and approval of accounts of the Preparatory Committee
筹备委员会的开支审查和账款审批(1959 年 1 月 19 日通过,1 页)

A. 17(Ⅰ) Dissolution of the Preparatory Committee
撤销筹备委员会(1959 年 1 月 19 日通过,1 页)

A. 18(Ⅰ) Staff establishment and adoption of the budget for the first financial period
工作人员编制和通过第 1 财务年度预算(1959 年 1 月 19 日通过,1 页)

A. 19(Ⅰ) Staff establishment and adoption of the budget for the first financial period. Resolution relating to the Working Capital Fund
工作人员编制和通过第 1 财务年度预算——关于工作基金款项的决议(1959 年 1 月 19 日通过,1 页)

A. 20(Ⅰ) Apportionment of expenses among Member States
在成员国中摊派经费(1959 年 1 月 19 日通过,1 页)

A. 21(Ⅱ) Report on request by the first Assembly for an Advisory Opinion of the International Court of Justice on the constitution of the Maritime Safety Committee
第一届大会征求国际法庭对海上安全委员会章程的咨询意见的报告(1961 年 4 月 6 日通过,1 页)

A. 22(Ⅱ) Presentation of the report of the Council in accordance with Article 24 of the Convention
根据公约第 24 条规定提交理事会报告(1961 年 4 月 6 日通过,1 页)

A. 23(Ⅱ) Approval of appointment of External Auditor

批准外聘审计员的任命(1961年4月6日通过,1页)

A.24(Ⅱ) Programme appraisal in the economic, social and human rights fields
经济、社会和人权方面的计划评估(1961年4月13日通过,1页)

A.25(Ⅱ) General Convention on Privileges and Immunities of the Specialized Agencies
关于专门机构的特权和豁免的一般公约(1961年4月11日通过,1页)

A.26(Ⅱ) Admission of new Member States——the Islamic Republic of Mauritania
接纳新成员国——毛里塔尼亚伊斯兰共和国(1961年4月13日通过,1页)

A.27(Ⅱ) Rules of Procedure
议事规则(1961年4月13日通过,5页)

A.28(Ⅱ) Participation in the United Nations expanded programme of technical assistance
参加联合国技术援助发展计划(1961年4月13日通过,1页)

A.29(Ⅱ) Facilitation of travel and transport
便利旅行和运输(1961年4月13日通过,2页)

A.30(Ⅱ) Consideration of Agreement between International Atomic Energy Agency and Inter-Governmental Maritime Consultative Organization
国际原子能机构与政府间海事协商组织签订协定的审议(1961年4月13日通过,2页)

A.31(Ⅱ) Approval of the rules for the admission to consultative status of non-governmental international organizations
批准授予非政府性国际组织以咨询地位的规则(1961年4月13日通过,2页)

A.32(Ⅱ) Amendment to the Financial Regulations
Revoked by A.1017(26)
财务条例修正案(1961年4月13日通过,1页)
由A.1017(26)决议所废除

A.33(Ⅱ) Work programme of the Organization
本组织的工作计划(1961年4月13日通过,1页)

A.34(Ⅱ) Staff establishment and adoption of the budget for the second financial period 1962/63
工作人员编制和通过第2财务年度(1962/1963年)预算(1961年4月13日通过,2页)

A.35(Ⅱ) Staff establishment and adoption of the budget for the second financial period 1962/63—amendment to the Staff Regulations

工作人员编制和通过第 2 财务年度(1962/1963 年)预算—工作人员条例修正案(1961 年 4 月 13 日通过,1 页)

A. 36(Ⅱ) Staff establishment and adoption of the budget for the first financial period—supplementary estimates for 1961

工作人员编制和通过第 1 财务年度预算—1961 年的追加概算(1961 年 4 月 13 日通过,1 页)

A. 37(Ⅱ) Staff establishment and adoption of the budget for the second financial period 1962/63—Working Capital Fund

工作人员编制和通过第 2 财务年度(1962/1963 年)预算—工作基金款项(1961 年 4 月 13 日通过,1 页)

A. 38(Ⅱ) Apportionment of expenses among Member States

在成员国中摊派经费(1961 年 4 月 13 日通过,1 页)

A. 39(Ⅱ) United Nations Joint Staff Pension Fund

联合国工作人员联合养恤基金(1961 年 4 月 13 日通过,1 页)

A. 40(Ⅱ) Report on request by the first Assembly for an Advisory Opinion of the International Court of Justice on the constitution of the Maritime Safety Committee

第一届大会征求国际法庭对海上安全委员会章程的咨询意见的报告(1961 年 4 月 13 日通过,1 页)

A. 41(Ⅱ) Presentation of the report of the Maritime Safety Committee, transmitted by the Council

公布由理事会递交的海上安全委员会的报告(1961 年 4 月 14 日通过,1 页)

A. 42(Ⅱ) Approval of the provisional consultative status granted to non-governmental international organizations by the Council

批准理事会授予非政府性国际组织以临时咨询地位(1961 年 4 月 14 日通过,1 页)

A. 43(Ⅱ) Determination of date and place of the third session of the Assembly, in 1963

确定 1963 年召开的第三届大会的日期和地点(1961 年 4 月 14 日通过,1 页)

A. 44(ES. Ⅰ) Approval of the appointment of the Secretary-General by the Council

批准理事会对秘书长的任命(1963 年 10 月 18 日通过,1 页)

A. 45(Ⅲ) Banning of nuclear tests in the atmosphere, in outer space and under water

禁止在大气、外层空间和水下进行核试验(1963 年 10 月 18 日通过,1 页)

A. 46(Ⅲ) Approval of the appointment of the External Auditor

批准外聘审计员的任命(1963 年 10 月 18 日通过,1 页)

A.47(Ⅲ) Red Sea lights
红海号灯(1963年10月18日通过,1页)

A.48(Ⅲ) Approval of the recommendations of the Maritime Safety Committee on treatment of shelter-deck and other ‘open’ spaces
批准海上安全委员会关于处理遮蔽甲板和其他“开敞”处所的建议案(1963年10月18日通过,2页)

A.49(Ⅲ) Approval of the recommendations of the Maritime Safety Committee on stability information for ships carrying grain
批准海上安全委员会关于装载谷物船舶稳性资料的建议案(1963年10月18日通过,7页)

A.50(Ⅲ) Approval of the recommendations of the Maritime Safety Committee on marking of oceanographic stations
批准海上安全委员会关于海洋水文站标志的建议案(1963年10月18日通过,1页)

A.51(Ⅲ) Acceptance by the Organization of additional duties consequent upon the International Conference on Prevention of Pollution of the Sea by Oil, 1962
本组织认可由1962年国际防止海上油污会议引起的附加义务(1963年10月18日通过,1页)

A.52(Ⅲ) Intact stability of fishing vessels
渔船的完整稳性(1963年10月24日通过,1页)

A.53(Ⅲ) Convening of the International Conference on Load Lines
召开国际载重线会议(1963年10月24日通过,1页)

A.54(Ⅲ) Adoption of the reports of the Maritime Safety Committee
通过海上安全委员会报告(1963年10月24日通过,1页)

A.55(Ⅲ) General Convention on the Privileges and Immunities of the Specialized Agencies
关于专门机构的特权和豁免的一般公约(1963年10月25日通过,1页)

A.56(Ⅲ) Relations with the host State
与东道国的关系(1963年10月25日通过,1页)

A.57(Ⅲ) Relationship with the UN, specialized agencies, IAEA and other international organizations
与联合国、专门机构、国际原子能机构和其他国际组织的关系(1963年10月25日通过,1页)

A.58(Ⅲ) Relations with the non-governmental international organizations; review of the list of non-governmental international organizations in consultative status; relations with the International Maritime
与非政府性国际组织的关系;审查有咨询地位的非政府性国际组织的名单;与国际海事委员会的

关系(1963 年 10 月 24 日通过,1 页)

A. 59(Ⅲ) Amendment to the Financial Regulations
Revoked by A. 1017(26)
财务条例修正案(1963 年 10 月 25 日通过,1 页)
由 A. 1017(26)决议所废除

A. 60(Ⅲ) Review of expenditure and approval of accounts
审查开支和批准账目(1963 年 10 月 25 日通过,1 页)

A. 61(Ⅲ) IMCO Headquarters accommodation
政府间海事协商组织总部房舍(1963 年 10 月 25 日通过,1 页)

A. 62(Ⅲ) Participation in the United Nations expanded programme of technical assistance
参加联合国技术援助发展计划(1963 年 10 月 25 日通过,1 页)

A. 63(Ⅲ) Facilitation of travel and transport
便利旅行和运输(1963 年 10 月 25 日通过,1 页)

A. 64(Ⅲ) Work programme of the Organization
本组织的工作计划(1963 年 10 月 25 日通过,3 页)

A. 65(Ⅲ) Staff establishment and adoption of the budget for the third financial period 1964/65
工作人员编制和通过第 3 财务年度(1964/1965 年)预算(1963 年 10 月 25 日通过,3 页)

A. 66(Ⅲ) Staff establishment and adoption of the budget for the third financial period 1964/65: Working Capital Fund
工作人员编制和通过第 3 财务年度(1964/1965 年)预算:工作基金款项(1963 年 10 月 25 日通过,1 页)

A. 67(Ⅲ) Apportionment of expenses among Member States
在成员国中摊派经费(1963 年 10 月 25 日通过,1 页)

A. 68(Ⅲ) Determination of date and place of the fourth session of the Assembly, in 1965
确定 1965 年召开的第四届大会的日期和地点(1963 年 10 月 25 日通过,1 页)

A. 69(ES. Ⅱ) Amendments to Articles 17, 18 and 28 of the IMCO Convention
对政府间海事协商组织公约第 17、18 和 28 条的修正案(1964 年 9 月 15 日通过,1 页)

A. 70(Ⅳ) Amendment to Article 28 of the Convention on the Inter-Governmental Maritime Consultative Organization

对政府间海事协商组织公约第28条的修正案(1965年9月28日通过,1页)

A. 71(Ⅳ) Amendments to the Rules of Procedure of the Assembly consequent upon amendments to Articles 17, 18 and 28 of the IMCO Convention

由政府间海事协商组织公约第17、18和28条的修正而引起的对大会议事规则的修正案(1965年9月28日通过,1页)

A. 72(Ⅳ) Amendment to rule 3 and rule 9 of the Rules of Procedure of the Assembly

对大会议事规则第3条和第9条的修正案(1965年9月28日通过,1页)

A. 73(Ⅳ) Presentation of the final accounts and audit report for the second financial period

公布第2财务年度的决算和审计报告(1965年9月22日通过,1页)

A. 74(Ⅳ) Working Capital Fund

工作基金款项(1965年9月24日通过,1页)

A. 75(Ⅳ) Amendments of the Financial Regulations

Revoked by A. 1017(26)

财务条例的修正案(1965年9月22日通过,2页)

由A. 1017(26)决议所废除

A. 76(Ⅳ) Apportionment of expenses among Member States

在成员国中摊派经费(1965年9月24日通过,1页)

A. 77(Ⅳ) Arrears of contributions

会费的拖欠(1965年9月24日通过,1页)

A. 78(Ⅳ) Facilitation of travel and transport

便利旅行和运输(1965年9月27日通过,1页)

A. 79(Ⅳ) Arrangements for an International Conference on Load Lines in 1966

安排1966年国际载重线会议(1965年9月24日通过,1页)

A. 80(Ⅳ) International Code of Signals

国际信号规则(1965年9月27日通过,1页)

A. 81(Ⅳ) Approval of the International Maritime Dangerous Goods Code

Revoked by A. 716(17)

批准国际海运危险货物规则(1965年9月27日通过,2页)

由A. 716(17)决议所废除

A.82(Ⅳ) Approval of the Code of Safe Practice for Bulk Cargoes
Revoked by A.434(Ⅺ)
批准散装货物安全操作规则(1965 年 9 月 28 日通过,1 页)
由 A.434(Ⅺ)决议所废除

A.83(Ⅳ) Acceptance of the International Convention for the Safety of Life at Sea, 1960, and of the International Regulations for Preventing Collisions at Sea, 1960
1960 年国际海上人命安全公约和 1960 年国际海上避碰规则的认可(1965 年 9 月 27 日通过,1 页)

A.84(Ⅳ) Prevention of pollution of the sea by oil
防止海上油污(1965 年 9 月 27 日通过,1 页)

A.85(Ⅳ) Prevention of pollution of the sea by agents other than oil
防止海上除油以外的介质污染(1965 年 9 月 27 日通过,1 页)

A.86(Ⅳ) Implementation of the recommendations on treatment of shelter-deck and other 'open' spaces
关于处理遮蔽甲板和其他"开敞"处所建议的执行(1965 年 9 月 27 日通过,1 页)

A.87(Ⅳ) Convening of an International Conference on Tonnage Measurement
召开国际吨位丈量会议(1965 年 9 月 27 日通过,1 页)

A.88(Ⅳ) Intact stability of fishing vessels
渔船的完整稳性(1965 年 9 月 27 日通过,1 页)

A.89(Ⅳ) Training of seafarers
海员的培训(1965 年 9 月 27 日通过,1 页)

A.90(Ⅳ) Navigation in the Strait of Dover
Superseded by A.284(Ⅷ)
在多佛海峡中航行(1965 年 9 月 27 日通过,1 页)
由 A.284(Ⅷ)决议所替代

A.91(Ⅳ) Emergency position-indicating radio beacons
应急无线电示位标(1965 年 9 月 27 日通过,1 页)

A.92(Ⅳ) Radiocommunication requirements for the Ocean Data Service of the Inter-governmental Oceanographic Commission
政府间海洋学委员会海洋数据处的无线电通信要求(1965 年 9 月 27 日通过,2 页)

A. 93(Ⅳ) Lights and shapes for dracones
Revoked by A. 433(Ⅺ)
弹性拖曳容器的灯光和形状要求(1965年9月27日通过,1页)
由A. 433(Ⅺ)决议所废除

A. 94(Ⅳ) Nuclear ships
核动力船舶(1965年9月27日通过,1页)

A. 95(Ⅳ) Weather messages in oceanic areas
大洋区域中的天气报道(1965年9月27日通过,1页)

A. 96(Ⅳ) Red Sea lights
红海号灯(1965年9月27日通过,1页)

A. 97(Ⅳ) Adoption of the report of the Maritime Safety Committee
通过海上安全委员会报告(1965年9月28日通过,1页)

A. 98(Ⅳ) Work programme
工作计划(1965年9月24日通过,1页)

A. 99(Ⅳ) Work programme of the Organization
本组织的工作计划(1965年9月24日通过,5页)

A. 100(Ⅳ) Printing Fund
印刷基金(1965年9月24日通过,1页)

A. 101(Ⅳ) Budget for the fourth financial period 1966/67: staff establishment
Revoked by A. 1014(26)
第4财务年度(1966/1967年)预算:工作人员的编制(1965年9月24日通过,4页)
由A. 1014(26)决议所废除

A. 102(Ⅳ) Participation in the United Nations expanded programme of technical assistance
参加联合国技术援助发展计划(1965年9月27日通过,1页)

A. 103(Ⅳ) Agreement between FAO and IMCO
联合国粮食农业组织与国际海事协商组织的协定(1965年9月27日通过,4页)

A. 104(Ⅳ) Relations with the host State
与东道国的关系(1965年9月24日通过,1页)

A. 105(Ⅳ) Relations with non-governmental organizations

与非政府性组织的关系(1965 年 9 月 27 日通过,1 页)

A. 106(Ⅳ) Status of the IMCO Convention
政府间海事协商组织公约的现状(1965 年 9 月 28 日通过,1 页)

A. 107(Ⅳ) Broadcasts from stations outside territorial waters
来自领海外台站的广播(1965 年 9 月 28 日通过,1 页)

A. 108(ES. Ⅲ) Amendments to chapter II of the International Convention for the Safety of Life at Sea, 1960
对 1960 年国际海上人命安全公约第 II 章的修正案(1966 年 11 月 30 日通过,11 页)

A. 109(ES. Ⅲ) Recommendation to put fire safety measures into effect
实施消防安全措施的建议案(1966 年 11 月 30 日通过,1 页)

A. 110(ES. Ⅲ) Recommendations for fire safety measures for all passenger ships
对于所有客船消防安全措施的建议案(1966 年 11 月 30 日通过,1 页)

A. 111(Ⅴ) Amendments to Articles 17, 18 and 28 of the Convention: consequential amendments to the Rules of Procedure of the Assembly
由公约第 17、18 和 28 条的修正而引起的对大会议事规则的修正案(1967 年 10 月 17 日通过,3 页)

A. 112(Ⅴ) Approval of the appointment of the Secretary-General by the Council
批准理事会对秘书长的任命(1967 年 10 月 17 日通过,1 页)

A. 113(Ⅴ) Revised International Code of Signals
经修订的国际信号规则(1967 年 10 月 25 日通过,2 页)

A. 114(Ⅴ) Implementation of the recommendations on the treatment of shelter-deck and other 'open' spaces and acceptance of tonnage certificates
关于处理遮蔽甲板和其他"开敞"处所建议的执行以及吨位证书的认可(1967 年 10 月 25 日通过,1 页)

A. 115(Ⅴ) Recommendation on the treatment of spaces on board ships for the separation, clarification or purification, and the carriage of slop oil
关于处理船上分离、澄清或净化以及装载污油诸处所的建议案(1967 年 10 月 25 日通过,2 页)

A. 116(Ⅴ) Arrangements with the Food and Agriculture Organization of the United Nations (FAO) and the International Labour Organization (ILO)
与联合国粮食农业组织(FAO)及国际劳工组织(ILO)的协议(1967 年 10 月 25 日通过,2 页)

A. 117(V) Broadcasts from stations outside territorial waters
来自领海外台站的广播(1967 年 10 月 25 日通过,1 页)

A. 118(V) Maritime World Administrative Radio Conference
世界海上无线电管理会议(1967 年 10 月 25 日通过,1 页)

A. 119(V) Prevention of pollution of the sea by oil
Revoked by A. 716(17)
防止海上油污(1967 年 10 月 25 日通过,1 页)
由 A. 716(17)决议所废除

A. 120(V) International Maritime Dangerous Goods Code
Revoked by A. 716(17)
国际海上危险货物规则(1967 年 10 月 25 日通过,1 页)
由 A. 716(17)决议所废除

A. 121(V) Examination of the reports submitted to the Organization under regulation 19 of chapter I of the International Convention for the Safety of Life at Sea, 1960
根据 1960 年国际海上人命安全公约第 I 章第 19 条规定提交给本组织报告的检查(1967 年 10 月 25 日通过,1 页)

A. 122(V) Amendments to the International Convention for the Safety of Life at Sea, 1960
对 1960 年国际海上人命安全公约的修正案(1967 年 10 月 25 日通过,62 页)

A. 123(V) Recommendation on fixed fire-extinguishing systems for special category spaces
关于特种处所使用固定灭火系统的建议案(1967 年 10 月 25 日通过,2 页)

A. 124(V) Recommendation on crew training
关于船员培训的建议案(1967 年 10 月 25 日通过,2 页)

A. 125(V) Recommendation on periodical inspection of musters
Revoked by A. 690(17)
关于集合的定期检查的建议案(1967 年 10 月 25 日通过,1 页)
由 A. 690(17)决议所废除

A. 126(V) Recommendation on life-saving appliances for hydrofoil boats;
Superseded by A. 373(X); Revoked by A. 690(17)
关于水翼艇救生设备的建议案(1967 年 10 月 25 日通过,3 页)
由 A. 373(X)决议所替代;由 A. 690(17)决议所废除

A. 127(V) Recommendation on signals by emergency position-indicating radio beacons

关于应急无线电示位标信号的建议案(1967 年 10 月 25 日通过,1 页)

A. 128(Ⅴ) Recommendation on VHF radiotelephone stations
关于甚高频无线电话台的建议案(1967 年 10 月 25 日通过,1 页)

A. 129(Ⅴ) Recommendation on emergency radiotelegraph transmitters on vessels of less than 1,600 tons gross when on transoceanic voyages
关于小于 1 600 总吨船舶远洋航行时应急无线电报发信机的建议案(1967 年 10 月 25 日通过,1 页)

A. 130(Ⅴ) Recommendation on pilot ladders on fishing vessels and vessels of less than 500 tons gross
关于渔船和小于 500 总吨船舶引水员梯的建议案(1967 年 10 月 25 日通过,1 页)

A. 131(Ⅴ) Recommendation on the application of certain rules of the International Regulations for Preventing Collisions at Sea, 1960
关于使用 1960 年国际海上避碰规则某些条款的建议案(1967 年 10 月 25 日通过,1 页)

A. 132(Ⅴ) Recommendation on additional signals to be used by vessels fishing in close proximity
Revoked by A. 433(Ⅺ)
关于船舶相互靠近进行捕鱼时所使用的附加信号的建议案(1967 年 10 月 25 日通过,2 页)
由 A. 433(Ⅺ)决议所废除

A. 133(Ⅴ) International Conference on Load Lines, 1966
1966 年国际载重线会议(1967 年 10 月 25 日通过,1 页)

A. 134(Ⅴ) International Conference on Tonnage Measurement
国际吨位丈量会议(1967 年 10 月 25 日通过,1 页)

A. 135(Ⅴ) Adoption of the reports of the Maritime Safety Committee
通过海上安全委员会报告(1967 年 10 月 25 日通过,108 页)

A. 136(Ⅴ) Facilitation of travel and transport: standardized forms of documents
便利旅行和运输:文件的标准格式(1967 年 10 月 26 日通过,8 页)

A. 137(Ⅴ) Working Capital Fund
工作基金款项(1967 年 10 月 26 日通过,1 页)

A. 138(Ⅴ) Appointment of an External Auditor
任命外聘审计员(1967 年 10 月 26 日通过,1 页)

A. 139(Ⅴ) World weather watch

世界天气监视(1967年10月26日通过,1页)

A.140(Ⅴ) Participation of the Inter-Governmental Maritime Consultative Organization in the United Nations Development Programme
政府间海事协商组织参与联合国发展计划(1967年10月26日通过,1页)

A.141(Ⅴ) Presentation of the final accounts and audit report for the third financial period
公布第3财务年度决算和审计报告(1967年10月26日通过,1页)

A.142(Ⅴ) Work programme and budget for the fifth financial period 1968/69
第5财务年度(1968/1969年)工作计划和预算(1967年10月26日通过,15页)

A.143(Ⅴ) Relations with the non-governmental organizations
与非政府性组织的关系(1967年10月26日通过,1页)

A.144(Ⅴ) Simla Rules
西姆拉规则(1967年10月26日通过,1页)

A.145(Ⅴ) Appreciation of the services of M. Jean Georges Roullier to the Organization
感谢M. J. G. Roullier先生对本组织的服务(1967年10月26日通过,1页)

A.146(ES.Ⅳ) Amendments to the International Convention for the Safety of Life at Sea, 1960
对1960年国际海上人命安全公约的修正案(1968年11月26日通过,2页)

A.147(ES.Ⅳ) Reports on accidents involving significant spillages of oil
关于涉及重大溢油事故的报告(1968年11月26日通过,1页)

A.148(ES.Ⅳ) National arrangements for dealing with significant spillages of oil
处理重大溢油的国家安排(1968年11月26日通过,1页)

A.149(ES.Ⅳ) Regional co-operation in dealing with significant spillages of oil
处理重大溢油中的地区性合作(1968年11月26日通过,1页)

A.150(ES.Ⅳ) Research and exchange of information on methods for disposal of oil in cases of significant spillages
关于重大溢油处理方法的资料的研究和交换(1968年11月26日通过,1页)

A.151(ES.Ⅳ) Detection of offences against and enforcement of the International Convention for the Prevention of Pollution of the Sea by Oil, 1954
违反和执行1954年国际防止海上油污公约的核查(1968年11月26日通过,1页)

A. 152(ES. Ⅳ) Discharge of oily mixtures resulting from tank cleaning and ballasting into the sea
由洗舱和压载而形成的含油混合物向海中的排放(1968 年 11 月 27 日通过,1 页)

A. 153(ES. Ⅳ) Penalties for unlawful discharge of oil into the sea
对非法排油入海的惩罚(1968 年 11 月 27 日通过,1 页)

A. 154(ES. Ⅳ) Oil reception facilities
回收油设施(1968 年 11 月 27 日通过,1 页)

A. 155(ES. Ⅳ) Prevention of pollution of the sea by oil outside the prohibited zones
防止禁区以外的海上油污(1968 年 11 月 27 日通过,1 页)

A. 156(ES. Ⅳ) Recommendation on the carriage of electronic position-fixing equipment
关于设置电子定位设备的建议案(1968 年 11 月 27 日通过,1 页)

A. 157(ES. Ⅳ) Recommendation on the use and testing of shipborne navigational equipment
关于船载导航设备使用和试验的建议案(1968 年 11 月 27 日通过,1 页)

A. 158(ES. Ⅳ) Recommendation on port advisory services
Refer to A. 857(20)
关于港口咨询服务的建议案(1968 年 11 月 27 日通过,1 页)
参见 A. 857(20)决议

A. 159(ES. Ⅳ) Recommendation on pilotage
关于引水的建议案(1968 年 11 月 27 日通过,1 页)

A. 160(ES. Ⅳ) Recommendation on data concerning manoeuvring capabilities and stopping distances of ships
Refer to A. 751(18)
关于船舶操纵性能和停车滑行距离资料的建议案(1968 年 11 月 27 日通过,1 页)
参见 A. 751(18)决议

A. 161(ES. Ⅳ) Recommendation on establishing traffic separation schemes and areas to be avoided by ships of certain classes
Superseded by A. 284(Ⅷ)
对某些类型船舶建立分道通航制和避航区域的建议案(1968 年 11 月 27 日通过,24 页)
由 A. 284(Ⅷ)决议所替代

A. 162(ES. Ⅳ) Recommendation on additional signals for deep-draught ships in narrow channels
Superseded by A. 433(Ⅺ)
对窄水道中深吃水船舶要求附加信号的建议案(1968 年 11 月 28 日通过,1 页)

由 A.433(XI)决议所替代

A.163(ES.Ⅳ) Recommendation for fire test procedures for 'A' and 'B' class divisions
Corrected by A.215(Ⅶ); superseded by A.517(13)
对"A"级和"B"级分隔的耐火试验程序的建议案(1968年11月28日通过,12页)
由 A.215(Ⅶ)决议所修改,由 A.517(13)决议所替代

A.164(ES.Ⅳ) Recommendation concerning checking the constancy of the properties of materials
有关校核材料性能不变的建议案(1968年11月28日通过,1页)

A.165(ES.Ⅳ) Provisional guidelines on test procedures for deck coverings
Superseded by A.214(Ⅶ)
甲板覆层试验程序暂行指南(1968年11月28日通过,3页)
由 A.214(Ⅶ)决议所替代

A.166(ES.Ⅳ) Guidelines on the evaluation of fire hazard properties of materials
评定材料易燃性指南(1968年11月28日通过,1页)

A.167(ES.Ⅳ) Recommendation on intact stability for passenger and cargo ships under 100 metres in length
Superseded by A.749(18), Amended by A.206(Ⅶ)
船长小于100 m的客船和货船完整稳性的建议案(1968年11月28日通过,15页)
由 A.749(18)决议所替代,由 A.206(Ⅶ)决议修正

A.168(ES.Ⅳ) Recommendation on intact stability of fishing vessels
Amended by A.268(Ⅷ)
渔船完整稳性的建议案(1968年11月28日通过,20页)
由 A.268(Ⅷ)决议修正

A.169(ES.Ⅳ) Recommendation for testing lifejackets
Superseded by A.521(13)
试验救生衣的建议案(1968年11月28日通过,3页)
由 A.521(13)决议所替代

A.170(ES.Ⅳ) Recommendation on life-saving appliances for air-cushion vehicles
Superseded by A.373(X)
气垫船救生设备的建议案(1968年11月28日通过,2页)
由 A.373(X)决议所替代

A.171(ES.Ⅳ) Convening of a conference on 'Torrey Canyon' matters
召开"托雷峡谷"事件会议(1968年11月28日通过,1页)

A. 172(ES. Ⅳ) Recommendation for uniform application and interpretation of regulation 27 of the International Convention on Load Lines, 1966

Superseded by A. 320(Ⅸ)

对1966年国际载重线公约第27条的统一应用和解释的建议案(1968年11月28日通过,3页)

由A. 320(Ⅸ)决议所替代

A. 173(ES. Ⅳ) Participation in official inquiries into maritime casualties

Revoked by A. 849(20)

参与正式查询海上事故(1968年11月28日通过,1页)

由A. 849(20)决议所废除

A. 174(Ⅵ) Amendments to the International Convention for the Safety of Life at Sea, 1960

对1960年国际海上人命安全公约的修正案(1969年10月21日通过,2页)

A. 175(Ⅵ) Amendments to the International Convention for the Prevention of Pollution of the Sea by Oil, 1954

对1954年国际防止海上油污公约的修正案(1969年10月21日通过,11页)

A. 176(Ⅵ) Marine pollution

海上污染(1969年10月21日通过,1页)

A. 177(Ⅵ) Recommendation on recommended practices for navigation lights

Revoked by A. 433(Ⅺ)

关于航行灯推荐规定的建议案(1969年10月28日通过,5页)

由A. 433(Ⅺ)决议所废除

A. 178(Ⅵ) Recommendation on positioning of navigation lights

Revoked by A. 433(Ⅺ)

关于航行灯位置的建议案(1969年10月28日通过,1页)

由A. 433(Ⅺ)决议所废除

A. 179(Ⅵ) Recommendation on establishment of fairways through offshore exploration areas

Superseded by A. 340(Ⅸ)

关于建立通过近海勘探区航道的建议案(1969年10月28日通过,1页)

由A. 340(Ⅸ)决议所替代

A. 180(Ⅵ) Recommendation on dissemination of information, charting and manning of drilling rigs and production platforms

Superseded by A. 341(Ⅸ)

关于钻井架和生产平台的信息传播、标图和配员的建议案(1969年10月28日通过,1页)

由A. 341(Ⅸ)决议所替代

A. 181(Ⅵ) Instructions on survival in liferafts
Revoked by A. 657(16)
救生筏中的救生须知(1969 年 10 月 28 日通过,1 页)
由 A. 657(16)决议所废除

A. 182(Ⅵ) Safety radiocommunication requirements for drilling and production platforms and similar units
对钻井平台、生产平台及类似装置的安全无线电通信要求(1969 年 10 月 28 日通过,2 页)

A. 183(Ⅵ) Recommendation on fire safety measures for hydrofoil boats
Superseded by A. 373(Ⅹ)
关于水翼艇防火安全措施的建议案(1969 年 10 月 28 日通过,3 页)
由 A. 373(Ⅹ)决议所替代

A. 184(Ⅵ) Adoption of grain regulations as an equivalent to chapter VI of the International Convention for the Safety of Life at Sea, 1960
Valid for certain ships under SOLAS 60
通过与 1960 年国际海上人命安全公约第Ⅵ章等效的谷物规则(1969 年 10 月 28 日通过,30 页)
根据 SOLAS 60,对某些船舶有效

A. 185(Ⅵ) Application of grain regulations to cargo ships of less than 500 tons gross tonnage
Revoked by A. 264(Ⅷ)
关于不足 500 总吨货船应用谷物规则的规定(1969 年 10 月 28 日通过,1 页)
由 A. 264(Ⅷ)决议所废除

A. 186(Ⅵ) Recommendation on establishing additional traffic separation schemes and areas to be avoided by ships of certain classes
Superseded by A. 284(Ⅷ)
对某些类型船舶建立分道通航制和避航区域的建议案(1969 年 10 月 28 日通过,9 页)
由 A. 284(Ⅷ)决议所替代

A. 187(Ⅵ) Procedure for amending and bringing up to date the International Code of Signals
国际信号规则的修正和更新程序(1969 年 10 月 28 日通过,2 页)

A. 188(Ⅵ) Training of masters, officers and crew
船长、高级船员和一般船员的培训(1969 年 10 月 28 日通过,1 页)

A. 189(Ⅵ) Voluntary reports on spillages of oil
溢油的主动报告(1969 年 10 月 28 日通过,1 页)

A. 190(Ⅵ) Adoption of the reports of the Maritime Safety Committee

通过海上安全委员会报告(1969 年 10 月 28 日通过,1 页)

A. 191(Ⅵ) International Conference on Tonnage Measurement of Ships, 1969
1969 年国际船舶吨位丈量会议(1969 年 10 月 28 日通过,1 页)

A. 192(Ⅵ) Revision of the Regulations for Preventing Collisions at Sea, 1960
修订 1960 年海上避碰规则(1969 年 10 月 28 日通过,1 页)

A. 193(Ⅵ) International Conference on Container Traffic
国际集装箱运输会议(1969 年 10 月 29 日通过,1 页)

A. 194(Ⅵ) Recommendation on wider implementation of facilitation measures in maritime travel and transport
关于广泛执行海上旅行和运输中便利措施的建议案(1969 年 10 月 29 日通过,8 页)

A. 195(Ⅵ) Review of the Organization's methods of work and the total financial burden falling upon Member States
审查本组织工作方法和成员国承受的财务负担(1969 年 10 月 29 日通过,1 页)

A. 196(Ⅵ) Working Capital Fund
工作基金款项(1969 年 10 月 29 日通过,1 页)

A. 197(Ⅵ) Presentation of the final accounts and audit report for the fourth financial period
公布第 4 财务年度决算和审计报告(1969 年 10 月 29 日通过,1 页)

A. 198(Ⅵ) Work programme and budget for the sixth financial period 1970/71
第 6 财务年度(1970/1971 年)工作计划和预算(1969 年 10 月 29 日通过,6 页)

A. 199(Ⅵ) Relations with the non-governmental organizations
与非政府性组织的关系(1969 年 10 月 29 日通过,1 页)

A. 200(Ⅵ) Printing Fund
Revoked by A. 1014(26)
印刷基金(1969 年 10 月 29 日通过,1 页)
由 A. 1014(26)决议所废除

A. 201(Ⅵ) International Labour Organization
国际劳工组织(1969 年 10 月 29 日通过,1 页)

A. 202(Ⅶ) International Conference on Special Trade Passenger Ships, 1971
1971 年国际特种业务客船会议(1971 年 10 月 6 日通过,1 页)

A. 203(Ⅶ) Recommendation on the conclusion of agreements and arrangements between States on the question of access and employment of foreign sea-borne salvage equipment in territorial waters

关于在领海内出入和使用外国海上救助设备的国家间协议和安排的建议案(1971 年 10 月 6 日通过,1 页)

A. 204(Ⅶ) Appreciation of the services of Mr. Hjalmar R. Bardarson

感谢 H. R. Bardarson 先生的服务(1971 年 10 月 11 日通过,1 页)

A. 205(Ⅶ) Amendments to the International Convention for the Safety of Life at Sea, 1960

对 1960 年国际海上人命安全公约的修正案(1971 年 10 月 12 日通过,6 页)

A. 206(Ⅶ) Amendments to the recommendation on intact stability for passenger and cargo ships under 100 metres in length (resolution A. 167(ES. Ⅳ)) with respect to ships carrying deck cargoes

Amends A. 167(ES. Ⅳ),

对船长小于 100 m 的客船和货船完整稳性的建议案(A. 167(ES. IV)决议)的修正案——关于载运甲板货船舶(1971 年 10 月 12 日通过,2 页)

对 A. 167(ES. Ⅳ)决议的修正

A. 207(Ⅶ) Recommendation for an interim simplified criterion for decked fishing vessels under 30 metres in length

对船长小于 30m 甲板型渔船暂行简化标准的建议案(1971 年 10 月 12 日通过,4 页)

A. 208(Ⅶ) Recommendation on construction of fishing vessels affecting the vessel's stability and crew safety

对影响船舶稳性和船员安全的渔船结构的建议(1971 年 10 月 12 日通过,8 页)

A. 209(Ⅶ) Recommendation on information to be included in the manoeuvring booklets

Superseded by A. 601(15), Refer to A. 751(18)

对在操纵性手册中含有情报资料的建议(1971 年 10 月 12 日通过,2 页)

由 A. 601(15)决议所替代,参见 A. 751(18)决议

A. 210(Ⅶ) Recommendation on steering gear for large ships

Incorporated in MSC. 1(XLV)

关于大型船舶操舵装置的建议(1971 年 10 月 12 日通过,1 页)

已并入 MSC. 1(XLV)决议

A. 211(Ⅶ) Recommendation on safety measures for periodically unattended machinery spaces of cargo ships additional to those normally considered necessary for an attended machinery space

除对有人值班机器处所通常需考虑的安全措施外,对于货船周期性无人值班机器处所的附加安全措施的建议(1971 年 10 月 12 日通过,6 页)

A. 212(Ⅶ) Code for the Construction and Equipment of Ships Carrying Dangerous Chemicals in Bulk

Amended by A. 490(12), MSC. 9(53), MSC. 15(94), MSC. 18(58), MSC. 29(61), MSC. 51(66), MSC. 106(73)

散装运输危险化学品船舶构造与设备规则(1971 年 10 月 12 日通过,40 页)

由 A. 490(12), MSC. 9 (53), MSC. 15 (94), MSC. 18 (58), MSC. 29 (61), MSC. 51 (66), MSC. 106 (73)决议所修正

A. 213(Ⅶ) Recommendation on fire safety requirements for construction and equipment of new tankers

Superseded by A. 271(Ⅷ)

对于新建液货船构造和设备的防火安全要求的建议案(1971 年 10 月 12 日通过,7 页)

由 A. 271(Ⅷ)决议所替代

A. 214(Ⅶ) Improved provisional guidelines on test procedures for primary deck coverings

Supersedes A. 165(ES. Ⅳ), Revoked by A. 687(17)

主甲板覆层试验程序改进的暂行指南(1971 年 10 月 12 日通过,12 页)

替代 A. 165(ES. Ⅳ)决议,由 A. 687(17)决议所废除

A. 215(Ⅶ) Correction to the text of the recommendation for fire test procedures for ‘A’ and ‘B’ class divisions (resolution A. 163(ES. Ⅳ))

Superseded by A. 517(13), Corrects A. 163(ES. Ⅳ)

对“A”级和“B”级分隔的耐火试验程序的建议案(A. 163(ES. Ⅳ)决议)条文的修改(1971 年 10 月 12 日通过,1 页)

由 A. 517(13)决议所替代,修改 A. 163(ES. Ⅳ)决议

A. 216(Ⅶ) Instruction for action in survival craft

Revoked by A. 657(16)

救生艇筏中的行动须知(1971 年 10 月 12 日通过,2 页)

由 A. 657(16)决议所废除

A. 217(Ⅶ) Measures for strengthening and improving the maritime distress system

海难系统的加强和改进方法(1971 年 10 月 12 日通过,5 页)

A. 218(Ⅶ) Safety radiocommunication requirements for novel types of craft

Superseded by A. 373(Ⅹ)

新型小艇的无线电通信安全要求(1971 年 10 月 12 日通过,1 页)

由 A. 373(Ⅹ)决议所替代

A. 219(Ⅶ) Unification of performance specifications

性能技术条件的统一要求(1971 年 10 月 12 日通过,1 页)

A. 220(Ⅶ) Introduction of selective calling (SSFC) system

推荐采用选择性呼叫(SSFC)系统(1971年10月12日通过,1页)

A.221(Ⅶ) Radio equipment for homing
无线电自导设备(1971年10月12日通过,1页)

A.222(Ⅶ) Performance standards for navigational radar equipment
Superseded by A.477(Ⅻ)
航行雷达设备性能标准(1971年10月12日通过,4页)
由A.477(Ⅻ)决议所替代

A.223(Ⅶ) Performance standards for radio direction-finding systems
Revoked by A.665(16)
无线电测向系统性能标准(1971年10月12日通过,4页)
由A.665(16)决议所废除

A.224(Ⅶ) Performance standards for echo-sounding equipment
Amended by MSC.74(69) (annex 4), but still in force for equipment installed before 1 January 2001
测深仪设备性能标准(1971年10月12日通过,2页)
由MSC.74(69)决议(附则4)所修正,但对2001年1月1日之前安装的设备仍有效

A.225(Ⅶ) Homing capability of search and rescue (SAR) aircraft
搜寻和救助飞行器的自导能力(1971年10月12日通过,2页)

A.226(Ⅶ) Traffic separation schemes
Superseded by A.284(Ⅷ)
分道航行制(1971年10月12日通过,15页)
由A.284(Ⅷ)决议所替代

A.227(Ⅶ) System of traffic separation schemes in the Dover Strait and adjacent areas
Superseded by A.284(Ⅷ)
多佛海峡和邻近区域的分道航行制系统(1971年10月12日通过,4页)
由A.284(Ⅷ)决议所替代

A.228(Ⅶ) Observance of traffic separation schemes
Revoked by A.433(Ⅺ)
执行分道航行制(1971年10月12日通过,1页)
由A.433(Ⅺ)决议所废除

A.229(Ⅶ) Merchant Ship Search and Rescue Manual (MERSAR)
Revoked by A.894(21)

商船搜寻与救助手册(MERSAR)(1971 年 10 月 12 日通过,1 页)
由 A. 894(21)决议所废除

A. 230(Ⅶ) Adoption of the International Maritime Dangerous Goods Code
Revoked by A. 716(17)
通过国际海运危险货物规则(1971 年 10 月 12 日通过,1 页)
由 A. 716(17)决议所废除

A. 231(Ⅶ) Amendments to the International Convention on Load Lines, 1966
Incorporated in the 1988 LL Protocol
对 1966 年国际载重线公约的修正案(1971 年 10 月 12 日通过,4 页)
已并入 1988 年载重线公约议定书

A. 232(Ⅶ) Amendments to the International Convention for the Prevention of Pollution of the Sea by Oil, 1954 (as amended in 1969), concerning the protection of the Great Barrier Reef
对 1954 年国际防止海上油污公约(经 1969 年修正)的修正案——关于大堡礁保护问题(1971 年 10 月 12 日通过,2 页)

A. 233(Ⅶ) Recommendation on international performance specifications for oily-water separating equipment and oil content meters
Superseded by A. 393(Ⅹ)
对油水分离设备和油分计的国际性能技术条件的建议案(1971 年 10 月 12 日通过,10 页)
由 A. 393(Ⅹ)决议所替代

A. 234(Ⅶ) Disposal of oily bilge and ballast water from ships in ports (excluding effluent from cargo/ballast tanks in tankers)
港口中船舶含油舱底水和压载水的处理(油船中货油/压载舱的污水除外)(1971 年 10 月 12 日通过,2 页)

A. 235(Ⅶ) Facilities in ports for the reception of oil residues
港口中残油接收设施(1971 年 10 月 12 日通过,1 页)

A. 236(Ⅶ) Implementation of the 1969 amendments to the International Convention for the Prevention of Pollution of the Sea by Oil, 1954
执行 1954 年国际防止海上油污公约 1969 年修正案(1971 年 10 月 12 日通过,2 页)

A. 237(Ⅶ) Acceleration of the Maritime Safety Committee's work programme
促进海上安全委员会的工作计划(1971 年 10 月 12 日通过,1 页)

A. 238(Ⅶ) Adoption of the reports of the Maritime Safety Committee
通过海上安全委员会报告(1971 年 10 月 12 日通过,1 页)

A. 239(Ⅶ) Recommendation on facilitation in maritime travel and transport
关于便利海上旅行和运输的建议案(1971 年 10 月 12 日通过,1 页)

A. 240(Ⅶ) Working Capital Fund
工作基金款项(1971 年 10 月 12 日通过,1 页)

A. 241(Ⅶ) International Conference on Marine Pollution, 1973
1973 年国际海洋污染会议(1971 年 10 月 13 日通过,1 页)

A. 242(Ⅶ) Preparations for the United Nations Conference on the Human Environment (Stockholm, 5—16 June 1972)
筹备联合国人类环境会议(斯德哥尔摩,1972 年 6 月 5 日-16 日)(1971 年 10 月 13 日通过,1 页)

A. 243(Ⅶ) International Convention on Ocean Data Acquisition Systems (ODAS)
国际海洋资料获得系统公约(1971 年 10 月 13 日通过,1 页)

A. 244(Ⅶ) Co-operation with the Intergovernmental Oceanographic Commission
与政府间海洋学委员会的合作(1971 年 10 月 13 日通过,1 页)

A. 245(Ⅶ) United Nations/IMCO Conference on International Container Traffic, 1972
联合国与政府间海事协商组织共同召开 1972 年国际集装箱运输会议(1971 年 10 月 15 日通过,1 页)

A. 246(Ⅶ) Amendments to the International Convention for the Prevention of Pollution of the Sea by Oil, 1954, concerning tank arrangements and limitation of tank size
对 1954 年国际防止海上油污公约关于舱柜布置及其尺寸限制的修正案(1971 年 10 月 15 日通过,5 页)

A. 247(Ⅶ) Recommendation to put into effect requirements relating to tank arrangements and to the limitation of tank size from the point of view of minimizing pollution of the sea by oil
从减少海上油污观点实施舱柜布置及其尺寸限制要求的建议案(1971 年 10 月 15 日通过,1 页)

A. 248(Ⅶ) Long-term work programme of the Organization
本组织的长期工作计划(1971 年 10 月 15 日通过,2 页)

A. 249(Ⅶ) Amendment procedures in conventions for which IMCO is depositary
政府间海事协商组织负责保管的公约的修正程序(1971 年 10 月 15 日通过,1 页)

A. 250(Ⅶ) Implementation of United Nations General Assembly resolutions on apartheid and on the Declaration of the Granting of Independence to Colonial Countries and Peoples
贯彻联合国大会关于(消除)种族隔离和宣告给予殖民地国家和人民独立的决议(1971 年 10 月

15 日通过,1 页)

A. 251(Ⅶ) Relations with non-governmental international organizations
与非政府性国际组织的关系(1971 年 10 月 15 日通过,1 页)

A. 252(Ⅶ) Presentation of the final accounts and audit report for the fifth financial period
公布第 5 财务年度决算和审计报告(1971 年 10 月 15 日通过,1 页)

A. 253(Ⅶ) Amendment to the Financial Regulations
Revoked by A. 1017(26)
财务条例修正案(1971 年 10 月 15 日通过,1 页)
由 A. 1017(26)决议所废除

A. 254(Ⅶ) Supplementary estimates for 1971
1971 年追加概算(1971 年 10 月 15 日通过,3 页)

A. 255(Ⅶ) Work programme and budget for the seventh financial period 1972/73
第 7 财务年度(1972/1973 年)工作计划和预算(1971 年 10 月 15 日通过,6 页)

A. 256(Ⅶ) Continuation of the Joint Inspection Unit
联合检查组的保留(1971 年 10 月 15 日通过,1 页)

A. 257(Ⅶ) Appointment of the External Auditor
任命外聘审计员(1971 年 10 月 11 日通过,1 页)

A. 258(Ⅶ) Approval of the appointment of the Secretary-General by Council
批准理事会对秘书长的任命(1971 年 10 月 15 日通过,1 页)

A. 259(Ⅷ) Convention on the International Regulations for Preventing Collisions at Sea, 1972
1972 年国际海上避碰规则公约(1973 年 11 月 13 日通过,1 页)

A. 260(Ⅷ) International Convention for Safe Containers (CSC), 1972
1972 年国际安全集装箱公约(CSC)(1973 年 11 月 13 日通过,1 页)

A. 261(Ⅷ) International Conference on Space Requirements for Special Trade Passenger Ships, 1973
1973 年关于特种业务客船的处所要求的国际会议(1973 年 11 月 13 日通过,1 页)

A. 262(Ⅷ) Approval of appointment of the Secretary-General by Council
批准理事会对秘书长的任命(1973 年 11 月 14 日通过,1 页)

A. 263(Ⅷ) Amendments to chapters Ⅱ, Ⅲ, Ⅳ and Ⅴ of the International Convention for the Safety of

Life at Sea, 1960

对1960年国际海上人命安全公约第Ⅱ、Ⅲ、Ⅳ和Ⅴ章的修正案(1973年11月20日通过,5页)

A.264(Ⅷ) Amendment to chapter VI of the International Convention for the Safety of Life at Sea, 1960

Incorporated in SOLAS 74; valid for certain ships under SOLAS 60, Revokes A.185(Ⅵ)

对1960年国际海上人命安全公约第Ⅵ章的修正案(1973年11月20日通过,19页)

已并入SOLAS1974;SOLAS 1960对某些船舶仍有效,废除A.185(Ⅵ)决议

A.265(Ⅷ) Regulations on subdivision and stability of passenger ships as an equivalent to part B of chapter II of the International Convention for the Safety of Life at Sea, 1960

作为1960年国际海上人命安全公约第Ⅱ章B部分等效规则的客船分舱和稳性规则(1973年11月20日通过,19页)

A.266(Ⅷ) Recommendation on a standard method for establishing compliance with the requirements for cross-flooding arrangements in passenger ships

为适应客船横贯浸水装置的要求制定标准方法的建议案(1973年11月20日通过,5页)

A.267(Ⅷ) Code of practice concerning the accuracy of stability information for fishing vessels

关于渔船稳性资料精确性的实施规则(1973年11月20日通过,16页)

A.268(Ⅷ) Amendments to recommendation on intact stability of fishing vessels appendix Ⅴ—recommended practice on portable fish-hold divisions (resolution A.168(ES.Ⅳ))

对渔船完整稳性的建议案附录Ⅴ——对可拆鱼舱隔板的推荐规程(A.168(ES.Ⅳ)决议)的修正案(1973年11月20日通过,1页)

A.269(Ⅷ) Recommendation for skippers of fishing vessels on ensuring a vessel's endurance in conditions of ice formation

为确保船舶在结冰情况下的耐航性向渔船船长的建议案(1973年11月20日通过,5页)

A.270(Ⅷ) Recommendation on test method for qualifying marine construction materials as non-combustible

Superseded by A.472(Ⅻ)

鉴定船用结构材料不燃性的试验方法的建议案

由A.472(Ⅻ)决议所替代

A.271(Ⅷ) Recommendation to put fire safety measures for tankers and combination carriers into effect

Supersedes A.213(Ⅶ), Amended by A.326(Ⅸ); incorporated in MSC.1(XLV)

实施液货船和兼用船防火安全措施的建议案(1973年11月20日通过,7页)

替代A.213(Ⅶ)决议,由A.326(Ⅸ)决议所修正;并入MSC.1(XLV)决议中

A.272(Ⅷ) Recommendation on safe access to and working in large tanks, and recommendation on safe access to and working in large cargo holds of bulk carriers

Amended by A.330(Ⅸ)

关于在大型液货舱安全进出和工作的建议,以及关于在散货船大型货舱安全进出和工作的建议案(1973 年 11 月 20 日通过,3 页)

由 A.330(Ⅸ)决议所修正

A.273(Ⅷ) Survey of inflatable liferafts

Revoked by A.693(17)

气胀式救生筏的检验(1973 年 11 月 20 日通过,1 页)

由 A.693(17)决议所废除

A.274(Ⅷ) Recommendation on retro-reflective tapes on life-saving appliances

Revoked by A.658(16)

关于救生设备上使用向后反射带的建议案(1973 年 11 月 20 日通过,4 页)

由 A.658(16)决议所废除

A.275(Ⅷ) Recommendation on performance standards for mechanical pilot hoists

Revoked by A.889(21)

关于引水员机械升降器性能标准的建议案(1973 年 11 月 20 日通过,4 页)

由 A.889(21)决议所废除

A.276(Ⅷ) Recommendation on the number of persons allowed on board existing passenger ships resulting from an increase in liferaft capacity

由于救生筏载客量增加对现有客船容许载客数的建议案(1973 年 11 月 20 日通过,1 页)

A.277(Ⅷ) Recommendation on performance standards for radar reflectors

关于雷达反射器性能标准的建议案(1973 年 11 月 20 日通过,2 页)

A.278(Ⅷ) Supplement to the recommendation on performance standards for navigational radar equipment (resolution A.222(Ⅶ))

航海雷达设备性能标准建议案(A.222(Ⅶ)决议)的补充(1973 年 11 月 20 日通过,10 页)

A.279(Ⅷ) Recommendation on emergency position-indicating radio beacons

关于应急无线电示位标的建议案(1973 年 11 月 20 日通过,1 页)

A.280(Ⅷ) Recommendation on performance standards for gyro-compasses

关于电罗经性能标准的建议案(1973 年 11 月 20 日通过,2 页)

A.281(Ⅷ) Recommendation on general requirements for electronic navigational aids

关于电子导航设备一般要求的建议案(1973 年 11 月 20 日通过,2 页)

A.282(Ⅷ) Recommendation on the installation and use of manoeuvring lights
关于安装和使用机动操纵灯的建议案(1973年11月20日通过,2页)

A.283(Ⅷ) Recommendation on the development of the maritime distress system
Superseded by A.420(Ⅺ)
关于开发海上遇险系统的建议案(1973年11月20日通过,5页)
由A.420(Ⅺ)决议所替代

A.284(Ⅷ) Routeing systems
(Annex Ⅰ is revoked by A.378(Ⅹ))
定线制(1973年11月20日通过,66页)
(附则Ⅰ已由A.378(Ⅹ)决议所废除)

A.285(Ⅷ) Recommendation on basic principles and operational guidance relating to navigational watchkeeping
关于航行值班的基本原则和操作指南的建议案(1973年11月20日通过,5页)

A.286(Ⅷ) Recommendation on training and qualifications of officers and crews of ships carrying hazardous or noxious chemicals in bulk
对散装运输有害或有毒化学品船舶的高级和一般船员的培训和资格的建议案(1973年11月20日通过,4页)

A.287(Ⅷ) Code of Safe Practice for Ships Carrying Timber Deck Cargoes
Revoked by A.715(17)
载运木材甲板货物船舶的安全操作规则(1973年11月20日通过,19页)
由A.715(17)决议所废除

A.288(Ⅷ) Recommendation on the safe stowage and securing of containers on deck on vessels which are not specially designed and fitted for the purpose of carrying containers
Revoked by A.714(17)
在非专门为载运集装箱而设计和装备的船舶甲板上安全堆装和系固集装箱的建议案(1973年11月20日通过,2页)
由A.714(17)决议所废除

A.289(Ⅷ) Recommendation on safe practice on dangerous goods in ports and harbours
Superseded by A.435(Ⅺ)
对在港口和码头内危险货物安全作业的建议案(1973年11月20日通过,5页)
由A.435(Ⅺ)决议所替代

A.290(Ⅷ) Adoption of the reports of the Maritime Safety Committee
通过海上安全委员会的报告(1973年11月20日通过,1页)

A. 291(Ⅷ) Arrears of contributions
会费的拖欠(1973 年 11 月 20 日通过,1 页)

A. 292(Ⅷ) Working Capital Fund
工作基金款项(1973 年 11 月 20 日通过,1 页)

A. 293(Ⅷ) Amendment procedures for conventions of which IMCO is depositary
政府间海事协商组织负责保管的公约的修正程序(1973 年 11 月 20 日通过,1 页)

A. 294(Ⅷ) Voting rights on proposed amendments to conventions of which IMCO is depositary
对政府间海事协商组织保管的各公约建议修正案的表决权(1973 年 11 月 20 日通过,1 页)

A. 295(Ⅷ) Appreciation of the services of Mr. Colin Goad to the Organization
感谢 Colin Goad 先生对本组织的服务(1973 年 11 月 22 日通过,1 页)

A. 296(Ⅷ) International Conference on Marine Pollution, 1973
1973 年国际海洋污染会议(1973 年 11 月 23 日通过,1 页)

A. 297(Ⅷ) Establishment of a Marine Environment Protection Committee
成立海洋环境保护委员会(1973 年 11 月 23 日通过,1 页)

A. 298(Ⅷ) Facilitation measures in maritime travel and transport
海上旅行和运输的便利措施(1973 年 11 月 23 日通过,1 页)

A. 299(Ⅷ) Classification and labelling of dangerous or hazardous cargo
Revoked by A. 716(17)
危险货物的分类和标志(1973 年 11 月 23 日通过,1 页)
由 A. 716(17)决议所废除

A. 300(Ⅷ) Presentation of the final accounts and audit report for the sixth financial period
公布第 6 财务年度决算和审计报告(1973 年 11 月 23 日通过,1 页)

A. 301(Ⅷ) Amendments to the Financial Regulations
Revoked by A. 1017(26)
财务条例的修正案(1973 年 11 月 23 日通过,4 页)
由 A. 1017(26)决议所废除

A. 302(Ⅷ) Supplementary estimates for 1973
1973 年补充预算(1973 年 11 月 23 日通过,1 页)

A. 303(Ⅷ) Long-term work programme of the Organization

本组织的长期工作计划(1973 年 11 月 20 日通过,1 页)

A. 304(Ⅷ) International Conference on Safety of Life at Sea, 1974
1974 年国际海上人命安全会议(1973 年 11 月 23 日通过,1 页)

A. 305(Ⅷ) International Conference on the Establishment of an International Maritime Satellite System
关于建立国际海事卫星系统的国际会议(1973 年 11 月 23 日通过,1 页)

A. 306(Ⅷ) Work programme and budget for the eighth financial period 1974/75
第 8 财务年度(1974/1975 年)工作计划和预算(1973 年 11 月 20 日通过,3 页)

A. 307(Ⅷ) Printing Fund
Revoked by A. 1014(26)
出版基金(1973 年 11 月 23 日通过,1 页)
由 A. 1014(26)决议所废除

A. 308(Ⅷ) Headquarters facilities and accommodation
总部设备和房舍(1973 年 11 月 23 日通过,1 页)

A. 309(Ⅷ) International Civil Service Commission
国际民事委员会(1973 年 11 月 23 日通过,1 页)

A. 310(Ⅷ) Exclusion of the Governments of Portugal and South Africa from the Assembly and all conferences and meetings of IMCO
从政府间海事协商组织的大会和一切会议中开除葡萄牙和南非政府(1973 年 11 月 23 日通过,1 页)

A. 311(Ⅷ) Safety of maritime navigation
海上航行安全(1973 年 11 月 23 日通过,1 页)

A. 312(Ⅷ) Relations with non-governmental international organizations
与非政府性国际组织的关系(1973 年 11 月 23 日通过,1 页)

A. 313(Ⅷ) Continuation of the Joint Inspection Unit
联合检查组的保留(1973 年 11 月 23 日通过,1 页)

A. 314(Ⅷ) Convening of an extraordinary session of the Assembly
召开大会的特别会议(1973 年 11 月 23 日通过,1 页)

A. 315(ES. Ⅴ) Amendments to the IMCO Convention
政府间海事协商组织公约的修正案(1974 年 10 月 17 日通过,2 页)

A. 316(ES. Ⅴ) Wider representation in the Council

理事会的更广泛的代表性(1974 年 10 月 18 日通过,1 页)

A. 317(ES. Ⅴ) Establishment of an ad hoc working group

建立专门工作组(1974 年 10 月 18 日通过,1 页)

A. 318(Ⅸ) Adoption of the reports of the Maritime Safety Committee

通过海上安全委员会的各项报告(1975 年 11 月 12 日通过,1 页)

A. 319(Ⅸ) Amendment to the International Convention on Load Lines, 1966

Incorporated in 1988 LL Protocol

1966 年国际载重线公约修正案(1975 年 11 月 12 日通过,3 页)

已并入国际载重线公约 1988 年议定书

A. 320(Ⅸ) Regulation equivalent to regulation 27 of the International Convention on Load Lines, 1966

Amended by A. 514(13), Supersedes A. 172(ES. Ⅴ)

1966 年国际载重线公约第 27 条的等效规则(1975 年 11 月 12 日通过,6 页)

由 A. 514(13) 决议所修正,替代 A. 172 (ES. Ⅴ)决议

A. 321(Ⅸ) Procedures for the control of ships

Superseded by A. 466(Ⅻ)

船舶的控制程序(1975 年 11 月 12 日通过,4 页)

由 A. 466(Ⅻ) 决议所替代

A. 322(Ⅸ) The conduct of investigations into casualties

事故调查的处理(1975 年 11 月 12 日通过,1 页)

A. 323(Ⅸ) Recommendation to ensure uniform treatment of ships designed for the carriage of vehicles involved in the international road transport of goods

Incorporated in MSC. 1(XLV)

有关确保拟用于运载从事国际公路货物运输车辆的船舶统一处理的建议案(1975 年 11 月 12 日通过,3 页)

已并入 MSC. 1(XLV)决议

A. 324(Ⅸ) Recommendation on position of collision bulkheads in cargo ships

Incorporated in MSC. 1(XLV)

关于货船防撞舱壁位置的建议案(1975 年 11 月 12 日通过,2 页)

已并入 MSC. 1(XLV)决议

A. 325(Ⅸ) Recommendation concerning regulations for machinery and electrical installations in passenger and cargo ships

Incorporated in MSC.1(XLV)

关于客船与货船机电设备规则的建议案(1975年11月12日通过,28页)

已并入MSC.1(XLV)决议

A.326(Ⅸ) Amendments to the draft regulations concerning fire safety measures for tankers and combination carriers annexed to resolution A.271(Ⅷ)

Amends A.271(Ⅷ), Incorporated in MSC.1(XLV)

对附入A.271(Ⅷ)决议中的关于液货船和兼用船防火安全措施规则草案的修正案(1975年11月12日通过,3页)

修正A.271(Ⅷ)决议,已并入MSC.1(XLV)决议

A.327(Ⅸ) Recommendation concerning fire safety requirements for cargo ships

Incorporated in MSC.1(XLV)

关于货船防火安全要求的建议案(1975年11月12日通过,23页)

已并入MSC.1(XLV)决议

A.328(Ⅸ) Code for the Construction and Equipment of Ships Carrying Liquefied Gases in Bulk

Amended by MSC.25(60), MSC.34(63),MSC.60(67), MSC.107(73), MSC.182.(79), MSC.225(82), Superseded byMSC.5(48), Now IGC Code, but still in force for ships Built before 1 July 1986

散装运输液化气船舶构造与设备规则(1975年11月12日通过,101页)

由MSC.25(60), MSC.34(63),MSC.60(67), MSC.107(73), MSC.182.(79), MSC.225(82)决议所修正,由MSC.5(48)决议所替代,现为《国际散装运输液化气船舶构造与设备规则》(IGC Code),但对1986年7月1日之前建造的船舶仍有效

A.329(Ⅸ) Recommendations concerning ships not covered by the Code for the Construction and Equipment of Ships Carrying Liquefied Gases in Bulk (resolution A.328(Ⅸ))

Amended by MSC 63/23/Add.1 annex 6, Now IGC Code, but still in force for ships not covered by GC Code.

关于不包括在散装运输液化气船舶构造与设备规则(A.328(Ⅸ)决议)内之船舶的建议案(1975年11月12日通过,1页)

由MSC 63/23/Add.1决议附则6所修正,现为《国际散装运输液化气船舶构造与设备规则》(IGC Code),但对《散装运输液化气船舶构造与设备规则》(GC Code)未涉及的船舶仍有效

A.330(Ⅸ) Amendment to the recommendation on safe access to and working in large tanks (resolution A.272(Ⅷ), annex I) to include large water ballast tanks

Amends A.272(Ⅷ)

对关于在大型液货舱(A.272(Ⅷ)决议附件I)包括大型压载水舱安全进出和工作之建议的修正案(1975年11月12日通过,1页)

修正A.272(Ⅷ)决议

A.331(Ⅸ) Recommendation on longitudinal rubbing bands
关于纵向护舷木的建议案(1975 年 11 月 12 日通过,1 页)

A.332(Ⅸ) Recommendation on arrangements for embarking and disembarking pilots in very large ships
Superseded by A.426(Ⅺ)
特大型船舶引水员登离船装置的建议案(1975 年 11 月 12 日通过,1 页)
由 A.426(Ⅺ)决议所替代

A.333(Ⅸ) Recommendation on the conditions for the approval of servicing stations for inflatable liferafts
Revoked by A.693(17)
对气胀式救生筏检修站认可条件的建议案(1975 年 11 月 12 日通过,2 页)
由 A.693(17)决议所废除

A.334(Ⅸ) Recommendation on operational standards for radiotelephone transmitters and receivers
无线电话发信机和收信机工作标准的建议案(1975 年 11 月 12 日通过,6 页)

A.335(Ⅸ) Recommendations related to chapter IV of the International Convention for the Safety of Life at Sea
Incorporated in MSC.1(XLV)
关于国际海上人命安全公约第Ⅳ章的建议案(1975 年 11 月 12 日通过,4 页)
已并入 MSC.1(XLV)决议

A.336(Ⅸ) Recommendation on the carriage of VHF radiotelephone stations
Incorporated in MSC.1(XLV)
关于设置甚高频无线电话台的建议案(1975 年 11 月 12 日通过,1 页)
已并入 MSC.1(XLV)决议

A.337(Ⅸ) Recommendation on principles and operational guidance for deck officers in charge of a watch in port
关于船舶在港时负责值班的驾驶员的原则和操作指导的建议案(1975 年 11 月 12 日通过,3 页)

A.338(Ⅸ) Routeing systems
定线制(1975 年 11 月 12 日通过,15 页)

A.339(Ⅸ) Recommendation on navigation through the entrances to the Baltic Sea
Revoked by A.620(15)
通过波罗的海入口处航行的建议案(1975 年 11 月 12 日通过,2 页)
由 A.620(15)决议所废除

A.340(Ⅸ) Recommendation on establishment of fairways through offshore exploration areas

Superseded by A. 379(Ⅹ)

关于建立通过近海勘探区航道的建议案(1975 年 11 月 12 日通过,3 页)

由 A. 379(Ⅹ)决议所替代

A. 341(Ⅸ) Recommendation on dissemination of information, charting and manning of drilling rigs, production platforms and other similar structures

Revoked by A. 671(16), Supersedes A. 180(Ⅵ)

关于钻井架、生产平台与其他类似结构的信息传播、标图和配员的建议案(1975 年 11 月 12 日通过,2 页)

由 A. 671(16)决议所废除,替代 A. 180(Ⅵ)决议

A. 342(Ⅸ) Recommendation on performance standards for automatic pilots

Amended by MSC. 64(67) (annex 3), but still in force for equipment installed before 1 January 1999

自动标绘仪性能标准的建议案(1975 年 11 月 12 日通过,2 页)

由 MSC. 64(67)决议(附则 3)所修正,但对 1999 年 1 月 1 日之前安装的设备仍有效

A. 343(Ⅸ) Recommendation on methods of measuring noise levels at listening posts

关于在听音哨测量噪声级之方法的建议案(1975 年 11 月 12 日通过,2 页)

A. 344(Ⅸ) Recommendation on search and rescue signals between aircraft and ships

Incorporated in MSC. 1(XLV)

关于飞机和船舶之间搜救信号的建议案(1975 年 11 月 12 日通过,2 页)

已并入 MSC. 1(XLV)决议

A. 345(Ⅸ) Recommendation on marking and labelling of dangerous goods

Revoked by A. 716(17)

关于危险品标记和标签的建议案(1975 年 11 月 12 日通过,1 页)

由 A. 716(17)决议所废除

A. 346(Ⅸ) Approval of the reports of the Marine Environment Protection Committee

批准海上环境保护委员会的报告(1975 年 11 月 12 日通过,1 页)

A. 347(Ⅸ) Entry into force of the 1969 amendments to the International Convention for the Prevention of Pollution of the Sea by Oil, 1954, and of the International Convention for the Prevention of Pollution from Ships, 1973

1954 年国际防止海上油污公约 1969 年修正案和 1973 年国际防止船舶造成污染公约的生效(1975 年 11 月 12 日通过,1 页)

A. 348(Ⅸ) Provision of reception facilities for oil residues and wastes under the International Convention for the Prevention of Pollution from Ships, 1973

1973 年国际防止船舶造成污染公约对残油和废弃物接收设施的规定(1975 年 11 月 12 日通过,1 页)

A. 349(Ⅸ) Technical assistance in the field of marine pollution
海洋污染领域的技术援助(1975 年 11 月 12 日通过,1 页)

A. 350(Ⅸ) International Convention for the Safety of Life at Sea, 1974
1974 年国际海上人命安全公约(1975 年 11 月 12 日通过,1 页)

A. 351(Ⅸ) Use of metric units in the SI system in the International Convention for the Safety of Life at Sea, 1974, and other future instruments
1974 年国际海上人命安全公约和其他未来文件中国际单位制系统中公制单位的使用(1975 年 11 月 12 日通过,1 页)

A. 352(Ⅸ) Acceptance of the 1974 amendments to the IMCO Convention
接受政府间海事协商组织公约 1974 年修正案(1975 年 11 月 12 日通过,1 页)

A. 353(Ⅸ) Co-operation between IMCO and the ILO on the subject of sub-standard ships
政府间海事协商组织与国际劳工组织之间就低于标准之船舶的主题之合作(1975 年 11 月 13 日通过,4 页)

A. 354(Ⅸ) Progressive use of Spanish as a working language of the Organization
增加西班牙语作为本组织工作语言(1975 年 11 月 13 日通过,1 页)

A. 355(Ⅸ) Appointment of the External Auditor
任命外聘审计员(1975 年 11 月 13 日通过,1 页)

A. 356(Ⅸ) Application of Article 42 of the IMCO Convention
政府间海事协商组织公约第 42 条的应用(1975 年 11 月 14 日通过,1 页)

A. 357(Ⅸ) Amendment to article VII of the Convention on Facilitation of International Maritime Traffic, 1965
1965 年国际便利海上运输公约第 VII 条的修正案(1975 年 11 月 14 日通过,1 页)

A. 358(Ⅸ) Amendments to the IMCO Convention
Corrected by A. 371(Ⅹ)
对政府间海事协商组织公约的修正案(1975 年 11 月 14 日通过,1 页)
由 A. 371(Ⅹ)决议所修改

A. 359(Ⅸ) Establishment of an ad hoc working group
建立专门工作组(1975 年 11 月 14 日通过,1 页)

A.360(Ⅸ) Institutionalization of the Committee on Technical Co-operation
技术合作委员会的制度化(1975年11月14日通过,1页)

A.361(Ⅸ) Interpretation of the IMCO Convention concerning voting rights in the Maritime Safety Committee
政府间海事协商组织公约关于海上安全委员会中表决权的解释(1975年11月14日通过,1页)

A.362(Ⅸ) Headquarters facilities and accommodation
总部设施和房舍(1975年11月14日通过,1页)

A.363(Ⅸ) Working Capital Fund
工作基金款项(1975年11月14日通过,1页)

A.364(Ⅸ) Amendment to Financial Regulations
Revoked by A.1017(26)
财务条例的修正案(1975年11月14日通过,1页)
由A.1017(26)决议所废除

A.365(Ⅸ) Presentation of accounts and audit report
公布账目和审计报告(1975年11月14日通过,1页)

A.366(Ⅸ) Supplementary estimates, 1975
1975年补充预算(1975年11月14日通过,1页)

A.367(Ⅸ) Long-term work programme of the Organization (1978-1982)
本组织的长期工作计划(1978年—1982年)(1975年11月14日通过,1页)

A.368(Ⅸ) Currency of the IMCO budget
政府间海事协商组织预算的货币种类问题(1975年11月14日通过,1页)

A.369(Ⅸ) Work programme and budget for the ninth financial period 1976/77
第9财务年度(1976/1977年)工作计划和预算(1975年11月14日通过,3页)

A.370(Ⅸ) Relations with non-governmental international organizations
与非政府性国际组织的关系(1975年11月14日通过,1页)

A.371(Ⅹ) Correction of Assembly resolution A.358(Ⅸ)
Corrects A.358(Ⅸ)
A.358(Ⅸ)大会决议的修改(1977年11月9日通过,1页)
修改A.358(Ⅸ)决议

A. 372(Ⅹ) Recommendation concerning fire safety requirements for passenger ships carrying not more than 36 passengers

Incorporated in MSC. 1(XLV)

关于载客不超过36名的客船防火安全要求的建议案(1977年11月14日通过,24页)

已并入MSC. 1(XLV)决议

A. 373(Ⅹ) Code of Safety for Dynamically Supported Craft

Amended by MSC. 37(63), MSC. 39(63), MSC. 186(79), MSC. 224(82), Supersedes A. 126(Ⅴ), A. 170(ES. Ⅳ), A. 183(Ⅶ), A. 218(Ⅶ) and MSC/Circ. 87, Now 2000 HSC Code, but in force for existing ships built before 1 January 1996

动力支承艇的安全法规(1977年11月14日通过,72页)

由MSC. 37(63), MSC. 39(63), MSC. 186(79), MSC. 224(82)决议所修正,替代A. 126(Ⅴ)、A. 170(ES. Ⅳ)、A. 183(Ⅶ)、A. 218(Ⅶ)决议和MSC/Circ. 87通函,现为《2000年国际高速艇安全规则》(2000 HSC Code),但对1996年1月1日之前建造的现有船舶仍有效

A. 374(Ⅹ) Routeing systems

定线制(1977年11月14日通过,17页)

A. 375(Ⅹ) Navigation through the Straits of Malacca and Singapore

Amended by A. 476(Ⅻ)

通过马六甲和新加坡海峡的航行(1977年11月14日通过,8页)

由A. 476(Ⅻ)决议所修正

A. 376(Ⅹ) Procedure for adoption of traffic separation schemes for the purposes of the International Regulations for Preventing Collisions at Sea, 1972

Revoked by A. 826(19) and A. 858(20)

对实施1972年国际海上避碰规则采用分道航行制的通过程序(1977年11月14日通过,1页)

由A. 826(19)和A. 858(20)决议所废除

A. 377(Ⅹ) Procedure for adoption and amendment of routeing systems other than traffic separation schemes

Revoked by A. 826(19) and A. 858(20)

对不同于分道航行制的定线制的通过和修正程序(1977年11月14日通过,1页)

由A. 826(19)和A. 858(20)决议所废除

A. 378(Ⅹ) General provisions on ships' routeing

Revokes Annex I of A. 284(Ⅷ), Superseded by A. 572(14)

船舶定线制的一般规定(1977年11月14日通过,16页)

废除A. 284(Ⅷ)决议的附则I,由A. 572(14)决议所替代

A. 379(Ⅹ) Establishment of safety zones and fairways or routeing systems in offshore exploration areas

Supersedes A. 179(Ⅵ), A. 340(Ⅸ), Revoked by A. 671(16)

近海勘探区的安全区及航道或定线制的建立(1977年11月14日通过,1页)

替代A. 179(Ⅵ)、A. 340(Ⅸ)决议,由A. 671(16)决议所废除

A. 380(Ⅹ) Standard Marine Navigational Vocabulary

Amended by A. 488(Ⅻ); revoked by A. 918(22)

标准海上航行术语(1977年11月14日通过,36页)

由A. 488(Ⅻ)决议所修正,由A. 918(22)决议所废除

A. 381(Ⅹ) Plan for the establishment of a world-wide navigational warning system

Superseded by A. 419(Ⅺ)

建立全球航行警告系统的计划(1977年11月14日通过,7页)

由A. 419(Ⅺ)决议所替代

A. 382(Ⅹ) Magnetic compasses: carriage and performance standards

Annex Ⅰ is incorporated in SOLAS reg. Ⅴ/12(b)

磁罗经:支架和性能标准(1977年11月14日通过,4页)

附则Ⅰ已并入《国际海上人命安全公约》(SOLAS)第Ⅴ章第12(b)条

A. 383(Ⅹ) Operational standards for radiotelephone watch receivers

无线电话值班接收机工作标准(1977年11月14日通过,4页)

A. 384(Ⅹ) Performance standards for radar reflectors

雷达反射器性能标准(1977年11月14日通过,2页)

A. 385(Ⅹ) Operational standards for VHF radiotelephone installations

甚高频无线电话装置工作标准(1977年11月14日通过,4页)

A. 386(Ⅹ) Application of section 9(b) of annex 1 to the International Regulations for Preventing Collisions at Sea, 1972

1972年国际海上避碰规则附则Ⅰ第9(b)条的应用(1977年11月14日通过,2页)

A. 387(Ⅹ) Procedure for amending and bringing up to date the Merchant Ship Search and Rescue Manual (MERSAR)

Revoked by A. 894(21)

商船搜寻与救助手册(MERSAR)的修正和不断更新的程序(1977年11月14日通过,1页)

由A. 894(21)决议所废除

A. 388(Ⅹ) Recommendation concerning tonnage measurement of ballast spaces in segregated ballast oil tankers

Revoked by A. 722(17)

关于设有专用压载舱的油船中压载处所的吨位丈量的建议案(1977 年 11 月 14 日通过,2 页)
由 A.722(17)决议所废除

A.389(Ⅹ) Interim scheme for tonnage measurement for certain ships
Superseded by A.494(Ⅻ)
某些船舶吨位丈量的暂行办法(1977 年 11 月 14 日通过,1 页)
由 A.494(Ⅻ)决议所替代

A.390(Ⅹ) Procedures for the control of ships under the International Convention for the Safety of Life at Sea, 1960, and the International Convention on Load Lines, 1966
1960 年国际海上人命安全公约和 1966 年国际载重线公约规定的船舶控制程序(1977 年 11 月 14 日通过,1 页)

A.391(Ⅹ) Procedures for the control of discharges under the International Convention for the Prevention of Pollution of the Sea by Oil, 1954
1954 年国际防止海上油污公约规定的排放控制程序(1977 年 11 月 14 日通过,4 页)

A.392(Ⅹ) Reports to the Inter-Governmental Maritime Consultative Organization on contraventions of the International Convention for the Prevention of Pollution of the Sea by Oil, 1954
向政府间海事协商组织就违反 1954 年国际防止海上油污公约的报告(1977 年 11 月 14 日通过,1 页)

A.393(Ⅹ) Recommendation on international performance and test specifications for oily-water separating equipment and oil content meters
Amended by MEPC.24(22)
对油水分离设备和油分计的国际性能和试验技术条件的建议案(1977 年 11 月 14 日通过,34 页)
由 MEPC.24(22)决议所修正

A.394(Ⅹ) Recommendation on prohibition of the bulk carriage of polychlorinated biphenyls
禁止散装运输聚氯化苯的建议案(1977 年 11 月 14 日通过,1 页)

A.395(Ⅹ) Acceptance of duties under the Convention on the Prevention of Marine Pollution by Dumping of Wastes and Other Matter, 1972
接受按 1972 年防止倾倒废物和其他物质污染海洋公约规定的职责(1977 年 11 月 14 日通过,1 页)

A.396(Ⅹ) Contract of the Secretary-General
秘书长合同(1977 年 11 月 14 日通过,1 页)

A.397(Ⅹ) Acceptance of the Convention on the International Maritime Satellite Organization (Inmarsat)
接受国际海事卫星组织公约(1977 年 11 月 17 日通过,1 页)

A. 398(Ⅹ) Approval of reports of committees
批准各委员会的报告(1977 年 11 月 17 日通过,1 页)

A. 399(Ⅹ) Recommendation on the issue by Governments of information on documentary requirements and other formalities applicable to the arrival, stay and departure of ships engaged in international
对各国政府发布的有关适用于国际航行船舶的到达、停留和离开的文件要求和其他手续的建议案(1977 年 11 月 17 日通过,2 页)

A. 400(Ⅹ) Amendments to the Convention on the Inter-Governmental Maritime Consultative Organization
政府间海事协商组织公约修正案(1977 年 11 月 17 日通过,7 页)

A. 401(Ⅹ) Establishment of an ad hoc working group
建立专门工作组(1977 年 11 月 17 日通过,1 页)

A. 402(Ⅹ) Headquarters facilities and accommodation
总部设施和房舍(1977 年 11 月 17 日通过,1 页)

A. 403(Ⅹ) Arrears of contributions and the Working Capital Fund
会费的拖欠和工作基金款项(1977 年 11 月 17 日通过,1 页)

A. 404(Ⅹ) Presentation of accounts and audit reports
公布账目和审计报告(1977 年 11 月 17 日通过,1 页)

A. 405(Ⅹ) Long-term work programme of the Organization
本组织长期工作计划(1977 年 11 月 17 日通过,4 页)

A. 406(Ⅹ) Work programme and budget for the tenth financial period 1978/79
第 10 财务年度(1978/1979 年)工作计划和预算(1977 年 11 月 17 日通过,3 页)

A. 407(Ⅹ) Review of the list of non-governmental organizations in consultative status
审查享有咨询地位的非政府组织名单(1977 年 11 月 17 日通过,1 页)

A. 408(Ⅹ) Statute of the Joint Inspection Unit
联合检查组章程(1977 年 11 月 17 日通过,1 页)

A. 409(Ⅹ) Disposition of cash surpluses for 1976 and 1977
1976 年及 1977 年现金积余处理(1977 年 11 月 17 日通过,1 页)

A. 410(Ⅺ) Ratification of the 1975 amendments to the International Convention on Load Lines, 1966
批准 1966 年国际载重线公约的 1975 年修正案(1979 年 11 月通过,1 页)

A.411(Ⅺ) Amendment to the International Convention on Load Lines, 1966
Incorporated in 1988 LL Protocol
对1966年国际载重线公约的修正案(1979年11月通过,1页)
已并入国际载重线公约1988年议定书中

A.412(Ⅺ) Acceptance and enforcement of international instruments relating to maritime safety and marine environment protection
接受和实施有关海上安全和保护海上环境的国际文件(1979年11月通过,1页)

A.413(Ⅺ) Guidelines on surveys and inspections under the Protocol of 1978 relating to the International Convention for the Safety of Life at Sea, 1974, and under the Protocol of 1978 relating to the International Convention for the Prevention of Pollution from Ships, 1973
根据1974年国际海上人命安全公约1978年议定书和1973年国际防止船舶造成污染公约1978年议定书进行检验与检查的指南(1979年11月通过,15页)

A.414(Ⅺ) Code for the Construction and Equipment of Mobile Offshore Drilling Units
Superseded by A.649(16), (amended by MSC/Circ. 561) for MODUs built after 1 May 1991
海上移动式钻井平台构造和设备规则(1979年11月通过,72页)
对于1991年5月1日之后建造的海上移动式钻井平台(MODU),由A.649(16)决议替代(由MSC/Circ.561通函所修正)

A.415(Ⅺ) Improved steering gear standards for passenger and cargo ships
改进的客船和货船操舵装置标准(1979年11月通过,1页)

A.416(Ⅺ) Examination of steering gears on existing tankers
现有液货船操舵装置的检查(1979年11月通过,1页)

A.417(Ⅺ) Improved fire safety standards for ships
改进的船舶防火安全标准(1979年11月通过,1页)

A.418(Ⅺ) Revised regulation 62 of chapter II-2 of the International Convention for the Safety of Life at Sea, 1974
Incorporated in MSC.1(XLV)
经修改的1974年国际海上人命安全公约第II-2章第62条(1979年11月通过,6页)
已并入MSC.1(XLV)决议

A.419(Ⅺ) World-wide navigational warning service
Supersedes A.381(Ⅹ), Revoked by A.706(17)
全球航行警告业务(1979年11月通过,9页)
替代A.381(Ⅹ)决议,由A.706(17)决议所废除

A.420(Ⅺ) Development of the maritime distress and safety system
Supersedes A.283(Ⅷ), Refer to A.700(17)
开发海上遇险与安全系统(1979年11月通过,5页)
替代A.283(Ⅷ)决议,参见A.700(17)决议

A.421(Ⅺ) Operational standards for radiotelephone alarm signal generators
无线电话报警信号发生器的工作标准(1979年11月通过,3页)

A.422(Ⅺ) Performance standards for automatic radar plotting aids (ARPA)
Amended by A.823(19)
自动雷达标绘仪(ARPA)性能标准(1979年11月通过,8页)
由A.823(19)决议所修正

A.423(Ⅺ) Radar beacons and transponders
Revoked by A.615(15)
雷达信标和应答器(1979年11月通过,6页)
由A.615(15)决议所废除

A.424(Ⅺ) Performance standards for gyro-compasses
电罗经性能标准(1979年11月通过,3页)

A.425(Ⅺ) Performance standards for differential Omega correction transmitting stations
差动奥米加校正发射台的性能标准(1979年11月通过,5页)

A.426(Ⅺ) Arrangements for embarking and disembarking pilots in very large ships
Supersedes A.332(Ⅸ), Revoked by A.889(21)
特大型船舶引水员登离船装置(1979年11月通过,2页)
替代A.332(Ⅸ)决议,由A.889(21)决议所废除

A.427(Ⅺ) Recommendation on the use of pilotage services in the Sound
Revoked by A.579(14)
使用声音引航业务的建议案(1979年11月通过,1页)
由A.579(14)决议所废除

A.428(Ⅺ) General provisions on ships' routeing
Superseded by A.572(14)
船舶定线制的一般规定(1979年11月通过,2页)
由A.572(14)决议所替代

A.429(Ⅺ) Routeing systems
定线制(1979年11月通过,3页)

A. 430(Ⅺ) Navigation in the Strait of Bonifacio

Revoked by A. 670(16)

博尼法乔海峡的航行(1979 年 11 月通过,3 页)

由 A. 670(16)决议所废除

A. 431(Ⅺ) Recommendation concerning vessels restricted in their ability to manoeuvre when engaged in an operation for the maintenance of safety of navigation in a traffic separation scheme

关于为维护分道航行制的航行安全进行操作而使机动能力受到限制的船舶的建议案(1979 年 11 月通过,1 页)

A. 432(Ⅺ) Compliance with the Convention on the International Regulations for Preventing Collisions at Sea, 1972

遵守 1972 年国际海上避碰规则公约(1979 年 11 月通过,2 页)

A. 433(Ⅺ) Resolutions to be revoked as a result of the entry into force of the International Regulations for Preventing Collisions at Sea, 1972

Revokes A. 228(Ⅶ)

1972 年国际海上避碰规则公约生效后应予废除的决议(1979 年 11 月通过,1 页)

废除 A. 228(Ⅶ)决议

A. 434(Ⅺ) Code of Safe Practice for Solid Bulk Cargoes

Revokes A. 82(Ⅳ), (latest amendment: MSC/Circ. 962), Refer to A. 713(17)

固体散装货物安全操作规则(1979 年 11 月通过,88 页)

废除 A. 82(Ⅳ)决议,(最近的修正案:MSC/Circ. 962 通函),参见 A. 713(17)决议

A. 435(Ⅺ) Safe transport, handling and storage of dangerous goods in port areas

Revoked by A. 716(17)

港区内危险货物的安全运输、装卸及储存(1979 年 11 月通过,1 页)

由 A. 716(17)决议所废除

A. 436(Ⅺ) Harmonized interpretation and implementation of the International Convention for Safe Containers

Superseded by CSC/Circ. 67

国际安全集装箱公约的统一解释和实施(1979 年 11 月通过,7 页)

由 CSC/Circ. 67 通函所替代

A. 437(Ⅺ) Training of crews in fire-fighting

Revoked by A. 921(22)

船员的消防训练(1979 年 11 月通过,5 页)

由 A. 921(22)决议所废除

A.438(Ⅺ) Training and qualification of persons in charge of medical care aboard ship
Revoked by A.921(22)
船上负责医务之人员的培训及资格(1979年11月通过,1页)
由A.921(22)决议所废除

A.439(Ⅺ) IMCO Search and Rescue Manual
Revoked by A.894(21)
政府间海事协商组织搜寻与救助手册(1979年11月通过,1页)
由A.894(21)决议所废除

A.440(Ⅺ) Exchange of information for investigations into marine casualties
Revoked by A.849(20)
海上事故调查信息的交换(1979年11月通过,1页)
由A.849(20)决议所废除

A.441(Ⅺ) Control by the flag State over the owner of a ship
船旗国对船东的管理(1979年11月通过,1页)

A.442(Ⅺ) Personnel and material resource needs of Administrations for the investigation of casualties and contraventions of conventions
主管机关为调查事故和违反公约需要的人力和物力(1979年11月通过,1页)

A.443(Ⅺ) Decisions of the shipmaster with regard to maritime safety and marine environment protection
船长在有关海上安全和海上环境保护方面的决定(1979年11月通过,1页)

A.444(Ⅺ) Recommendation concerning the installation of oily-water separating equipment under the International Convention for the Prevention of Pollution from Ships, 1973, as modified by the Protocol of 1978 relating
按照经1978年议定书修正的1973年国际防止船舶造成污染公约的要求安装油水分离设备的建议案(1979年11月通过,12页)

A.445(Ⅺ) Oil discharge monitoring and control systems for oil tankers
油船排油的监测和控制系统(1979年11月通过,1页)

A.446(Ⅺ) Revised specifications for the design, operation and control of crude oil washing systems
Amended by A.497(Ⅻ), A.897(21)
修订的原油洗舱系统的设计、操作和控制的技术条件(1979年11月通过,18页)
由A.497(Ⅻ)和A.897(21)决议所修正

A.447(Ⅺ) Interim guidelines for reporting incidents involving harmful substances

Superseded by MEPC. 22(22)
报告含有有害物质事故的暂行导则(1979 年 11 月通过,5 页)
由 MEPC. 22(22)决议所替代

A. 448(Ⅺ) Regional arrangements for combating major incidents or threats of marine pollution
处理大的海上污染事故或威胁的区域性安排(1979 年 11 月通过,1 页)

A. 449(Ⅺ) Improved methods and procedures for communication between the Secretary-General and Member Governments
秘书长与会员国政府之间联系的改进的方法和程序(1979 年 11 月通过,1 页)

A. 450(Ⅺ) Amendments to the Convention on the Inter-Governmental Maritime Consultative Organization
政府间海事协商组织公约的修正案(1979 年 11 月通过,2 页)

A. 451(Ⅺ) Acceptance of the amendment to article VII of the Convention on Facilitation of International Maritime Traffic, 1965
1965 年国际便利海上运输公约第Ⅶ条的修正的认可(1979 年 11 月通过,1 页)

A. 452(Ⅺ) Application of automatic data processing (ADP) as provided for in the Convention on Facilitation of International Maritime Traffic, 1965
1965 年国际便利海上运输公约所规定的自动数据处理(ADP)的应用(1979 年 11 月通过,1 页)

A. 453(Ⅺ) Arrears of contributions and the Working Capital Fund
会费的拖欠和工作基金款项(1979 年 11 月通过,1 页)

A. 454(Ⅺ) Presentation of accounts and audit reports
公布账目和审计报告(1979 年 11 月通过,1 页)

A. 455(Ⅺ) Budgetary deficit for 1979
1979 年预算赤字(1979 年 11 月通过,1 页)

A. 456(Ⅺ) Long-term work programme of the Organization
本组织的长期工作计划(1979 年 11 月通过,5 页)

A. 457(Ⅺ) Relations with non-governmental international organizations
与非政府性国际组织的关系(1979 年 11 月通过,2 页)

A. 458(Ⅺ) Work programme and budget for the eleventh financial period 1980/81
第 11 财务年度(1980/1981 年)工作计划和预算(1979 年 11 月通过,3 页)

A.459(Ⅺ) Rate of exchange for estimating the budget and assessments for 1981
估计 1981 年预算和摊款用的汇率(1979 年 11 月通过,1 页)

A.460(Ⅺ) Loans for financing installation costs in the new Headquarters building
新总部大楼购置设备费用的贷款(1979 年 11 月通过,1 页)

A.461(Ⅺ) Barratry and unlawful seizure of ships and their cargoes
船长和船员的非法行为以及非法劫持船舶及船上货物(1979 年 11 月通过,1 页)

A.462(Ⅺ) Appointment of the External Auditor
任命外聘审计员(1979 年 11 月通过,1 页)

A.463(Ⅻ) Contract of the Secretary-General
秘书长合同(1981 年 11 月 10 日通过,1 页)

A.464(Ⅻ) Amendments to the International Regulations for Preventing Collisions at Sea, 1972
1972 年国际海上避碰规则修正案(1981 年 11 月 19 日通过,11 页)

A.465(Ⅻ) Amendments to the guidelines on mandatory annual surveys, unscheduled inspections of all cargo ships as well as intermediate surveys on tankers of 10 years of age and over, under the Protocol of 1978 relating to the 1974 SOLAS Convention
按 1974 年国际海上人命安全公约 1978 年议定书对所有货船强制性的年度检验、计划外检查以及对船龄在 10 年及以上液货船中间检验之导则的修正案(1981 年 11 月 19 日通过,5 页)

A.466(Ⅻ) Procedures for the control of ships
Amended by A.597(15), Revoked by A.746(18) with regard to HSSC, A.787(19)
船舶控制程序(1981 年 11 月 19 日通过,54 页)
由 A.597(15)决议所修正,对于 HSSC(检验和发证协调系统),由 A.746(18)决议所废除;由 A.787(19)决议所废除

A.467(Ⅻ) Guidelines for acceptance of non-duplicated rudder actuators for tankers, chemical tankers and gas carriers of 10,000 tons gross tonnage and above but less than 100,000 tonnes deadweight
10 000 总吨及以上,但 100 000 总吨以下液货船、化学品船和燃气运输船用非双台舵机操作机构的验收指南(1981 年 11 月 19 日通过,5 页)

A.468(Ⅻ) Code on Noise Levels on Board Ships
船上噪声级规则(1981 年 11 月 19 日通过,32 页)

A.469(Ⅻ) Guidelines for the design and construction of offshore supply vessels
(supersedes MSC/Circ. 223), Superseded by MSC. 235(82) but still in force for existing ships

近海供应船设计和建造指南(1981 年 11 月 19 日通过,18 页)
(替代 MSC/Circ. 223 通函),由 MSC. 235(82)决议所替代,但对现有船舶仍有效

A. 470(Ⅻ) International shore connection (shore side)
国际通岸接头(岸侧)(1981 年 11 月 19 日通过,1 页)

A. 471(Ⅻ) Recommendation on test method for determining the resistance to flame of vertically supported textiles and films
Amended by A. 563(14) (Refer to the FTP Code)
关于确定垂直支撑的纺织品和薄膜耐火性的试验方法的建议案(1981 年 11 月 19 日通过,15 页)
由 A. 563(14)决议所修正(参见耐火试验程序规则)

A. 472(Ⅻ) Improved recommendation on test method for qualifying marine construction materials as non-combustible
Revoked by A. 799(19) (Refer to the FTP Code)
鉴定船用结构材料不燃性的试验方法的改进的建议案(1981 年 11 月 19 日通过,10 页)
由 A. 799(19)决议所废除(参见耐火试验程序规则)

A. 473(Ⅻ) Interim regulation for inert gas systems on chemical tankers carrying petroleum products
Superseded by A. 567(14)
装载石油产品的化学品船上惰性气体系统的暂行规则(1981 年 11 月 19 日通过,10 页)
由 A. 567(14)决议所替代

A. 474(Ⅻ) Proper use of VHF channels at sea
Revoked by A. 954(23)
海上甚高频信道的正确使用(1981 年 11 月 19 日通过,11 页)
由 A. 954(23)决议所废除

A. 475(Ⅻ) Ships' routeing
船舶定线制(1981 年 11 月 19 日通过,7 页)

A. 476(Ⅻ) Navigation through the Straits of Malacca and Singapore
通过马六甲和新加坡海峡的航行(1981 年 11 月 19 日通过,3 页)

A. 477(Ⅻ) Performance standards for radar equipment
Supersedes A. 222(Ⅶ), Refer to A. 222(Ⅶ), A. 823(19), MSC. 64(67) and annex, Amended by MSC. 192(79), but still in force for equipment installed between 1 September 1994 and 31 December 1998
雷达设备的性能标准(1981 年 11 月 19 日通过,6 页)
替代 A. 222(Ⅶ),参见 A. 222(Ⅶ)、A. 823(19)、MSC. 64(67)决议及其附件,由 MSC. 192(79)决议所修正,但对 1994 年 9 月 1 日与 1998 年 12 月 31 日之间安装的设备仍

有效

A.478(Ⅻ) Performance standards for devices to indicate speed and distance
Amended by A.824(19) but still in force for equipment installed before 1 January 1997, (Refer to res. A.824(19) and resolution MSC.96(72))
航速和航程指示装置的性能标准(1981 年 11 月 19 日通过,3 页)
由 A.824(19)决议所修正,但对 1997 年 1 月 1 日之前安装的设备仍有效(参见 A.824(19)和 MSC.96(72)决议)

A.479(Ⅻ) Performance standards for shipborne receivers for use with differential Omega
船载差动奥米加接收器的性能标准(1981 年 11 月 19 日通过,9 页)

A.480(Ⅻ) Recommendation on the use of adequately qualified deep-sea pilots in the Baltic
Revoked by A.1081(28)
关于在波罗的海使用完全合格的深海引水员的建议案(1981 年 11 月 19 日通过,3 页)
由 A.1081(28) 决议所废除

A.481(Ⅻ) Principles of safe manning
Revoked by A.890(21)
安全配备人员的原则(1981 年 11 月 19 日通过,7 页)
由 A.890(21)决议所废除

A.482(Ⅻ) Training in the use of automatic radar plotting aids (ARPA)
Revoked by A.921(22)
自动雷达标绘仪(ARPA)的使用训练(1981 年 11 月 19 日通过,6 页)
由 A.921(22)决议所废除

A.483(Ⅻ) Training in radar observation and plotting
Revoked by A.921(22)
雷达观察与标绘的训练(1981 年 11 月 19 日通过,5 页)
由 A.921(22)决议所废除

A.484(Ⅻ) Basic principles to be observed in keeping a navigational watch on board fishing vessels
遵守在渔船上保持航行值班的基本原则(1981 年 11 月 19 日通过,4 页)

A.485(Ⅻ) Training, qualifications and operational procedures for maritime pilots other than deep-sea pilots
Revoked by A.960(23)
除深海引水员之外的海上引水员的训练、资格评定和使用程序(1981 年 11 月 19 日通过,4 页)
由 A.960(23)决议所废除

A.486(Ⅻ) Recommendation on the use of adequately qualified deep-sea pilots in the North Sea, English Channel and Skagerrak

Revoked by A.1080(28)

关于在北海、英吉利海峡和斯卡格拉克海峡使用完全合格的深海引水员的建议案(1981 年 11 月 19 日通过,3 页)

由 A.1080(28) 决议所废除

A.487(Ⅻ) Participation in the AMVER system

在商船自动报告(Automated Merchant Vessel Reporting)系统中的合作(1981 年 11 月 19 日通过,1 页)

A.488(Ⅻ) Use of the Standard Marine Navigational Vocabulary

Superseded by A.918(22)

标准海上航行术语的使用(1981 年 11 月 19 日通过,1 页)

由 A.918(22)决议所替代

A.489(Ⅻ) Safe stowage and securing of cargo units and other entities in ships other than cellular containerships

非格栅式集装箱船上货物单元及其他物品的安全堆装和系固(1981 年 11 月 19 日通过,3 页)

A.490(Ⅻ) Revision of the Code for the Construction and Equipment of Ships Carrying Dangerous Chemicals in Bulk

Amends A.212(Ⅶ)

散装运输危险化学品船舶构造与设备规则的修正(1981 年 11 月 19 日通过,2 页)

修正 A.212(Ⅶ)决议

A.491(Ⅻ) Code of Safety for Nuclear Merchant Ships

核动力商船安全规则(1981 年 11 月 19 日通过,124 页)

A.492(Ⅻ) Application of the International Convention on Tonnage Measurement of Ships, 1969

1969 年国际船舶吨位丈量公约的应用(1981 年 11 月 19 日通过,2 页)

A.493(Ⅻ) Use of the term 'gross tonnage' in lieu of 'tons gross tonnage'

使用"gross tonnage"(总吨)这一术语来代替"tons gross tonnage"(1981 年 11 月 19 日通过,1 页)

A.494(Ⅻ) Revised interim scheme for tonnage measurement for certain ships

Supersedes A.389(Ⅹ)

某些船舶吨位丈量的经修订的暂行办法(1981 年 11 月 19 日通过,3 页)

替代 A.389(Ⅹ)决议

A.495(Ⅻ) Revised specifications for oil tankers with dedicated clean ballast tanks

设置专用清洁压载舱油船的经修订的技术条件(1981年11月19日通过,31页)

A.496(Ⅻ) Guidelines and specifications for oil discharge monitoring and control systems for oil tankers
Superseded by A.586(14)
油船排油监控系统的指南和技术条件(1981年11月19日通过,9页)
由A.586(14)决议所替代

A.497(Ⅻ) Amendments to the revised specifications for the design, operation and control of crude oil washing systems
Amends A.446(Ⅺ), Amended by A.897(21)
修订的原油洗舱系统设计、操作和控制的技术条件的修正案(1981年11月19日通过,5页)
修正A.446(Ⅺ)决议,由A.897(21)决议所修正

A.498(Ⅻ) Difficulties encountered by ships in carrying out crude oil washing
船舶在执行原油洗舱时所遇到的困难(1981年11月19日通过,1页)

A.499(Ⅻ) Penalties for violations of convention requirements relating to the prevention of marine pollution from ships
对违反防止船舶造成海上污染有关公约要求的惩罚(1981年11月19日通过,1页)

A.500(Ⅻ) Objectives of the Organization in the 1980s
本组织在20世纪80年代的目标(1981年11月20日通过,1页)

A.501(Ⅻ) Establishment of a high-level world Maritime university at Malm , Sweden
在瑞典马尔默建立高级世界海事大学(1981年11月20日通过,2页)

A.502(Ⅻ) IMCO's technical co-operation programme
政府间海事协商组织的技术合作计划(1981年11月20日通过,1页)

A.503(Ⅻ) Acceptance of the amendment to article VII of the Convention on Facilitation of International Maritime Traffic, 1965
1965年国际便利海上运输公约第VII条的修正案的认可(1981年11月20日通过,1页)

A.504(Ⅻ) Barratry, unlawful seizure of ships and their cargoes and other forms of maritime fraud
非法和不正当夺取船舶及其货物以及其他形式的海事欺诈(1981年11月20日通过,2页)

A.505(Ⅻ) Establishment of permanent missions by Member Governments
成员国政府永久性代表的确定(1981年11月20日通过,3页)

A.506(Ⅻ) Headquarters facilities and accommodation
总部设施和房舍(1981年11月20日通过,1页)

A. 507(Ⅻ) Arrears of contributions
会费的拖欠(1981 年 11 月 20 日通过,1 页)

A. 508(Ⅻ) Working Capital Fund
工作基金款项(1981 年 11 月 20 日通过,1 页)

A. 509(Ⅻ) Presentation of accounts and audit reports
公布账目和审计报告(1981 年 11 月 20 日通过,1 页)

A. 510(Ⅻ) Long-term work programme of the Organization
本组织的长期工作计划(1981 年 11 月 20 日通过,4 页)

A. 511(Ⅻ) Work programme and budget for the twelfth financial period 1982/83
第 12 财务年度(1982/1983 年)工作计划和预算(1981 年 11 月 20 日通过,4 页)

A. 512(Ⅻ) Relations with non-governmental international organizations
与非政府性国际组织的关系(1981 年 11 月 20 日通过,2 页)

A. 513(13) Amendments to the International Convention on Load Lines, 1966
Incorporated in 1988 LL Protocol
1966 年国际载重线公约修正案(1983 年 11 月 17 日通过,2 页)
已并入国际载重线公约 1988 年议定书

A. 514(13) Amendments to the regulation equivalent to regulation 27 of the International Convention on Load Lines, 1966
Amends A. 320(Ⅸ), Incorporated in 1988 LL Protocol,
1966 年国际载重线公约第 27 条等效规则的修正案(1983 年 11 月 17 日通过,2 页)
修正 A. 320(Ⅸ),已并入国际载重线公约 1988 年议定书

A. 515(13) Future amendments to the International Convention for the Safety of Life at Sea, 1974
《1974 年国际海上人命安全公约》的未来的修正案(1983 年 11 月 17 日通过,7 页)

A. 516(13) Recommendation on fire test procedures for surface flammability of bulkhead and deck finish materials
Superseded by A. 564(14), A. 653(16)
关于舱壁和甲板覆面材料的表面可燃性的耐火试验程序的建议案(1983 年 11 月 17 日通过,25 页)
由 A. 564(14)、A. 653(16)决议所替代

A. 517(13) Recommendation on fire test procedures for 'A','B' and 'F' class divisions
Supersedes A. 163(ES. Ⅳ), A. 215(Ⅶ), Revoked by A. 754(18)
关于“A”“B”和“F”级分隔的耐火试验程序的建议案(1983 年 11 月 17 日通过,24 页)

替代 A.163(ES.Ⅳ)、A.215(Ⅶ)决议,由 A.754(18)决议所废除

A.518(13) Guidelines for marine portable fire extinguishers
Superseded by A.602(15)
船用手提式灭火器指南(1983 年 11 月 17 日通过,6 页)
由 A.602(15)决议所替代

A.519(13) Standards for devices to prevent the passage of flame into cargo tanks
(Refer to MSC/Circ.450/Rev.1 and MSC/Circ.677)
防止火焰进入液货舱的装置的标准(1983 年 11 月 17 日通过,1 页)
(参见 MSC/Circ.450/Rev.1 和 MSC/Circ.677 通函)

A.520(13) Code of practice for the evaluation, testing and acceptance of prototype novel life-saving appliances and arrangements
原型新颖救生设备与装置的评估、试验和验收的实施规则(1983 年 11 月 17 日通过,17 页)

A.521(13) Recommendation on testing of life-saving appliances
Revoked by A.689(17)
救生设备试验的建议案(1983 年 11 月 17 日通过,1 页)
由 A.689(17)决议所废除

A.522(13) Recommendation on carriage of emergency position-indicating radio beacons
对载运应急无线电示位标的建议案(1983 年 11 月 17 日通过,1 页)

A.523(13) Charges for distress, urgency and safety messages through the Inmarsat system
Revoked by A.707(17)
通过国际海事卫星组织(Inmarsat)系统拍发遇险、紧急和安全电报的收费(1983 年 11 月 17 日通过,1 页)
由 A.707(17)决议所废除

A.524(13) Performance standards for VHF multiple watch facilities
甚高频多路监视设施的性能标准(1983 年 11 月 17 日通过,2 页)

A.525(13) Performance standards for narrow-band direct printing telegraph equipment for the reception of navigational and meteorological warnings and urgent information to ships
Revised by MSC.148(77), but still in force for equipment installed before 1 July 2005.
接收船舶的航行和气象警告以及紧急信息的窄带直接印字电报设备的性能标准(1983 年 11 月 17 日通过,2 页)
由 MSC.148(77)决议所修改,但对 2005 年 7 月 1 日之前安装的设备仍有效

A.526(13) Performance standards for rate-of-turn indicators

(Refer to res. A.281(Ⅷ))

回转速率指示器的性能标准(1983 年 11 月 17 日通过,2 页)

(参见 A.281(Ⅷ)决议)

A.527(13) Ships' routeing

船舶定线制(1983 年 11 月 17 日通过,11 页)

A.528(13) Recommendation on weather routeing

气候处理程序的建议案(1983 年 11 月 17 日通过,1 页)

A.529(13) Accuracy standards for navigation

Revoked by A.953(23)

航行精度标准(1983 年 11 月 17 日通过,5 页)

由 A.953(23)决议所废除

A.530(13) Use of radar transponders for search and rescue purposes

雷达应答器在搜寻和救助中的应用(1983 年 11 月 17 日通过,1 页)

A.531(13) General principles for ship reporting systems

Revoked by A.598(15)

船舶报告系统的一般原则(1983 年 11 月 17 日通过,5 页)

由 A.598(15)决议所废除

A.532(13) Collecting and forwarding of hydrographic data

Revoked by A.958(23)

水文资料的收集和转递(1983 年 11 月 17 日通过,1 页)

由 A.958(23)决议所废除

A.533(13) Elements to be taken into account when considering the safe stowage and securing of cargo units and vehicles in ships

在考虑到货物单元和车辆在船上的安全存放和固定时应予考虑的因素(1983 年 11 月 17 日通过,4 页)

A.534(13) Code of Safety for Special Purpose Ships

Amended by MSC/Circs.446, 478, 739, MSC.183(79), Superseded by MSC.266(84), but still in force for existing ships certified before 13 May 2008

特种用途船安全规则(1983 年 11 月 17 日通过,17 页)

由 MSC/Circs.446、478、739 通函和 MSC.183(79)决议所修正,由 MSC.266(84)决议所替代,但对 2008 年 5 月 13 日之前已发证的现有船舶仍有效

A.535(13) Recommendation on emergency towing requirements for tankers

Superseded by MSC. 35(63)

液货船应急拖带要求的建议案(1983 年 11 月 17 日通过,5 页)

由 MSC. 35(63)决议所替代

A. 536(13) Code of Safety for Diving Systems

Amended by A. 583(14), Revoked by A. 831(19)

潜水系统安全规则(1983 年 11 月 17 日通过,17 页)

由 A. 583(14)决议所修正,由 A. 831(19)决议所废除

A. 537(13) Training of officers and ratings responsible for cargo handling on ships carrying dangerous and hazardous substances in solid form in bulk or in packaged form

Revoked by A. 921(22)

在运输散装或包装固体危险和有害物资的船上负责货物处理的船员的训练(1983 年 11 月 17 日通过,6 页)

由 A. 921(22)决议所废除

A. 538(13) Maritime safety training of personnel on mobile offshore units

Revoked by A. 891(21)

对海上移动式平台上人员的海上安全训练(1983 年 11 月 17 日通过,6 页)

由 A. 891(21)决议所废除

A. 539(13) Certification of skippers and officers in charge of a navigational watch on fishing vessels of 24 metres in length and over

在船长为 24 m 及以上的渔船上主管航行值班的船长和高级船员的证书(1983 年 11 月 17 日通过,20 页)

A. 540(13) Tonnage measurement of certain ships relevant to the International Convention on Standards of Training, Certification and Watchkeeping for Seafarers, 1978

与 1978 年海员培训、发证和值班标准国际公约有关的某些船舶的吨位丈量(1983 年 11 月 17 日通过,1 页)

A. 541(13) Interim scheme for tonnage measurement for certain ships for the purposes of the International Convention for the Prevention of Pollution from Ships, 1973, as modified by the Protocol of 1978 relating

适用经 1978 年议定书修正的 1973 年国际防止船舶造成污染公约的某些船舶吨位丈量的临时方案(1983 年 11 月 17 日通过,2 页)

A. 542(13) Procedures for the control of ships and discharges under Annex I of the International Convention for the Prevention of Pollution from Ships, 1973, as modified by the Protocol of 1978 relating thereto

按照经 1978 年议定书修正的 1973 年国际防止船舶造成污染公约附则 I 的船舶和排放控制的程序(1983 年 11 月 17 日通过,24 页)

A.543(13) Accuracy of oil content meters
含油量测定计的精度(1983 年 11 月 17 日通过,1 页)

A.544(13) Standards for procedures and arrangements called for by Annex II of the International Convention for the Prevention of Pollution from Ships, 1973, as modified by the Protocol of 1978 relating
经 1978 年议定书修正的 1973 年国际防止船舶造成污染公约附则 II 所要求的程序和布置的标准(1983 年 11 月 17 日通过,82 页)

A.545(13) Measures to prevent acts of piracy and armed robbery against ships
防止对船舶的海盗行为和武装抢劫的措施(1983 年 11 月 17 日通过,1 页)

A.546(13) Appeal to the United Nations Development Programme, other international agencies and donor countries for support of IMO's technical co-operation programme
呼吁联合国开发计划署、其他国际机构和捐款国支持 IMO 技术合作计划(1983 年 11 月 17 日通过,1 页)

A.547(13) Headquarters facilities and accommodation
总部设施和房舍(1983 年 11 月 17 日通过,1 页)

A.548(13) Guidelines for hire of conference facilities at IMO Headquarters
在 IMO 总部租借会议设施的指南(1983 年 11 月 17 日通过,2 页)

A.549(13) Report on the establishment of the World Maritime University
关于建立世界海事大学的报告(1983 年 11 月 17 日通过,1 页)

A.550(13) Apportionment of expenses among Member States
会员国间费用的分摊(1983 年 11 月 17 日通过,1 页)

A.551(13) Arrears of contributions
会费的拖欠(1983 年 11 月 17 日通过,1 页)

A.552(13) Working Capital Fund
工作基金款项(1983 年 11 月 17 日通过,2 页)

A.553(13) Presentation of accounts and audit reports
公布账目和审计报告(1983 年 11 月 17 日通过,1 页)

A.554(13) Long-term work plan of the Organization (up to 1990)
本组织的长期工作计划(至 1990 年)(1983 年 11 月 17 日通过,5 页)

A.555(13) Work programme and budget for the thirteenth financial period 1984-1985

第 13 财务年度(1984/1985 年)工作计划和预算(1983 年 11 月 17 日通过,4 页)

A. 556(13) Relations with non-governmental international organizations
与非政府性国际组织的关系(1983 年 11 月 17 日通过,2 页)

A. 557(13) Appointment of the External Auditor
任命外聘审计员(1983 年 11 月 16 日通过,1 页)

A. 558(14) Contract of the Secretary-General
秘书长合同(1985 年 11 月 12 日通过,1 页)

A. 559(14) The World Maritime University
世界海事大学(1985 年 11 月 14 日通过,2 页)

A. 560(14) Guidelines on surveys required by the 1978 SOLAS Protocol, the International Bulk Chemical Code and the International Gas Carrier Code

Amended by MSC. 84(70), Supersedes A. 413(Ⅺ), A. 465(Ⅻ)

关于《1974 年国际海上人命安全公约》1978 年议定书、《国际散装运输危险化学品船舶构造和设备规则》和《国际散装运输液化气船舶构造和设备规则》所要求的检验指南(1985 年 11 月 20 日通过,25 页)

由 MSC. 84(70)决议所修正,替代 A. 413(Ⅺ)、A. 465(Ⅻ)决议

A. 561(14) Translation of the text of certificates

(Refer to MSC/Circ. 704)

证书文本的翻译(1985 年 11 月 20 日通过,1 页)

(参见 MSC/Circ. 704 通函)

A. 562(14) Recommendation on a severe wind and rolling criterion (weather criterion) for the intact stability of passenger and cargo ships of 24 metres in length and over

Superseded by A. 749(18)

关于船长 24 m 及以上的客船和货船完整稳性的剧风和横摇衡准(风雨衡准)的建议案(1985 年 11 月 20 日通过,5 页)

由 A. 749(18)决议所替代

A. 563(14) Amendments to the recommendation on test method for determining the resistance to flame of vertically supported textiles and films (resolution A. 471(Ⅻ))

Amends A. 471(Ⅻ) (Refer to the FTP Code)

关于确定垂直支撑的纺织品和薄膜耐火性的试验方法(A. 471(Ⅻ)决议)的建议的修正案(1985 年 11 月 20 日通过,1 页)

修正 A. 471(Ⅻ)决议(参见耐火试验程序规则)

A. 564(14) Revised recommendation on fire test procedures for surface flammability of bulkhead and deck finish materials

Superseded by A. 653(16)

关于舱壁和甲板覆面材料的表面可燃性的耐火试验程序的经修订的建议案(1985 年 11 月 20 日通过,25 页)

由 A. 653(16)决议所替代

A. 565(14) Recommended procedures to prevent the illegal or accidental use of low flashpoint cargo oil as fuel

关于防止非法或临时使用低闪点货油作为燃料的建议程序(1985 年 11 月 20 日通过,2 页)

A. 566(14) Draft amendment to regulation II-2/55. 5 of the International Convention for the Safety of Life at Sea, 1974, as amended

关于经修正的 1974 年国际海上人命安全公约的第 II-2/55. 5 条的草案修正案(1985 年 11 月 20 日通过,2 页)

A. 567(14) Regulation for inert gas systems on chemical tankers

Supersedes A. 473(Ⅻ)

化学品船上惰性气体系统规则(1985 年 11 月 20 日通过,7 页)

替代 A. 473(Ⅻ)决议

A. 568(14) Use of the COSPAS-SARSAT low polar orbiting satellite EPIRB system

COSPAS-SARSAT 低极运行轨道卫星应急无线电示位标(EPIRB)系统的使用(1985 年 11 月 20 日通过,1 页)

A. 569(14) General requirements for shipborne radio equipment forming part of the future global maritime distress and safety system

Revoked by A. 694(17)

作为未来的全球海上遇险与安全系统之组成部分的船载无线电设备的一般要求(1985 年 11 月 20 日通过,4 页)

由 A. 694(17)决议所废除

A. 570(14) Type approval of ship earth stations

船舶地面站的型式认可(1985 年 11 月 20 日通过,1 页)

A. 571(14) Testing of the automatic device for generating the radiotelephone alarm signal

自动无线电话报警信号发生装置的试验(1985 年 11 月 20 日通过,2 页)

A. 572(14) General provisions on ships' routeing

Amended by MSC. 71(69), MSC. 165(78), SN/Circ. 115, SN/Circ. 119, SN/Circ. 127, SN/Circ. 176, SN/Circ. 185, SN/Circ. 199, SN/Circ. 215, SN/Circ. 237, SN/Circ. 241

船舶定线制的一般规定(1985年11月20日通过,21页)

由MSC.71(69)、MSC.165(78)决议,SN/Circ.115, SN/Circ.119, SN/Circ.127, SN/Circ.176, SN/Circ.185, SN/Circ.199, SN/Circ.215, SN/Circ.237, SN/Circ.241通函所修正

A.573(14) Ships' routeing

船舶定线制(1985年11月20日通过,2页)

A.574(14) Recommendation on general requirements for electronic navigational aids

Revoked by A.694(17)

关于电子航行设备一般要求的建议案(1985年11月20日通过,3页)

由A.694(17)决议所废除

A.575(14) Unification of performance standards for navigational equipment

航行设备性能标准的一致性(1985年11月20日通过,1页)

A.576(14) Standards for skippers and officers in charge of a navigational watch on fishing vessels of less than 24 metres in length operating in unlimited and limited waters

航行在无限水域和有限水域的船长小于24 m渔船上主管航行值班的船长和高级船员的标准(1985年11月20日通过,2页)

A.577(14) Operational status of electronic position-fixing systems

电子定位系统的运行状态(1985年11月20日通过,1页)

A.578(14) Guidelines for vessel traffic services

Revoked by A.857(20)

船舶运输业务指南(1985年11月20日通过,11页)

由A.857(20)决议所废除

A.579(14) Use of pilotage services in the Sound

Revokes A.427(XI), Superseded byMSC.138(76)

使用声音引航业务(1985年11月20日通过,1页)

废除A.427(XI)决议,由MSC.138(76)决议所替代

A.580(14) Regional hydrographic commissions and regional charting groups

地区水文委员会和地区海图集(1985年11月20日通过,1页)

A.581(14) Guidelines for securing arrangements for the transport of road vehicles on ro-ro ships

Amended by MSC/Circ.812

滚装船上运输车辆用固定装置的指南(1985年11月20日通过,6页)

由MSC/Circ.812通函所修正

A. 582(14) Guidelines for the construction and equipment of ships carrying hazardous liquid wastes in bulk for the purpose of dumping at sea

运输用于在海上倾倒散装有害液体废料之船舶的构造和设备的指南(1985 年 11 月 20 日通过,16 页)

A. 583(14) Amendments to the Code of Safety for Diving Systems (resolution A. 536(13))

Amends A. 536(13), Revoked by A. 831(19)

潜水系统安全规则(A. 536(13)决议)的修正案(1985 年 11 月 20 日通过,3 页)

修正 A. 536(13)决议,由 A. 831(19)决议所废除

A. 584(14) Measures to prevent unlawful acts which threaten the safety of ships and the security of their passengers and crews

防止威胁船舶及其乘客和船员安全的非法行为的措施(1985 年 11 月 20 日通过,1 页)

A. 585(14) Provision of facilities in ports for the reception of oily wastes from ships

在港口接收船舶含油废物之设施的规定(1985 年 11 月 20 日通过,1 页)

A. 586(14) Revised guidelines and specifications for oil discharge monitoring and control systems for oil tankers

Amended by MEPC. 24(22), Superseded by MEPC. 108(49)

经修订的油船排油监控系统的指南和技术条件(1985 年 11 月 20 日通过,41 页)

由 MEPC. 24(22)决议所修正,由 MEPC. 108(49)决议所替代

A. 587(14) Arrangements for combating major incidents or threats of marine pollution

制止海洋污染的重大事故或威胁的方案(1985 年 11 月 20 日通过,1 页)

A. 588(14) Arrears of contributions

会费的拖欠(1985 年 11 月 20 日通过,1 页)

A. 589(14) Working Capital Fund

工作基金款项(1985 年 11 月 20 日通过,1 页)

A. 590(14) Presentation of accounts and audit reports

公布账目和审计报告(1985 年 11 月 20 日通过,1 页)

A. 591(14) Long-term work plan of the Organization (up to 1992)

本组织的长期工作计划(至 1992 年)(1985 年 11 月 20 日通过,5 页)

A. 592(14) Budget for 1985

1985 年预算(1985 年 11 月 20 日通过,1 页)

A. 593(14) Work programme and budget for the fourteenth financial period 1986-1987
第14财务年度(1986/1987年)工作计划和预算(1985年11月20日通过,4页)

A. 594(14) Contribution of IMO to the programme for the International Year of Peace 1986
IMO对1986年国际和平年计划的贡献(1985年11月20日通过,4页)

A. 595(14) Relations with non-governmental international organizations
与非政府性国际组织的关系(1985年11月20日通过,2页)

A. 596(15) Safety of passenger ro-ro ferries
客滚船的安全(1987年11月19日通过,1页)

A. 597(15) Amendments to the procedures for the control of ships
Amends A. 466(XII), Revoked by A. 787(19)
船舶控制程序的修正案(1987年11月19日通过,2页)
修正A. 466(XII)决议,由A. 787(19)决议所废除

A. 598(15) General principles for ship reporting systems and ship reporting requirements
Revokes A. 531(13), Revoked by A. 648(16)
船舶报告系统和船舶报告要求的一般原则(1987年11月19日通过,10页)
废除A. 531(13)决议,由A. 648(16)决议所废除

A. 599(15) Avoidance by submerged submarines of fishing vessels and their fishing gear
Revoked by A. 709(17)
下潜的潜艇对渔船及其渔具的避让(1987年11月19日通过,1页)
由A. 709(17)决议所废除

A. 600(15) IMO ship identification number scheme
IMO船舶识别号体系(1987年11月19日通过,4页)

A. 601(15) Provision and display of manoeuvring information on board ships
Supersedes A. 209(VII), Refer to A. 751(18),
船上操纵性资料的规定和标示(1987年11月19日通过,13页)
替代A. 209(VII)决议,参见A. 751(18)决议

A. 602(15) Revised guidelines for marine portable fire extinguishers
Revoked by A. 951(23), Supersedes A. 518(13)
经修订的船用手提式灭火器指南(1987年11月19日通过,8页)
由A. 951(23)决议所废除,替代A. 518(13)决议

A. 603(15) Symbols related to life-saving appliances and arrangements

Revoked by A. 760(18)

与救生设备和装置有关的符号(1987 年 11 月 19 日通过,10 页)

由 A. 760(18)决议所废除

A. 604(15) Performance standards for survival craft radar transponders for use in search and rescue operations

Revoked by A. 697(17)

用于搜寻和救助作业的救生艇筏雷达应答器的性能标准(1987 年 11 月 19 日通过,3 页)

由 A. 697(17)决议所废除

A. 605(15) Performance standards for survival craft two-way VHF radiotelephone apparatus

Revoked by A. 762(18)

救生艇筏双向甚高频无线电话装置的性能标准(1987 年 11 月 19 日通过,7 页)

由 A. 762(18)决议所废除

A. 606(15) Review and evaluation of the global maritime distress and safety system (GMDSS)

To be reviewed in parallel with the upcoming Review of the GMDSS

全球海上遇险与安全系统(GMDSS)的审查和评定(1987 年 11 月 19 日通过,1 页)

应与即将到来的 GMDSS 的审查同时审查

A. 607(15) Administrative, financial and operational arrangements related to the global maritime distress and safety system (GMDSS)

与全球海上遇险与安全系统(GMDSS)有关的管理、财务和运行的安排(1987 年 11 月 19 日通过,1 页)

A. 608(15) Performance standards for ship earth stations capable of two-way communications

Revoked by A. 698(17)

能双向通信的船舶地面站的性能标准(1987 年 11 月 19 日通过,5 页)

由 A. 698(17)决议所废除

A. 609(15) Performance standards for shipborne VHF radio installations capable of voice communication and digital selective calling

Amended by A. 803(19)

能话音通信和数字选择呼叫的船载甚高频无线电装置的性能标准(1987 年 11 月 19 日通过,5 页)

由 A. 803(19)决议所修正

A. 610(15) Performance standards for shipborne MF radio installations capable of voice communication and digital selective calling

Amended by A. 804(19), still in force for equipment installed before 23 November 1996

能话音通信和数字选择呼叫的船载中频无线电装置的性能标准(1987 年 11 月 19 日通过,7 页)

由 A. 804(19)决议所修正,但对 1996 年 11 月 23 日之前安装的设备仍有效

A.611(15) Performance standards for float-free satellite emergency position-indicating radio beacons operating on 406 MHz

Revoked by A.695(17)

在406 MHz上工作的自浮式卫星应急无线电示位标的性能标准(1987年11月19日通过,3页)

由A.695(17)决议所废除

A.612(15) Performance standards for float-free VHF emergency position-indicating radio beacons

Amended by A.805(19), still in force for equipment installed before 23 November 1996

自浮式甚高频应急无线电示位标的性能标准(1987年11月19日通过,4页)

由A.805(19)决议所修正,但对1996年11月23日之前安装的设备仍有效

A.613(15) Performance standards for shipborne MF/HF radio installations capable of voice communication, narrow-band direct-printing and digital selective calling

Amended by A.806(19) Refer to A.700(17) still in force for equipment installed before 23 November 1996

能话音通信、窄带直接印字电报和数字选择呼叫的船载中/高频无线电装置的性能标准(1987年11月19日通过,7页)

由A.806(19)决议所修正,参见A.700(17)决议,但对1996年11月23日之前安装的设备仍有效

A.614(15) Carriage of radar operating in the frequency band 9300—9500 MHz

在9300MHz~9500MHz频带上工作的雷达的配置(1987年11月19日通过,1页)

A.615(15) Radar beacons and transponders

Revokes A.423(11)

雷达信标和应答器(1987年11月19日通过,6页)

废除A.423(11)决议

A.616(15) Search and rescue homing capability

搜寻和救助的自动引导能力(1987年11月19日通过,2页)

A.617(15) Implementation of the NAVTEX system as a component of the world-wide navigational warning service

关于作为世界范围航行警告业务一部分的NAVTEX(航行气象告警电传接收机)系统的实施(1987年11月19日通过,12页)

A.618(15) Ships' routeing

船舶定线制(1987年11月19日通过,3页)

A.619(15) Use of pilotage services in the Torres Strait and Great Barrier Reef area

Revoked by A.710(17)

在托雷斯海峡和大巴列暗礁区域使用引航服务(1987 年 11 月 19 日通过,1 页)

由 A. 710(17)决议所废除

A. 620(15) Navigation through the entrances to the Baltic Sea

Revokes A. 339(Ⅸ), Superseded byMSC. 138(76)

进入波罗的海的航行(1987 年 11 月 19 日通过,2 页)

废除 A. 339(Ⅸ)决议,由 MSC. 138(76)决议所替代

A. 621(15) Measures to prevent infringement of safety zones around offshore installations or structures

Revoked by A. 671(16)

防止侵犯近海装置或结构周围的安全区的措施(1987 年 11 月 19 日通过,4 页)

由 A. 671(16)决议所废除

A. 622(15) Basic principles to be observed in keeping an engineering watch on board fishing vessels

渔船上保持工程值班观察的基本原则(1987 年 11 月 19 日通过,4 页)

A. 623(15) Minimum requirements for certification of chief engineer officers and second engineer officers of fishing vessels powered by main propulsion machinery of 750 kW propulsion power or more

以 750kW 或以上推进功率的主推进机械为动力的渔船的轮机长和二管轮证书的最低要求(1987 年 11 月 19 日通过,4 页)

A. 624(15) Guidelines on training for the purpose of launching lifeboats and rescue boats from ships making headway through the water

Revoked by A. 921(22)

关于从前进航行的船舶上将救生艇和救助艇降落的训练指南(1987 年 11 月 19 日通过,4 页)

由 A. 921(22)决议所废除

A. 625(15) Arrangements for the entry and clearance of marine pollution response resources during emergency situations

在应急情况下船上污染反应源的进口和出口的布置(1987 年 11 月 19 日通过,2 页)

A. 626(15) Amendments to the International Regulations for Preventing Collisions at Sea, 1972

1972 年国际海上避碰规则修正案(1987 年 11 月 19 日通过,3 页)

A. 627(15) Appointment of the External Auditor

任命外聘审计员(1987 年 11 月 19 日通过,1 页)

A. 628(15) Application of automatic data processing (ADP) as provided for in the Convention on Facilitation of International Maritime Traffic, 1965, as amended

作为经修正的 1965 年国际便利海上运输公约所规定的自动数据处理(ADP)的采用(1987 年 11 月 19 日通过,1 页)

A.629(15) Arrears of contributions
会费的拖欠(1987年11月20日通过,3页)

A.630(15) Presentation of accounts and audit reports
公布账目和审计报告(1987年11月20日通过,1页)

A.631(15) Long-term work plan of the Organization (up to 1994)
本组织的长期工作计划(至1994年)(1987年11月20日通过,6页)

A.632(15) Denomination of the currency of the IMO regular budget and assessments
IMO定期预算和估算的货币种类(1987年11月20日通过,1页)

A.633(15) Work programme and budget for the fifteenth financial period 1988-1989
第14财务年度(1988/1989年)工作计划和预算(1987年11月20日通过,5页)

A.634(15) Co-operation for Central America
与中美洲的合作(1987年11月20日通过,1页)

A.635(15) Relations with non-governmental international organizations
与非政府性国际组织的关系(1987年11月20日通过,2页)

A.636(16) Approval of appointment of the Secretary-General
批准秘书长的任命(1989年10月12日通过,1页)

A.637(16) Co-operation in maritime casualty investigations
Revoked by A.849(20)
海上事故调查中的合作(1989年10月19日通过,4页)
由A.849(20)决议所废除

A.638(16) Unique consignment identifier (UCI)
独特货运识别符(UCI)(1989年10月19日通过,2页)

A.639(16) Undesirability of HIV screening of crews and passengers of ships
对船舶的船员和乘客不应进行人类免疫缺陷病毒(HIV)筛选(1989年10月19日通过,2页)

A.640(16) Institutionalization of the Facilitation Committee
便利运输委员会成立常设机构(1989年10月19日通过,2页)

A.641(16) Arrears of contributions
会费的拖欠(1989年10月19日通过,1页)

A. 642(16) Presentation of accounts and audit reports
公布账目和审计报告(1989 年 10 月 19 日通过,2 页)

A. 643(16) Long-term work plan of the Organization (up to 1996)
本组织的长期工作计划(至 1996 年)(1989 年 10 月 19 日通过,1 页)

A. 644(16) Work programme and budget for the sixteenth financial period 1990-1991
第 16 财务年度(1990/1991 年)工作计划和预算(1989 年 10 月 19 日通过,8 页)

A. 645(16) Relations with non-governmental international organizations
与非政府性国际组织的关系(1989 年 10 月 19 日通过,5 页)

A. 646(16) Safety of fishermen at sea
海上渔民的安全(1989 年 10 月 19 日通过,2 页)

A. 647(16) IMO guidelines on management for the safe operation of ships and for pollution prevention
Revoked by A. 680(17)
国际海事组织对船舶安全营运和防污染管理的指南(1989 年 10 月 19 日通过,2 页)
由 A. 680(17)决议所废除

A. 648(16) General principles for ship reporting systems and ship reporting requirements, including guidelines for reporting incidents involving dangerous goods, harmful substances and/or marine pollutants
Revokes A. 598(15)
船舶报告系统和船舶报告要求的一般原则,包括涉及危险货物、有害物质和/或海洋污染物的事故报告的指南(1989 年 10 月 19 日通过,12 页)
废除 A. 598(15)决议

A. 649(16) Code for the Construction and Equipment of Mobile Offshore Drilling Units, 1989
Supersedes A. 414(XI), Amended by MSC/Circ. 561, MSC. 38(63), MSC. 187(79), Superseded by A. 1023(26), but still in force for MODUs built before 1 January 2012
1989 年海上移动式钻井平台构造和设备规则(1989 年 10 月 19 日通过,98 页)
替代 A. 414(XI)决议,由 MSC/Circ. 561 通函 MSC. 38(63)、MSC. 187(79)决议所修正,由 A. 1023(26)决议所替代,但对 2012 年 1 月 1 日之前建造的移动式近海钻井装置(MODU)仍有效

A. 650(16) An example of alternative intact stability criteria for twin-pontoon column-stabilized semisubmersible units
(Refer to the 1989 MODU Code (res. A. 649(16)))
双浮箱柱稳半潜式装置备选的完整稳性衡准的示例(1989 年 10 月 19 日通过,6 页)
(参见"1989 年海上移动式钻井平台构造和设备规则"(A. 649(16)决议))

A.651(16) An example of alternative stability criteria for a range of positive stability after damage or flooding for column-stabilized semisubmersible units

(Refer to the 1989 MODU Code (res. A.649(16))

柱稳半潜式装置破损或进水后正稳性范围的备选的稳性衡准示例(1989年10月19日通过,3页)

(参见"1989年海上移动式钻井平台构造和设备规则"(A.649(16)决议))

A.652(16) Recommendation on fire test procedures for upholstered furniture

(Refer to the FTP Code)

配有垫、套家具的耐火试验程序的建议案(1989年10月19日通过,9页)

(参见"耐火试验程序规则"(FTP Code))

A.653(16) Recommendation on improved fire test procedures for surface flammability of bulkhead, ceiling and deck finish materials

Amended by MSC.61(67) Supersedes A.516(13), A.564(14) (Refer to the FTP Code)

舱壁、天花板和甲板覆面材料的表面可燃性的经改进的耐火试验程序的建议案(1989年10月19日通过,30页)

由MSC.61(67)决议所修正,替代A.516(13)、A.564(14)决议(参见"耐火试验程序规则")

A.654(16) Graphical symbols for fire control plans

防火控制图的图形符号(1989年10月19日通过,5页)

A.655(16) Use of halons as fire-extinguishing media on board ships

在船上卤代烃灭火剂的使用(1989年10月19日通过,2页)

A.656(16) Fast rescue boats

快速救助艇(1989年10月19日通过,5页)

A.657(16) Instructions for action in survival craft

Revokes A.181(Ⅵ) and A.216(Ⅶ)

救生艇筏中的行动须知(1989年10月19日通过,4页)

废除A.181(Ⅵ)和A.216(Ⅶ)决议

A.658(16) Use and fitting of retro-reflective materials on life-saving appliances

Revokes A.274(Ⅷ)

在救生设备上使用和装贴向后反射材料(1989年10月19日通过,12页)

废除A.274(Ⅷ)决议

A.659(16) Provision of radio services for the global maritime distress and safety system

Revoked by A.704(17)

全球海上遇险和安全系统无线电业务的规定(1989 年 10 月 19 日通过,8 页)

由 A. 704(17)决议所废除

A. 660(16) Carriage of satellite emergency position-indicating radio beacons (EPIRBs)

卫星应急无线电示位标(EPIRBs)的配置(1989 年 10 月 19 日通过,1 页)

A. 661(16) Performance standards for float-free satellite emergency position-indicating radio beacons operating through the geostationary INMARSAT satellite system on 1.6 GHz

Amended by A. 812(19)

通过国际海事卫星组织(INMARSAT)地球同步卫星系统在 1.6GHz 上工作的自浮式卫星应急无线电示位标的性能标准(1989 年 10 月 19 日通过,4 页)

由 A. 812(19)决议所修正

A. 662(16) Performance standards for float-free release and activation arrangements for emergency radio equipment

Refer to A. 812(19)

应急无线电设备的自浮释放和启动装置的性能标准(1989 年 10 月 19 日通过,2 页)

参见 A. 812(19)决议

A. 663(16) Performance standards for INMARSAT standard-C ship earth stations capable of transmitting and receiving direct-printing communications

Amended by A. 807(19) Amended by A. 807(19), still in force for equipment installed before 23 November 1996

能发射和接收直接印字电报通信的 INMARSAT-C 标准的船舶地面站的性能标准(1989 年 10 月 19 日通过,3 页)

由 A. 807(19)决议所修正,但对 1996 年 11 月 23 日之前安装的设备仍有效

A. 664(16) Performance standards for enhanced group call equipment

To be revised (Proposed in COMSAR 14/3/4)

增强群呼设备的性能标准(1989 年 10 月 19 日通过,3 页)

应予以修改(提议按"无线电通信与搜救分委会"COMSAR 14/3/4 修改)

A. 665(16) Performance standards for radio direction-finding systems

Revokes A. 223(Ⅶ)

无线电测向系统性能标准(1989 年 10 月 19 日通过,6 页)

废除 A. 223(Ⅶ)决议

A. 666(16) World-wide radionavigation system

Revoked by A. 815(19)

全球无线电导航系统(1989 年 10 月 19 日通过,5 页)

由 A. 815(19)决议所废除

A. 667(16) Pilot transfer arrangements

Revoked by A. 889(21)

引水员登离船装置(1989 年 10 月 19 日通过,8 页)

由 A. 889(21)决议所废除

A. 668(16) Use of pilotage services in the Euro-Channel and IJ-Channel

在欧洲航道和艾(IJ)航道使用引航服务(1989 年 10 月 19 日通过,1 页)

A. 669(16) Ships' routeing

Revised by A. 808(19), still in force for equipment installed before 23 November 1996

船舶定线制(1989 年 10 月 19 日通过,5 页)

由 A. 808(19)决议所修订,但对 1996 年 11 月 23 日之前安装的设备仍有效

A. 670(16) Navigation in the Strait of Bonifacio

Revoked by A. 766(18)

博尼法乔海峡的航行(1989 年 10 月 19 日通过,4 页)

由 A. 766(18)决议所废除

A. 671(16) Safety zones and safety of navigation around offshore installations and structures

Revokes A. 341(Ⅸ), A. 379(Ⅹ) and A. 621(15)

近海装置和结构周围的安全区和航行安全(1989 年 10 月 19 日通过,6 页)

废除 A. 341(Ⅸ)、A. 379(Ⅹ)和 A. 621(15)决议

A. 672(16) Guidelines and standards for the removal of offshore installations and structures on the continental shelf and in the exclusive economic zone

撤除大陆架和专属经济区近海装置和结构的指南和标准(1989 年 10 月 19 日通过,4 页)

A. 673(16) Guidelines for the transport and handling of limited amounts of hazardous and noxious liquid substances in bulk in offshore support vessels

Amended by MEPC. 158 (55), MSC. 184 (79), MSC. 236 (82), superseded by A. 1122 (30)

近海供应船散装有限数量有害和有毒液体物质的运输和装卸指南(1989 年 10 月 19 日通过,21 页)

由 MEPC. 158(55)、MSC. 184(79)和 MSC. 236(82)决议所修正,由 A. 1122(30) 决议所替代

A. 674(16) International co-operation on oil pollution preparedness and response

对油污染准备和响应的国际合作(1989 年 10 月 19 日通过,2 页)

A. 675(16) Prevention of oil pollution

防止油污染(1989 年 10 月 19 日通过,1 页)

A. 676(16) Transboundary movement of hazardous wastes
有害废物的过境运输(1989 年 10 月 19 日通过,2 页)

A. 677(16) Technical assistance in the field of protection of the marine environment
保护海洋环境方面的技术援助(1989 年 10 月 19 日通过,2 页)

A. 678(16) Amendment to the International Regulations for Preventing Collisions at Sea, 1972
1972 年国际海上避碰规则修正案(1989 年 10 月 19 日通过,1 页)

A. 679(16) Appreciation of the services to the Organization of Mr. C. P. Srivastava
赞扬 C. P. 斯里瓦塔瓦先生对本组织的服务(1989 年 10 月 19 日通过,2 页)

A. 680(17) IMO guidelines on management for the safe operation of ships and for pollution prevention
Revokes A. 647(16), Revoked by A. 741(18)
国际海事组织对船舶安全营运和防污染管理的指南(1991 年 11 月 6 日通过,9 页)
废除 A. 647(16)决议,由 A. 741(18)决议所废除

A. 681(17) Procedures for the control of operational requirements related to the safety of ships and pollution prevention
Revoked by A. 742(18)
与船舶安全和防污染有关的操作要求的控制程序(1991 年 11 月 6 日通过,5 页)
由 A. 742(18)决议所废除

A. 682(17) Regional co-operation in the control of ships and discharges
在控制船舶和排放中的地区性合作(1991 年 11 月 6 日通过,2 页)

A. 683(17) Prevention and suppression of acts of piracy and armed robbery against ships
防止和制止对船舶的海盗行为和武装抢劫(1991 年 11 月 6 日通过,2 页)

A. 684(17) Explanatory notes to the SOLAS regulations on subdivision and damage stability of cargo ships of 100 metres in length and over
See also MSC. 76(69)
关于国际海上人命安全公约(SOLAS)中船长为 100m 及以上货船的分舱和破损稳性规则的解释性注释(1991 年 11 月 6 日通过,38 页)
另见 MSC. 76(69)决议

A. 685(17) Weather criterion for fishing vessels of 24 metres in length and over
对船长为 24 m 及以上的渔船的气象衡准(1991 年 11 月 6 日通过,5 页)

A. 686(17) Code on Alarms and Indicators
Amended by MSC. 39(63), Revoked by A. 830(19)

报警器和指示器规则(1991 年 11 月 6 日通过,24 页)

由 MSC.39(63)决议所修正,由 A.830(19)决议所废除

A.687(17) Fire test procedures for ignitability of primary deck coverings

Amended by MSC.61(67), Revokes A.214(Ⅶ) (Refer to the FTP Code)

主甲板覆层点燃性的耐火试验程序(1991 年 11 月 6 日通过,2 页)

由 MSC.61(67)决议所修正,废除 A.214(Ⅶ)决议(参见国际实施耐火试验程序规则)

A.688(17) Fire test procedures for ignitability of bedding components

(Refer to the FTP Code)

床上用品点燃性的耐火试验程序(1991 年 11 月 6 日通过,7 页)

(参见国际实施耐火试验程序规则)

A.689(17) Testing of life-saving appliances

Revokes A.521(13), Amended by MSC.54(66)

救生设备的试验(1991 年 11 月 6 日通过,51 页)

废除 A.521(13)决议,由 MSC.54(66)决议所修正

A.690(17) Periodical inspections of abandon ship and fire drills on passenger ships

Revokes A.125.(Ⅴ), A.126(Ⅴ)

客船的弃船演习和消防演习的定期检查(1991 年 11 月 6 日通过,1 页)

废除 A.125.(Ⅴ)、A.126(Ⅴ)

A.691(17) Safety instructions to passengers

乘客安全须知(1991 年 11 月 6 日通过,1 页)

A.692(17) Guidelines and specifications for hyperbaric evacuation systems

高压撤离系统的指南和技术条件(1991 年 11 月 6 日通过,10 页)

A.693(17) Conditions for the approval of servicing stations for inflatable liferafts

Revokes A.273(Ⅷ) and A.333(Ⅸ), Revoked by A.761(18)

气胀式救生筏检修站的认可条件(1991 年 11 月 6 日通过,5 页)

废除 A.273(Ⅷ)和 A.333(Ⅸ)决议,由 A.761(18)决议所废除

A.694(17) General requirements for shipborne radio equipment forming part of the global maritime distress and safety system (GMDSS) and for electronic navigational aids

Revokes A.569(14) and A.574(14)

作为全球海上遇险与安全系统(GMDSS)之组成部分的船载无线电设备和电子航行设备的一般要求(1991 年 11 月 6 日通过,4 页)

废除 A.569(14)和 A.574(14)决议

A. 695(17) Performance standards for float-free satellite emergency position-indicating radio beacons (EPIRBs) operating on 406 MHz

Revokes A. 611(15), Revoked by A. 763(18)

在406MHz上工作的自浮式卫星应急无线电示位标(EPIRBs)的性能标准(1991年11月6日通过,3页)

废除A. 611(15)决议,由A. 763(18)决议所废除

A. 696(17) Type approval of satellite emergency position-indicating radio beacons (EPIRBs) operating in the COSPAS-SARSAT system

在遇险船舶的搜寻空间系统—搜救卫星系统(COSPAS-SARSAT)中工作的卫星应急无线电示位标(EPIRBs)的型式认可(1991年11月6日通过,2页)

A. 697(17) Performance standards for survival craft radar transponders for use in search and rescue operations

Revoked by A. 802(19)

用于搜寻和救助作业的救生艇筏雷达应答器的性能标准(1991年11月6日通过,3页)

由A. 802(19)决议所废除

A. 698(17) Performance standards for ship earth stations capable of two-way communications

Revokes A. 608(15), Amended by A. 808(19), still in force for equipment installed before 23 November 1996

能双向通信的船舶地面站的性能标准(1991年11月6日通过,3页)

废除A. 608(15)决议,由A. 808(19)决议所修正,但对1996年11月23日之前安装的设备仍有效

A. 699(17) System performance standard for the promulgation and co-ordination of maritime safety information using high-frequency narrow-band direct printing

使用高频窄带直接印字技术进行海上安全信息播发和协调的系统性能标准(1991年11月6日通过,2页)

A. 700(17) Performance standards for narrow-band direct-printing telegraph equipment for the reception of navigational and meteorological warnings and urgent information to ships (MSI) by HF

Refer to A. 420(XI)

用高频接收船舶的航行和气象警告以及紧急信息(MSI)的窄带直接印字电报设备的性能标准(1991年11月6日通过,2页)

参见A. 420(XI)决议

A. 701(17) Carriage of Inmarsat enhanced group call SafetyNET receivers under the global maritime distress and safety system (GMDSS)

To be revised (Proposed in COMSAR 14/3/4)

全球海上遇险与安全系统(GMDSS)中国际海事卫星组织(INMARSAT)增强群呼安全通信网接收

机的配置(1991 年 11 月 6 日通过,1 页)

应予以修改(提议按"无线电通信与搜救分委会"COMSAR 14/3/4 修改)

A. 702(17) Radio maintenance guidelines for the global maritime distress and safety system (GMDSS) related to sea areas A3 and A4

关于 A3 和 A4 海区的全球海上遇险与安全系统(GMDSS)的无线电维修的指南(1991 年 11 月 6 日通过,3 页)

A. 703(17) Training of radio personnel in the global maritime distress and safety system (GMDSS)

关于全球海上遇险与安全系统(GMDSS)中无线电人员的培训(1991 年 11 月 6 日通过,11 页)

A. 704(17) Provision of radio services for the global maritime distress and safety system (GMDSS)

Revokes A. 659(16), Revoked by A. 801(19)

全球海上遇险与安全系统(GMDSS)无线电业务的规定(1991 年 11 月 6 日通过,7 页)

废除 A. 659(16)决议,由 A. 801(19)决议所废除

A. 705(17) Promulgation of maritime safety information

发布海上安全信息(1991 年 11 月 6 日通过,5 页)

A. 706(17) World-Wide Navigational Warning Service

Amended by MSC/Circ. 685, MSC/Circ. 750, MSC/Circ. 957, Revokes A. 419(XI)

全球航行警告业务(1991 年 11 月 6 日通过,10 页)

由 MSC/Circ. 685、MSC/Circ. 750 和 MSC/Circ. 957 通函所修正,废除 A. 419(XI)决议

A. 707(17) Charges for distress, urgency and safety messages through the Inmarsat system

Revokes A. 523(13)

通过国际海事卫星组织(Inmarsat)系统拍发遇险、紧急和安全电报的收费(1991 年 11 月 6 日通过,5 页)

废除 A. 523(13)决议

A. 708(17) Navigation bridge visibility and functions

驾驶桥楼的视野和功能(1991 年 11 月 6 日通过,2 页)

A. 709(17) Avoidance by submerged submarines of fishing vessels and their fishing gear

Revokes A. 599. (15)

下潜的潜艇对渔船及其渔具的避让(1991 年 11 月 6 日通过,1 页)

废除 A. 599. (15)决议

A. 710(17) Use of pilotage services in the Torres Strait and the Great North East Channel

Revokes A. 619. (15)

在托雷斯海峡和大北东海峡使用引航服务(1991 年 11 月 6 日通过,1 页)

废除 A.619.(15)决议

A.711(17) Ships' routeing

船舶定线制(1991 年 11 月 6 日通过,8 页)

A.712(17) Recommended standards of specialized training, qualifications and certification of key personnel assigned responsibility for essential marine functions on mobile offshore units (MOUs)

在海上移动式平台上被指定负责重要的海上职责的关键人员的特别培训、资格和发证的推荐标准(1991 年 11 月 6 日通过,8 页)

A.713(17) Safety of ships carrying solid bulk cargoes

Refer to A.434(XI), A.797(19), A.798(19), A.862(20), MSC.22(59)

运输固体散装货物船舶的安全(1991 年 11 月 6 日通过,3 页)

参见 A.434(XI)、A.797(19)、A.798(19)、A.862(20)、MSC.22(59)决议

A.714(17) Code of Safe Practice for Cargo Stowage and Securing

Revokes A.288(VIII), Amended by MSC/Circ.664, MSC/Circ.691, MSC/Circ.740, MSC/Circ.812, MSC/Circ.1026

货物堆装和系固的安全操作规则(1991 年 11 月 6 日通过,37 页)

废除 A.288(VIII)决议,由 MSC/Circ.664、MSC/Circ.691、MSC/Circ.740、MSC/Circ.812 和 MSC/Circ.1026 通函所修正

A.715(17) Code of Safe Practice for Ships Carrying Timber Deck Cargoes, 1991

Revokes A.287(VIII) Revoked by MSC.137(76), A.1048(27), Refer to A.160(ES.IV), A.209(VII), A.601(15), MSC/Circ.389, For explanatory notes to

1991 年载运木材甲板货物船舶安全操作规则(1991 年 11 月 6 日通过,32 页)

废除 A.287(VIII)决议,由 MSC.137(76)和 A.1048(27)决议所废除,对于解释性说明,参见 A.160(ES.IV)、A.209(VII)、A.601(15)决议和 MSC/Circ.389 通函

A.716(17) The International Maritime Dangerous Goods Code (IMDG Code)

Revokes A.81(IV), A.119(V), A.120(V), A.230(VII), A.299(VIII), A.345(IX), A.435(XI), Superseded by MSC.122(75),

国际海运危险货物规则(IMDG Code)(1991 年 11 月 6 日通过,2 页)

废除 A.81(IV)、A.119(V)、A.120(V)、A.230(VII)、A.299(VIII)、A.345(IX)、A.435(XI)决议,由 MSC.122(75)决议所替代

A.717(17) Co-ordination in matters relating to dangerous goods and hazardous substances

协调有关危险货物和危险物质事宜(1991 年 11 月 6 日通过,2 页)

A.718(17) Early implementation of the harmonized system of survey and certification

Amended by A.745(18)

检验和发证协调体系的尽早实施(1991 年 11 月 6 日通过,5 页)

由 A.745(18)决议所修正

A.719(17) Prevention of air pollution from ships

防止船舶造成的空气污染(1991 年 11 月 6 日通过,2 页)

A.720(17) Guidelines for the designation of special areas and the identification of particularly sensitive areas

Amended by A.885 (21), Revoked by A.927 (22)

指定特别海区和确定特别敏感海区指南(1991 年 11 月 6 日通过,42 页)

由 A.885 (21)决议所修正,由 A.927 (22)决议所废除

A.721(17) Development of the new tanker designs for the prevention of oil pollution

防止油污染的新油船设计的开发(1991 年 11 月 6 日通过,1 页)

A.722(17) Application of tonnage measurement of ballast spaces in segregated ballast oil tankers

Revokes A.388 (X), Revoked by A.747 (18)

专用压载舱油船中压载处所的吨位丈量的采用(1991 年 11 月 6 日通过,3 页)

废除 A.388 (X)决议,由 A.747 (18)决议所废除

A.723(17) Appointment of the External Auditor

任命外聘审计员(1991 年 11 月 7 日通过,1 页)

A.724(17) Amendments to the Convention on the International Maritime Organization (Institutionalization of the Facilitation Committee)

对《国际海事组织公约》的修正案(便利运输委员会成为常设机构)(1991 年 11 月 7 日通过,4 页)

A.725(17) Arrears of contributions

会费的拖欠(1991 年 11 月 7 日通过,2 页)

A.726(17) Apportionment of expenses among Member States and amendments to the Rules of Procedure of the Assembly

会员国间的费用分摊和对大会议事规则的修正案(1991 年 11 月 7 日通过,3 页)

A.727(17) Presentation of accounts and audit reports

公布账目和审计报告(1991 年 11 月 7 日通过,1 页)

A.728(17) Long-term work plan of the Organization (up to 1998)

本组织的长期工作计划(至 1998 年)(1991 年 11 月 7 日通过,6 页)

A.729(17) Future development of the intergovernmental oil pollution liability and compensation system

based on the International Convention on Civil Liability for Oil Pollution Damage, 1969, and the International Convention on the Establishment of an International Fund for Compensation for Oil Pollution Damage, 1971
根据《1969 年国际油污损害民事责任公约》和《1971 年设立国际油污损害赔偿基金公约》进一步制订政府间油污责任和赔偿系统(1991 年 11 月 7 日通过,7 页)

A. 730(17) Work programme and budget for the seventeenth financial period 1992-1993
第 17 财务年度(1992/1993 年)工作计划和预算(1991 年 11 月 7 日通过,5 页)

A. 731(17) United Nations Conference on Environment and Development, 1992
1992 年联合国环境和发展会议(1991 年 11 月 7 日通过,2 页)

A. 732(17) Relations with non-governmental international organizations
与非政府性国际组织的关系(1991 年 11 月 7 日通过,2 页)

A. 733(18) Appointment of the Secretary-General
任命秘书长(1993 年 10 月 28 日通过,1 页)

A. 734(18) Relations with non-governmental organizations
与非政府组织的关系(1993 年 11 月 3 日通过,3 页)

A. 735(18) Amendments to the Convention on the International Maritime Organization
《国际海事组织公约》修正案(1993 年 11 月 4 日通过,2 页)

A. 736(18) Amendments to the International Regulations for Preventing Collisions at Sea, 1972
《1972 年国际海上避碰规则》修正案(1993 年 11 月 4 日通过,2 页)

A. 737(18) Amendments to the International Convention for Safe Containers, 1972
《1972 年国际安全集装箱公约》修正案(1993 年 11 月 4 日通过,5 页)

A. 738(18) Measures to prevent and suppress piracy and armed robbery against ships
防止和制止危害船舶的海盗行为和武装抢劫的措施(1993 年 11 月 4 日通过,2 页)

A. 739(18) Guidelines for the authorization of organizations acting on behalf of the Administration
Amended by MSC. 208(81)
对代表主管机关的组织授权的指南(1993 年 11 月 4 日通过,6 页)
由 MSC. 208(81)决议所修正

A. 740(18) Interim guidelines to assist flag States
Revoked by A. 847(20)
帮助船旗国暂行指南(1993 年 11 月 4 日通过,3 页)
由 A. 847(20)决议所废除

A.741(18) International Management Code for the Safe Operation of Ships and for Pollution Prevention (International Safety Management (ISM) Code)

Revokes A.680(17), Amended by MSC.104(73)

国际船舶安全营运和防污染管理规则(国际安全管理(ISM)规则)(1993年11月4日通过,7页)

废除A.680(17)决议,由MSC.104(73)决议所修正

A.742(18) Procedures for the control of operational requirements related to the safety of ships and pollution prevention

Revoked by A.787(19)

与船舶安全和防污染有关的操作要求的控制程序(1993年11月4日通过,13页)

由A.787(19)决议所废除

A.743(18) Oil tanker safety and marine environmental protection

油船安全和海洋环境保护(1993年11月4日通过,2页)

A.744(18) Guidelines on the enhanced programme of inspections during surveys of bulk carriers and oil tankers

Amended by MSC.49(66), MSC.105(73), MSC.125(75), MSC.144(77), MSC.261(84), Refer to MSC/Circ.696

散货船和油船检验期间的强化检查方案指南(1993年11月4日通过,95页)

由MSC.49(66)、MSC.105(73)、MSC.125(75)、MSC.144(77)和MSC.261(84)决议所修正,参见MSC/Circ.696通函

A.745(18) Early implementation of the harmonized system of survey and certification

Amends A.718(17)

检验和发证协调体系的及早实施(1993年11月4日通过,1页)

修正A.718(17)决议

A.746(18) Survey guidelines under the harmonized system of survey and certification

Revokes A.466(Ⅻ), MEPC.11(18), MEPC.25(23) with regard to HSSC, Amended by MSC.83(70), Revoked by A.948(23)

检验和发证协调体系的检验指南(1993年11月4日通过,102页)

对于检验和发证协调体系(HSSC),废除A.466(Ⅻ)、MEPC.11(18)和MEPC.25(23)决议,由MSC.83(70)决议所修正,由A.948(23)决议所废除

A.747(18) Application of tonnage measurement of segregated ballast tanks in oil tankers

Revokes A.722(17) Refer to MSC/Circ.792

油船中专用压载舱吨位丈量的采用(1993年11月4日通过,2页)

废除A.722(17)决议,参见MSC/Circ.792通函

A.748(18) Code for the Safe Carriage of Irradiated Nuclear Fuel, Plutonium and High-Level Radioactive Wastes in Flasks on Board Ships (NF Code)

Amended by A.853(20), MSC.118(74)

船舶安全装运密封装辐射性核燃料、钚和强放射性废物规则(NF Code)(1993 年 11 月 4 日通过,6 页)

由 A.853(20)、MSC.118(74)决议所修正

A.749(18) Code on Intact Stability for All Types of Ships Covered by IMO Instruments

Amended by MSC.75(69) Supersedes A.167(ES.Ⅳ), A.168(ES.Ⅳ), A.206(Ⅶ), A.562(14)

国际海事组织文件中所有类型船舶的完整稳性规则(1993 年 11 月 4 日通过,77 页)

由 MSC.75(69)决议所修正,替代 A.167(ES.Ⅳ)、A.168(ES.Ⅳ)、A.206(Ⅶ)、A.562(14)决议

A.750(18) Damage stability standard for existing ro-ro passenger ships

现有客滚船的破损稳性标准(1993 年 11 月 4 日通过,1 页)

A.751(18) Interim standards for ship manoeuvrability

Annex superseded by annex to MSC.137(76)

船舶操纵性的暂行标准(1993 年 11 月 4 日通过,4 页)

其附件由 MSC.137(76)决议的附件所替代

A.752(18) Guidelines for the evaluation, testing and application of low-location lighting on passenger ships

Refer to MSC.24(60), MSC.27(61)

客船低位照明的评估、试验和应用的指南(1993 年 11 月 4 日通过,4 页)

参见 MSC.24(60)和 MSC.27(61)决议

A.753(18) Guidelines for the application of plastic pipes on ships

Amended by MSC.313(88)

船上使用塑料管的指南(1993 年 11 月 4 日通过,20 页)

由 MSC.313(88)决议所修正

A.754(18) Recommendation on fire resistance tests for 'A','B' and 'F' class divisions

Amended by MSC.61(67), Revokes A.517(13), Refer to the FTP Code

关于"A""B"和"F"级分隔的耐火试验的建议案(1993 年 11 月 4 日通过,40 页)

由 MSC.61(67)决议所修正,废除 A.517(13)决议,参见国际实施耐火试验程序规则

A.755(18) Guidelines for approval of sprinkler systems equivalent to that referred to in SOLAS regulation II-2/12

Revoked by A.800(19)

与国际海上人命安全公约(SOLAS)第 II-2/12 条规定等效的喷水器系统的认可指南(1993 年 11

月4日通过,3页)

由A.800(19)决议所废除

A.756(18) Guidelines on the information to be provided with fire control plans and booklets required by SOLAS regulations II-2/20 and 41-2

关于与国际海上人命安全公约(SOLAS)第Ⅱ-2/20和第Ⅱ-2/41-2条要求的防火控制图和小册子一起提供的资料的指南(1993年11月4日通过,2页)

A.757(18) Standards for the calculation of the width of stairways forming means of escape on passenger ships

构成客船脱险设施的梯道宽度的计算标准(1993年11月4日通过,6页)

A.758(18) Application of recommendation 2 of the International Conference on Tonnage Measurement of Ships, 1969

Revoked by A.1073(28)

1969年国际吨位丈量会议第2项建议案的应用(1993年11月4日通过,2页)

由A.1073(28)决议所废除

A.759(18) Marking of inflatable liferafts

气胀式救生筏的标志(1993年11月4日通过,1页)

A.760(18) Symbols related to life-saving appliances and arrangements

Amended by MSC.82(70), Revokes A.603(15)

与救生设备和装置有关的符号(1993年11月4日通过,11页)

由MSC.82(70)决议所修正,废除A.603(15)决议

A.761(18) Recommendation on conditions for the approval of servicing stations for inflatable liferafts

Revokes A.693(17), Amended by MSC.55(66)

对气胀式救生筏检修站认可条件的建议案(1993年11月4日通过,5页)

废除A.693(17)决议,由MSC.55(66)决议所修正

A.762(18) Performance standards for survival craft two-way VHF radiotelephone apparatus

Revokes A.605(15), Amended by A.809(19), still in force for equipment installed before 23 November 1996, Refer to A.809(19)

救生艇筏双向甚高频无线电话装置的性能标准(1993年11月4日通过,6页)

废除A.605(15)决议,由A.809(19)决议所修正,但对1996年11月23日之前安装的设备仍有效,参见A.809(19)决议

A.763(18) Performance standards for float-free satellite emergency position-indicating radio beacons (EPIRBs) operating on 406 MHz

Revokes A.695(17), Amended by A.810(19), still in force for equipment installed before 23 November 1996, MSC. 56(66)

在406 MHz上工作的自浮式卫星应急无线电示位标(EPIRBs)的性能标准(1993年11月4日通过,5页)

废除A.695(17)决议,由A.810(19)、MSC.56(66)决议所修正,但对1996年11月23日之前安装的设备仍有效

A. 764(18) Establishment, updating and retrieval of the information contained in the registration databases of satellite EPIRBs

Revoked by A. 887(21)

建立、更新和检索卫星应急无线电示位标(EPIRBs)登录数据库中的信息(1993年11月4日通过,3页)

由A.887(21)决议所废除

A. 765(18) Guidelines on the safety of towed ships and other floating objects including installations, structures and platforms at sea

海上被拖带船舶和其他漂浮物体,包括装置、结构物和平台的安全指南(1993年11月4日通过,3页)

A. 766(18) Navigation in the Strait of Bonifacio

Revokes A. 670(16)

博尼法乔海峡的航行(1993年11月4日通过,3页)

废除A.670(16)决议

A. 767(18) Amended traffic separation scheme 'Off Finisterre'

Revoked by A. 957(23)

经修正的"菲尼斯特里沿海"的分航通道制(1993年11月4日通过,2页)

由A.957(23)决议所废除

A. 768(18) Ships' routeing

船舶定线制(1993年11月4日通过,6页)

A. 769(18) Procedures and arrangements for issuing GMDSS certificates to holders of non-GMDSS certificates

向尚未持有GMDSS证书的人员颁发GMDSS证书的程序和安排(1993年11月4日通过,7页)

A. 770(18) Minimum training requirements for personnel nominated to assist passengers in emergency situations on passenger ships

Revoked by A. 865(20), A. 921(22)

客船上被指定在紧急情况下帮助乘客的人员的最低培训要求(1993年11月4日通过,3页)

由A.865(20)、A.921(22)决议所废除

A.771(18) Training requirements for crews of fast rescue boats
快速救助艇的船员培训要求(1993年11月4日通过,2页)

A.772(18) Fatigue factors in manning and safety
配备人员的疲劳因素和安全(1993年11月4日通过,4页)

A.773(18) Enhancement of safety of life at sea by the prevention and suppression of unsafe practices associated with alien smuggling by ships

Refer to A.867(20),

防止和制止与船舶偷渡外国人有关的不安全操作以增进海上人命安全(1993年11月4日通过,2页)

参见A.867(20)决议

A.774(18) Guidelines for preventing the introduction of unwanted aquatic organisms and pathogens from ships' ballast water and sediment discharges

Revoked by A.868(20)

防止船舶压载水和沉积物的排放中传播有害水生物和病原体的指南(1993年11月4日通过,10页)

由A.868(20)决议所废除

A.775(18) Arrears of contributions
会费的拖欠(1993年11月4日通过,2页)

A.776(18) Presentation of accounts and audit reports
公布账目和审计报告(1993年11月4日通过,1页)

A.777(18) Work methods and organization of work in committees and their subsidiary bodies
各委员会及其下属机构的工作方法和工作的组织(1993年11月4日通过,2页)

A.778(18) Work programme and budget for the eighteenth financial period 1994-1995
第18财务年度(1994/1995年)工作计划和预算(1993年11月4日通过,6页)

A.779(18) Long-term work plan of the Organization (up to 2000)
本组织的长期工作计划(至2000年)(1993年11月4日通过,6页)

A.780(19) Amendments to the Rules of Procedure of the Assembly consequent upon the introduction of electronic counting of votes for election of Council members
使用电子计票选举理事国而做出的《大会议事规则》的修正案(1995年11月13日通过,1页)

A.781(19) Amendments to rules 56bis and 56ter of the Rules of Procedure of the Assembly
《大会议事规则》第56(之2)条和第56(之3)条的修正案(1995年11月13日通过,2页)

A. 782(19) Relations with non-governmental organizations

与非政府组织的关系(1995 年 11 月 22 日通过,3 页)

A. 783(19) Appointment of the External Auditor

任命外聘审计员(1995 年 11 月 22 日通过,1 页)

A. 784(19) Amendments to the International Convention on Load Lines, 1966

《1966 年国际载重线公约》修正案(1995 年 11 月 23 日通过,1 页)

A. 785(19) Contribution of the World Maritime University (WMU) in the achievement of enhanced standards of maritime training

世界海事大学对提高海事训练标准的贡献(1995 年 11 月 23 日通过,1 页)

A. 786(19) Strategy for ship/port interface

船舶/港口界面战略(1995 年 11 月 23 日通过,2 页)

A. 787(19) Procedures for port State control

Revokes A. 466(XII), A. 542(13), A. 597(15), A. 742(18), MEPC. 26(23), Amended by A. 882(21), Revoked by A. 1052(27)

港口国管理程序(1995 年 11 月 23 日通过,52 页)

废除 A. 466(XII)、A. 542(13)、A. 597(15)、A. 742(18)、MEPC. 26(23)决议,由 A. 882(21)决议所修正,由 A. 1052(27)决议所废除

A. 788(19) Guidelines on implementation of the International Safety Management (ISM) Code by Administrations

Revoked by A. 913(22)

主管机关实施《国际安全管理(ISM)规则》指南(1995 年 11 月 23 日通过,19 页)

由 A. 913(22)决议所废除

A. 789(19) Specifications on the survey and certification functions of recognized organizations acting on behalf of the Administration

被认可组织代表主管机关执行检验和发证的细则(1995 年 11 月 23 日通过,10 页)

A. 790(19) Review of the Code for the Safe Carriage of Irradiated Nuclear Fuel, Plutonium and High-Level Radioactive Wastes in Flasks on Board Ships

对《船舶安全装运密封装辐射性核燃料,钚和强放射性废料规则》的评论(1995 年 11 月 23 日通过,2 页)

A. 791(19) Application of the International Convention on Tonnage Measurement of Ships, 1969, to existing ships

Revoked by A. 1073(28)

《1969年国际船舶吨位丈量公约》对现有船舶的应用(1995年11月23日通过,2页)

由A.1073(28)决议所废除

A.792(19) Safety culture in and around passenger ships

客船内及周围的安全文化(1995年11月23日通过,1页)

A.793(19) Strength and securing and locking arrangements of shell doors on ro-ro passenger ships

客滚船上装卸货门的强度及紧固与锁定装置(1995年11月23日通过,1页)

A.794(19) Surveys and inspections of ro-ro passenger ships

客滚船的检验和检查(1995年11月23日通过,1页)

A.795(19) Navigational guidance and information scheme for ro-ro ferry operations

滚装渡船营运的航行指南和信息系统(1995年11月23日通过,2页)

A.796(19) Recommendations on a decision-support system for masters on passenger ships

客船船长决策支持系统建议案(1995年11月23日通过,3页)

A.797(19) Safety of ships carrying solid bulk cargoes

Refer to A.713(17), A.744(18), A.787(19), A.862(20)

运输固体散装货物船舶的安全(1995年11月23日通过,3页)

参见A.713(17)、A.744(18)、A.787(19)和A.862(20)决议

A.798(19) Guidelines for the selection, application and maintenance of corrosion prevention systems of dedicated seawater ballast tanks

Refer to A.713(17), A.744(18)

专用海水压载舱防腐系统的选择、涂装和维护指南(1995年11月23日通过,7页)

参见A.713(17)和A.744(18)决议

A.799(19) Revised recommendation on test methods for qualifying marine construction materials as non-combustible

Revokes A.472(Ⅻ), Amended by MSC.61(67),

鉴定船用结构材料不燃性的试验方法的经修订的建议案(1995年11月23日通过,2页)

废除A.472(Ⅻ)决议,由MSC.61(67)决议所修正

A.800(19) Revised guidelines for approval of sprinkler systems equivalent to that referred to in SOLAS regulation II-2/12

Revokes A.755(18), Amended byMSC.265(84), MSC.284(86)

与国际海上人命安全公约(SOLAS)第II-2/12条规定等效的喷水器系统的经修订的认可指南(1995年11月23日通过,44页)

废除A.755(18)决议,由MSC.265(84)和MSC.284(86)决议所修正

A. 801(19) Provision of radio services for the global maritime distress and safety system (GMDSS)

Revokes A. 704(17), Amended byMSC. 199(80)

全球海上遇险与安全系统(GMDSS)无线电业务的规定(1995 年 11 月 23 日通过,9 页)

废除 A. 704(17)决议,由 MSC. 199(80)决议所修正

A. 802(19) Performance standards for survival craft radar transponders for use in search and rescue operations

Revokes A. 697(17), Amended byMSC. 247(83)

用于搜寻和救助作业的救生艇筏雷达应答器的性能标准(1995 年 11 月 23 日通过,3 页)

废除 A. 697(17)决议,由 MSC. 247(83)决议所修正

A. 803(19) Performance standards for shipborne VHF radio installations capable of voice communication and digital selective calling

Amends A. 609(15), Amended by MSC. 68(68)

能话音通信和数字选择呼叫的船载甚高频无线电装置的性能标准(1995 年 11 月 23 日通过,5 页)

修正 A. 609(15)决议,由 MSC. 68(68)决议所修正

A. 804(19) Performance standards for shipborne MF radio installations capable of voice communication and digital selective calling

Amends A. 610(15), Amended by MSC. 68(68)

能话音通信和数字选择呼叫的船载中频无线电装置的性能标准(1995 年 11 月 23 日通过,6 页)

修正 A. 610(15)决议,由 MSC. 68(68)决议所修正

A. 805(19) Performance standards for float-free VHF emergency position-indicating radio beacons

Amends A. 612(15)

自浮式甚高频应急无线电示位标的性能标准(1995 年 11 月 23 日通过,4 页)

修正 A. 612(15)决议

A. 806(19) Performance standards for shipborne MF/HF radio installations capable of voice communication, narrow-band direct-printing and digital selective calling

Amends A. 613(15), Amended byMSC. 68(68)

能话音通信、窄带直接印字电报和数字选择呼叫的船载中/高频无线电装置的性能标准(1995 年 11 月 23 日通过,7 页)

修正 A. 613(15)决议,由 MSC. 68(68)决议所修正

A. 807(19) Performance standards for Inmarsat-C ship earth stations capable of transmitting and receiving direct-printing communications

Amends A. 663(16), Amended by MSC. 68(68)

能发射和接收直接印字电报通信的 INMARSAT-C 标准的船舶地面站的性能标准(1995 年 11 月 23 日通过,3 页)

修正 A. 663(16)决议,由 MSC. 68(68)决议所修正

A.808(19) Performance standards for ship earth stations capable of two-way communications

Amends A.698(17), Refer to A.694(17), Annex 1 revised by MSC.149(77),

能双向通信的船舶地面站的性能标准(1995年11月23日通过,3页)

修正A.698(17)决议,参见A.694(17)决议,附件1由MSC.149(77)决议所修订

A.809(19) Performance standards for survival craft two-way VHF radiotelephone apparatus

Amends A.762(18), Annex 1 revised by MSC.149(77), Refer to A.694(17), A.762(18)

救生艇筏双向甚高频无线电话装置的性能标准(1995年11月23日通过,6页)

修正A.762(18)决议,附件1由MSC.149(77)决议所修正,参见A.694(17)和A.762(18)决议

A.810(19) Performance standards for float-free satellite emergency position-indicating radio beacons (EPIRBs) operating on 406 MHz

Amends A.763(18), Amended by MSC.56(66), MSC.120(74)

在406 MHz上工作的自浮式卫星应急无线电示位标(EPIRBs)的性能标准(1995年11月23日通过,4页)

修正A.763(18)决议,由MSC.56(66)和MSC.120(74)决议所修正

A.811(19) Performance standards for a shipborne integrated radiocommunication system (IRCS) when used in the GMDSS

用于全球海上遇险与安全系统的船载综合无线电通信系统(IRCS)的性能标准(1995年11月23日通过,3页)

A.812(19) Performance standards for float-free satellite emergency position-indicating radio beacons operating through the geostationary Inmarsat satellite system on 1.6 GHz

Amends A.661(16)

通过INMARSAT地球同步卫星系统在1.6GHz上工作的自浮式卫星应急无线电示位标的性能标准(1995年11月23日通过,4页)

修正A.661(16)决议

A.813(19) General requirements for electromagnetic compatibility (EMC) for all electrical and electronic ship's equipment

Refer to A.694(17)

所有船用电气和电子设备电磁兼容性(EMC)的一般要求(1995年11月23日通过,1页)

参见A.694(17)决议

A.814(19) Guidelines for the avoidance of false distress alerts

避免伪遇险报警的指南(1995年11月23日通过,5页)

A.815(19) World-wide radionavigation system

Revokes A. 666(16), Revoked by resolution A. 953(23)

全球无线电导航系统(1995 年 11 月 23 日通过,4 页)

废除 A. 666(16)决议,由 A. 953(23)决议所废除

A. 816(19) Performance standards for shipborne Decca navigator receivers

船载台卡导航接收机的性能标准(1995 年 11 月 23 日通过,4 页)

A. 817(19) Performance standards for electronic chart display and information systems (ECDIS)

Amended by MSC. 232 (82), but still in force for equipment installed before 1 January 1999

电子海图显示和信息系统(ECDIS)的性能标准(1995 年 11 月 23 日通过,12 页)

由 MSC. 232(82)决议所修正,但对 1999 年 1 月 1 日之前安装的设备仍有效

A. 818(19) Performance standards for shipborne Loran-C and Chayka receivers

船载劳兰 C 和 CHAYKA 接收机性能标准(1995 年 11 月 23 日通过,4 页)

A. 819(19) Performance standards for shipborne global positioning system (GPS) receiver equipment

Revised by MSC. 112(73)), but still in force for equipment installed before 1 July 2003

船载全球定位系统(GPS)接收机设备性能标准(1995 年 11 月 23 日通过,3 页)

由 MSC. 112(73)决议所修订,但对 2003 年 7 月 1 日之前安装的设备仍有效

A. 820(19) Performance standards for navigational radar equipment for high-speed craft

Amended by MSC. 192(79), but still in force for equipment installed before 1 July 2008

高速艇导航雷达设备性能标准(1995 年 11 月 23 日通过,5 页)

由 MSC. 192(79)决议所修正,但对 2008 年 7 月 1 日之前安装的设备仍有效

A. 821(19) Performance standards for gyro-compasses for high-speed craft

高速艇电罗经性能标准(1995 年 11 月 23 日通过,4 页)

A. 822(19) Performance standards for automatic steering aids (automatic pilots) for high-speed craft

高速艇自动操舵仪(自动舵)性能标准(1995 年 11 月 23 日通过,3 页)

A. 823(19) Performance standards for automatic radar plotting aids (ARPAs)

Amends A. 422(Ⅺ), Amended by MSC. 192(79), but still in force for equipment installed before 1 January 1997

自动雷达标绘仪(ARPAs)性能标准(1995 年 11 月 23 日通过,10 页)

修正 A. 422(Ⅺ)决议,由 MSC. 192(79)决议所修正,但对 1997 年 1 月 1 日之前安装的设备仍有效

A. 824(19) Performance standards for devices to indicate speed and distance

Amends A. 478(Ⅻ), Amended byMSC. 96(72), but still in force for equipment installed before 1 January 1997, Refer to A.478(Ⅻ), A.694(17),

航速和航程指示装置的性能标准(1995年11月23日通过,3页)

修正A.478(Ⅻ)决议,由MSC.96(72)决议所修正,但对1997年1月1日之前安装的设备仍有效,参见A.478(Ⅻ)和A.694(17)决议

A.825(19) Procedure for adoption and amendment of performance standards for radio and navigational equipment

Revoked by A.886(21)

通过和修正无线电和航行设备的性能标准的程序(1995年11月23日通过,1页)

由A.886(21)决议所废除

A.826(19) Procedure for adoption and amendment of traffic separation schemes, routeing measures other than traffic separation schemes and ship reporting systems

Revokes A.376(Ⅹ) and A.377(Ⅹ)

分道航行制、不同于分道航行制的定线措施,以及船舶报告系统的通过和修正程序(1995年11月23日通过,1页)

废除A.376(Ⅹ)和A.377(Ⅹ)决议

A.827(19) Ships' routeing

Amended by MSC.64(67)

船舶定线制(1995年11月23日通过,11页)

由MSC.64(67)决议所修正

A.828(19) Recommendations on maritime safety and emergency preparedness training for all personnel working on MOUs

Revoked by A.891(21)

对海上移动式平台(MOUs)上所有人员海上安全和应急防备训练的建议案(1995年11月23日通过,3页)

由A.891(21)决议所废除

A.829(19) Guidelines for the evaluation of the adequacy of type C tank vent systems

关于C型液舱透气系统适用性的评估指南(1995年11月23日通过,24页)

A.830(19) Code on Alarms and Indicators, 1995

Revokes A.686(17), MSC.39(63), Revoked by A.1021(26)

1995年报警器和指示器规则(1995年11月23日通过,17页)

废除A.686(17)、MSC.39(63)决议,由A.1021(26)决议所废除

A.831(19) Code of Safety for Diving Systems, 1995

Revokes A.536(13) and A.583(14), Amended by MSC.185(79)

1995年潜水系统安全规则(1995年11月23日通过,4页)

废除 A.536(13)和 A.583(14)决议,由 MSC.185(79)决议所修正

A.832(19) Follow-up action to the United Nations Conference on Environment and Development, 1992
1992 年联合国环境和发展会议的后续行动(1995 年 11 月 23 日通过,2 页)

A.833(19) Headquarters facilities and accommodation
总部设施和房舍(1995 年 11 月 23 日通过,1 页)

A.834(19) Arrears of contributions
会费的拖欠(1995 年 11 月 23 日通过,2 页)

A.835(19) Presentation of accounts and audit reports
公布账目和审计报告(1995 年 11 月 23 日通过,1 页)

A.836(19) Long-term work plan of the Organization (up to 2002)
本组织的长期工作计划(至 2002 年)(1995 年 11 月 23 日通过,7 页)

A.837(19) Work programme and budget for the nineteenth financial period 1996-1997
第 19 财务年度(1996/1997 年)工作计划和预算(1995 年 11 月 23 日通过,7 页)

A.838(19) Integrated technical co-operation programme: transfer of funds from the surplus of the Printing Fund
Revoked by A.873(20)
技术合作综合方案——从印刷资金的盈余中转拨资金(1995 年 11 月 23 日通过,1 页)
由 A.873(20)决议所废除

A.839(20) Appointment of the Secretary-General
任命秘书长(1997 年 11 月 20 日通过,1 页)

A.840(20) Relations with non-governmental organizations
与非政府组织的关系(1997 年 11 月 26 日通过,3 页)

A.841(20) Recognition of the World Maritime University degree
承认世界海事大学学位(1997 年 11 月 26 日通过,1 页)

A.842(20) Arrears of contributions
会费的拖欠(1997 年 11 月 26 日通过,2 页)

A.843(20) Presentation of accounts and audit report
公布账目和审计报告(1997 年 11 月 26 日通过,1 页)

A.844(20) Work programme and budget for the twentieth financial period 1998-1999
第20财务年度(1998/1999年)工作计划和预算(1997年11月26日通过,8页)

A.845(20) Amendments to the Organization's Financial Regulations and Financial Rules
Revoked by A.1017(26)
本组织财务条例和财务规则的修正案(1997年11月26日通过,10页)
由A.1017(26)决议所废除

A.846(20) Long-term work plan of the Organization (up to 2004)
本组织的长期工作计划(至2004年)(1997年11月27日通过,7页)

A.847(20) Guidelines to assist flag States in the implementation of IMO instruments
Revokes A.740(18), Revoked by A.973(24)
帮助船旗国实施IMO文件的指南(1997年11月27日通过,10页)
废除A.740(18)决议,由A.973(24)决议所废除

A.848(20) Implementation of the International Safety Management (ISM) Code
执行国际安全管理规则(ISM CODE)(1997年11月27日通过,2页)

A.849(20) Code for the Investigation of Marine Casualties and Incidents
Revokes A.173(ES.Ⅳ), A.440(Ⅺ), A.637(16), Amended by A.884(21), Revoked by A.1075(28)
海难与事故调查规则(1997年11月27日通过,15页)
废除A.173(ES.Ⅳ)、A.440(Ⅺ)和A.637(16)决议,由A.884(21)决议所修正,由A.1075(28)决议所废除

A.850(20) Human element vision, principles and goals for the Organization
Revoked by A.947(23)
本组织关于人为因素的前景、原则和目标(1997年11月27日通过,2页)
由A.947(23)决议所废除

A.851(20) General principles for ship reporting systems and ship reporting requirements, including guidelines for reporting incidents involving dangerous goods, harmful substances and/or marine pollutants
船舶报告系统和船舶报告要求的一般原则,包括涉及危险货物、有害物质和/或海洋污染物的事故报告指南(1997年11月27日通过,9页)

A.852(20) Guidelines for a structure of an integrated system of contingency planning for shipboard emergencies
Revoked by A.1072(28)
船上紧急情况应急计划的综合系统构成指南(1997年11月27日通过,19页)
由A.1072(28)决议所废除

A. 853(20) Amendments to the Code for the Safe Carriage of Irradiated Nuclear Fuel, Plutonium and High-Level Radioactive Wastes in Flasks on Board Ships

Amends A. 748(18)

对《船舶安全装运密封装辐射性核燃料、钚和强放射性废料规则》(NF Code)的修正案(1997 年 11 月 27 日通过,4 页)

修正 A. 748(18)决议

A. 854(20) Guidelines for developing shipboard emergency plans for ships carrying materials subject to the INF Code

运输"国际船舶安全装运密封装辐射性核燃料、钚和强放射性废料规则"(INF Code)范围内物质船舶的船上应急计划编制指南(1997 年 11 月 27 日通过,15 页)

A. 855(20) Standards for on-board helicopter facilities

船上直升机设施标准(1997 年 11 月 27 日通过,4 页)

A. 856(20) Guidance to Administrations on development of a shore-based SAR telecommunication infrastructure

主管机关对发展岸上搜救(SAR)电信基础结构的指南(1997 年 11 月 27 日通过,1 页)

A. 857(20) Guidelines for vessel traffic services

Revokes A. 578(14), Refer to A. 158(ES. Ⅳ), A. 851(20), MSC. 43(64)

船舶运输业务指南(1997 年 11 月 27 日通过,18 页)

废除 A. 578(14)决议,参见 A. 158(ES. Ⅳ)、A. 851(20)和 MSC. 43(64)决议

A. 858(20) Procedure for the adoption and amendment of traffic separation schemes, routeing measures other than traffic separation schemes, including designation and substitution of archipelagic sea lanes, and ship reporting

分道通航制、不同于分道通航制的定线措施,包括群岛海上航线的标定与替换,以及船舶报告的通过和修正程序(1997 年 11 月 27 日通过,1 页)

A. 859(20) Ships' routeing

船舶定线制(1997 年 11 月 27 日通过,1 页)

A. 860(20) Maritime policy for a future global navigation satellite system (GNSS)

Revoked by A. 915(22)

对未来全球导航卫星系统(GNSS)的海事政策(1997 年 11 月 27 日通过,12 页)

由 A. 915(22)决议所废除

A. 861(20) Performance standards for shipborne voyage data recorders (VDRs)

Amended by MSC. 214(81)

船载航行数据记录仪(VDRs)性能标准(1997 年 11 月 27 日通过,5 页)

由 MSC.214(81)决议所修正

A.862(20) Code of Practice for the Safe Loading and Unloading of Bulk Carriers
Refer to A.713(17), A.797(19)), Amended by MSC.238(82)
散货船装卸安全操作规则(1997 年 11 月 27 日通过,25 页)
参见 A.713(17)和 A.797(19)决议,由 MSC.238(82)决议所修正

A.863(20) Code of Safe Practice for the Carriage of Cargoes and Persons by Offshore Supply Vessels (OSV Code)
Amended by MSC.237(82)
近海供应船货物和人员载运安全操作规则(OSV 规则)(1997 年 11 月 27 日通过,10 页)
由 MSC.237(82)决议所修正

A.864(20) Recommendations for entering enclosed spaces aboard ships
Revoked by A.1050(27)
进入船上封闭处所(围蔽处所)的建议案(1997 年 11 月 27 日通过,11 页)
由 A.1050(27)决议所废除

A.865(20) Minimum training requirements for personnel nominated to assist passengers in emergency situations on passenger ships
Revokes A.770(18)
客船上被指定在紧急情况下帮助乘客的人员的最低培训要求(1997 年 11 月 27 日通过,4 页)
废除 A.770(18)决议

A.866(20) Guidance to ships' crews and terminal personnel for bulk carrier inspections
船员和码头人员对散货船检查指南(1997 年 11 月 27 日通过,16 页)

A.867(20) Combating unsafe practices associated with the trafficking or transport of migrants by sea
Refer to A.773(18)
取缔与海上移民的通行或运送有关的不安全操作(1997 年 11 月 27 日通过,2 页)
参见 A.773(18)决议

A.868(20) Guidelines for the control and management of ships' ballast water to minimize the transfer of harmful aquatic organisms and pathogens
Revokes A.774(18)
为使有害水生物和病原体传播减至最少对船舶压载水控制和管理的指南(1997 年 11 月 27 日通过,14 页)
废除 A.774(18)决议

A.869(20) Guidelines for facilitation of response to an oil pollution incident pursuant to article 7 and annex of the International Convention on Oil Pollution Preparedness, Response and Co-operation, 1990

按照 1990 年国际油污准备、响应和合作公约的第 7 条及附则促进油污事故响应的指南(1997 年 11 月 27 日通过,3 页)

A. 870(20) 1998 International Year of the Ocean
1998 国际海洋年(1997 年 11 月 27 日通过,1 页)

A. 871(20) Guidelines on the allocation of responsibilities to seek the successful resolution of stowaway cases
探寻偷乘者事例有效决定的责任定位指南(1997 年 11 月 27 日通过,7 页)

A. 872(20) Guidelines for the prevention and suppression of the smuggling of drugs, psychotropic substances and precursor chemicals on ships engaged in international maritime traffic
Revised by A. 985(24)
在国际海运船舶上预防和取缔走私药物、治疗精神病物品和前兆化学品的指南(1997 年 11 月 27 日通过,46 页)
由 A. 985(24)决议所修改

A. 873(20) Technical co-operation as a means to promote the acceptance and implementation of IMO instruments
Revokes A. 838(19), Revoked by A. 986(24)
为促进采纳和实施 IMO 文件的技术合作(1997 年 11 月 27 日通过,2 页)
废除 A. 838(19)决议,由 A. 986(24)决议所废除

A. 874(21) Relations with non-governmental organizations
与非政府组织的关系(1999 年 11 月 25 日通过,3 页)

A. 875(21) Arrears of contributions—Working Capital Fund
会费的拖欠——工作基金款项(1999 年 11 月 25 日通过,2 页)

A. 876(21) Presentation of accounts and audit reports
公布账目和审计报告(1999 年 11 月 25 日通过,1 页)

A. 877(21) Work programme and budget for the twenty-first financial period 2000-2001
第 21 财务年度(2000/2001 年)工作计划和预算(1999 年 11 月 25 日通过,8 页)

A. 878(21) Appointment of the external auditor
任命外聘审计员(1999 年 11 月 25 日通过,1 页)

A. 879(21) Long-term work plan of the Organization (up to 2006)
本组织的长期工作计划(至 2006 年)(1999 年 11 月 25 日通过,8 页)

A. 880(21) Implementation of the International Safety Management (ISM) Code by 1 July 2002

Revoked by A. 915(22)

2002 年 7 月 1 日前国际安全管理规则(ISM 规则)的实施(1999 年 11 月 25 日通过,2 页)

由 A. 915(22)决议所废除

A. 881(21) Self-assessment of flag State performance

Revoked by A. 912(22)

船旗国工作自评(1999 年 11 月 25 日通过,8 页)

由 A. 912(22)决议所废除

A. 882(21) Amendments to the Procedures for port State control (resolution A. 787(19))

Amends A. 787(19), Revoked by A. 1052(27)

对"港口国管理程序"(A. 787(19)决议)的修正案(1999 年 11 月 25 日通过,12 页)

修正 A. 787(19)决议,由 A. 1052(27)决议所废除

A. 883(21) Global and uniform implementation of the harmonized system of survey and certification (HSSC)

全球和统一执行检验和发证协调系统(HSSC)(1999 年 11 月 25 日通过,4 页)

A. 884(21) Amendments to the Code for the Investigation of Marine Casualties and Incidents (resolution A. 849(20))

Amends A. 849(20), Revoked by A. 1075(28)

对"海难与事故调查规则"(A. 849(20)决议)的修正案(1999 年 11 月 25 日通过,29 页)

修正 A. 849(20)决议,由 A. 1075(28)决议所废除

A. 885(21) Procedures for the identification of particularly sensitive sea areas and the adoption of associated protective measures and amendments to the guidelines contained in resolution A. 720(17)

Amends A. 720(17)

确定特别敏感海区和通过相关保护措施的程序以及对 A. 720(17)决议中《指南》的修正案(1999 年 11 月 25 日通过,8 页)

修正 A. 720(17)决议

A. 886(21) Procedure for the adoption of, and amendments to, performance standards and technical specifications

Revokes A. 825(19)

通过和修正性能标准以及技术条件的程序(1999 年 11 月 25 日通过,1 页)

废除 A. 825(19)决议

A. 887(21) Establishment, updating and retrieval of the information contained in the registration databases for the global maritime distress and safety system (GMDSS)

Revokes A. 764(18)

建立、更新和检索全球海上遇险与安全系统(GMDSS)登录数据库中的信息(1999 年 11 月 25 日通过,3 页)

废除 A.764(18)决议

A.888(21) Criteria for the provision of mobile satellite communication systems in the global maritime distress and safety system (GMDSS)

Revoked by A.1001(25)

在全球海上遇险与安全系统(GMDSS)中提供移动卫星通信系统的衡准(1999 年 11 月 25 日通过,9 页)

由 A.1001(25)决议所废除

A.889(21) Pilot transfer arrangements

Revokes A.275(Ⅷ), A.426(Ⅺ), A.667(16), Revoked by A.1045(27)

引水员登离船装置(1999 年 11 月 25 日通过,6 页)

废除 A.275(Ⅷ)、A.426(Ⅺ)、A.667(16)决议,由 A.1045(27)决议所废除

A.890(21) Principles of safe manning

Revokes A.481(Ⅻ), Amended by A.955(23), Revoked by A.1047(27)

安全配备人员的原则(1999 年 11 月 25 日通过,8 页)

废除 A.481(Ⅻ)决议,由 A.955(23)决议所修正,由 A.1047(27)决议所废除

A.891(21) Recommendations on training of personnel on mobile offshore units (MOUs)

Revokes A.538(13), A.712(17), A.,828(19),Revoked by A.1079(28)

对海上移动式平台(MOUs)上人员培训的建议案(1999 年 11 月 25 日通过,47 页)

废除 A.538(13)、A.712(17)和 A.,828(19) 决议,由 A.1079 (28)决议所废除

A.892(21) Unlawful practices associated with certificates of competency and endorsements

与资格证书和签署有关的非法行为(1999 年 11 月 25 日通过,2 页)

A.893(21) Guidelines for voyage planning

航行计划的指南(1999 年 11 月 25 日通过,4 页)

A.894(21) International Aeronautical and Maritime Search and Rescue (IAMSAR) Manual

Revokes A.229(Ⅶ), A.387(Ⅹ), A.439(Ⅺ), Amended by MSC/Circ.999, MSC/Circ.1044, MSC/Circ.1080, MSC/Circ.1124, MSC/Circ.1173, MSC.1/Circ.1181

国际航空与航海搜寻与救助(IAMSAR)手册(1999 年 11 月 25 日通过,2 页)

废除 A.229(Ⅶ)、A.387(Ⅹ)、A.439(Ⅺ)决议,由 MSC/Circ.999、MSC/Circ.1044、MSC/Circ.1080、MSC/Circ.1124、MSC/Circ.1173 和 MSC.1/Circ.1181 通函所修正

A.895(21) Anti-fouling systems used on ships

船舶使用的防污底系统(1999 年 11 月 25 日通过,2 页)

A.896(21) Provision and use of port waste reception facilities
港口废弃物接收设施的配备和使用(1999年11月25日通过,1页)

A.897(21) Amendments to the Revised specifications for the design, operation and control of crude oil washing systems (resolution A.446(XI), as amended by resolution A.497(XII))
Amends A.446(XI),
修订的原油洗舱系统设计、操作和控制技术条件(由A.497(XII)决议所修正的A.446(XI)决议)的修正案(1999年11月25日通过,2页)
修正A.446(XI)决议

A.898(21) Guidelines on shipowners' responsibilities in respect of maritime claims
船东对海事索赔的责任的指南(1999年11月25日通过,3页)

A.899(21) Acceptance of CLC insurance certificates
接受"国际油污损害民事责任(CLC)"保险证书(1999年11月25日通过,2页)

A.900(21) Objectives of the Organization in the 2000s
本组织在21世纪的目标(1999年11月16日通过,2页)

A.901(21) IMO and technical co-operation in the 2000s
在21世纪的IMO和技术合作(1999年11月25日通过,3页)

A.902(22) Appointment of the Secretary-General
任命秘书长(2001年11月20日通过,1页)

A.903(22) Relations with non-governmental organizations
与非政府组织的关系(2001年11月29日通过,3页)

A.904(22) Arrears of contributions—Working Capital Fund
会费的拖欠——工作基金款项(2001年11月29日通过,2页)

A.905(22) Presentation of accounts and audit reports
公布账目和审计报告(2001年11月29日通过,1页)

A.906(22) Work programme and budget for the twenty-second financial period 2002-2003
第22财务年度(2002/2003年)工作计划和预算(2001年11月29日通过,12页)

A.907(22) Long-term work plan of the Organization (up to 2008)
本组织长期工作计划(至2008年)(2001年11月29日通过,8页)

A.908(22) Agreement with the host State regarding the extension of privileges and immunities to permanent representatives and divisional directors

与 IMO 所在国关于延长常设代表和司长的优惠和豁免的协议(2001 年 11 月 22 日通过,6 页)

A. 909(22) Policy making in IMO—setting the Organization's policies and objectives

制定 IMO 的政策——确定本组织的方针和目标(2001 年 11 月 29 日通过,1 页)

A. 910(22) Amendments to the International Regulations for Preventing Collisions at Sea, 1972

1972 年国际海上避碰规则修正案(2001 年 11 月 29 日通过,3 页)

A. 911(22) Uniform wording for referencing IMO instruments

引用 IMO 文件的统一措辞(2001 年 11 月 29 日通过,4 页)

A. 912(22) Self-assessment of flag State performance

Revokes A. 881(21)

船旗国工作自评(2001 年 11 月 29 日通过,10 页)

废除 A. 881(21)决议

A. 913(22) Revised guidelines on the implementation of the International Safety Management (ISM) Code by administrations

Revokes A. 788(19), Revoked by A. 1022(26) as of 1 July 2010

经修订的主管机关实施《国际安全管理(ISM)规则》指南(2001 年 11 月 29 日通过,11 页)

废除 A. 788(19)决议,2010 年 7 月 1 日由 A. 1022(26)决议所废除

A. 914(22) Measures to further strengthen flag State implementation

进一步加强船旗国履约的措施(2001 年 11 月 29 日通过,1 页)

A. 915(22) Revised maritime policy and requirements for a future global navigation satellite system (GNSS)

Revokes A. 860(20), A. 880(21)

经修订的对未来全球导航卫星系统(GNSS)的海事政策和要求(2001 年 11 月 29 日通过,14 页)

废除 A. 860(20)、A. 880(21)决议

A. 916(22) Guidelines for the recording of events related to navigation

与航行有关的事件记录指南(2001 年 11 月 29 日通过,2 页)

A. 917(22) Guidelines for the onboard operational use of shipborne automatic identification systems (AIS)

Amended by A. 956(23), Revoked by A. 1106(29)

船载自动识别系统(AIS)船上操作使用指南(2001 年 11 月 29 日通过,11 页)

由 A. 956(23)决议所修正,由 A. 1106(29) 决议所废除

A. 918(22) IMO standard marine communication phrases
Revokes A. 380(Ⅹ), Supersedes A. 488(Ⅻ)
IMO标准海上通信术语(2001年11月29日通过,91页)
废除A. 380(Ⅹ)决议,替代A. 488(Ⅻ)决议

A. 919(22) Acceptance and implementation of the International Convention on Maritime Search and Rescue, 1979, as amended
经修正的《1979年国际海上搜寻与救助公约》的接受和实施(2001年11月29日通过,2页)

A. 920(22) Review of safety measures and procedures for the treatment of persons rescued at sea
审议海上获救人员的安全措施和救护程序(2001年11月29日通过,2页)

A. 921(22) Assembly resolutions superseded by the 1995 amendments to the 1978 STCW Convention
Revokes A. 437(Ⅺ), A. 438(Ⅺ), A. 482(Ⅻ), A. 483(Ⅻ), A. 537(13), A. 624(15), A. 770(18)
由1978年国际海员培训、发证和值班标准公约(1978 STCW Convention)1995年修正案所替代的大会决议(2001年11月29日通过,1页)
废除A. 437(Ⅺ)、A. 438(Ⅺ)、A. 482(Ⅻ)、A. 483(Ⅻ)、A. 537(13)、A. 624(15)和A. 770(18)决议

A. 922(22) Code of practice for the investigation of the crimes of piracy and armed robbery against ships
Revoked by A. 1025(26)
调查海盗与武装抢劫船舶犯罪行为规则(2001年11月29日通过,7页)
由A. 1025(26)决议所废除

A. 923(22) Measures to prevent the registration of "phantom" ships
避免"幽灵船"登记的措施(2001年11月29日通过,2页)

A. 924(22) Review of measures and procedures to prevent acts of terrorism which threaten the security of passengers and crews and the safety of ships
审议防止对乘客、船员及船舶安全造成威胁的恐怖活动的措施和程序(2001年11月20日通过,2页)

A. 925(22) Entry into force and implementation of the 1993 Torremolinos Protocol and the 1995 STCW-F Convention
1977年托雷莫利诺斯国际渔船安全公约1993年议定书和1995年渔船人员培训、发证和值班标准国际公约(1995 STCW-F)的生效和实施(2001年11月29日通过,2页)

A. 926(22) Availability and use of low sulphur bunker fuel oils in SOx emission control areas designated in accordance with regulation 14(3) of Annex VI of MARPOL 73/78
按"经1978年议定书修正的1973年国际防止船舶造成污染公约"(MARPOL 73/78)附则VI第14

(3)条指定的 SOx 排放控制区域内低硫燃油的使用(2001 年 11 月 29 日通过,1 页)

A. 927(22) Guidelines for the designation of special areas under MARPOL 73/78 and guidelines for the identification and designation of particularly sensitive sea areas

Revokes A. 720(17) and A. 885(21), Annex 2, Revoked by A. 1087(28)

指定"经 1978 年议定书修正的 1973 年国际防止船舶造成污染公约"(MARPOL 73/78)的特别海区指南以及确定和指定特别敏感海区指南(2001 年 11 月 29 日通过,16 页)

附件 2 废除 A. 720(17)和 A. 885(21)决议, 由 A. 1087(28) 决议所废除

A. 928(22) Early and effective application of the International Convention on the Control of Harmful Anti-Fouling Systems on Ships

国际控制船舶有害防污底系统公约的尽早和有效采用(2001 年 11 月 29 日通过,1 页)

A. 929(22) Entry into force of Annex VI of MARPOL 73/78

"经 1978 年议定书修正的 1973 年国际防止船舶造成污染公约"(MARPOL 73/78)附则 VI 的生效(2001 年 11 月 29 日通过,2 页)

A. 930(22) Guidelines on provision of financial security in case of abandonment of seafarers

对遗弃船员提供财政援助指南(2001 年 11 月 29 日通过,5 页)

A. 931(22) Guidelines on shipowners' responsibilities in respect of contractual claims for personal injury to or death of seafarers

船东对船员人身伤害或死亡的合同索赔的责任指南(2001 年 11 月 29 日通过,4 页)

A. 932(22) Implementation of the HNS Convention

履行"与有害和有毒物质载运有关的破损的责任和赔偿的国际公约"(HNS Convention)(2001 年 11 月 29 日通过,1 页)

A. 933(22) Sustainable financial support for the World Maritime University

对世界海事大学的持续财政支持(2001 年 11 月 29 日通过,2 页)

A. 934(22) Sustainable financial support for the IMO International Maritime Law Institute

对 IMO 国际海事法律学院的持续财政支持(2001 年 11 月 29 日通过,2 页)

A. 935(22) Sustained support for the IMO International Maritime Academy, Trieste

对 IMO 国际海事学院(Trieste)的持续支持(2001 年 11 月 29 日通过,1 页)

A. 936(23) Appreciation of the services to the Organization of Mr. William A. O'Neil

感谢 William A. O'Neil 先生对本组织的服务(2003 年 12 月 5 日通过,2 页)

A. 937(23) Approval of the appointment of the Secretary-General

批准对秘书长的任命(2003 年 11 月 27 日通过,1 页)

A.938(23) Relations with non-governmental organizations
与非政府组织的关系(2003 年 12 月 5 日通过,3 页)

A.939(23) Appointment of the External Auditor
任命外聘审计员(2003 年 11 月 28 日通过,1 页)

A.940(23) Arrears of contributions
会费的拖欠(2003 年 12 月 5 日通过,2 页)

A.941(23) Presentation of accounts and audit reports
公布账目和审计报告(2003 年 12 月 5 日通过,1 页)

A.942(23) Work programme and budget for the twenty-third financial period 2004-2005
第 23 财务年度(2004/2005 年)工作计划和预算(2003 年 12 月 5 日通过,15 页)

A.943(23) Long-term work plan of the Organization (up to 2010)
Revoked by A.971(24)
本组织的长期工作计划(至 2010 年)(2003 年 12 月 5 日通过,9 页)
由 A.971(24)决议所废除

A.944(23) Strategic plan for the Organization (for the six-year period 2004 to 2010)
Revoked by A.970(24)
本组织的战略计划(2004 年至 2010 年的六年期)(2003 年 11 月 25 日通过,8 页)
由 A.970(24)决议所废除

A.945(23) 1991 Amendments to the Convention on the International Maritime Organization (Institutionalization of the Facilitation Committee)
国际海事组织公约的 1991 年修正案(便利运输委员会成为常设机构)(2003 年 11 月 24 日通过,2 页)

A.946(23) Voluntary IMO Member State Audit Scheme
IMO 成员国自愿审核机制(2003 年 11 月 27 日通过,2 页)

A.947(23) Human element vision, principles and goals for the Organization
Revokes A.850(20)
本组织关于人为因素的前景、原则和目标(2003 年 11 月 27 日通过,3 页)
废除 A.850(20)决议

A.948(23) Revised survey guidelines under the Harmonized System of Survey and Certification

Revokes A. 746(18), Revoked by A. 997(25)

检验和发证协调体系的经修订的检验指南(2003 年 11 月 27 日通过,99 页)

废除 A. 746(18)决议,由 A. 997(25)决议所废除

A. 949(23) Guidelines on places of refuge for ships in need of assistance

对需要援助的船舶提供避难区域的指南(2003 年 12 月 5 日通过,10 页)

A. 950(23) Maritime Assistance Services (MAS)

海事援助服务(MAS)(2003 年 12 月 5 日通过,5 页)

A. 951(23) Improved guidelines for marine portable fire extinguishers

Revokes A. 602(15)

经改进的船用手提式灭火器指南(2003 年 12 月 5 日通过,7 页)

废除 A. 602(15)决议

A. 952(23) Graphical symbols for shipboard fire control plans

船上防火控制图的图形符号(2003 年 12 月 5 日通过,9 页)

A. 953(23) World-wide radionavigation system

Revokes A. 529(13), A. 815(19), Revoked by A. 1046(27)

全球无线电导航系统(2003 年 12 月 5 日通过,4 页)

废除 A. 529(13)、A. 815(19)决议,由 A. 1046(27)决议所废除

A. 954(23) Proper use of VHF channels at sea

Revokes A. 474(XII)

海上甚高频信道的正确使用(2003 年 12 月 5 日通过,5 页)

废除 A. 474(XII)决议

A. 955(23) Amendments to the principles of safe manning (Resolution A. 890(21))

Amends A. 890(21), Revoked by A. 1047(27)

对"安全配备人员的原则"(A. 890(21)决议)的修正案(2003 年 12 月 5 日通过,3 页)

修正 A. 890(21)决议,由 A. 1047(27)决议所废除

A. 956(23) Amendments to the guidelines for the onboard operational use of shipborne Automatic Identification Systems (AIS) (Resolution A. 917(22))

Amends A. 917(22), Amended by A. 1106(29)

对"船载自动识别系统(AIS)船上操作使用指南"(A. 917(22)决议)的修正案(2003 年 12 月 5 日通过,2 页)

修正 A. 917(22)决议,由 A. 1106(29)决议所修正

A. 957(23) Amended Traffic Separation Scheme "Off Finisterre"

Revokes A.767(18)

经修正的"菲尼斯特里沿海"的分道通航制(2003年12月5日通过,2页)

废除A.767(18)决议

A.958(23) Provision of hydrographic services

Revokes A.532(13)

水文服务的规定(2003年12月5日通过,2页)

废除A.532(13)决议

A.959(23) Format and guidelines for the maintenance of the Continuous Synopsis Record (CSR)

Amended by MSC.209(81)

连续概要纪录(CSR)保持的格式和指南(2003年12月5日通过,6页)

由MSC.209(81)决议所修正

A.960(23) Recommendations on training and certification and operational procedures for maritime pilots other than deep-sea pilots

Revokes A.485(Ⅻ)

除深海引水员之外的海上引水员的训练、资格评定和使用程序的建议案(2003年12月5日通过,7页)

废除A.485(Ⅻ)决议

A.961(23) Wider acceptance of the Protocol of 1988 relating to the International Convention on Load Lines, 1966

1966年国际载重线公约1988年议定书的广泛接受(2003年12月5日通过,1页)

A.962(23) IMO Guidelines on ship recycling

Amended by A.980(24)

IMO拆船指南(2003年12月5日通过,41页)

由A.980(24)决议所修正

A.963(23) IMO Policies and practices related to the reduction of greenhouse gas emissions from ships

IMO关于减少船舶的温室气体排放的方针和实践(2003年12月5日通过,2页)

A.964(23) Follow-up action to UNCED and WSSD

对"联合国环境与发展会议"(United Nations Conference on Environment and Development, UNCED)和"世界可持续发展高峰会议"(World Summit on Sustainable Development, WSSD)的后继行动(2003年12月5日通过,2页)

A.965(23) Development and improvement of partnership arrangements for technical co-operation

Revoked by A.1128(30)

对技术合作的合伙安排的开发与改进(2003年12月5日通过,2页)

由 A. 1128(30)决议所废除

A. 966(24) Relations with non-governmental organizations
与非政府组织的关系(2005 年 11 月 23 日通过,3 页)

A. 967(24) Arrears of contributions
会费的拖欠(2005 年 12 月 1 日通过,2 页)

A. 968(24) Presentation of Arrears of contributions
公布会费的拖欠(2005 年 12 月 1 日通过,1 页)

A. 969(24) Work programme and budget for the twenty-fourth financial period 2006-2007
第 24 财务年度(2006/2007 年)工作计划和预算(2005 年 11 月 28 日通过,13 页)

A. 970(24) Strategic Plan for the Organization (for the six-year period 2006 to 2011)
Revokes A. 944(23), Revoked by A. 989(25)
本组织的战略计划(2006 年至 2011 年的六年期)(2005 年 11 月 23 日通过,9 页)
废除 A. 944(23)决议,由 A. 989(25)决议所废除

A. 971(24) High-level Action Plan of the Organization and priorities for the 2006-2007 biennium
Revokes A. 943(23), Revoked by A. 990(25)
本组织的高层次行动计划和 2006 年—2007 年两年期的优先考虑事项(2005 年 11 月 30 日通过,20 页)
废除 A. 943(23)决议,由 A. 990(25)决议所废除

A. 972(24) Adoption of amendments to the International Convention on Load Lines, 1966
通过 1966 年国际载重线公约修正案(2005 年 12 月 1 日通过,2 页)

A. 973(24) Code for the implementation of mandatory IMO instruments
Revokes A. 847(20), Revoked by A. 996(25)
IMO 强制性文件实施规则(2005 年 12 月 1 日通过,46 页)
废除 A. 847(20)决议,由 A. 996(25)决议所废除

A. 974(24) Framework and procedures for the Voluntary IMO Member State Audit Scheme
IMO 成员国自愿审核机制的框架和程序(2005 年 12 月 1 日通过,33 页)

A. 975(24) Future development of the Voluntary IMO Member State Audit Scheme
IMO 成员国自愿审核机制的未来发展(2005 年 12 月 1 日通过,2 页)

A. 976(24) Ships' Routeing-Establishment of an area to be avoided in the Galapagos Archipelago
船舶定线制——在 Galapagos 群岛中建立一个避让海区(2005 年 12 月 1 日通过,2 页)

A. 977(24) Ships' Routeing
船舶定线制(2005年12月1日通过,6页)

A. 978(24) Amendments to the existing mandatory ship reporting system "in the Great Belt Traffic Area"
对"在大Belt交通海区中"现行的强制性船舶报告体系的修正案(2005年12月1日通过,2页)

A. 979(24) Piracy and armed robbery against ships in waters off the Coast of Somalia
Revoked by A. 1002(25)
对在索马里海岸水域船舶的海盗与武装抢劫(2005年11月23日通过,4页)
由A. 1002(25)决议所废除

A. 980(24) Amendments to the IMO Guidelines on ship recycling (resolution A. 962(23))
Amends A. 962(23)
对"IMO拆船指南"(A. 962(23)决议)的修正案(2005年12月1日通过,3页)
修正A. 962(23)决议

A. 981(24) New legally-binding instrument on ship recycling
关于拆船的新的与法律相关的文件(2005年12月1日通过,2页)

A. 982(24) Revised Guidelines for the identification and designation of particularly sensitive sea areas
Revokes annex 2 of A. 927(22)
经修改的确定和指定特别敏感海区的指南(2005年12月1日通过,10页)
废除A. 927(22)决议的附件2

A. 983(24) Guidelines for the facilitation of response to a pollution incident
Revokes A. 869(20)
促进油污事故响应的指南(2005年12月1日通过,3页)
废除A. 869(20)决议

A. 984(24) Facilitation of the carriage of the IMDG Code class 7 radioactive materials including those in packaged form used in medical or public health applications
促进在医学或公共健康用途中采用"国际海运危险货物规则"(International Maritime Dangerous Goods Code,IMDG Code)第7类放射性材料(包括包装形式者)的装运(2005年12月1日通过,2页)

A. 985(24) Revision of the Guidelines for the prevention and suppression of the smuggling of drugs, psychotropic substances and precursor chemicals on ships (resolution A. 872(20))
Revises A. 872(20)
对"在船舶上预防和取缔走私药物、治疗精神病物品和前兆化学品的指南"(A. 872(20)决议)的修改(2005年12月1日通过,2页)
修改A. 872(20)决议

A.986(24) The importance and funding of technical co-operation as a means to support the Millennium Declaration and Development Goals

Revokes A.873(20), Revoked by A.1128(30)

为支持千年宣言和发展目标的技术合作的重要性和基金(2005 年 12 月 1 日通过,2 页)

废除 A.873(20)决议,由 A.1128(30)决议所废除

A.987(24) Guidelines for fair treatment of seafarers in the event of maritime accidents

在一旦发生的海上事故中公平对待海员的指南(2005 年 12 月 1 日通过,2 页)

A.988(24) Protocol of 2002 to the Athens Convention: Reservation concerning the issue and acceptance of insurance certificates with special exceptions and limitations

对雅典公约的 2002 年议定书:与具有特殊例外和限制的保险证书的颁发和接受相关的保留(2005 年 12 月 1 日通过,1 页)

A.989(25) Strategic plan for the organization (for the six-year period 2008 to 2013)

Revokes A.970 (24), Revoked by A.1011(26)

本组织的战略计划(2008 年至 2013 年的六年期)(2007 年 11 月 20 日通过,12 页)

废除 A.970(24)决议,由 A.1011(26)决议所废除

A.990(25) High-level action plan of the organization and priorities for the 2008-2009 biennium

Revokes A.971(24), Revoked by A.1012(26)

本组织的高层次行动计划和 2008 年—2009 年两年期的优先考虑事项(2007 年 11 月 29 日通过,17 页)

废除 A.971(24)决议,由 A.1012(26)决议所废除

A.991(25) Programme budget for the twenty-fifth financial period 2008-2009

第 25 财务年度(2008—2009 年)计划预算(2007 年 11 月 29 日通过,13 页)

A.992(25) Presentation of accounts and audit reports

公布账目和审计报告(2007 年 11 月 29 日通过,1 页)

A.993(25) Voluntary donation of interest earnings under the contributions incentive scheme to the technical co-operation fund

将会费奖励方案的利息收入自愿捐赠给技术合作基金(2007 年 11 月 29 日通过,2 页)

A.994(25) Arrears of contributions

会费的拖欠(2007 年 11 月 29 日通过,2 页)

A.995(25) Renewal of the appointment of the external auditor

更新外聘审计员的任命(2007 年 11 月 29 日通过,1 页)

A.996(25) Code for the implementation of mandatory IMO instruments, 2007
Revokes A.973(24), Revoked by A.1054(27)
2007年IMO强制性文件实施规则(2007年11月29日通过,60页)
废除A.973(24)决议,由A.1054(27)决议所废除

A.997(25) Survey guidelines under the harmonized system of survey and certification, 2007
Revokes A.948(23), Revoked by A.1053(27)
2007年检验和发证协调体系的检验指南(2007年11月29日通过,162页)
废除A.948(23)决议,由A.1053(27)决议所废除

A.998(25) Need for capacity-building for the development and implementation of new, and amendments to, existing instruments
编制和实施新文件以及现有文件的修正案中能力建设的必要性(2007年11月29日通过,2页)

A.999(25) Guidelines on voyage planning for passenger ships operating in remote areas
对遥远海区中营运客船的航行计划的指南(2007年11月29日通过,4页)

A.1000(25) Implementation of part (C) of article 17 to the IMO convention
《国际海事组织公约》第17条(c)部分的实施(2007年11月20日通过,2页)

A.1001(25) Criteria for the provision of mobile satellite communication systems in the global maritime distress and safety system (GMDSS)
Revokes A.888(21), MSC/Circ.1077
在全球海上遇险与安全系统(GMDSS)中提供移动卫星通信系统的衡准(2007年11月29日通过,13页)
废除A.888(21)决议和MSC/Circ.1077通函

A.1002(25) Piracy and armed robbery against ships operating in waters off the coast of Somalia
Revokes A.979(24), Revoked by A.1026(26)
对在索马里海岸水域营运船舶的海盗与武装抢劫(2007年11月29日通过,8页)
废除A.979(24)决议,由A.1026(26)决议所废除

A.1003(25) Entry into force and implementation of the 1993 Torremolinos Protocol
《1993年托雷莫利诺斯议定书》的生效和实施(2007年11月29日通过,2页)

A.1004(25) Adoption of amendments to the international regulations for preventing collisions at sea, 1972
通过《1972年国际海上避碰规则》修正案(2007年11月29日通过,3页)

A.1005(25) Application of the international convention for the control and management of ships' ballast water and sediments, 2004

Revoked by A. 1088(28)

实施《2004 年国际船舶压载水及沉积物控制和管理公约》(2007 年 11 月 29 日通过,2 页)

由 A. 1088(28) 决议所废除

A. 1006(25) The linkage between the integrated technical co-operation programme and the millennium development goals

Revoked by A. 1126(30)

综合技术合作方案与千年发展目标的关系(2007 年 11 月 20 日通过,22 页)

由 A. 1126(30)决议所废除

A. 1007(25) Research work undertaken by the World Maritime University

世界海事大学所从事的研究工作(2007 年 11 月 22 日通过,2 页)

A. 1008(25) Research work undertaken by the IMO International Maritime Law Institute

IMO 国际海事法律学院所从事的研究工作(2007 年 11 月 22 日通过,2 页)

A. 1009(25) Relations with non-governmental organizations

与非政府组织的关系(2007 年 11 月 29 日通过, 6 页)

A. 1010(25) Renewal of the appointment of the Secretary-General

更新秘书长的任命(2007 年 11 月 29 日通过,1 页)

A. 1011(26) Strategic plan for the organization (for the six-year period 2010 to 2015)

Revokes A. 989 (25), Revoked by A. 1037 (27)

本组织的战略计划(2010 年至 2015 年的六年期)(2009 年 11 月 26 日通过,15 页)

废除 A. 989(25)决议,由 A. 1037(27)决议所废除

A. 1012(26) High-level action plan of the organization and priorities for the 2010-2011 biennium

Revokes A. 990 (25), Revoked by A. 1038 (27)

本组织的高层次行动计划和 2010 年—2011 年两年期的优先考虑事项(2009 年 12 月 2 日通过,22 页)

废除 A. 990(25)决议,由 A. 1038(27)决议所废除

A. 1013(26) Guidelines on the application of the strategic plan and the high-level action plan of the organization

实施本组织的战略计划和高层次行动计划的指南(2009 年 11 月 26 日通过,20 页)

A. 1014(26) Results-based budget for the 2010—2011 biennium

Revokes A. 101(Ⅳ), A. 200(Ⅵ), A. 307(Ⅷ)

2010 年—2011 年两年期基于结果的预算(2009 年 12 月 2 日通过,13 页)

废除 A. 101(Ⅳ)、A. 200(Ⅵ)和 A. 307(Ⅷ)决议

A. 1015(26) Presentation of accounts and audit reports
公布账目和审计报告(2009 年 12 月 2 日通过,1 页)

A. 1016(26) Arrears of contributions
会费的拖欠(2009 年 12 月 2 日通过,2 页)

A. 1017(26) Revision of the organization's financial regulations (effective 1 January 2010)
Revokes A. 14(Ⅰ), A. 32(Ⅱ), A. 59(Ⅲ), A. 75(Ⅳ), A. 253(Ⅶ), A. 301(Ⅷ), A. 364(Ⅸ), A. 845(20)
本组织财务条例的修订(2010 年 1 月 1 日生效)(2009 年 12 月 2 日通过,10 页)
废除 A. 14(Ⅰ)、A. 32(Ⅱ)、A. 59(Ⅲ)、A. 75(Ⅳ)、A. 253(Ⅶ)、A. 301(Ⅷ)、A. 364(Ⅸ)和 A. 845(20)决议

A. 1018(26) Further development of the voluntary IMO member state audit scheme
IMO 成员国自愿审核机制的进一步编制(2009 年 11 月 25 日通过,4 页)

A. 1019(26) Amendments to the code for the implementation of mandatory IMO instruments, 2007
Revoked by A. 1054(27)
2007 年 IMO 强制性文件实施规则的修正案(2009 年 12 月 2 日通过,20 页)
由 A. 1054(27)决议所废除

A. 1020(26) Amendments to the survey guidelines under the harmonized system of survey and certification, 2007
Revoked by A. 1053(27)
2007 年检验和发证协调体系检验指南的修正案(2009 年 12 月 2 日通过,26 页)
由 A. 1053(27)决议所废除

A. 1021(26) Code on alerts and indicators, 2009
Revokes A. 830(19)
2009 年报警器和指示器规则(2009 年 12 月 2 日通过,37 页)
废除 A. 830(19)决议

A. 1022(26) Guidelines on the implementation of the international safety management (ISM) code by administrations
Revokes A. 913(22)
主管机关实施《国际安全管理(ISM)规则》指南(2009 年 12 月 2 日通过,14 页)
废除 A. 913(22)决议

A. 1023(26) Code for the construction and equipment of mobile offshore drilling units, 2009 (2009 MODU Code)
Supersedes A. 649(16)
2009 年海上移动式钻井平台构造和设备规则 (2009 MODU Code)(2009 年 12 月 2 日通过,148 页)

替代 A. 649(16) 决议

A. 1024(26) Guidelines for ships operating in polar waters

Applicable for ships constructed on or after 1 January 2011

极地水域营运船舶指南(2009 年 12 月 2 日通过,33 页)

适用于 2011 年 1 月 1 日或以后建造的船舶

A. 1025 (26) Code of practice for the investigation of the crimes of piracy and armed robbery against ships

Revokes A. 922(22)

调查海盗与武装抢劫船舶犯罪行为规则(2009 年 12 月 2 日通过,11 页)

废除 A. 922(22) 决议

A. 1026(26) Piracy and armed robbery against ships in waters off the coast of Somalia

Revokes A. 1002(25), Revoked by A. 1044(27)

对在索马里海岸水域船舶的海盗与武装抢劫(2009 年 12 月 2 日通过,9 页)

废除 A. 1002(25) 决议,由 1044 (27) 决议所废除

A. 1027(26) Application and revision of the guidelines on the allocation of responsibilities to seek the successful resolution of stowaway cases (Resolution A. 871(20))

探寻偷乘者事例有效决定的责任定位指南(A. 871(20)决议)的实施和修改(2009 年 12 月 2 日通过,3 页)

A. 1028(26) Issuing of bunkers certificates to bareboat-registered vessels

空船注册船舶燃料舱证书颁发(2009 年 12 月 2 日通过,2 页)

A. 1029(26) Global integrated shipping information system (GISIS)

全球综合航运信息系统(GISIS)(2009 年 11 月 26 日通过,2 页)

A. 1030(26) Charter of the World Maritime University

世界海事大学章程(2009 年 11 月 26 日通过,14 页)

A. 1031(26) Sustainable financial support for the World Maritime University

对世界海事大学的持续财政支持(2009 年 11 月 26 日通过,2 页)

A. 1032(26) Relations with non-governmental organizations

与非政府组织的关系(2009 年 11 月 27 日通过,6 页)

A. 1033(27) Day of the seafarer

海员日(2011 年 11 月 30 日通过,1 页)

A. 1034(27) Appreciation of the services to the organization of Mr. Efthimios E. Mitropoulos
感谢 Efthimios E. Mitropoulos 先生对本组织的服务(2011 年 11 月 30 日通过,4 页)

A. 1035(27) Approval of the appointment of the Secretary-General
批准对秘书长的任命(2011 年 11 月 30 日通过,1 页)

A. 1036(27) Appointment of the external auditor
任命外聘审计员(2011 年 11 月 30 日通过,1 页)

A. 1037(27) Strategic plan for the organization (for the six-year period 2012 to 2017)
Revokes A. 1011(26), Revoked by A. 1060(28)
本组织的战略计划(2012 年至 2017 年的六年期)(2011 年 11 月 22 日通过,16 页)
废除 A. 1011(26) 决议,由 A. 1060(28)决议所废除

A. 1038(27) High-level action plan of the organization and priorities for the 2012-2013 biennium
Revokes A. 1012(26),Revoked by A. 1061(28)
本组织的高层次行动计划和 2012 年—2013 年两年期的优先考虑事项(2011 年 11 月 30 日通过,34 页)
废除 A. 1012(26) 决议,由 A. 1061(28)决议所废除

A. 1039(27) Results-based budget for the 2012-2013 biennium
2012 年—2013 年两年期基于结果的预算(2011 年 11 月 30 日通过,11 页)

A. 1040(27) Presentation of accounts and audit reports
公布账目和审计报告(2011 年 11 月 30 日通过,1 页)

A. 1041(27) Arrears of contributions
会费的拖欠(2011 年 11 月 30 日通过,2 页)

A. 1042(27) Revision of the organization's financial regulations (effective 1 January 2012)
本组织财务条例的修正(2012 年 1 月 1 日生效)(2011 年 11 月 23 日通过,2 页)

A. 1043(27) Periodic review of administrative requirements in mandatory IMO instruments
IMO 强制性文件中行政规定的定期评审(2011 年 11 月 22 日通过,2 页)

A. 1044(27) Piracy and armed robbery against ships in waters off the coast of Somalia
Revokes A. 1026(26)
对在索马里海岸水域船舶的海盗与武装抢劫(2011 年 11 月 30 日通过,12 页)
废除 A. 1026(26)决议

A. 1045(27) Pilot transfer arrangements

Revokes A. 889(21), Amended by A. 1108(29)

引水员登离船装置(2011 年 11 月 30 日通过,7 页)

废除 A. 889(21) 决议,由 A. 1108(29)决议所修正

A. 1046(27) Worldwide radio navigation system

Revokes A. 953(23)

全球无线电导航系统(2011 年 11 月 30 日通过,5 页)

废除 A. 953(23) 决议

A. 1047(27) Principles of minimum safe manning

Revokes A. 890(21), A. 955(23)

最低安全配备人员的原则(2011 年 11 月 30 日通过,14 页)

废除 A. 890(21)和 A. 955(23) 决议

A. 1048(27) Code of safe practice for ships carrying timber deck cargoes, 2011 (2011 TDC Code)

Revokes A. 715(17)

2011 年载运木材甲板货船舶安全操作规则 (2011 TDC Code) (2011 年 11 月 30 日通过,71 页)

废除 A. 715(17) 决议

A. 1049(27) International code on the enhanced programme of inspections during surveys of bulk carriers and oil tankers, 2011 (2011 ESP Code)

2011 年国际散货船和油船检验期间的强化检查方案规则 (2011 ESP Code) (2011 年 11 月 30 日通过,329 页)

A. 1050(27) Revised recommendations for entering enclosed spaces aboard ships

Revokes A. 864(20)

经修订的进入船上封闭处所(围蔽处所)的建议案(2011 年 11 月 30 日通过,13 页)

废除 A. 864(20) 决议

A. 1051(27) IMO/WMO Worldwide met-ocean information and warning service-guidance document

国际海事组织/世界气象组织的全球气象-海洋信息和警告服务的指导性文件(2011 年 11 月 30 日通过,12 页)

A. 1052(27) Procedures for port state control, 2011

Revokes A. 787(19), A. 882(21)

2011 年港口国管理程序(2011 年 11 月 30 日通过,94 页)

废除 A. 787(19)和 A. 882(21) 决议

A. 1053(27) Survey guidelines under the harmonized system of survey and certification (HSSC), 2011

Revokes A. 997(25), A. 1020(26), MEPC. 180(59), Amended by A. 1076(28), Revoked by A. 1104(29)

2011年检验和发证协调体系（HSSC）检验指南(2011年11月30日通过,169页)

废除A.997(25)、A.1020(26)和MEPC.180(59)决议,由A.1076(28)决议所修正,由A.1104(29)决议所废除

A.1054(27) Code for the implementation of mandatory IMO instruments, 2011

Revokes A.996(25), A.1019(26)

2011年IMO强制性文件实施规则(2011年11月30日通过,75页)

废除A.996(25)和A.1019(26)决议

A.1055(27) Issue of bunkers certificates to ships that are also required to hold a CLC certificate

对于还要求持有国际油污损害民事责任(CLC)证书船舶的燃料舱证书颁发(2011年11月30日通过,2页)

A.1056(27) Promotion as widely as possible of the application of the 2006 guidelines on fair treatment of seafarers in the event of a maritime accident

尽可能广泛地促进2006年海事事故中船员公平待遇指南的实施(2011年11月30日通过,8页)

A.1057(27) Issue of wreck removal certificates to bareboat-registered vessels

空船注册船舶残骸清除证书颁发(2011年11月30日通过,2页)

A.1058(27) Collation and preservation of evidence following an allegation of a serious crime having taken place on board a ship or following a report of a missing person from a ship, and pastoral and medical care of victims

在指控发生在船上的严重罪行后或报告从船上失踪人员以及对受害者的精神关怀和医疗护理后证据的核对和保存(2011年11月30日通过,2页)

A.1059(27) Relations with non-governmental organizations

与非政府组织的关系(2011年11月30日通过,6页)

A.1060(28) Strategic plan for the organization (for the six-year period 2014 to 2019)

Revokes A.1037(27), Revoked by A.1097(29)

本组织的战略计划(2014年至2019年的六年期)(2013年11月29日通过,15页)

废除A.1037(27)决议,由A.1097(29)决议所废除

A.1061(28) High-level action plan of the organization and priorities for the 2014-2015 biennium

Revokes A.1038(27), Revoked by A.1098(29)

本组织的高层次行动计划和2014—2015年两年期优先考虑事项(2013年12月4日通过,30页)

废除A.1038(27)决议,由A.1098(29)决议所废除

A.1062(28) Guidelines on the application of the strategic plan and the high-level action plan of the organization

Revokes A. 1013(26)

实施本组织的战略计划和高层次行动计划的指南(2013 年 11 月 29 日通过,18 页)

废除 A. 1013(26)决议

A. 1063(28) Results-based budget for the 2014-2015 biennium

2014 年—2015 年两年期基于结果的预算(2011 年 11 月 30 日通过,12 页)

A. 1064(28) Arrears of contributions

会费的拖欠(2013 年 11 月 27 日通过,2 页)

A. 1065(28) Presentation of accounts and audit reports

公布账目和审计报告(2013 年 11 月 27 日通过,1 页)

A. 1066(28) Reform of the contributions incentive scheme

改革会费奖励方案(2013 年 12 月 4 日通过,3 页)

A. 1067(28) Framework and procedures for the IMO member state audit scheme

国际海事组织成员国审核机制框架和程序(2013 年 12 月 4 日通过,45 页)

A. 1068(28) Transition from the voluntary IMO member state audit scheme to the IMO member state audit scheme

从国际海事组织成员国自愿审核机制过渡到国际海事组织成员国审核机制(2013 年 12 月 4 日通过,2 页)

A. 1069(28) Prevention and Suppression of Piracy, A armed Robbery against Ships and Illicit Maritime Activity in the Gulf of Guinea

防止和制止几内亚湾中的海盗武装抢劫船舶和海上非法活动(2013 年 11 月 29 日通过,6 页)

A. 1070(28) IMO Instruments Implementation Code (ⅢCode)

国际海事组织文件实施规则(2013 年 12 月 4 日通过,16 页)

A. 1071(28) Revised Guidelines on the implementation of the international safety management (ISM) code by administrations

Revokes A. 1022(26)

经修订的主管机关实施《国际安全管理(ISM)规则》指南(2013 年 12 月 4 日通过,16 页)

废除 A. 1022(26)决议

A. 1072(28) Revised Guidelines for a structure of an integrated system of contingency planning for shipboard emergencies

Revokes A. 852(20)

经修订的船上紧急情况应急计划的综合系统构成指南(2013 年 12 月 4 日通过,22 页)

废除 A. 852(20)决议

A. 1073(28) Recommendation on the Use of National Tonnage in Applying International Conventions

Revokes A. 758(18) and A. 791(19)

关于在采用国际公约时使用国家吨位的建议案(2013 年 12 月 4 日通过,5 页)

废除 A. 758(18) 和 A. 791(19)决议

A. 1074(28) Notification and Circulation through the Global Integrated Shipping Information System (GISIS)

通过《全球综合航运信息系统》(GISIS)发布的通知和公告(2013 年 12 月 4 日通过,2 页)

A. 1075(28) Guidelines to Assist Investigators in the implementation of the Casualty Investigation Code (Resolution MSC. 255(84))

Revokes A. 849(20) and A. 884(21)

协助调查员实施《海难调查规则》(MSC. 255(84)决议)指南(2013 年 12 月 4 日通过,17 页)

废除 A. 849(20) 和 A. 884(21)决议

A. 1076(28) Amendments to the Survey guidelines under the harmonized system of survey and certification (HSSC), 2011

Amends A. 1053(27), Revoked by A. 1104(29)

《2011 年检验和发证协调体系 (HSSC) 检验指南》修正案(2013 年 12 月 4 日通过,20 页)

修正 A. 1053(27)决议,由 A. 1104(29)决议所废除

A. 1077(28) 2013 Non-exhaustive List of Obligations under Instruments Relevant to the IMO Instruments Implementation Code

2013 年与《国际海事组织文件实施规则》有关的各文件所规定义务的非详尽清单(2013 年 12 月 4 日通过,67 页)

A. 1078(28) IMO Ship Identification Number Scheme

Revoked by A. 1117(30)

国际海事组织船舶识别号计划(2013 年 12 月 4 日通过,4 页)

由 A. 1117(30)) 决议所废除

A. 1079(28) Recommendations for the training and Certification of personnel on mobile offshore units (MOUs)

Revokes A. 891(21)

对海上移动式平台(MOUs)上人员培训与发证的建议案(2013 年 12 月 4 日通过,54 页)

废除 A. 891(21) 决议

A. 1080(28) Recommendation on the use of adequately qualified deep-sea pilots in the North Sea, English Channel and Skagerrak

Revokes A.486(Ⅻ)

关于在北海、英吉利海峡和斯卡格拉克海峡使用完全合格的深海引水员的建议案(2013 年 12 月 4 日通过,4 页)

废除 A.486(Ⅻ)决议

A.1081(28) Recommendation on the use of adequately qualified deep-sea pilots in the Baltic

Revokes A.480(Ⅻ)

关于在波罗的海使用完全合格的深海引水员的建议案(2013 年 12 月 4 日通过,4 页)

废除 A.480(Ⅻ)决议

A.1082(28) Amendments to the International Convention on Load Lines, 1966

《1966 年国际载重线公约》修正案(2013 年 12 月 4 日通过,2 页)

【修正了该公约附件 II 的第 47 条(Regulation 47 of ANNEX II)】

A.1083(28) Amendments to the International Convention on Load Lines, 1966

《1966 年国际载重线公约》修正案(2013 年 12 月 4 日通过,3 页)

【修正了该公约附件 I 的第 3 条(Regulation 3 of ANNEX Ⅰ),在附件Ⅲ之后新增了附件Ⅳ(A new Annex Ⅳ is added after Annex Ⅲ)】

A.1084(28) Amendments to International Convention on Tonnage Measurement of Ships, 1969

《1969 年国际船舶吨位丈量公约》修正案(2013 年 12 月 4 日通过,4 页)

A.1085(28) Amendments to the Convention on the International Regulations for Preventing Collisions at Sea,1972

《1972 年国际海上避碰规则公约》修正案(2013 年 12 月 4 日通过,3 页)

A.1086(28) Enter into Force and Implementation of the 2012 Cape Town Agreement

《2012 年开普敦协定》的生效和实施(2013 年 12 月 4 日通过,2 页)

A.1087(28) 2013 Guidelines for the Designation of Special Areas under MARPOL

Revokes A.927(22)

2013 年指定《国际防止船舶造成污染公约》特别海区指南(2013 年 12 月 4 日通过,5 页)

废除 A.927(22)决议

A.1088(28) Application of the International Convention for the Control and Management of Ships' Ballast Water and Sediments, 2004

Revokes A.1005(25)

实施《2004 年国际船舶压载水及沉积物控制和管理公约》(2013 年 12 月 4 日通过,2 页)

废除 A.1005(25)决议

A.1089(28) Implementation of the Facilitation Convention

履行《便利公约》(国际便利海上运输公约,Convention on facilitation of international maritime traffic——编者注)(2013年12月4日通过,2页)

A. 1090(28) Fair Treatment of Crew Members in respect of shore leave and Access to Shore-side Facilities

公平对待船员登岸假和使用岸上设施(2013年12月4日通过,2页)

A. 1091(28) Guidelines on preservation and Collection of evidence following an allegation of a serious crime having taken place on board a ship or following a report of a missing person from a ship, and pastoral and medical care of Persons Affected

在指控发生在船上的严重罪行后或报告从船上失踪人员以及对受影响人员的精神关怀和医疗护理后证据的保存与收集的指南(2013年12月4日通过,17页)

A. 1092(28) Relations with non-governmental organizations

与非政府组织的关系(2013年12月4日通过,5页)

A. 1093(29) Special Recognition for Merchant Vessels and their Crew Involved in the Rescue of Mixed Migrants at Sea

对参与救助海上混合移民的商船及其船员的特别赞誉(2015年12月2日通过,2页)

A. 1094(29) Appreciation of the services to the Organization of MR. KOJISEKIMIZU

感谢KOJISEKIMIZU先生对本组织的服务(2015年12月2日通过,3页)

A. 1095(29) Approval of the appointment of the Secretary-General

批准对秘书长的任命(2015年11月26日通过,1页)

A. 1096(29) Appointment of the external auditor

任命外聘审计员(2015年11月27日通过,1页)

A. 1097(29) Strategic plan for the organization (for the six-year period 2016 to 2021)

Revokes A. 1060(28), Revoked by A. 1110(30)

本组织的战略计划(2016年至2021年的六年期)(2015年11月25日通过,10页)

废除A. 1060(28)决议,由A. 1110(30)决议所废除

A. 1098(29) High-level action plan of the organization and priorities for the 2016-2017 biennium

Revokes A. 1061(28)

本组织的高层次行动计划和2016年—2017年两年期优先考虑事项(2015年12月2日通过,32页)

废除A. 1061(28)

A. 1099(29) Application of the strategic plan and the high-level action plan of the organization

Revokes A. 1062(28)

实施本组织的战略计划和高层次行动计划(2015 年 11 月 25 日通过,21 页)

废除 A. 1062(28)决议

A. 1100(29) Results-based budget for the 2016-2017 biennium

2016 年—2017 年两年期基于结果的预算(2015 年 12 月 2 日通过,11 页)

A. 1101(29) Presentation of accounts and audit reports

公布账目和审计报告(2015 年 12 月 2 日通过,1 页)

A. 1102(29) Arrears of contributions

会费的拖欠(2015 年 12 月 2 日通过,2 页)

A. 1103(29) Principles to be Considered when Drafting IMO Instruments

在起草国际海事组织文件时应考虑的原则(2015 年 11 月 26 日通过,5 页)

A. 1104(29) Survey guidelines under the harmonized system of survey and certification (HSSC), 2015

Revokes A. 1053 (27), A. 1076 (28), Revoked by A. 1120(30)

2015 年检验与发证协调体系(HSSC)检验指南(2015 年 12 月 2 日通过,176 页)

废除 A. 1053(27)和 A. 1076(28)决议,由 A. 1120(30) 决议所废除

A. 1105(29) 2015 Non-exhaustive List of Obligations under Instruments Relevant to the IMO Instruments Implementation Code (Resolution A. 1070(28))

Revokes A. 1077 (28), Revoked by A. 1121(30)

2015 年与《国际海事组织文件实施规则》(A. 1070 (28) 决议)有关的各文件所规定义务的非详尽清单(2015 年 12 月 2 日通过,70 页)

废除 A. 1077(28)决议,由 A. 1121(30) 决议所废除

A. 1106(29) Revised Guidelines for the onboard operational use of shipborne Automatic Identification Systems (AIS)

Revokes A. 917(22), Amends A. 956(23)

经修订的船载自动识别系统(AIS)船上操作使用指南(2015 年 12 月 2 日通过,17 页)

废除 A. 917(22) 决议,修正 A. 956(23) 决议

A. 1107(29) Enter into Force and Implementation of the 2012 Cape Town Agreement

《2012 年开普敦协定》的生效和实施(2015 年 12 月 2 日通过,2 页)

A. 1108(29) Amendments to the recommendation on Pilot transfer arrangements (Resolution A. 1045 (27))

Amends A. 1045(27)

对引水员登离船装置(A. 1045(27) 决议)建议案的修正案(2015 年 12 月 2 日通过,2 页)

修正 A. 1045(27) 决议

A. 1109(29) Relations with non-governmental organizations
与非政府组织的关系(2015 年 11 月 26 日通过,6 页)

A. 1110(30) Strategic plan for the organization (for the six-year period 2018 to 2023)
Revokes A. 1097(29)
本组织的战略计划(2018 年至 2023 年的六年期)(2017 年 12 月 6 日通过,22 页)
废除 A. 1097(29) 决议

A. 1111(30) Application of the Strategic plan for the organization
Revokes A. 1099(29)
实施本组织的战略计划(2017 年 12 月 6 日通过,21 页)
废除 A. 1099(29)决议

A. 1112(30) Results-based budget for the 2018-2019 biennium
2018 年—2019 年两年期基于结果的预算(2017 年 12 月 6 日通过,18 页)

A. 1113(30) Revision of the Organization's Financial Regulations (Effective 1 January 2018)
本组织财务规则的修改(2018 年 1 月 1 日生效)(2017 年 12 月 6 日通过,2 页)

A. 1114(30) Presentation of accounts and audit reports
公布账目和审计报告(2017 年 12 月 6 日通过,1 页)

A. 1115(30) Arrears of contributions
会费的拖欠(2017 年 12 月 6 日通过,2 页)

A. 1116(30) Escape Route Signs and Equipment Location Markings
脱险通道标志和设备位置标记(2017 年 12 月 5 日通过,13 页)

A. 1117(30) IMO Ship Identification Number Scheme
Revokes A. 1078(28)
国际海事组织船舶识别号计划(2017 年 12 月 6 日通过,5 页)
废除 A. 1078(28) 决议

A. 1118(30) Revised Guidelines on the implementation of the international safety management (ISM) code by administrations
Revokes A. 1071(28)
经修订的主管机关实施《国际安全管理(ISM)规则》指南(2017 年 12 月 6 日通过,16 页)
废除 A. 1071(28)决议

A. 1119(30) Procedures for Port State Control, 2017

Revokes A. 1052(27)

2017 年港口国管理程序(2017 年 12 月 6 日通过,116 页)

废除 A. 1052(27)决议

A. 1120(30) Survey guidelines under the harmonized system of survey and certification (HSSC), 2017

Revokes A. 1104 (29)

2017 年检验与发证协调体系(HSSC)检验指南(2017 年 12 月 6 日通过,218 页)

废除 A. 1104 (29)决议

A. 1121(30) 2017 Non-exhaustive List of Obligations under Instruments Relevant to the IMO Instruments Implementation Code (Ⅲ CODE)

Revokes A. 1105 (29)

2017 年与《国际海事组织文件实施规则》(Ⅲ CODE) 有关的各文件所规定义务的非详尽清单(2017 年 12 月 6 日通过,72 页)

废除 A. 1105 (29)决议

A. 1122(30) Code for the transport and handling of hazardous and noxious liquid substances in bulk on Offshore Support Vessels (OSV Chemical Code)

supersedes A. 673 (16)

近海供应船散装有害和有毒液体物质的运输和装卸规则(OSV Chemical Code) (2017 年 12 月 6 日通过,72 页)

替代 A. 673 (16)决议

A. 1123(30) Implementation and Entry into force of the 2010 Hazardous and Noxious Substances Protocol

2010 年有害和有毒物质议定书的实施和生效(2017 年 12 月 6 日通过,2 页)

A. 1124(30) Delegation of authority to issue Certificates of Insurance or other Financial security required under the 1992 Civil Liability convention and the 2010 Hazardous and Noxious Substances convention

对颁发《1992 年国际油污损害民事责任公约》和《2010 年与有害和有毒物质海上载运有关破损的责任和赔偿的国际公约》所要求的保险或其他财务保障的证书的委托授权(2017 年 12 月 6 日通过,3 页)

A. 1125(30) Relations with non-governmental organizations

与非政府组织的关系(2017 年 12 月 5 日通过,5 页)

A. 1126 (30) Linkage between IMO's Technical Assistance Work and the 2030 Agenda for Sustainable Development

Revokes A. 1006(25)

国际海事组织的技术援助工作与 2030 年可持续发展议程的关系(2017 年 12 月 6 日通过,3 页)

废除 A.1006(25) 决议

A.1127(30) Guiding Principles OF IMO's Integrated Technical Co-operation Programme in Support of the 2030 Agenda for Sustainable Development

Revokes A.901(21)

国际海事组织的综合技术合作方案在支持2030年可持续发展议程中的指导原则(2017年12月6日通过,3页)

废除 A.901(21) 决议

A.1128(30) Financing and partnership arrangements for an Effective and Sustainable Integrated technical co-operation Programme

Revokes A.965(23) and A.986(24)

对有效和可持续的综合技术合作方案的财务和合伙安排(2017年12月6日通过,2页)

废除 A.965(23) 和 A.986(24) 决议

A.1129(30) World Maritime University and International Maritime Law Institute Students Visiting IMO Headquarters

世界海事大学和国际海事法律学院学生访问IMO总部(2017年12月6日通过,2页)

A.1130(30) Charter of the World Maritime University

世界海事大学的执照

第四篇

三大国际运河规则对船舶相关要求简介

4.1 苏伊士运河新航道及其航行规则对船舶尺度等的要求

摘　要：苏伊士运河是南北方向横跨苏伊士地峡，人工挖掘的海平面水道，其连接红海与地中海，使大西洋、地中海与印度洋联结起来，大大缩短了东西方航程。2015 年 8 月 6 日，经过 12 个月的挖掘和疏浚，扩建后的苏伊士运河新航道开通。苏伊士运河由“苏伊士运河管理局”（SCA）负责作业和管理，现行的 SCA 航行规则为 2015 年 8 月版，其与船舶设计、建造关系密切。文中对航行规则中的缩写词、目次、船舶尺度限制、系泊索、吊架、指示器、舷梯和引水员软梯、探照灯、高架灯和桥楼翼台探照灯、吃水标志、消防设备、舷门，以及起居舱室做了介绍。

苏伊士运河（Suez Canal，SC）位于埃及境内，西奈半岛西侧[1]，是一条南北方向横跨苏伊士地峡，人工挖掘的海平面水道（an artificial sea-level waterway running north to south across the Isthmus of Suez）[2]，其处于地中海侧的塞得港与红海苏伊士湾侧的苏伊士两座城市之间。该运河将非洲大陆与亚洲分隔开，且在欧洲与沿印度洋和西太平洋周边的陆地之间，提供了最短的海上航路（The canal separates the African continent from Asia, and it provides the shortest maritime route between Europe and the lands lying around the Indian and western Pacific oceans）[3]。苏伊士运河连接红海与地中海，使大西洋、地中海与印度洋联结起来，大大缩短了东西方航程，它是一条在国际航运中具有重要战略意义的国际海运航道，图 4－1 标明了苏伊士运河的位置[1]。

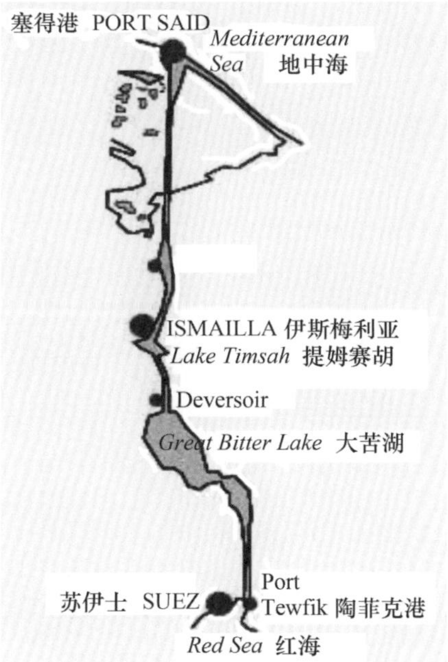

图 4－1　苏伊士运河位置

苏伊士运河从 1859 年 4 月 25 日动工开挖至 1869 年 11 月 7 日首次开放通航。运河开通后，英法两国就垄断苏伊士运河公司 96% 的股份，每年获得巨额利润。1956 年 7 月 26 日，埃及政府宣布将苏伊士运河收归国有并进行扩建，但在 1967 年因埃及以色列战争，扩建工程停止，运河封闭。经过整整 8 年以后，于 1975 年 6 月 5 日重新开放，恢复通航。

1976 年 1 月,埃及政府着手进行运河的扩建工程。第一阶段工程 1980 年完成,使运河横截面适于航行的部分由 1 800 m^2 扩大到 3 600 m^2;通航船舶吃水深度由 12.47 m 增加到 17.9 m,可通行 15 万吨满载的货船。第二阶段工程于 1983 年完成,运河横截面适于航行的部分扩大至 5 000 m^2,通航船舶的吃水深度进一步增加。

1980 年 10 月 25 日,埃及第一条苏伊士运河海底隧道通车,从而大大缩短了往返运河两岸所需时间。这条在苏伊士以北 17 km 处的隧道,加上两边进口,共长 5.9 km,隧道本身长 1.64 km。隧道内公路宽 7.5 m,来往车辆往返并行,每小时可以通过 2 000 辆汽车,这是经过苏伊士运河海底下连接亚洲和非洲的第一条陆地通道。

1993 年 2 月 14 日,埃及决定再次拓宽和加深苏伊士运河,运河加宽 30 m,加深 1 m 至 1.7 m,此项工程于当年底完工。1996 年 7 月 24 日,苏伊士运河管理局决定进一步增加运河深度,从而吸引更多的大型油船和货船通过苏伊士运河。

苏伊士运河主要参数:从航道浮标至塞得港灯塔的距离为 22.50 km;从塞得港灯塔(km.0.000)至伊斯梅利亚(Ismailia)之间的距离为 78.50 km;从伊斯梅利亚至陶菲克港(Port Tewfik)处的距离为 83.75 km。从陶菲克港(km.162.250)(Hm.000)至 Hm.80.50 处一对浮标之间的距离为 8.050 km。

至 2015 年,苏伊士运河总长为 193.3 km,在 11 m 水深处的宽度为 205/225 m,最大水深为 24 m,船舶最大吃水可达 20.12 m(具体与船宽、船速及通过运河是南航还是北航有关),可通过船舶的最大吨位为 240 000 载重吨[4]。

航运界往往把符合这一尺度和吨位限制,能通过苏伊士运河的船舶称为"苏伊士型船",它比能通过圣劳伦斯航道和五大湖水系的"大湖型船"(例如 27 000 吨散货船)要大得多,也比能通过巴拿马运河中巴拿马型船闸的"巴拿马型船"(例如 74 000 吨散货船)要大,但比能通过巴拿马运河中新巴拿马型船闸的"新巴拿马型船"(例如 15 万吨 – 17 万吨散货船)稍大一些。这一以三大国际航道命名的船型,说明了这些航道对船舶业和航运界的影响。

4.1.1 苏伊士运河新航道

2015 年 8 月 6 日,经过 12 个月的挖掘和疏浚,扩建后的苏伊士运河新航道开通,该扩建项目包括[5]:

①加深和拓宽现有的总长为 37 km 的西部旁通道(existing western by-passes of 37 km total length),使其深度达 24 m,允许吃水 20.12 m(66 ft)的船舶通行,此西部旁通道包括 27 km 的大苦湖(Great Bitter Lakes)旁通道和 10 km 的巴拉(Ballah)旁通道;

②挖掘一条新的 35 km 的平行航道,其深度为 24 m,在水平面上的宽度为 317 m,使该新航道可适应吃水 20.12 m(66 ft)的船舶。

该项目的总施工长度为 72 km,见图 4 – 2 和图 4 – 3。

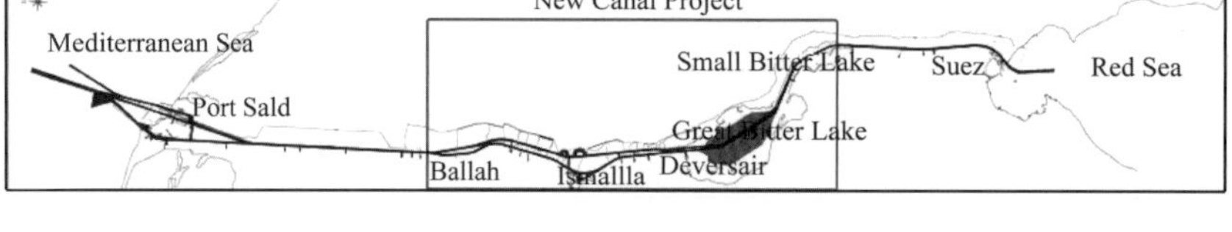

图 4 – 2 苏伊士运河新航道项目位置

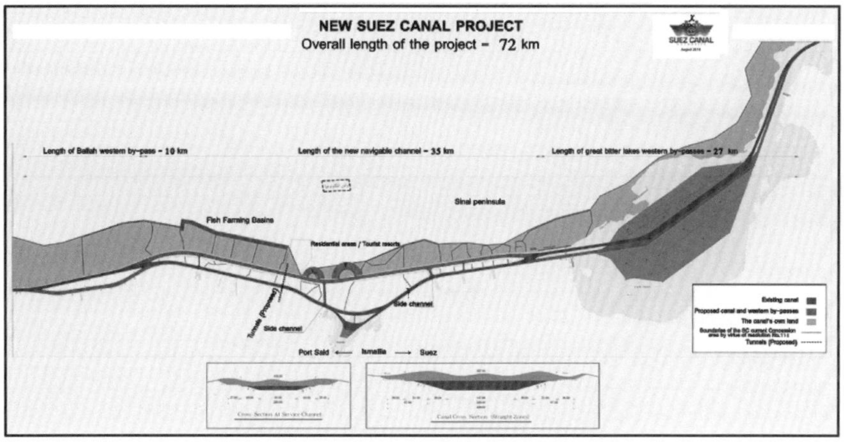

图 4-3　苏伊士运河新航道项目细部

（从左至右依次为 10 km 巴拉旁通道、35 km 的平行航道、27 km 的大苦湖旁通道）

该项目的目标是：

①提升埃及国民收入中的硬通货收入（hard currency earnings）；

②增加苏伊士运河的双航道部分至 50%（Increasing the doubled parts of the Suez Canal to 50%）；

③缩短船舶通过时间（Shortening the transit time），对南航船队（for the southbound convoy）由原来的 18 h 减少至 11 h；

④使船舶等待时间减至最小（Minimize the waiting time for vessels），由原来的 8-11 h 减至约3 h，这将节省航行费用，从而使苏伊士运河对船东更具吸引力（the matter that will cut down on trip cost and make the Suez Canal more attractive for ship owners）；

⑤吸引更多的船舶通过苏伊士运河，且提升该运河作为重要的国际海上航道的等级（add to the Canal classification as an important international maritime route）；

⑥增加苏伊士运河每天可通过的船舶数量（Increase the number of ships that the Canal can handle on a daily basis），由目前每天平均通过 49 艘增加至 2023 年每天平均通过 97 艘，以应对世界贸易的预期增长（in order to cope with the expected growth of world trade；

⑦达成每天 45 艘船舶直接无停留双向通过（Achieve direct unstopped transit for 45 ships in the two directions），且逐步使苏伊士运河全程允许吃水为 20.12 m（66 ft）；

⑧支持苏伊士运河地区发展计划，提振埃及国民经济和使埃及成为国际物流中心（enhance the Egyptian national economy and turn Egypt into an international logistics center）。

4.1.2　航行规则中的缩写词

目前，苏伊士运河由“苏伊士运河管理局”（Suez Canal Authority，SCA）负责该运河的作业、管理、经营、畅通、维护和现代化。船舶通过苏伊士运河必须遵照 SCA 制订的苏伊士运河航行规则（以下简称“航行规则”），由于运河扩建，曾多次修订该规则，现行的航行规则可从 https://www.suezcanal.gov.eg/English/Pages/default.aspx 查找，其中引用了 SCA 颁布的通函（Circular）。2018 年 2 月 18 日从该网址查得的现行有效的航行规则（Rules of Navigation）为 2015 年 8 月版（英文版为 367 页）[6]，以下以 SCA 的该航行规则为依据，做简要介绍。

考虑到在航行规则中使用了缩写词，为使用方便，将其相应中译文一并列于表 4-1，供对照，如中译文与英文发生歧义，请以英文为准。

表 4-1　航行规则中使用的缩写词

缩写词	英文	中译文
A. E. E.	Atomic Energy Establishment, Cairo, ARE	原子能组织,阿拉伯埃及共和国开罗
ARE	Arab Republic of Egypt	阿拉伯埃及共和国
Aft.	Afterward	向后
B. O. A.	Beam overall	总宽
B. P.	Between perpendicular	垂线间
CA	Canal Authority	运河管理局
COLREG	International Regulations for Preventing Collisions at Sea	国际海上避碰规则
DSC	Digital Selective Calling Radio Telephony	数字选择性呼叫无线电话
D. W. T.	Dead weight tons	载重吨
E. E. A. A.	Egyptian Environmental Affairs Agency	埃及环境事务机构
E. E. P. A.	Egyptian Environmental Protection Act, No. 4, 1994	埃及环境保护法规,第 4 号,1994 年
E. T. A.	Estimated time of arrival	预计到达时间
F. C. C.	Fully Cellular Containership	全箱格导轨式集装箱船
F. Gr	Fixed Green	定绿
FL. Gr	Flash Green	闪绿
FL. R.	Flash Red	闪红
FL. W.	Flash White	闪白
F. R.	Fixed Red	定红
Ft.	Feet	英尺
Fwd.	Forward	向前
G. B. L	Great Bitter Lake	大苦湖
G. F.	Gas Free	除气
G. R. T.	Gross Registered Tons	总登记吨
H. W.	High water	高潮
I. A. C. S.	The International Associations of Classification Societies	国际船级社协会
I. A. E. A.	The International Atomic Energy Agency	国际原子能机构
I. B. C.	International Code for the Construction and Equipment of Ships Carrying Dangerous Chemicals in Bulk	国际散装运输危险化学品船舶构造与设备规则
I. G. C.	International Code for the Construction and Equipment of Ships Carrying Liquefied Gases in Bulk	国际散装运输液化气船舶构造与设备规则
I. M. D. G.	The International Maritime Dangerous Good Code	国际海运危险货物规则
I. M. F.	International Monetary Fund.	国际货币基金组织
I. M. O.	International Maritime Organization	国际海事组织
I. O. P. P.	International Oil Pollution Prevention Certificate	国际防油污证书

表 4 - 1(续 1)

缩写词	英文	中译文
I. S. M.	International Management Code for the Safe Operation of Ships and for Pollution Prevention	国际船舶安全营运和防污染管理规则
I. S. P. S.	International Ship and Port Facility Security Code	国际船舶和港口设施保安规则
LASH	Lighter-Aboard-Ship	载驳母船
Lat.	Latitude	纬度
L. Fl.	Long Flash	长闪
L. N. G.	Liquefied Natural Gas	液化天然气
Long.	Longitude	经度
L. O. A.	Length Overall	总长
L. P. G.	Liquefied Petroleum Gas	液化石油气
L. T	Tropical Timber Load Line	热带的木材载重线
L. W.	Low water	低潮
MARPOL	International Convention for Prevention of Pollution from ships, 73/78	经 1978 年议定书修正的 1973 年国际防止船舶造成污染公约
M. E. S.	Mobile Earth Station	移动地面站
N. G. F.	Non Gas Free	未经除气
N. R. T.	Net Registered Tonnage	净登记吨位
Occ. Gr.	Occulting Green	明暗光绿
Occ. Gr.	Occulting Red	明暗光红
Q. Fl. Y.	Quick Flash Yellow	快闪黄
Q. Gr.	Quick Green	快绿
R. W.	Red and white	红和白
SC	Suez Canal	苏伊士运河
SCA	Suez Canal Authority	苏伊士运河管理局
SC. G. T.	Suez Canal Gross Tonnage	苏伊士运河总吨位
SC. N. T.	Suez Canal net Tonnage	苏伊士运河净吨位
SC. R.	Suez Canal Regulation	苏伊士运河规则
SC. T.	Suez Canal Tonnage	苏伊士运河吨位
SC. V. T. M.	Suez Canal Vessel Traffic Management System	苏伊士运河船舶交通管理系统
S. D. R.	Special Drawing Rights	特别提款权
SES	Ship Earth Station	船舶地面站
SOLAS	International Convention for the Safety of Life at Sea, 74/78	经 1978 年议定书修正的 1974 年国际海上人命安全公约
S. T. S.	Ship to Ship (Trans-shipment operation).	船对船(载驳作业)

表 4-1(续 2)

缩写词	英文	中译文
TEU	Twenty Equivalent Unit container	相当于 20 英尺单元的集装箱
U. L. C. C.	Ultra Large Crude Carrier Ship.	特大型(原)油船
V. L. C. C.	Very Large Crude Carrier Ship.	超大型(原)油船
VSP	Variable System Parameter	可变的系统参数
Y. B. Y.	Yellow Black Yellow	黄黑黄

4.1.3 航行规则中的目次

航行规则按照篇(Part)、章(Chapter)、节(Section)、条(Article)的形式编排,由于其“条”为连续编号,因此只需采用“篇”和“条”,即可清晰表达该条在航行规则中的位置。该航行规则整个内容包括 5 篇[6]:

第Ⅰ篇　航行(Part Ⅰ: Navigation);

第Ⅱ篇　运河和湖泊(特征)【Part Ⅱ: Canal and Lakes(Characteristics)】;

第Ⅲ篇　通信和信号(Part Ⅲ: Communications and Signals);

第Ⅳ篇　吨位和收费(Part Ⅳ: Tonnage And Dues);

第Ⅴ篇　运输危险货物的船舶(Part Ⅴ: Vessels Carrying Dangerous Cargo)。

与船舶设计关系最密切的为第Ⅰ篇“航行”,其内容包括总则和其后的 5 章:

总则(Generalities),其包括第 1-7 条:

第 1 条　通过苏伊士运河(Art. 1-Transit through the Suez Canal)

第 2 条　代理人(Art. 2-Agents)

第 3 条　运河水域(Art. 3-Canal Waters)

第 4 条　责任(Art. 4-Responsibilities)

第 5 条　船舶的暂时留置(Art. 5-Temporary delaying of vessels)

第 6 条　引水(Art. 6-Pilotage)

第 7 条　在开敞锚地改变泊位(Art. 7-Changing Berth in Roads Anchorage)

第Ⅰ章　苏伊士运河航行特点(Chapter Ⅰ: Suez Canal Navigation Features)

阐述塞得港与苏伊士港的锚地和港湾设施以及对船舶引水的注意事项。其包括:

第Ⅰ节　“进口航道”(SECTION I-APPROACHES)

第 8 条　塞得港(Art. 8-Port Said)

第 9 条　苏伊士(Art. 9-Suez)

第 10 条　开敞锚地和港湾引水员信号(Art. 10-Roads and Harbor Pilot Signals)

第Ⅱ节　“引水”(SECTION II-PILOTAGE)

第 11 条　引水(Art. 11 Pilotage)

第Ⅱ章　到达和过运河的准备(Chapter Ⅱ: Arrival and Preparation for Transit)

涉及过运河前应办理的手续及提交的各种文件;港内停泊和移泊的要求,以及通过运河时船舶应安装的各种设备和布置等。包括:

第Ⅰ节　“船舶到达前”(SECTION I-PRE-ARRIVAL OF VESSELS)

第 12 条　预订过运河(Art. 12-Booking for Transit)

第 13 条　到达通知(Art. 13-Notice of Arrival)

第 14 条　到达时与港口办事处的联系(Art. 14-Contacting with Port Offices on Arrival)

第 15 条　文件和要求(Art. 15-Documents and Requirements)

第 16 条　港湾内停泊或停留(Art. 16-Berthing or Stay in the Harbor)

第 17 条　改变泊位(Art. 17-Change of Berth)

第Ⅱ节　“过运河准备”(SECTION II-PREPARATION FOR TRANSITING THE CANAL)

第 18 条　进入运河前应采取的措施(Art. 18-Measures Taken Before Entering the Canal)

第 19 条　系泊索(Art. 19　– Mooring Ropes)

第 20 条　系泊艇(Art. 20　– Mooring Boats)

第 21 条　吊架(Art. 21-Spreaders)

第 22 条　指示器(Art. 22-Indicators)

第 23 条　首锚(Art. 23　– Bow Anchors)

第 24 条　舷梯和引水员软梯(Art. 24-Accommodation and Pilot Ladders)

第 25 条　船舶设备的效能(Art. 25-Efficiency of Vessel's Equipment)

第 26 条　甲板货(Art. 26-Deck Cargo)

第 27 条　压载水(Art. 27-Ballast Water)

第 28 条　探照灯(Art. 28-Searchlight)

第 29 条　高架灯(甲板灯)【Art. 29-Overhead Lights (Deck Lights)】

第 30 条　桥楼翼台探照灯(Art. 30-Bridge Wing Projectors)

第 31 条　烟囱(Art. 31-Funnels)

第 32 条　驾驶室与机舱的通信(Art. 32-Bridge and Engine Room Communications)

第 33 条　疏水泵系布置(Art. 33-Pumping Draining Arrangements)

第 34 条　水密舱壁和门(Art. 34-Watertight Bulkheads and Doors)

第 35 条　吃水标志(Art. 35-Draught Marks)

第 36 条　气笛和/或号笛(Art. 36-Whistles and/or Sirens)

第 37 条　船上的消防设备(Art. 37-Fire Fighting Equipment on Vessels)

第 38 条　舷门(Art. 38-Side Doors)

第 39 条　船舶的人员配备(Art. 39-Manning Vessels)

第 40 条　甲板和机舱值班(Art. 40-Deck Watch and Engine Room)

第 41 条　超大型油船、液化石油气船和液化天然气船护航的特殊配置(Art. 41-Special arrangements for escorting VLCC's, LPG, LNG)

第 42 条　起居舱室(Art. 42　– Accommodations)

第 43 条　运木船(Art. 43-Vessels Carrying Timber)

第 44 条　救生设备(Art. 44-Life Saving Appliances)

第 45 条　锚位值更(Art. 45-Anchor Watch)

第 46 条　运河中停车(Art. 46　– Stoppage in Canal)

第Ⅲ节　“禁止进入运河”(SECTION Ⅲ-INTERDICTION TO ENTER CANAL)

第 47 条　不允许通过运河的船舶(Art. 47-Vessel not Allowed to Transit)

第Ⅳ节　“进入运河”(SECTION IV-PROCEEDING TO THE CANAL)

第 48 条　通则(Art. 48-Generalities)

以上第Ⅱ章中与船舶设计关系最密切的为第 19 – 44 条。

第Ⅲ章　护航船队系统—最大尺度、拖带与护航(CHAPTER Ⅲ: Convoy System-Maximum Dimensions Towage and Escorting)

该章规定护航船队系统,进入运河的船舶最大尺度,以及拖带和护航。其包括:

第Ⅰ节　“护航船队系统”(SECTION I-CONVOY SYSTEM)

第 49 条　护航船队的构成(Art. 49-Formation of Convoys)

第 50 条　参加护航船队限定到达的时间(Art. 50-Limit Time of Arrival to Join Convoys)

第 51 条　驶往海上所应保持的航向(Art. 51-Courses to Keep on Leaving for Sea)

第Ⅱ节　“最大尺度”(SECTION II-MAXIMUM DIMENSIONS)

第 52 条　准许通过运河的船舶的尺度(Art. 52-Dimensions of Vessels Authorized to Transit)

第 53 条　通过的条件(Art. 53-Conditions of Transit)

第 54 条　通过速度(Art. 54-Transit Speed)

第Ⅲ节　“拖带和护航”(SECTION Ⅲ-TOWAGE AND ESCORTING)

第 55 条　运河管理局拖船(Art. 55-Canal Authority Tugs)

第 56 条　使用私人拖船(Art. 56-Use of Private Tugs)

第 57 条　强制使用拖船的情况(Art. 57-Cases of Imposed Tugs)

第 58 条　护送拖船(Art. 58-Escorting Tugs)

以上第Ⅲ章中与船舶设计和建造关系最密切的为第 52 – 54 条。

第Ⅳ章　意外事故和安全,预防失火和污染(CHAPTER IV: Accidents and Safety Precautions Against Fire and Pollution)

该章规定在运河中发生意外事故和漏泄的注意事项和处理办法,特别是预防失火和污染。其包括:

第 59 条　意外事故(Art. 59-Accidents)

第 60 条　漏泄(Art. 60-Leak)

第 61 条　消防(Art. 61-Fire Fighting)

第 62 条　船上失火(Art. 62-Fire on Board)

第 63 条　加油(Art. 63-Fueling)

第 64 条　污染(Art. 64-Pollution)

第Ⅴ章　禁律、缺陷和收费(CHAPTER V: Prohibitions, Defects and Charges)

该章规定锚、侧向推进器、自动驾驶仪和气笛或号笛的使用;船舶在运河中航行的各种禁止事项以及违反禁律的处罚。其包括:

第 65 条　锚、侧向推进器、自动驾驶仪和气笛或号笛的使用(Art. 65-Use of Anchors, Thrusters, Gyro pilot and Whistle or Siren)

第 66 条　鸣枪(Art. 66-Firing Shots)

第 67 条　从水中捞物(Art. 67-Picking up Objects from Water)

第 68 条　铆接、焊接等(Art. 68-Riveting, Welding, etc.)

第 69 条　潜水作业(Art. 69-Diving operation)

第 70 条　定向灯(Art. 70-Direct Lights)

第 71 条　人员登船和离船(Art. 71-Embarking and Disembarking of Persons)

第 72 条　不属于运河管理局所有的小艇(Art. 72-Boats, other than the Canal Authority's Own Boat)

第 73 条　超越他船(Art. 73-Vessel Overtaking Another)

第 74 条　小艇演习(Art. 74-Boat Drills)

第 75 条　透气(Art. 75-Venting)

第 76 条　长期停留(Art. 76-Long Stay)

第 77 条　载有内装危险货物的已损坏集装箱的船舶(Art. 77-Vessels Having Damaged Container with Dangerous Cargo)

第 78 条　适航状态的申报(Art. 78-Declaration of State of Navigability)

第Ⅱ篇　运河和湖泊(特征)也与船舶相关,其内容包括 3 章:

第 VI 章　运河和湖泊特征(CHAPTER VI: Canal and Lakes Characteristics)

第 79 条　运河和入口(Art. 79-Canal and Approaches)

第 80 条　湖泊(Art. 80-Lakes)

第 81 条　浮桥(Art. 81-Floating Bridges)

第Ⅶ章　运河中的浮标系统(CHAPTER VII: Buoyage System in the Canal)

第 82 条　浮标(Art. 82-Buoyage)

第 83 条　苏伊士运河中浮标的位置及其特征(Art. 83-Position and Characteristics of Buoys in the Suez Canal)

第Ⅷ章　自然条件(CHAPTER Ⅷ-Natural Conditions)

第 84 条　苏伊士运河的潮汐及水流(Art. 84-Tides and Currents in SC)

第 85 条　天气预报(Art. 85-Weather Forecast)

此外,“第Ⅲ篇　通信和信号”“第Ⅳ篇　吨位和收费”以及“第Ⅴ篇　运输危险货物的船舶”与船舶营运关系密切。

4.1.4　船舶尺度限制

航行规则第Ⅰ篇第 52 条“准许通过运河的船舶的尺度”(Dimensions of Vessels Authorized to Transit)标明了对船舶尺度的限制[6]。

最大船长(Maximum Length):400 m(对船长超过 400 m 的船舶,准许以特殊安排通过运河)。

最大船宽(Maximum Beam):77.50 m(254 ft 3 in)压载通过。

【船宽超过 64.01 m(210 ft),但小于 77.50 m(254 ft 3 in)的船舶,允许在平静的气象条件,即横风不超过 10 kn 的条件下通过该运河;在有特殊要求时,船宽超过 77.50 m(254 ft 3 in)的船舶也可允许通过该运河。】

【与 10 余年前的航行规则(最大船宽:74.68 m)相比,最大船宽增加了 2.82 m(9 ft 3 in)】。

最大净空高度(Maximum Air Draft):68 m(从水线至船舶最高点的允许最大高度)。

最大吃水(Maximum Draught):尽管扩建后的苏伊士运河新航道将逐步使苏伊士运河全程允许吃水达到 20.12 m(66 ft),但在现行航行规则中,最大吃水与船宽、船速及通过运河是南航还是北航有关,可查表。

【在此表中所列重载南航和北航船舶通过运河时的最大吃水为 18.90 m(62 ft),而此时相应的船宽为 49.98 m(164.00 ft)。船宽越大,吃水越小。当船宽 56.24 m(184 ft 6 in)时,最大吃水为 17.88 m(58 ft 8 in)的船舶可南航和北航通过苏伊士运河。】

【与 10 余年前的航行规则相比,最大吃水增加了 1.7 m 左右(约 5 ft)】。

4.1.5　系泊索、吊架、指示器和首锚

(1)航行规则第Ⅰ篇第 19 条“系泊索”[6]阐明了:

①至少必须准备6根具有良好状态、适合该船舶的尺寸和设有索端眼环的柔性浮式系泊索(At least 6 flexible floating mooring ropes of appropriate size for the vessel, in good condition, fitted with spliced eyes must be ready),置于甲板上的适当位置以备急用(at suitable points on deck for any emergency)。所有布置务必做到能迅速作业。

②对于配备牵引系泊钢索(tension mooring wires)的船舶,浮式系泊索可减少至4根。然而必须注意,在油船、液化石油气船、液化天然气船,以及装载可燃物品的任何船上,绝对禁止采用在它们的操作中可能产生火花的任何系泊缆索(any mooring lines, likely to produce sparks by their manipulation are absolutely forbidden)。

③建议:

a. 在缆索中被选作"上岸首缆"的一根缆索(One of the ropes which is selected as First Line Ashore)必须由浮性材料制作,以确保迅速系岸(to ensure quick securing to the shore)。

b. 钢索周长应不超过140 mm(5.5 in),以便于操作(to facilitate handling)。

c. 所有船舶都应有两根消防索(钢索)【Two fire ropes (wire)】,一根绑在首部,另一根绑在尾部(made fast one forward and one aft),并悬挂在舷外,以备在应急情况下使用(hung over the vessel's side ready for use in case of emergency)。

(2)航行规则第Ⅰ篇第21条"吊架(吊索架)"【Spreaders(Slings)】[6]阐明了:

建议集装箱船配有自己的吊架(吊索架),以便在必要时协助卸下和重新装载集装箱(to assist unloading and reloading containers in case of necessity)。而载运不同规格集装箱的集装箱船必须配有其自己的吊架(But Containerships carrying different sizes of containers must have their own spreaders)。

(3)航行规则第Ⅰ篇第22条"指示器"[6]阐明了:

在驾驶室内必须有一个舵角指示器和一个主机转速表(a rudder angle indicator and an engine R. P. M. indicator),其位置和照明应易于引水员观看(so located and illuminated as to be easily visible by the pilot)。

①如主机转速表有缺陷或发生故障(is defective or out of order),则在每一次通过运河时,将额外付费(5 000美元)【an additional due (5 000US Dollars) will be charged on each transit】。

②如舵角指示器有缺陷,则对20 000苏伊士运河总吨位及以下的船舶,可在强制使用1艘拖船的情况下通过运河,而对20 000苏伊士运河总吨位以上的船舶,须强制使用2艘拖船护送(are escorted with 2 imposed tug)通过运河。

③如舵角指示器未安装或发生故障,则不允许该船舶通过运河。

(4)航行规则第Ⅰ篇第23条"首锚"[6]阐明了:

①任何过运河船舶必须在避碰舱壁前端配备有2个经船级社检验的锚(must be equipped with two classed anchors located forward of the collision bulkhead)。每个锚必须各自配有锚链或钢缆(must be fitted with its own chain or wire cable),且能通过重力释放和借助于绞盘或锚机提升(and be capable of being released by gravity and raised by means of a windlass or capstan)。

②作为对(1)的替代,对1 500苏伊士运河总吨位以下的船舶,必须在避碰舱壁前端配备有一个工作锚。

③对于特殊情况,应在通过运河前予以研究。

4.1.6 舷梯和引水员软梯

航行规则第Ⅰ篇第24条"舷梯和引水员软梯"阐明了对这些登船设施的要求[6]。

(1)引水员软梯(Pilot Ladders)。

①在运河外的北部或南部锚泊区(In Anchorage Areas, outside the Canal North or South),引水员可采用引水员软梯上下船。引水员软梯的紧固位置应使每一踏级都稳固地紧靠在船舷(The ladder shall be secured in such a position that each step rests firmly against the vessel's side),以使引水员能有一登船的安全通道。

当从海面至船舶登船口处的距离大于3.65 m(12 ft)时,引水员软梯至船舶登船口处应使用一舷梯或其他同等安全和方便的设施(an accommodation ladder or other equally safe and convenient means)。

②引水员软梯的踏步板(The treads of the pilot ladder)应不小于482.6 mm(19 in)长、114.3 mm(4.5 in)宽和25.4 mm(1 in)厚。踏级的连接应使软梯具有足够强度,使各踏步板保持水平位置(Steps shall be joined in such a manner as will provide the ladder with adequate strength with treads maintained in a horizontal position),且使踏步板的间距不小于304.8 mm(12 in)、也不大于381 mm(15 in)。

③应配备一根适当系固的扶手绳(Man-ropes)和一根安全索(safety line),以备在需要时使用。

④应设有扶手(Handholds),以便引水员安全而方便地从引水员软梯顶端进入船内或登上船舶甲板(to assist the pilot to pass safely and conveniently from the head of the ladder into the vessel or onto the vessel's deck),反之亦然。

⑤如有必要,在某一位置上应配有撑档(Spreader),以防止引水员软梯翻转(prevent the ladder from twisting)。

⑥必须做如下安排:

a. 引水员软梯的架设以及引水员登船和离船(The rigging of the ladder, the embarkation and disembarkation of the pilot) 均应由船上一名负责的高级船员监察;

b. 应有一个随手可得的带自亮浮灯的救生圈(A self igniting life buoy is to be available at hand)。

(2)舷梯(Accommodation Ladders)(舷梯应符合SOLAS的要求)

①在运河港湾和湖泊内应使用舷梯,以供引水员登船和离船。

②如舷梯吊装有困难或者无舷梯(In case the accommodation ladder is difficult to rig or is unavailable),则船方应在进入港湾或运河前通知SCA。原定在伊斯梅利亚(Ismailia)进行的引水员换班将改在大苦湖(Great Bitter Lakes)或提姆萨湖(Timsah Lakes)锚泊后进行。在这种情况下,船方将额外付费(1 000美元),作为每一名换班引水员的引水费(as pilotage dues for each relieving pilot)。

③干舷(freeboard)低于3.05 m(10 ft)的船舶可采用引水员软梯。

(3)如引水员软梯不符合苏伊士运河航行规则(SC Rules of Navigation),且舷梯未处于良好状态(is not in good order),则将对船方收取5 000美元的附加费(an additional due)。

4.1.7　探照灯

航行规则第I篇第28条"探照灯"(Searchlight)[6]规定了:

在通过运河前,船舶应配备一台符合下列条件和技术要求的探照灯(投光灯):

(1)其应设置于船首的船舶中心线处(on the bow in the axis of the vessel),且清晰地照亮运河;

(2)其技术要求如下:

①单光束照射的最小照亮距离(Minimum range of' radiation of single beam)为前方1800m【在大气传递系数(atmospheric transmission factor) $T=0.85$ 时,照度为1 lx(勒克斯)左右】。

②灯的功率所提供的单光束的发光强度(a luminous intensity of single light beam)必须不小于 3×10^6 IC(三百万烛光),其相当于下列功率的高效白炽灯(a high efficiency incandescent lamp):

对 30 000 苏伊士运河总吨位及以下的船舶为 2 000 W；

对 30 000 苏伊士运河总吨位以上的船舶为 3 000 W。

符合(2)中技术要求的任何类型的灯(any kind of lamps)，且其应为防爆型(non-explosive type)。

③灯筒和支架应由高耐腐蚀材料制成(The drum and stand should be of high corrosion resisting material)，且能在水平和垂直方向上工作。

④前面玻璃必须为硬化型(The front glass must be of hardened type)，并能经受骤冷(can stand rapid cooling)。

⑤反射器必须为两半的反射器(The reflector must be in two halves)，其为经精密研磨的高质量的玻璃镜(precise ground glass mirror of highest quality)，或者为至少具有 95% 的玻璃镜反射能力的抛光铝片(polished aluminum having at least 95% the reflective capacity of the glass mirror)。

⑥两半反射器可以合在一起(零位)【The two halves of the reflector can be brought together (zero position)】形成单一反射光束(to make a single reflector light beam)，也可分成水平开角至少各为 5°的两个独立光束(can be parted to give two separate light beams each of 5 degree at least on the horizontal level)，其间的黑暗扇区可在 0° ~ 10°度之间进行调节(with adjustable dark sector from 0 to 10 degrees)。

⑦探照灯鼓状灯体必须为水密型(测试压力 0.25 kg/m^2)，且电气系统(开关、插头、插座和电缆)必须为一级船用型产品，具有 IP55 防护等级(degree of protection)。

⑧对于船舶的电气设备在危险区域(dangerous area)内的(符合入级规范要求的)气密型探照灯，除了安全通风之外，还应在灯体上设有透气孔，其可在鼓状灯体上装设软管(a flexible hose can be fitted on the drum)，以便于探照灯内热空气排出(to dissipate the heated air out of the searchlight)。

对于载运石油产品、液化天然气、液化石油气和易燃物质的船(For vessels carrying Petroleum products, LNG, LPG and inflammable substances)，或者未经除气的船(or vessels Not Gas Free)，从探照灯内排出的热空气必须释放至开敞大气或者无可燃气体的部位(release of hot air from searchlight must be done in the open air or in a place free from inflammable gas)。

⑨探照灯必须设有两个灯座(The searchlight must be equipped with 2 lamps carrier)，以便使灯泡能准确地转到反射器的焦点上(to let the lamp exactly in the focus of the reflector)，其电流必须自动接通。

⑩探照灯必须具有一“型式试验”证书(a certificate for the “Type Test”)。此型式试验必须包括满足上述技术要求的照明试验(illuminate test)，此证书应由船级社颁发。

证书的原本应提交给苏伊士运河办事处(Suez Canal Officials)，经苏伊士运河管理局检验师(SCA Inspector)测试后，此探照灯才可被接受。

(3)对于载运石油产品、液化天然气、液化石油气和易燃物质的船，探照灯的电缆敷设(electric cables installations)和通向它的所有电气连接(all electric connections leading to it)，均必须为永久性固定、绝缘和气密的。在靠近探照灯的电缆终端，应设置一固定和气密的插座(At the end of the cables, a fixed and gastight socket should be installed close to the searchlight)。

(4)在电力推进或具有电气驱动装置(如操舵装置、绞车等)的船上【On board vessels, electrically propelled or having electrically driven gear (steering, winches, etc.)】，发电机的数量以及其单台的输出功率必须足以确保，一旦这些发电机停止运行时，仍能保持探照灯不间断地工作(uninterrupted functioning of the searchlight in the event of stoppage of the generators)。此规定对所有船舶均无例外，除非在船上有一专供探照灯使用的独立的发电机和电路(except when there is an independent generator and circuit on board specifically set apart for the searchlight)。

(5)可携式探照灯可从运河系泊和灯具公司(Canal Mooring and lights Company)就地租用(探照灯质量约为 22 kg)。在这种情况下，该探照灯的电缆和连接应由苏伊士运河管理局检验师检查(to be checked by SCA inspector)。

(6)自设探照灯的船舶,在通过运河时,应由 2 名岸上电工操作探照灯。

(7)具有特殊情况的船舶:

① 液化石油气船和液化天然气船必须毫无例外地自设探照灯;

②直接由海上进入运河的船舶(Vessels entering the Canal, direct from sea)也必须自设探照灯;

③1 500 苏伊士运河总吨位及以下的游艇和拖船(Yachts and tugs),至少装设 2 个探照灯,且每个的功率不小于 1 000 W,可在没有岸上电工登船(no shore electricians will board)的情况下,自行以自设探照灯通过运河(can transit with their own projectors)。

(8)第一次通过苏伊士运河的船舶,其探照灯必须由苏伊士运河管理局检验师检查。

(9)如果电气连接和/或探照灯不符合要求(electrical connections and/or searchlight are not in conformity),则船舶只能在白天通过运河,且因此导致时间延误。第 2 次及以后每次通过(for the 2nd transit and each following)运河的船舶,如果探照灯和/或电气连接不符合要求,将额外付费(5 000 美元)【An additional due of (5000 US Dollars) will be imposed】。

4.1.8　高架灯(甲板灯)和桥楼翼台探照灯

(1)航行规则第 I 篇第 29 条"高架灯(甲板灯)"规定了:

高架灯(Overhead lights)应照亮四周所有方向,其照明区在水平方向的最小距离为200 m(约 650 ft)。灯的类型应为防爆型(Kind of lamps to be the non explosive type)。

(2)航行规则第 I 篇第 30 条"桥楼翼台探照灯"规定了:

在桥楼两侧必须安装桥楼翼台探照灯(Bridge wing projectors),以便在通过运河和系泊作业时清晰地显示出运河的堤岸,其必须具备下列特性:

①灯的功率必须满足在大气传递系数 $T=0.74$ 时,在最小距离为 200 m 处,照度为 4 lx(勒克斯)左右。

②灯的类型应为防爆型。

4.1.9　烟囱、吃水标志和船上的消防设备

(1)航行规则第 I 篇第 31 条"烟囱"规定了:

必须照亮烟囱,以便在夜间识别船舶(Funnels must be lit to facilitate the identification of the vessel by night)。

(2)航行规则第 I 篇第 35 条"吃水标志"规定了:

按照载重线公约【load line convention,即 1966 年国际载重线公约(International Convention on Load Lines, 1966)及 1966 年国际载重线公约 1988 年议定书(Protocol of 1988 relating to the International Convention on Load Lines, 1966)——编者注】,所有船舶都应将吃水清晰地标示和涂油漆在首部、船舯(包括载重线标志和甲板线)[All vessels shall have the draught plainly marked and painted upon the stem, amidships (including Plimsoll Mark and Deck Line)]和尾柱或舵柱(stern post or rudder post)处。

(3)航行规则第 I 篇第 37 条"船上的消防设备"规定了:

过运河的船舶应按《经 1978 年议定书修正的 1974 年国际海上人命安全公约》及其修正案(the SOLAS 74/78 and its amendments)的要求配置消防设备。所有设备应处于良好和有效状态(in a good and efficient condition)。

在运河内，消防软管连同合适的喷嘴应始终与消防管路的出口相连接(Fire hoses with suitable nozzles attached shall be connected to the outlets of fire lines at all times)。应连接足够的消防软管，以便通达该船上的所有部位(to reach all parts of the vessels)。

接近运河时，作为预防措施(Approaching Canal, as precautionary measures)，在进入运河前，所有船舶必须备有消防钢索(见第 19 条第(3)C 款)，并悬挂在首部和尾部的船舷外(hanging over the side ready for use fore and aft)，以备使用。

4.1.10 舷门和起居舱室

航行规则第 I 篇第 38 条"舷门"规定了：

当舷门用于登船，且在水线与舷门底部的最小垂直距离(the minimum vertical distance between the waterline and the bottom of the side door)小于 1.829 m(6 ft)时，这些舷门在引水员登船和离船后应立即予以关闭，且在整个通过运河期间都应始终保持关闭(they should be closed immediately after embarking and disembarking of pilot and during transit through the Canal)。

航行规则第 I 篇第 42 条"起居舱室"规定了：

(1) 当在大苦湖锚泊或在运河边系泊地点系泊时(while anchoring in the Bitter Lakes or making fast in mooring places alongside the Canal)，应安排供引水员使用的合适(高级船员级)的起居舱室(A suitable (Officer Class) accommodation)。如无法提供合适的起居舱室，则船舶应为每一位换班的引水员(for each relieving pilot)支付特别费(1 000 美元)。如没有换班引水员，则船舶将可能延误。

(2) 如引水员客舱(the pilot cabin)不合适，则将对船方收取 5 000 美元的附加费(an additional due of 5000 US Dollars shall be collected)。

(3) 在通过运河期间，应为系泊艇的艇员(3 至 6 名，根据该船舶尺度而定)和 2 名操纵探照灯的岸上电工[the mooring boatmen (3 to 6 men according to the size of the vessels) and two shore electricians for the projector]，提供一有遮蔽的处所(A sheltered place)。

以上列举了苏伊士运河航行规则中与船舶设计和建造关系较密切和较多涉及的要求，其中有些要求在船舶设计之初，即需妥当考虑。文中部分内容根据 SCA 航行规则编译，如中译文与英文发生歧义，请以英文原文为准，并请指正。

参考文献

[1]林德辉，王云，沈宏旻. 苏伊士运河及其航行规则简介[J]. 船舶标准化与质量，2008(2).

[2]林德辉. 苏伊士运河新航道及其对船舶尺度和探照灯的要求[J]. 船舶，2016(4).

[3]Suez Canal Authority. About Suez Canal[EB/OL]. 2018-02-18. https://www.suezcanal.gov.eg/English/About/SuezCanal/Pages/AboutSuezCanal.aspx

[4]Suez Canal Authority. Canal Characteristics[EB/OL]. 2018-02-24. https://www.suezcanal.gov.eg/English/About/SuezCanal/Pages/CanalCharacteristics.aspx

[5]Suez Canal Authority. New Suez Canal[EB/OL]. 2018-02-19. https://www.suezcanal.gov.eg/English/About/SuezCanal/Pages/NewSuezCanal.aspx

[6]Suez Canal Authority. Rules of Navigation[EB/OL]. 2018-02-22. https://www.suezcanal.gov.eg/English/Navigation/Pages/RulesOfNavigation.aspx

4.2 巴拿马运河扩建及其 N－1－2018 对船舶尺度和驾驶桥楼等的要求

摘　要：巴拿马运河是沟通大西洋与太平洋的国际通航运河，2016 年 6 月 26 日，新巴拿马型船闸项目完工，并举行开通仪式，这使得 N－1－2018“对船舶的要求”有较大更改，特别是其船舶的尺度和吃水限制，做了相当大修改。本文概要介绍了原有运河各船闸和新船闸的长度、宽度和深度等。简要介绍了《巴拿马运河海事操作规则》与《作业部航运通告》，后者每年出新版，及时更新，其“对船舶的要求”与船舶设计、建造关系密切。文中对 N－1－2018 航运通告，特别是其中“定义”“船舶尺度和吃水限制”“对过运河船舶驾驶桥楼的要求”“系泊缆索、锚和甲板机械”“登船设施”以及“主电源和应急电源”做了介绍。

4.2.1 巴拿马运河及其扩建概况

巴拿马运河是通过巴拿马地峡沟通大西洋与太平洋的国际通航运河，与苏伊士运河同属具有战略意义的世界两大运河之一。图 4－4 为该运河的略图[1]。

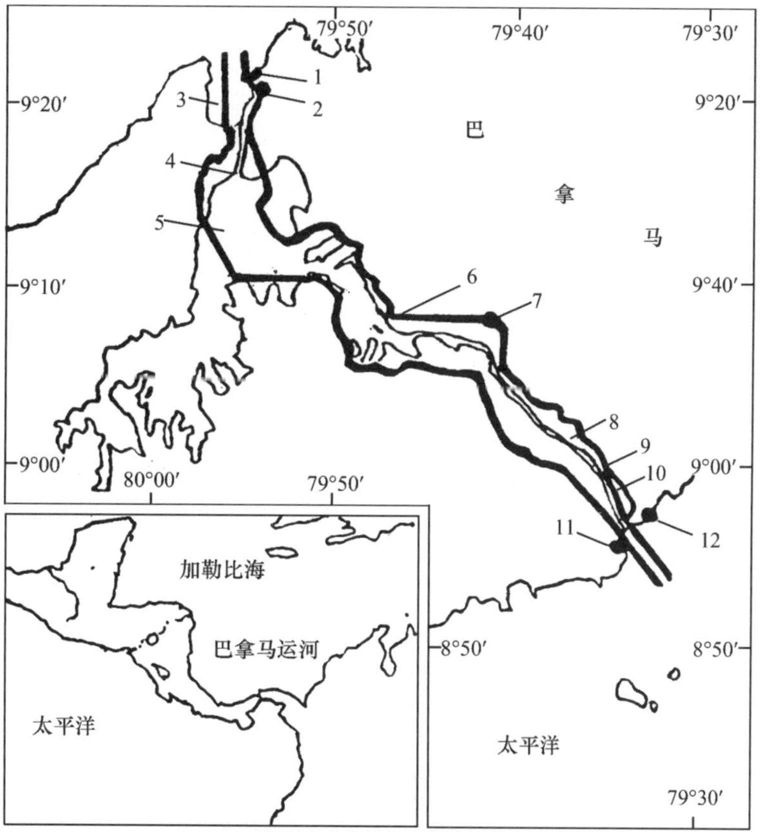

图 4－4　巴拿马运河略图

1—科隆；2—克利斯托巴尔；3—利蒙湾；4—戛通船闸；5—戛通湖；6—原巴拿马运河区区界；7—盖姆波；8—庇特罗・马哥尔船闸；9—密拉福劳斯船闸；10—盖拉特河段；11—巴尔博亚；12—巴拿马城。

巴拿马运河上原有的各船闸均具有统一的长度、宽度和深度。各组船闸均为双通道式，可允许往返船舶同时通过船闸。闸室长 304.8 m（1 000 ft）、宽 33.53 m（110 ft）、平均深 12.8 m（42 ft）。原可通过运河的船舶最大尺度为船长 294.13 m（965 ft），船宽 32.31 m（106 ft），吃水 12.04 m（39.5 ft）。

2006 年 10 月 22 日，巴拿马全民投票公决支持巴拿马运河管理局的报告《巴拿马运河扩建建议——第 3 套船闸项目》。巴拿马运河扩建（The Panama Canal Expansion）是从 1914 年 8 月 15 日船舶首次通过巴拿马运河以来最大的基础设施建设项目（the largest infrastructure project）[2]。

对于船舶的通过量和尺度，在扩大运河能力建议的背后，集装箱贸易是主要的驱动力（通过巴拿马运河的集装箱船，已从 1995 年的约 3 600 万吨增至 2005 年的约 9 800 万吨，其他船型的通过量基本持平或略有下降）。考虑到至 2011 年，集装箱船订单中，4000 TEU ~ 4999TEU 的巴拿马型（Panamax）集装箱船仅占 27%（258 艘，109.1 万 TEU）而超巴拿马型（Post-Panamax）【现称新巴拿马型（Neopanamax）】集装箱船占 50%（262 艘，206.7 万 TEU），由此可见巴拿马运河扩建的必要性。

2016 年 6 月 26 日，第 3 套船闸项目完工，并举行开通仪式（its inauguration）。通过使用更大的船舶，该扩建的运河增加了此水道的航行能力，以满足日益增长的海上贸易的需求。这意味着巴拿马航道提供了至关重要的规模经济（provides important economies of scale），图 4 – 5 为集装箱船通过新巴拿马型船闸[2]。

图 4 – 5　集装箱船通过新巴拿马型船闸

该扩建包括在此航道的大西洋和太平洋两端建造两组新的船闸（the construction of a new set of locks on the Atlantic and Pacific sides of the waterway），一组在运河的大西洋一端，戛通（Gatun）船闸的东面；另一组在运河的太平洋一端，密拉福劳斯（Miraflores）船闸的西南面。该扩建旨在建立第 3 条航道，使运河水道的货物通过量成倍增加。新船闸长 427 m（1 400 ft）、宽 55 m（180 ft）、深 18.3 m（60 ft）。允许船宽至 49 m（160.72 ft），总长至 366 m（1 200.48 ft），吃水至 15.2 m（49.87 ft）的新巴拿马型船（Neopanamax，先前采用 New Panamax，NPX，）通过。

按此扩建计划，运河将可接受更大的船舶，在以上允许尺度限值之内的 13 000 TEU 的新巴拿马型集装箱船、15 万 ~ 17 万载重吨的好望角型散货船（Capesize bulk carriers）、20 万 ~ 30 万载重吨的苏伊士型液货船（Suezmax Tankers）以及大型液化天然气船、客船和其他船型（larger sizes of liquefied natural gas carriers，passenger ships and other vessel types）将成为新巴拿马型船。表 4 – 2 为巴拿马型船与新巴拿马型船的比较,可见新巴拿马型集装箱船的集装箱数为巴拿马型集装箱船的 2.5 倍多。

表 4-2　巴拿马型与新巴拿马型船的比较

船型	巴拿马型船	新巴拿马型船
集装箱船(集装箱数,TEUs)	5 000	13 000
散货船(载重吨)	7 万~7.6 万	15 万~17 万
液货船(载重吨)	7 万~7.6 万	20 万~30 万
船宽	32.31 m(106 ft)	49 m(160.72 ft)
船长	294.13 m(965 ft)	366 m(1 200.48 ft)
吃水	12.04 m(39.5 ft)	15.2 m(49.86 ft)

该项目考虑了环保,每一船闸将具有 3 个节水池(water-savings basins,即再利用水池),其将重复使用每次船舶通过中所需水量的 60%(recycle 60 percent of the water used per transit)。

在扩建工作期间及此后,原有的可容纳宽度为 32.31 m(106ft)船舶的两套船闸,将一直保持使用,以使在运河的每一端有 3 套船闸。这样,运河不仅可接受更大的船舶,并将大大增加通过运河船舶的年总吨位数。

4.2.2　巴拿马运河管理局与作业部航运通告

(1)巴拿马运河管理委员会和管理局

1903 年美国从巴拿马获得了单独开凿运河的权利和对宽 16 km 的运河区的永久租让权。巴拿马运河于 1914 年 8 月 15 日首次通航。巴拿马运河区实际上是一个"国中之国",其横贯截断巴拿马共和国,它一直受到巴拿马人民的强烈反对。经过长期斗争,美、巴两国在 1977 年达成了新的《巴拿马运河条约》。废除运河区,承认巴拿马对原运河区的领土主权,自 1979 年 10 月 1 日至 1999 年 12 月 31 日,运河的管理、作业和畅通交由两国组成的,属于美国政府机构的"巴拿马运河管理委员会"负责[3]。

2000 年 1 月 1 日起,由属于巴拿马政府机构的巴拿马运河管理局(Autoridad del Canal de Panama,缩写 ACP,英文译名 Panama Canal Authority)负责运河的作业、管理、经营、畅通、维护和现代化。

(2)巴拿马运河海事操作规则与作业部航运通告

2000 年 1 月 1 日前,有关巴拿马运河的规则载于美国《联邦政府法规》(Code of Federal Regulations)第 35 篇第 1 章。

2000 年 1 月 1 日起执行的"巴拿马运河海事操作规则"(Maritime Regulations for the Operation of the Panama Canal,缩写为 MROPC)由 ACP 出版。其要求所有通过巴拿马运河的船舶在船上保存 1 份及时更新的 MROPC[1]。

MROPC 包括:

①巴拿马运河水域航行规则(Regulation on Navigation in Panama Canal Water);

②估算巴拿马运河使用通行费的船舶丈量规则(Regulation for Admeasurements of Vessels to Access Tolls for use of the Panama Canal);

①巴拿马运河管理局检查委员会规则(Regulation on the Board of Inspectors of the Canal Authority);

②卫生和传染病预防规则(Regulation on Sanitation and Communicable Disease Prevention);

③巴拿马运河过河费率和丈量规则修订程序规则(Regulation on the Procedure to revise the Panama

Canal Tolls Rate and Admeasurements Rules)。

此外,ACP 作业部(Operations Department,OP)还发布作业部航运通告,其中最值得注意的是《对船舶的要求》(Vessel Requirements)通告。近年来,每年的1月1日(或在另有要求时)发布当年的对船舶的要求,即时生效。该通告的目的是向航运界提供为了执行 MROPC 而须注意的程序和重点;由于运河操作规则并不是每年修正,且其中大部分是对船舶过运河的操作、纳税等方面的要求;而航运通告每年出新版,及时更新,其"对船舶的要求"与船舶设计、建造关系密切,从某种意义上,它比运河操作规则更实用。

4.2.3 作业部 N-1-2018 航运通告

《作业部 N-1-2018 航运通告》—对船舶的要求【OP NOTICE TO SHIPPING No. N-1-2018—Vessel Requirements】已于2018年1月1日发布(生效),这一经修改的航运通告[4](英文版76页,以下简称"N-1-2018")包括:

(1)定义(Definitions);

(2)船舶的尺度和吃水限制(Size and Draft Limitations of Vessels);

(3)对某些船舶的引水员平台和遮蔽物的规定(Requirement for Pilot Platforms and Shelters on Certain Vessels);

(4)对过运河船舶驾驶桥楼的要求(Navigation Bridge Features Required of Transiting Vessels);

(5)对非机动船舶的规定(Requirements for Non-Self-Propelled Vessels);

(6)要求拖带服务的船舶(Vessels Requiring Towing Services);

(7)甲板货(Deck Load Cargo);

(8)导缆钳和带缆桩的构造、数量和位置(Construction, Number and Location of Chocks and Bitts);

(9)系泊缆索、锚和甲板机械(Mooring Lines, Anchors and Deck Machinery);

(10)登船设施(Boarding Facilities);

(11)单壳油船的最终逐步退出使用 (Definitive Phase - out of Single Hull Oil Tankers)

(12)全集装箱船的丈量系统(Admeasurement System for Full Container Vessels);

(13)并非为集装箱运输建造的船上的甲板集装箱(Deck - Loaded Containers on Ships not Built for Container Carriage);

(14)未经授权的对巴拿马运河管理局/课税基础证书的修订(Unauthorized Modification to the ACP/TOLL BASIS Certificate);

(15)客船的巴拿马运河统一丈量系统净吨位计算(Calculation of PC/UMS Net Tonnage on Passenger Vessels);

(16)危险货物的要求 (Dangerous Cargo Requirements);

(17)国际防止船舶造成污染公约附则 II 所规定的货物(Cargo Regulated Under Annex II of MARPOL);

(18)到达前的货物申报、保安检查和护航(Pre-Arrival Cargo Declarations, Security Inspection and Escort);

(19)在船上进行高温作业(Hot Work Performed On Board Vessels);

(20)船员配备要求 (Manning Requirements);

(21)因船舶缺陷而需额外的引水员(Additional Pilots Due to Vessel Deficiencies);

(22)在通过船舶上引水员的起居设施(Pilot Accommodations On Board Transiting Vessels);

(23)在通过船舶上的空调系统(Air Conditioning Systems on Transiting Vessels);

(24)主电源 (Main Source of Electrical Power);

(25)应急电源 (Emergency Source of Electrical Power);

(26)卫生设施和污水处理(Sanitary Facilities and Sewage Handling);

(27)船上废弃物的排放,仅限舱底水和压载水(Discharging of Vessel Wastes, Oily Bilge Water and Ballast Water)等。

航运通告的目的是向航运界通告为执行“巴拿马运河海事操作规则”而须注意的程序和重点。不符合运河的规则和条例会给船舶带来不必要的延误或拒绝通过。

ACP 作业部的海事作业执行部门所属单位包括:

①通航作业处(Transit Operations Division)——负责处理日常的海事作业管理和紧急海事事故,监督和实施运河航行规则和条例(supervision and enforcement of rules and regulations governing the navigation of the Canal),审批新的结构设计(包括导缆钳和带缆桩、登船设施、桥楼设计和能见度要求等),以确保到达待航的船舶已正确地装备(for ensuring that vessels arriving for transit are properly equipped)。

②交通管理组(Marine Traffic Control Unit)——负责处理 ETA(Estimated Time of Arrival,预计到达时间)信息,编制每天的通航计划、监督并协调在运河作业区内所有船舶的移动(preparation of the daily transit schedule, monitoring and coordinating all vessel movements within Canal operating areas),管理巴拿马运河通航预约系统(Panama Canal Transit Booking System)。

③丈量与记账组(Admeasurement and Billing Unit)——负责确定船舶在通过运河时正确的巴拿马运河吨位;确定和审核全集装箱船的总的 TEU 容许数(Total TEU Allowance,TTA),以及甲板上具有集装箱装载能力的其他船舶的 TEU 运输数(Number of TEUs Transported,NTT);客船的最大铺(座)位数,以及舰船、挖泥船和浮式干船坞的最大排水量;登船检疫和清除疫情;一般的船舶检查;搜集资料提交给船舶数据库(Ship Data Bank);为通过和相关业务开具发票。

④验船师委员会(Board of Inspectors)——负责对发生在运河水域中,涉及运河管理局工作人员和/或设备的各种海事事故进行正式调查和处理。此外,该委员会还负责对主管机关雇员海事证书的发证。

总之,除了上述各机构应各尽职守外,还要求船东、经营人、代理人和船员遵守运河各项规则和条例。各有关方面的合作对于确保安全而有效地通航是十分必要的。

4.2.4　定义(Definitions)

在“N-1-2018”的“1. 定义”中,列出了以下术语[4]:

(1)驳船(Barge)系指不装推进设施,具有完整船体和重型结构(full body and heavy construction)的平底船舶(A flat-bottomed vessel)。

(2)商船(Commercial Vessel)系指有自航能力的船舶,但军舰、军用船只和其他公务船除外。

(3)危险货物(Dangerous Cargo)系指对人或环境具有爆炸性、可燃性、放射性或毒性(explosive, flammable, radioactive or toxic)的任何材料。

(4)全集装箱船(Full Container Vessel)系指专门指定或改装成在上甲板以上运输集装箱(to transport containers above the upper deck),且在其船舱内具有永久性附装的集装箱箱格导轨(has cellular guides permanently affixed in its holds)的船舶。

(5)推—驳组合体(Integrated Tug-Barge Combination)系指由一艘推船和一艘前置被推的非舱式驳船相互刚性连接而成的组合体(A pushing vessel and a non-tank barge pushed ahead rigidly connected to each other to form a composite unit)。组合体意味着一艘推船借助于“机械措施”刚性地与一艘被推驳船连接(a pushing vessel rigidly connected by “mechanical means” to a barge being pushed),使该组合体能作为一艘船经受波浪和涌浪,从而可认为是一艘单一的动力驱动船。“机械措施”不包括绳索、缆索、钢索或链条。巴拿马运河认可的推－驳组合体(ITB)必须符合巴拿马运河管理局所有有关通航的现行规则和要求,且能在相当尺度的船舶能操作的所有条件下进行操作(able to operate in all conditions under which a ship of equivalent size can operate)。

(6)最大允准响应时间(Maximum Allowable Response Time)系指使主推进在接收到传令钟指令后(after a telegraph order is received),从停止至前进或者从停止至后退做出响应的最大允准时间,该时间在通航开始前必须加以测定。

(7)允准的最大吃水(Maximum Authorized Draft)系指小于允准的最大通过吃水,或者由其载重线证书允准的最大热带淡水吃水的吃水值。

(8)允准的最大通过吃水(Maximum Authorized Transit Draft)系指受戛通湖水位和运河的限制,在任何时间允准某艘特定船舶在热带淡水中浸没的最深点。

(9)最大船宽(Maximum Beam)系指船壳板外表面之间(between the outside surfaces of the shell plating)的最大船体宽度。

(10)最大总长(Maximum length)系指船舶首尾终端(包括球鼻首和突出物)之间的距离(即总长,length over-all—L. O. A)。

(11)最大总宽(Maximum Width)系指船舶最宽点(包括突出物)之间的极端宽度。

(12)最小全速前进船速(Minimum Full Ahead Speed)系指巴拿马运河管理局为使船舶在标准时间内完成通航所规定的最小全速前进船速,其为 8 kn。

(13)新巴拿马型船(Neopanamax)系指尺度大于巴拿马型船,且符合新船闸尺度和吃水限制,即船长 366 m(1 200.48 ft)、船宽 49 m(160.72 ft)、TFW 吃水 15.2 m(49.87 ft)限制的所有船舶。

(14)非机动船舶(Non-Self-Propelled Vessel)系指一艘不装推进装置或虽装有推进装置但在通过运河时不予使用的船舶。其也被称为“死船拖带”(dead tow)。

(15)巴拿马运河统一丈量系统(PC/UMS)【Panama Canal Universal Measurement System (PC/UMS)】系指根据 1969 年通用丈量系统制定,在确定船舶总的容积时采用了前者的参数,以及由巴拿马运河管理局发布的一些附加变动的统一丈量系统。

(16)巴拿马型船(Panamax vessels):系指符合巴拿马型船闸尺度和吃水限制,即船长 294.13 m(965 ft)、船宽 32.31 m(106 ft)、TFW 吃水 12.04 m(39.50 ft)限制的船宽为 30.48 m(100 ft)或以上的船舶。

(17)巴拿马加大型船(Panamax Plus vessels):系指经授权其 TFW 吃水可增至大于 12.04 m(39.50 ft),但小于或等于 15.2 m(49.87 ft),且准予通过新船闸的所有巴拿马型船。

(18)客船(Passenger Vessel)系指主要用来载运乘客,并按公布的定期航班运行的船舶。凡已标明和经认证作为或可能作为旅客使用的船上所有空间(All the spaces that have been identified and certified for the use or possible use of passengers)都应被包括在船舶的总容积计算中。

(19)突出物(Protrusion)系指突出在船体任何部位以外的任何东西,不论其是永久性的还是临时性的,但主锚除外。

(20)公布的热带淡水最大吃水(Published TFW Maximum Draft)系指考虑到戛通湖水位,以及由于受运河限制认为有必要的其他限制(other limitations deemed necessary because of restrictions in the Canal),而由海事作业执行副主任(Executive Vice President for Operations)公布的在戛通湖水中浸没的最深点。

(21)安全工作载荷(Safe Working Load ,SWL):系指可以安全地施加在用于船舶、推船和驳船的系泊或拖带用装置(a fitting used for mooring or towing on a vessel, tug or barge)上的最大载荷,且通常在邻近该装置的标牌上显示此载荷,或在该装置上标明。SWL 应不超过其设计载荷的 80 %。

(22) TEU(TEU)系指一只集装箱的国际度量标准(相当于 20 英尺单元),其为 20′×8′×8.5′。

(23)热带淡水(Tropical Fresh Water,TFW):系指戛通湖的热带淡水,其密度在 29.4 ℃(85℉)时为 0.9954 t/m^3。【注:大船在进入淡水中后,通常会增加 7.5 ~ 10 cm(0.24 ~ 0.325 ft)首倾】(Note: Transition to fresh water frequently alters the trim of large vessels 7.5 to 10 centimeters by the head.) 。

4.2.5　船舶的尺度和吃水限制(Size and Draft Limitations of Vessels)

在"N-1-2018"中,涉及"2 船舶尺度和吃水的限制",其要点如下。

4.2.5.1　通过巴拿马型船闸的船舶(Vessels Transiting the Panamax Locks)

①最大总长(Maximum Length)。

a. 对准予经常通过巴拿马型船闸的商船或非商用船,最大总长(包括球鼻首在内)【The maximum length overall including bulbous bow】为 289.6 m(950 ft);但对客船和集装箱船,此总长可放宽至 294.43 m(966 ft)。总长超过 274.32 m(900 ft)的船舶,不论是新建造的或是新改装的,在其首次通过本运河前应按规定加以检查,并事先审批其图纸。凡事先未获审批和/或不符合本运河规定的船舶,将可能拒绝其通过运河。

b. 对准予经常通过巴拿马型船闸的推—驳组合体(integrated tug-barge combination,ITB),最大总长(包括推船在内)为 274.32 m(900 ft)。对推-驳组合体必须作为一个单元通过,由推船提供推进动力。

c. 对准予通过巴拿马型船闸的非机动船舶,最大组合长度(包括伴航推船)为 259.1 m(850 ft)。伴航推船必须与非机动船卡接在一起(Accompanying tugs must lock through with the non-self-propelled vessel)。超过上述限制者只可在逐个审查的基础上获准作一次性通过,但须符合"N-1-2018" 2.j (9) * 中的规定,且事先得到通航作业处执行经理(the Transit Operations Division Executive Manager)的许可。

【* 英文原文为 2.i(9),似有误,应为 2.j (9),2.j 的标题为"拒绝通过",2.j (9)内容为"对于船舶的横倾、纵倾或操船性能(list, trim or handling characteristics)会危及其自身、巴拿马运河管理局的装置和/或第三方者,运河管理局认为必须确保合理的安全性时,可对其附加其他限制。",以下各 2.i(9)均已改为 2.j(9)】

②最大船宽(Maximum Beam)

a. 对准予经常通过巴拿马型船闸的商船或非商用船以及推—驳组合体,从船壳板外侧面和闸墙以下的所有突出结构之间测得的(measured at the outer surface of the shell plate and all protruding structures below the lock walls)最大船宽为 32.31 m(106 ft)。

b. 在事先经通航作业处执行经理或其指定人批准的情况下,更宽的,但宽度不超过 32.61 m(107 ft)的商船(包括推—驳组合体)可允许其一次性通过,但其船体在热带淡水(TFW)中的浸没最深点须不超过 11.3 m(37 ft)。

c. 对准予通过的非机动船舶(推—驳组合体除外),最大船宽为 30.5 m(100 ft)。超过上述限制者也可在逐个审查的基础上获准做一次性通过,但须符合"N-1-2018"2.j (9) * 中的规定,且事先得到通航作业处执行经理的许可。

③巴拿马型船闸吃水(Panamax Locks Draft)

a. 使用巴拿马型船闸时,通过运河的最大允许吃水为12.04 m(39 ft 6 in),相当于戛通湖热带淡水(TFW)水位为24.01 m(78.8 ft)或以上。

b. 通过吃水超过10.82 m(35 ft 6 in)的船舶,在其首次通过运河之前,船东、经营人或代理人必须在不迟于船舶装货前两周向通航作业处执行经理(the Transit Operations Division Executive Manager)提交《巴拿马运河水域航行规则》第52条【the Regulation on Navigation in Panama Canal Waters (ACP Navigation Regulations, Article 52)】所要求的全部资料,并申请该船舶"最大允许通过吃水"(在热带淡水中浸没的最深点)【request the maximum authorized transit draft for the vessel (deepest point of immersion TFW)】。该申请将以在经批准的"最大允许通过吃水"上盖章的形式回复。

4.2.5.2 通过新巴拿马型船闸的船舶(Vessels Transiting the Neopanamax Locks)

①最大总长(Maximum Length)。

a. 对准予经常通过新巴拿马型船闸的商船或非商用船,最大总长(包括球鼻首在内)【The maximum length overall including bulbous bow】为366.0 m(1 200.48ft);首次通过该运河的船舶,不论其是新建造的或是新改装的,在其首次通过本运河前应按规定加以检查,并事先审批其图纸。凡事先未获审批和/或不符合本运河规定的船舶,将可能拒绝其通过运河。

b. 对准予经常通过新巴拿马型船闸的推—驳组合体,最大总长(包括推船在内)为366.0 m(1 200.48 ft)。对推—驳组合体必须作为一个单元通过,由推船提供推进动力。

c. 对准予通过新巴拿马型船闸的非机动船舶,最大组合长度(包括伴航推船)为400.0 m(1 312 ft)。伴航推船必须与非机动船卡接在一起。超过上述限制者只可在逐个审查的基础上获准做一次性通过,但须符合"N-1-2018"2. j (9) * 中的规定,且事先得到通航作业处执行经理的许可。

②最大船宽(Maximum Beam)。

a. 对准予经常通过新巴拿马型船闸的商船或非商用船以及推—驳组合体,从船壳板外侧面和闸墙以下的所有突出结构之间测得的最大船宽为49.00 m(160.72 ft)。

b. 对准予通过的非机动船舶(推—驳组合体除外),最大船宽为49.0 m(160.72 ft)。对更宽的船舶可获准做一次性通过,但须符合"N-1-2018"2. j (9) * 中的规定,且事先得到通航作业处执行经理的许可。

c. 如船舶所载货物距其最大宽度为2.5 cm(1 in)或以下,则必须具有经认可的措施(Vessels that carry cargo within 2.5 centimeters (1 inch) or less of the extreme beam must have approved provisions),例如橡胶防擦带,以便船舶在船闸内靠在闸室壁边时能对货物加以保护。不得因采取此货物防护方法,而使最大宽度超出49.0 m(160.7 2 ft)。

③新巴拿马型船闸吃水(Neopanamax Locks Draft)

使用新巴拿马型船闸时,通过运河的最大允许吃水为15.2 m(49.86 ft),相应于戛通湖热带淡水(TFW)水位为25.91 m(85.0 ft)或以上【戛通湖的淡水密度在29.4 ℃ (85 ℉)时为0.995 4 t/m^3】。该规定提供了超出该运河临界海拔高度(over critical elevations in the Canal)至少1.52 m (5 ft) 的安全航行裕度(safe navigational margin)。

4.2.5.3 最大总宽(Maximum Width)

最大总宽超过最大船宽的船舶(Vessels with a maximum width exceeding its maximum beam),如其图纸未事先审查和获审批,将不能通过本运河。凡事先未获审批和/或不符合本运河要求的船舶,将可能拒绝其通过运河。

4.2.5.4 突出物(Protrusions)

①除主锚(the main anchors)外,突出在船舶的船体以外的任何东西应被视为突出物,且须遵照所有适用的规定和限制(all applicable laws and limitations)。

②运河管理局对突出物(不论是永久的还是暂时的)的损坏不承担责任。

③具有突出物的船舶可获准通过,只要通航作业处执行经理确定此类突出物不会影响船舶的安全通过或者不会危及运河的结构物。不论属于何种情况,在允准船舶通过之前,均要求船舶的船长签署一份承诺书,以免除运河管理局对因突出物之故而发生事故时的责任,并在运河蒙受损失时向运河管理局做出赔偿。

④具有永久性突出物(permanent protrusions)的船舶必须在其驶往运河之前提供有关这些突出物的详尽资料(包括图纸),并申请通过。事先提供资料将使延误通过或被拒通过运河的可能性减至最小。对于详细事宜,请与通航作业处执行经理联系。

⑤具有突出物的船舶,如已超过上述4.2.5.1 和4.2.5.2 中对于最大总长和最大船宽的限制,也可在逐个审查的基础上准予其通过运河。只要事先获得通航作业处执行经理的许可,且确认这些突出物不会危及或影响船闸结构、运河设备和/或运河作业(that protrusions do not present a hazard or interfere with lock structures, equipment and/or operation),且该船的船长须签署一份承诺书,以免除运河管理局的责任。

⑥在新巴拿马型船闸中,水线以上 16.85 m(55.268 ft)或以下范围内不允许超出船舷的突出物、货物或者延伸部分;但是,对于超出船体不大于 4 m(13.12 ft)且高于水线 16.85 m(55.268 ft)的延伸物可以进行逐一复核,以验证其与闸墙上方所有设备(例如阀杆、带缆桩等)的最小间隙为 1 000 mm (3.33 ft)。突出物达到 5 m(16.65 ft)且高于水线 22.87 m(75.01 ft),或突出物达到 6.5 m(21.32 ft)且高于水线 25.44 m(83.44 ft),也将逐一复核,以验证其与所有设备(例如灯桅、阀杆等)的最小间隙。

4.2.5.5 最大高度(Maximum Height)

对通过运河或进入巴尔博亚港(Balboa)的任何船舶,在任何潮汐情况下,从水线至船舶最高点(from the waterline to its highest point)的允许最大高度为 57.91 m(190 ft)。如事先得到通航作业处执行经理的同意,在逐个审查的基础上,在 Balboa 低水位通过时,可允许此最大高度增至 62.5 m (205 ft)。最大高度限制是由于涌浪、风暴潮和波浪等所致的潮水或不可预测的水位上升(due to the tide and the unpredictable upward movement of water from swells, surges, waves, etc.),以及巴尔博亚桥下悬挂的维护设备。

4.2.6 对过运河船舶驾驶桥楼的要求(Navigation Bridge Features Required of Transiting Vessels)

在“N-1-2018”中,涉及“4 对过运河船舶驾驶桥楼的要求”,其要点如下:

4.2.6.1 授权(Authority)

下述船舶驾驶桥楼设计的规定系根据巴拿马运河管理局(ACP)航行规则第 29 条、第 50 条和第 61~64 条而授权发布的。在 1980 年 1 月 1 日以后,不符合本规定的船舶在取得运河管理局许可后,也可准予通过运河,但需事先签署承诺书,以免除运河管理局的责任。该承诺书须代表船东、船舶经营人、船长以及与该船有利益关系的所有其他人员签署,且应包含下述内容:凡因不符合本规定而导致任何形式的损失,运河管理局不承担责任,船方还应赔偿运河管理局所蒙受的一切损失或花费。

4.2.6.2　驾驶室(Wheelhouse)

驾驶室的窗应:

①具有足够的尺寸和数量、以提供清晰的视野;

②由清晰的安全玻璃制成,有色玻璃的窗必须为可移动式;

③布置成有一扇中央窗;

④在正常的桥楼指挥位置 1 处的窗上设有有效的机械操作的刮水器(an efficient, mechanically, operated rain wiper blade)。如船舶在中央部位设有吊车或其他的障碍物,则应在正常的桥楼指挥位置 2 和 3 处的窗上设有刮片式刮水器(blade type wipers)。在桥楼翼台为围蔽的情况下,应在指挥位置 4 和 5 处的前、后窗上设置刮片式刮水器。

4.2.6.3　桥楼翼台(Bridge Wings)

桥楼翼台应沿其前部从驾驶室门至桥楼翼台最远端具有畅通、无阻碍的宽度至少为 1.0 m (3.28 ft)的通道。如桥楼翼台不可能延伸至船舶的整个宽度(the full breadth of the vessel),则应尽实际可能予以延伸,同时应设置符合下列要求的可旋转出去的或活动的平台(swing-out or portable platforms):

①伸展至船的最宽处;

②具有足够的尺寸、强度和刚度,以便容纳两名人员;

③设有水平的安全栏杆,且在甲板上应有高度至少为 101.6 mm(4 in)的踏脚挡板;

④平台应安全和牢固,且保持于良好状态。

4.2.6.4　正常的指挥位置(Normal Conning Positions)

①指挥位置 1——在驾驶室前中央窗之后最为接近处;

②指挥位置 2——在指挥位置 1 左侧最靠近的一扇能提供清晰且无遮拦的向前视野的窗之后最为接近处。

③指挥位置 3——在指挥位置 1 右侧最靠近的一扇能提供清晰且无遮拦的向前视野的窗之后最为接近处。

④指挥位置 4——在桥楼翼台左侧的最远端,必须能对船舶左舷的前后方向均具有清晰且无遮拦的视野。

⑤指挥位置 5——在桥楼翼台右侧的最远端,必须能对船舶右舷的前后方向均具有清晰且无遮拦的视野。

⑥任何设备或仪表均不得阻碍接近指挥位置 1、2 和 3 的前窗,以及指挥位置 4 和 5 的桥楼翼台两端的前部至后部(the forward to after portions of the bridge wing ends)。这些区域内的控制台或障碍物的周围,至少应有 1 m(3.28 ft)宽的间隙。对放宽这一规定的特别要求可依具体情况予以考虑。桥楼翼台两端不得设置嵌入式航行灯具(Inset navigation lights),因为它们阻碍引水员靠近这些区域。桥楼翼台上控制器的位置,应使得无论是这些控制器还是其操作者都不会影响引水员的工作(neither the controls nor the operator interfere with the pilot's functions)。

4.2.6.5　指示器(Indicators)

船长超过 45.72 m(150 ft)的所有船舶均应设置下列指示器:

①舵角指示器(Rudder angle indicators),其要求如下:

a. 在船宽小于 24.38 m(80 ft)的船舶上,至少设一舵角指示器,且其设计和位置应使从所有正常指挥位置和操舵位置处不论日夜均可方便地读出其读数(can be easily read by day or night from all normal conning positions and from the steering station)。

b. 在船宽等于或大于 24.38 m(80 ft)的船舶上,至少在驾驶室内设一舵角指示器,并另在每一桥楼翼台各设一舵角指示器,其设计和位置应使从每一指挥位置和操舵位置处(from each conning position and from the steering station)不论日夜可方便地读出其中至少 1 台舵角指示器的读数。

c. 舵角指示器应能将单舵或多舵的位置和转向清晰而准确地以度数显示。应指出的是,设在指挥位置之后的舵角指示器(indicators located aft of the conning positions)被认为不符合这一要求。位于引水员位置之后的头顶上方的舵角指示器(Overhead rudder angle indicators located behind the pilot's conning positions)是不能接受的。安装在头顶上方板架上的舵角指示器(Rudder angle indicators mounted on overhead panels)应尽可能靠近前舱壁,以便引水员最有效地观察。

②螺旋桨转速指示器(Propeller revolution tachometer indicators),其要求如下:

a. 在船宽小于 24.38 m(80 ft)的船舶上,对每一个螺旋桨应至少设一台转速指示器,且其设计应使从所有正常指挥位置处不论日夜均可方便地读出其读数(to be easily read by day or night from all normal conning positions)。

b. 在船宽等于或大于 24.38 m(80 ft)的船舶上,对每一个螺旋桨应在驾驶室内至少设一台转速指示器,并另在每一侧桥楼翼台对每一个螺旋桨各设一台转速指示器,其设计和位置应使从每一指挥位置处不论日夜可方便地读出其中至少 1 台转速指示器的读数。

c. 转速指示器应清晰地显示一个或多个螺旋桨的转速,并应准确地标明(各)螺旋桨的旋转方向。应指出的是,设在指挥位置之后的指示器被认为不符合这一要求(indicators located aft of the conning positions will not be considered as meeting this requirement)。

d. 设有调距桨指示器的所有船舶,将要求按以上 a 和 b 中要求设置。

③调距桨指示器(Controllable pitch propeller indicators),其要求如下:

a. 在船宽小于 24.38 m(80 ft)的船舶上,对每一个螺旋桨应至少设一台调距桨指示器,且其设计应使从所有正常指挥位置处不论日夜均可方便地读出其读数。

b. 在船宽等于或大于 24.38 m(80 ft)的船舶上,对每一个螺旋桨应在驾驶室内至少设一台调距桨指示器,并另在每一侧桥楼翼台对每一个螺旋桨各设一台调距桨指示器,其设计和位置应使从每一指挥位置处不论日夜可方便地读出其中至少 1 台调距桨指示器的读数。

④指示器必须正常工作,无指示器或指示器损坏的船舶(Vessels with missing or broken indicators)可能会延误其通航。

4.2.6.6　甚高频(Very High Frequency,VHF)无线电收发两用机

每一艘 300 总吨或以上的机动船,每一艘载有 1 名或多名乘客的 100 总吨或以上的出租用机动船(every power-driven vessel of 100 gross tons or over carrying one or more passengers for hire),以及船长 7.92 m(26 ft)或以上的每一艘商用拖船(every commercial towing vessel)均须配置至少一台符合下列要求的甚高频无线电收发两用机:

①必须能从驾驶桥楼操作,且位于指挥位置 1 附近;

②必须配有国际频道 12(156.00 MHz)、13(156.650 MHz)和 16(156.800 MHz)。

4.2.6.7　号笛控制器(Whistle Controls)

船舶应设有号笛控制器,其要求如下:

①在所有船舶上,从驾驶桥楼的指挥位置 1,2 和 3 易于到达之处,最好在前舱壁上,设置一台控制器;

②如船宽大于 15 m(49.2 ft),则应在指挥位置 4 和 5 的桥楼翼台两端处 1.52 m(5 ft)之内(within 1.52 meters (5 feet) of the extreme end of bridge wings at Conning Positions 4 and 5)设置附加的控制器;

③各控制器应能精确地调制出任何所要求的号笛信号(Controls shall make it possible to regulate precisely any required whistle signal)。

4.2.7 系泊缆索、锚和甲板机械(Mooring Lines, Anchors and Deck Machinery)

在"N-1-2018"中,"9 系泊缆索、锚和甲板机械"的内容如下:

(1)在开始通过运河之前,要求船舶在前部甲板上应配有 6 根马尼拉或合成纤维制成的系泊缆索(six manila or synthetic mooring lines),在后甲板上也应配置 6 根,且处于良好状态。船方应负责选用合适的缆索尺寸和强度,使之能适于在码头和船闸引道的闸墙旁系泊或在闸室内定位。船长应告知运河登船官员该船是否满足前述要求,以便后者告知交通管理组(Maritime Traffic Control Unit)。不接受钢索和钢丝—纤维缆索用于运河作业,且不应使用这些缆索。

(2)这些缆索应在开始通过运河前先堆放在甲板上,并准备好随时投入使用。每根缆索的长度应至少为 76 m(250 ft)【英文原文为 75 m,似有误。因为 1 ft 等于 0.304 8 m,而 250 乘以 0.304 8 为 76.2,所以 250 ft 等于 76.2 m,取整数为 76 m】,且每端应各有一个至少为 1.52 m(5 ft)编结成的眼圈。如其中有 1 根缆索的长度为 152 m(500 ft)或以上,且每端各有一个眼圈,则它在本项规定中可视作 2 根缆索;它们应处于良好状态。不满足这一要求的船舶可能会延误其通过运河。

(3)通过新巴拿马型船闸的船舶(Vessels transiting the Neopanamax locks)应借助于缆索在闸室内定位,因此为了加快系泊过程,应在首部配备 4 根缆索,在尾部配备 4 根缆索,存放在系缆卷筒中,且准备在此系泊过程中使用。

(4)锚和甲板机械均应随时处于可使用状态。

(5)在船闸内,牵引机的钢缆应借助于 13 mm 直径的撇缆绳投掷至船上(the locomotive wires are heaved onboard by means of a 13 mm heaving line)。绞盘或系泊绞车的翘曲的头部(Capstans or mooring winches' warping heads)用于帮助拉起这些 13 mm 的撇缆绳,这些绞盘或系泊绞车应能以 37 m/min (120 ft/min)的速率收紧这些撇缆绳。船长应告知 ACP 登船官员(The master shall inform the ACP Boarding Officer),本船是否符合这一要求。如绞盘或系泊绞车不能工作,或者其功能受到限制,在这种情况下,可指派附加的运河甲板水手或提供其他资源(Additional Canal deckhands or other resources may be assigned in those cases)。

(6)锚的收进速率应为每节(27 m)不少于 3 min【not less than 3 minutes per shot (27 meters)】。

4.2.8 登船设施(Boarding Facilities)

在"N-1-2018"的"10 登船设施"中,涉及:

(1)巴拿马运河管理局认为,为确保操作人员和运河水域内使用这些设施的其他人员的安全,采用适当的登船设施是绝对必要的。巴拿马运河水域内使用不当的登船设施,不论其是构造、安装、维护或操作方面的缺陷,都是不予接受的。对登船设施的要求在 ACP 航行规则(ACP Navigation Regulations)第 57 条和第 58 条中规定。登船设施不安全或不充分的船舶(Vessels with unsafe or inadequate boarding facilities)将要求其在通过运河之前予以纠正,因而可能造成严重的延误。

（2）安全的登船设施应在整个通过过程中可供引水员和运河甲板水手（for pilots and Canal deckhands）使用。不合适的登船设施可能延误通过运河，或者如巴拿马运河管理局认为安全，可要求在登船或离船作业时，使用1艘拖船来保持船舶在水面上不动。这被认为是由于船舶缺陷（a vessel deficiency）造成的，因此拖船的使用费须由船方支付。

（3）到达巴拿马运河的船舶，除国际海上人命安全公约（SOLAS）第Ⅴ章第23条的规定（包括所有现行的修正案、附录和决议）外，其登船设施应符合以下规定。

（4）一般规定

①供ACP人员或其他人员使用的所有装置均应有效地满足其让人员安全地登船和离船的目的。各种设备应保持清洁，正常维护与收藏，且应定期检查，以确保它们安全地使用。这些设备应仅供人员登船和离船之用（used solely for the embarkation and disembarkation of personnel）。

②登离船装置的设置，以及ACP引水员或其他人员的登船和离船应由一名负责的高级船员监察，后者与驾驶桥楼之间应有通信设施，且还应安排护送引水员经一安全路径前往或离开驾驶桥楼，安排护送甲板水手前往和离开其指定的工作地点。管理装备和操作机械设备的船员应通过安全规程培训。在ACP人员使用登船设备之前，所有登船设备应由船上人员在其运作位置（in operating position by the vessel's personnel）先行测试。

③作为引水员登离船装置的一部分使用的舷梯，包括斜梯（an accommodation ladder includes a sloping ladder），参照此规定。

（5）登离船装置。

①登离船装置应使ACP引水员或其他人员能从船的任一舷均可安全地登船和离船。在抵达巴拿马运河水域时，如气象条件允许，所有船舶应放好舷梯和引水员软梯（both an accommodation ladder and a pilot ladder rigged），以备使用。

②如拟采用舷梯或其他同等安全而方便的设施，连同一台引水员软梯，以使ACP引水员或其他人员登船和离船，则船舶应在两舷均设有该种设施，除非该种设施能转移用于任一舷（carry such equipment on each side, unless the equipment is capable of being transferred for use on either side）。

（6）为安全而方便地登离船，船舶应设置引水员软梯或者舷梯。机械式引水员升降器（Mechanical pilots hoists）不再予以接受。其他登船装置，必须经ACP认可，且可根据引水员或索具操作人员的意见（at the option of the pilot or line handlers）加以使用。

①引水员软梯（Pilot ladders）。

a. 引水员软梯应经制造厂商认证符合本规定或符合ACP接受的国际标准（as complying with this regulation or with an international standard acceptable to the ACP）。软梯应按国际海上人命安全公约（SOLAS）第Ⅰ/6，Ⅰ/7和Ⅰ/8条的要求进行检查。

b. 用于引水员登离船的所有引水员软梯应清晰地以标签或其他永久性标记予以标识（shall be clearly identified with tags or other permanent marking），以使每一设备的标识能用于检验、检查和保持记录。在船上应保持一份记录，其上载明此已标识软梯投入使用和任何修理的日期。

c. 引水员软梯应能安全、方便、有效地供引水员安全登船和离船（shall be safe, convenient and efficient for the purpose of enabling the pilots to embark and disembark），保持清洁和处于良好状态，且可于船舶到港或离港时供公务人员和其他人员使用。

d. 应要求软梯在水面以上攀登不少于1.50 m（5 ft），且不多于9.0 m（30 ft）。

e. 软梯的位置应避开船上任何可能有的排水孔，并应在船舶的平行舯体长度之内（within the parallel mid-body length of the ship），且应尽实际可行地位于船舶的船舯半个船长之内（within the mid－ship half-length of the ship）。

f. 每级踏板应稳固地紧靠于船舶的舷侧(Each step shall rest firmly against the ship's side);如舷侧有护舷材之类(such as rubbing bands)的构件,影响到本规定的实施,则应采取使巴拿马运河管理局满意的特殊安排,以确保人员可安全地登船和离船。

g. 使用单道软梯应能从登船口直达水面或从水面直达登船口;在设置此项软梯时,应适当考虑船舶的装载和纵倾以及15°不利横倾等所有情况(due allowance shall be made for all conditions of loading and trim of the ship and for an adverse list of 15 degrees)。每当从海面至船舶的登船口处的距离超过9 m(30 ft)时,使用引水员软梯登船的方法应改为采用舷梯或其他同等安全和便利的设施。

h. 紧固点、卸扣和紧固绳应至少具有与边绳同等的强度。

i. 引水员软梯的踏板应符合以下要求:

• 如踏板由硬木制成,则其应为整块,无节疤或其他缺陷。如踏板由硬木以外的材料制成,则其应具有巴拿马运河管理局允许,与硬木相当的强度、硬度和耐久度(they should be of equivalent strength, stiffness and durability to the satisfaction of the Authority)。

• 最下部的4级踏板可采用巴拿马运河管理局允许的,强度和硬度足够的橡胶或其他材料制成。

• 踏板应有有效的防滑表面(an efficient non-slip surface),不应漆有无光泽的颜色,或采用高光泽的油漆(shall not be painted with an opaque color or high gloss paint)。踏板的木纹和特征应清晰可见,以便使用软梯的人员可方便地看到是否有裂痕或缺陷(in order that any cracks or defects may be readily visible to the person using the ladder)。

• 边绳内表面之间的(between the inside surfaces of the side ropes)距离应不小于406 mm(16 in)。踏板宽度应不小于115 mm(4.5 in),不计防滑装置或槽(excluding any non - slip device or grooving),踏板深度(in depth)应不小于25 mm(1in)。

• 踏板应等距分布,其间距不小于305 mm(12 in),也不超过380 mm(15 in),且踏板的系固应使每一踏板均保持水平。

j. 引水员软梯不应有多于两块其系固方法不同于该软梯原结构所用方法的换配踏板,且这种换配踏板应尽实际可行合理地尽早以该软梯原结构所用系固方法的踏板来替换。当任何换配踏板以在此踏板的边上开槽口的方法来系固于软梯的边绳上时,这些槽口应开在踏板的长边上(When any replacement step secured to the side ropes of the ladder by means of grooves in the sides of the steps, such grooves shall be in the longer sides of the steps)。

k. 具有5级或以上踏板的引水员软梯应配有撑档(Spreader)踏板,其长度不得小于1.80 m(6 ft),撑档踏板应安置在一定间隔的位置,以防止引水员软梯翻转(prevent the pilot ladder from twisting)。此种撑档踏板或板条应采用与其他的软梯踏板相同的材料和构造。最低一块撑档踏板应安装在从该软梯底部数起第5块踏板上,相邻两块撑档踏板之间的间隔不得超过9块踏板。

l. 软梯每边的边绳应由两根其直径不小于20 mm(0.75 in)的无覆盖物的绳索构成。在顶端踏板之下的每根边绳应为连续而无接头(Each rope shall be continuous with no joints below the top step)。应备有两根适当系固于船上的扶手绳(Man-ropes),其直径在28 mm(1 in)与32 mm(1.3 in)之间,应在引水员需要时立即可使用。

m. 扶手绳应在其绳端系固于固定在甲板上的环板处(Man-ropes shall be fixed at the rope end to the ring plate fixed on deck),且应在引水员离船时备用(shall be ready for use when the pilot disembarks),或者当到达船上的引水员有要求时备用(扶手绳应在终止于甲板上的环板之前,在接近此甲板点处,到达支柱或舷墙的高度)。

n. 边绳应采用马尼拉绳或具有同等强度、耐久性和可握性的其他材料制造(Side ropes shall be made of manila or other material of equivalent strength, durability and grip),其已经过防光化变质(protected against actinic degradation)处理,且使巴拿马运河管理局满意。

o.应有 1 个带有自亮浮灯的救生圈置于身边(A life buoy equipped with a self-igniting light should be kept at hand),以备使用,还应有 1 根救生绳。救生圈不应系固在船上。

p.应设有照明,使舷外的引水员软梯和船上人员登船和离船处均能适当地照明。

②舷梯(Accommodation ladders)

a.舷梯应引向船尾,即其下端平台(lower platform)应位于后端。应采取措施把舷梯的下端平台系紧至船舷,以确保舷梯的下端和下端平台牢固地系固在船舷上(to ensure that the lower end of the accommodation ladder and the lower platform are held firmly against the ship' s side)。应有一个符合上述规定的引水员软梯放置在舷梯附近的甲板上,且可随时使用。

b.舷梯的下端平台在使用时应保持水平位置,在使用时,与艇的延伸的工作甲板相平,且应保持其在水面以上的距离与引水员艇甲板面至水面的距离相等(it should be held at the same height above the water as the deck of the pilot boat)。如设有中间平台,则应自动调节为水平。舷梯的踏板和踏步(Treads and steps of the accommodation ladder)应设计成在各使用角度下均能提供足够安全的立足处(should be so designed that an adequate a safe foothold is provided at all operating angles)。

c.舷梯和平台应设有垂直的安全栏杆柱(vertical safety stanchions),舷梯两侧应设有和装备扶手或绳索(rails or lines)。如采用手绳(hand ropes),则应予张紧,且合适地系固。扶手或手绳与舷梯的纵桁之间的垂向空间应有可靠的网罩(The vertical space between the handrail or hand rope and the stringers of the ladder should be securely fenced)。

d.与引水员软梯一起使用的舷梯,所组成的 9 m 装备的长度(The length of an accommodation ladder used in combination with a pilot ladder as a nine-meter rig),应足以确保其倾斜角不超过 55°。引水员软梯应紧靠舷梯的下端平台,软梯应垂直悬下,且系固在舷梯的下端平台边缘。引水员软梯应延伸至下端平台以上至少 2 m(6 ft 8 in)处,且应紧靠船舶平行舯体的舷侧,并尽实际可行地在船舯半个船长之内,且避开所有排水孔(The pilot ladder should extend at least 2 meters (6 feet 8 inches) above the lower platform and shall rest firmly against the ship's side within the parallel midbody of the ship and, as far as is practicable, within the mid – ship half – length and clear of all discharges)。舷梯的下端平台必须保持在交通艇甲板高度加上人员站立在甲板上的高度,再加上涌浪造成的升沉高度这一水平面上,通常,距水面 7 m(23 ft)的高度是足够的。

e.应设有夜间照明,使舷梯的整个长度均能适当地照明。

f.如在舷梯/引水员软梯组合装置的下端平台设置活板门(a trap door),以允许出入引水员软梯(to allow access from and to the pilot ladder),则其开口(aperture)应不小于 750 mm × 750 mm (30 in × 30 in),且其设计应经巴拿马运河管理局认可。在此情况下,下端平台的后部还应设有上述规定的网罩,且引水员软梯应延伸至下端平台以上至少 2 m(6 ft 8 in)处。下端平台上的开口必须开向船体的舷侧(The aperture on the lower platform must be open to the side of the vessel's hull),以允许引水员软梯紧靠在船体上(to allow the pilot ladder to lay flat against the hull)。

g.舷梯连同其已安装和拟在巴拿马运河中使用的任何悬吊装置或附件(together with any suspension arrangements or attachments fitted and intended for use in the Canal)的布置,必须使巴拿马运河管理局满意。

注:"N-1-2018 中的 10. f. (3) 机械式升降器"(Mechanical pilot hoists)已删除,以与国际海上人命安全公约(SOLAS)第Ⅴ章第 23 条的修改相一致。

③舷侧门(Ship side doors)。

供引水员登离船用的舷侧门不应向外打开(shall not open outward)。进出点距水面必须不小于

1.5 m(5 ft)。用于登船或离船的开口(The opening used for embarking or disembarking)应不小于1.5 m(5 ft)宽和2.2 m(7.2 ft)高。

④甲板通道(Access to deck)。

a. 应采取措施,以确保登船或离船的任何人员(any person embarking or disembarking)能安全、方便、无障碍地(safe and convenient and unobstructed)在引水员软梯或任何舷梯的上部,或所提供的其他设施与船舶甲板之间(between the head of the pilot ladder, or of any accommodation ladder or other appliance provided, and the vessel's deck)通行。

b. 如这些通道采用在栏杆或舷墙上设出入口(such passage is by means of a gateway in the rail or bulwark)的方式,则应设有足够的扶手或支柱(adequate handholds or stanchions shall be provided)。

c. 如通道翻越舷墙,则应提供舷墙梯(If passage is over the bulwark, a bulwark ladder shall be provided)。舷墙梯应紧固在甲板或舷墙上,以防倾翻(to prevent overturning)。在登船点或离船点,每一侧均应设置两根扶手支柱(Two handhold stanchions shall be fitted at the point of embarking or disembarking from the ship on each side)。

d. 扶手和扶手支柱不应延伸至船体外,且不应有突出物,诸如圈环、焊接杆条或眼板(Handholds and handhold stanchions should not extend beyond the hull of the ship and should be free of protrusions such as loops, welded bars or pad eyes);并应设计成允许人手抓住其任何部位,且在必要时可以滑上和滑下,而无须换手或松手(and should be designed to allow the human hand to grasp any portion and slide up and down, as necessary, without removing the hand or releasing the grip)。扶手和支柱的间距应不小于0.7 m(2 ft 3 in),也不大于0.8 m(2 ft 7 in)。每根支柱在其根部或接近其根部处以及另一较高点处(at or near its base and also at a higher point)应可靠地紧固在船体结构上。扶手和支柱的直径应不小于32 mm(1.25 in),也不大于50 mm(2 in),且应高出舷墙或登船点顶部不小于1.20 m(4 ft)。扶手或支柱不应紧固在舷墙梯上。

e. 对甲板上人员登船或离船处应提供足够的照明。

4.2.9 主电源和应急电源(Main Source of Electrical Power and Emergency Source of Electrical Power)

在"N-1-2018"的"24 主电源"中,涉及:

(1)主电源应具有足够容量,以供电给为维持通航船舶的正常操作和居住条件所必需的所有辅助设施(to supply all auxiliary services necessary for maintaining transiting vessels in normal operational and habitable conditions),而不求助于应急电源。

(2)主电源应至少具有两套发电机组,其中一套为备用,以确保船舶能对为保持推进、操纵和安全的持续正常运行状态所必需的设施保持供电(to ensure that the vessel remains capable of supplying those services necessary to continue normal operational conditions of propulsion, maneuverability and safety)。

(3)为满足国际海上人命安全公约(SOLAS)的要求,发电机组还应能为最低舒适居住条件(minimum comfortable conditions of habitability)提供电力。其包括对烹调、取暖、食品冷藏、机械通风、卫生用水和淡水等设施(adequate services for cooking, heating, domestic refrigeration, mechanical ventilation, sanitary and fresh water)的充分供电。(参见 SOLAS 第Ⅱ-1章 D-40和D-41)。

在"N-1-2018"的"25 应急电源"中,涉及:

(1)应急电源可以是一台发电机,或者是一组蓄电池。

(2)可用的电源功率应足以向应急情况下为安全所必需的所有设备供电,且适当地考虑到这些设备可能须同时使用(due regard being paid to such services that may have to be operated simultaneously)。

(3)应急电源、相关的变换设备、应急配电板和应急照明(The emergency source of electrical power, associated transforming equipment, emergency switchboard and emergency electric lighting)必须符合 SOLAS 第Ⅱ-1 章第Ⅱ-1/42 条至第Ⅱ-1/45 条中适用的要求。

以上列举了巴拿马型船和新巴拿马型船在设计和建造中较多涉及的要求,鉴于新巴拿马型船闸完工后,将有更大、更多的船舶通过该运河,考虑到这些船舶覆盖了我国的大部分国际航行船,因此巴拿马运河管理局对船舶的要求,具有相当广泛的针对性。

由于文中大部分内容根据 N-1-2018 编译,对于一些较重要或易发生歧义的部分,以括号列出其英文,供对照,如中文与英文发生歧义,请以英文原文为准,并请指正。

参考文献

[1]林德辉,沈宏旻. 巴拿马运河扩建及其 2008 航运通告简介[J]. 船舶标准化工程师,2008(4).

[2]Panama Canal Authority. The Expanded Panama Canal[EB/OL]. 2018-01-19. http://micanaldepanama. com/expansion/

[3]中国船舶工业集团公司第 708 研究所. 船舶规则规范参考[M]北京:国防工业出版社,2012.

[4]Panama Canal Authority. OP NOTICE TO SHIPPING No. N-1-2018—Vessel Requirements[M] Balboa-Ancon Panama:PANAMA CANAL AUTHORITY (ACP) Operations Department,January 1, 2018:1-76.

4.3 圣劳伦斯航道及其航行规则和手册的要求

提　要:圣劳伦斯航道(Saint Lawrence Seaway)系指蒙特利尔港与伊利湖之间的深水航道,该航道由圣劳伦斯航道管理局(SLSMC,加拿大方)和圣劳伦斯航道开发公司(SLSDC,美国方)共同管理,故船舶通过圣劳伦斯航道所需遵守的规则又称为圣劳伦斯航道共同规则。该航道中船闸的长度、宽度和深度限制了能通过船舶的尺度,诞生了"大湖型船"。"圣劳伦斯航道规则"载于33CFR401;"圣劳伦斯航道手册"中的"船舶通过"(ship transit)是对圣劳伦斯航道规则中规定的具体要求。建议将《航道规则》的"规定"与《航道手册》的"要求"一起使用。文中介绍了船舶的最大尺度、最大吃水、登岸吊杆、护舷材、标记、无线电话和航行设备、系泊缆索和导缆器及其最低要求、锚标浮筒、尾锚、螺旋桨转向和螺距指示和报警器、操纵灯、处理和排放系统、以及自动识别系统等船舶通过航道时的有关规定和要求。可作为船舶设计、建造和航运的参考资料。

4.3.1 航道及水系概况

圣劳伦斯航道及五大湖水系是北美深吃水航道(a deep draft waterway)系统的总称。从大西洋直达苏必利尔湖(Lake Superior)西岸的德卢斯(Duluth),整个圣劳伦斯航道及五大湖水系全长为3 769 km[1]。

下页的图4-6为圣劳伦斯航道及五大湖水系示意图,该水系由大西洋经圣劳伦斯湾、圣劳伦斯河和圣劳伦斯航道(从蒙特利尔至安大略湖的深水水道),水道中共有7个船闸,借助于船闸使船由海平面升至安大略湖(Lake Ontario),其水面高出海平面75.6 m;然后经威兰运河(Welland Canal,水道中共有8个船闸)至伊利湖(Lake Erie),其水面高出海平面174.4 m;此后经底特律河等(1个船闸)至休伦湖和密西根湖(Lake Huron and Lake Michigan),其水面高出海平面176.4 m,再经苏圣玛丽河(Sault Ste. Marie,1个船闸)至苏必利尔湖,其水面高出海平面183.5 m。此五大湖通过运河和船闸相互连接,是巨大的淡水湖群,五大湖总面积约24.5万平方千米,其中美国约占70%,除密西根湖属美国外,其余四大湖均为美加界湖。该水系的剖面图表明,如果没有该水系的17个船闸,五大湖中的大部分湖水将向东流入大西洋。

威兰运河的8个船闸中,1~7号船闸的平均提升高度为14.1~14.2 m。位于伊利湖的8号船闸是适应湖水水位进行最终调节的控制性船闸,其提升高度为0.3~1.2 m。闸室尺寸为:长233.5×宽24.4 m×坎上水深9.1 m;河道水深8.23 m。

圣劳伦斯航道(Saint Lawrence Seaway)一般指蒙特利尔港(加方)与伊利湖之间的深水航道(the deep waterway between the Port of Montreal and Lake Erie),包括所有船闸、运河和连接水域,以及作为此深水航道一部分的邻近水域和已授权由公司或管理局经营、管理和控制的所有其他运河和工程。其包括圣劳伦斯航道、安大略湖和安大略湖与伊利湖之间的威兰运河,全程377 kn(698 km)。它是美国和加拿大联合设计,于1959年4月建成通航的,其包括对圣劳伦斯河从蒙特利尔至安大略湖间河道的治理,若干人工河道的开凿,以及一系列船闸的建设等。航道航行期为每年4月中旬至12月中旬(约250天)。

可见圣劳伦斯航道是一条位于加拿大南部和美国北部的国际航道。该航道是著名而富饶的五大湖区通往大西洋的通道。众所周知,加拿大南部是粮仓,美国五大湖区是矿产、工业和农业区,所以每年有

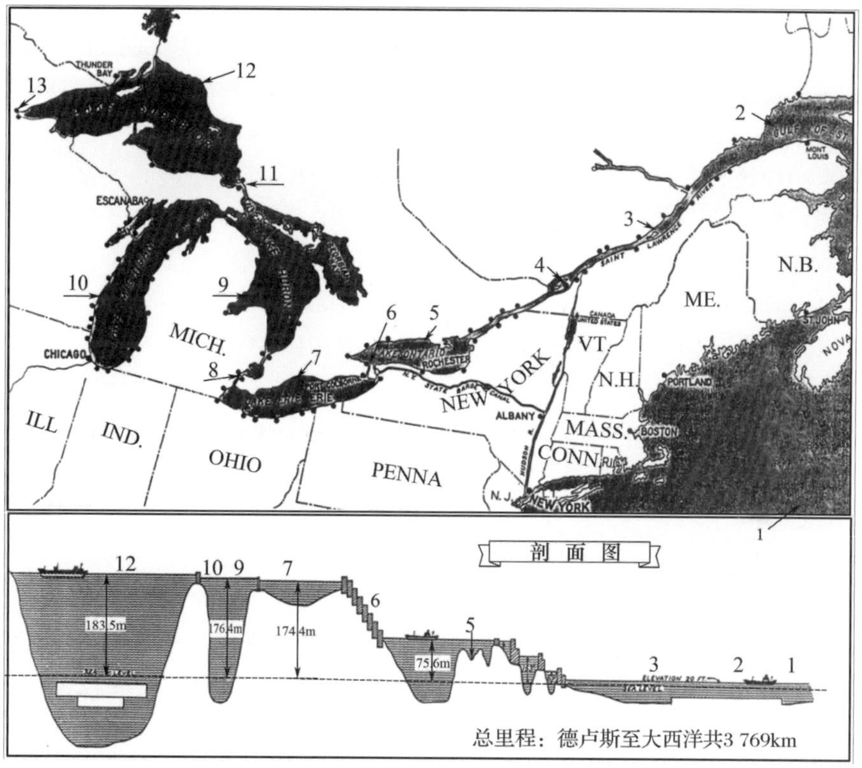

图 4－6　圣劳伦斯航道及五大湖水系示意图

1—大西洋；2—圣劳伦斯湾；3—圣劳伦斯河；4—蒙特利尔；5—安大略湖；6—威兰运河；
7—伊利湖；8—底特律河；9—休伦湖；10—密歇根湖；11—圣玛丽河；12—苏必利尔湖；13—德卢斯。

大量船舶进出圣劳伦斯航道。圣劳伦斯航道在世界航运中的作用仅次于苏伊士运河和巴拿马运河。

4.3.2　大湖型船与航道规则和手册

我国自行设计建造的第一艘真正意义上的出口船——27000 吨散货船由中国船舶及海洋工程设计研究院（MARIC）设计，这是一艘按圣劳伦斯航道共同规则和五大湖航行要求设计，能通过圣劳伦斯航道和五大湖水系的“大湖型船”。其中该航道及水系中 17 个船闸的长度、宽度和深度限制了能通过船舶的尺度及吨位，诞生了所谓的“大湖型船”。可见圣劳伦斯航道和五大湖水系对船舶业的影响。它与“苏伊士型船”和“巴拿马型船”一起构成了以三大国际航道命名的船型。

圣劳伦斯航道由圣劳伦斯航道管理局（Saint Lawrence Seaway Management Corporation，SLSMC，加拿大方，其网址为 http://www. greatlakes - seaway. com/en/management/slsmc/，本文中简称“管理局”）和圣劳伦斯航道开发公司（Saint Lawrence Seaway Development Corporation，SLSDC，美国方，其网址为 http://www. seaway. dot. gov/，本文中简称“公司”）共同管理。船舶通过圣劳伦斯航道所需遵守的规则，由于得到加拿大和美国政府的承认，故称为圣劳伦斯航道共同规则，两国政府以同样的条文内容，以不同的法律方式公布。加方以经议会批准的管理局法令公布，美方以联邦政府法规（Code of Federal Regulation，CFR）的形式公布。

CFR 是美国联邦政府各行政部门和机构所出版的一部全面的永久性规则的编纂。CFR 共分 50 篇，表明了受联邦规则所制约的宽广范围，由于其涉及面广，为便于查找，CFR 采用了篇（Title）、章（Chapter）、节（Part ）、条（Section）的编制方法。而在表示 CFR 中某一条或某一节时，采用了“篇、条”

或"篇、节"的表示方法。例如：

"圣劳伦斯航道规则"载于 CFR 第 33 篇"航行和可航水域"(Title 33 Navigation and Navigable Water)第Ⅳ章"运输部圣劳伦斯航道开发公司"(Chapter Ⅳ Saint Lawrence Seaway Development corporation,Department of Transportation)第 401 节"航道规则和规范"(Part 401 Seaway regulations and rules,以下简称"航道规则")中,此节可表示为"33CFR401"。即在"CFR"符号左边的数字为"篇"的编号,而在"CFR"符号右边的数字为"节"或"条"的编号[2]。

"五大湖引水规则" 载于 CFR 第 46 篇"航运"(Shipping)第Ⅲ章"国土安全部海岸警卫队(大湖区引水)"[Coast Guard (Great Lakes pilotage), Department of Homeland Security]第 401 节"大湖区引水规则"(Great Lakes pilotage regulations)中,其可表示为"46CFR401"[3]。

CFR 的网址为:

http://www. gpo. gov/fdsys/browse/collectionCfr. action? collectionCode = CFR

CFR 的 50 篇在每一日历年修改更新一次,其年度更新的周期为:第 1 - 16 篇在 1 月 1 日修改;第 17 - 27 篇在 4 月 1 日修改;第 28 - 41 篇在 7 月 1 日修改;第 42 - 50 篇在 10 月 1 日修改。但近年来,在网上查找中,常发生推迟更新。本文为 2018 年 3 月编写,因此只能引用 2017 年 7 月 1 日的 33CFR401 以及 2017 年 10 月 1 日的 46CFR401。

此外,2018 年 3 月 9 日可从上述 SLSMC 的网址查到现行有效的"2017 年版圣劳伦斯航道手册"(the Seaway Handbook,2017 edition,以下简称"航道手册"),其中与船舶关系较密切的为"封面和前言"(Cover Page and Foreword)[4]以及"船舶通过"(全称为"对船舶通过和设备的要求")【Ship Transit (Ship Transit and Equipment Requirements)】[5],系对通过圣劳伦斯航道船舶的要求,例如对"登岸吊杆"的要求,在航道规则中,只做原则规定,而在航道手册"船舶通过"中,列出了具体要求,相当实用。可以说航道手册,特别是其中的"船舶通过"是对航道规则中规定的具体化。

4.3.3 航道规则目次

33CFR401"航道规则"由 3 个分节组成:

A 分节"规则"(Subpart A—Regulations);

B 分节"惩罚—违反航道规则"(Penalties—Violations of Seaway Regulations);

C 分节"惩罚的判定,减轻或免除"(Assessment, Mitigation or Remission of Penalties)。

与船舶设计建造关系最密切的为 A 分节,其内容包括船舶状况、预结关和通行费的保证金、航道航行、无线电通信、危险货物、航行费的估价和支付、资料和报告、扣留和出售等 11 部分,共 97 条。其前 3 部分 59 条的目次如下[2]:

第 401 节—航道规则和规范(PART 401—SEAWAY REGULATIONS AND RULES)

A 分节—规则(Subpart A—Regulations)

§401.1　简称(Short title)

§401.2　说明(Interpretation)

船舶状况(CONDITION OF VESSELS)

§401.3　船舶的最大尺度(Maximum vessel dimensions)

§401.4　最小长度和质量(Minimum length and weight)

§401.5　要求配置的设备(Required equipment)

§401.6　标记(Markings)

§401.7　护舷材(Fenders)

§401.8　登岸吊杆(Landing booms)

§401.9　无线电话和航行设备(Radio telephone and navigation equipment)

§401.10　系泊缆索(Mooring lines)

§401.11　导缆器(Fairleads)

§401.12　系泊缆索和导缆器的最低要求(Minimum requirements—mooring lines and fairleads)

§401.13　引缆(Hand lines)

§401.14　锚标浮筒(Anchor marking buoys)

§401.15　尾锚(Stern anchors)

§401.16　螺旋桨转向报警器(Propeller direction alarms)

§401.17　螺距指示和报警器(Pitch indicators and alarms)

§401.18　操纵灯(Steering lights)

§401.19　处理和排放系统(Disposal and discharge systems)

§401.20　自动识别系统(Automatic Identification System)

§401.21　对圣劳伦斯航道内美国水域的要求(Requirements for U. S. waters of the St. Lawrence Seaway)

预结关和通行费的保证金(PRECLEARANCE AND SECURITY FOR TOLLS)

§401.22　船舶的预结关(Preclearance of vessels)

§401.23　责任保险(Liability insurance)

§401.24　预结关的申请(Application for preclearance)

§401.25　预结关的批准(Approval of preclearance)

§401.26　通行费的保证金(Security for tolls)

航道航行(SEAWAY NAVIGATION)

§401.27　遵守操作指令(Compliance with instructions)

§401.28　速度限制(Speed limits)

§401.29　最大吃水(Maximum draft)

§401.30　压载水和纵倾(Ballast water and trim)

§401.31　会船和通过(Meeting and passing)

§401.32　起货吊杆—甲板货物(Cargo booms—deck cargo)

§401.33　专用操作指令(Special instructions)

§401.34　船舶拖带(Vessels in tow)

§401.35　航行进行中(Navigation underway)

§401.36　正在通过命令(Order of passing through)

§401.37　在停泊墙上系泊(Mooring at tie - up walls)

§401.38　接近船闸的限位(Limit of approach to a lock)

§401.39　通过时系泊缆索的准备(Preparing mooring lines for passing through)

§401.39 - 1　提起护舷材(Raising fenders)

§401.40　进船闸、出船闸或在船闸内安置(Entering, exiting or position in lock)

§401.41　一前一后纵列过船闸(Tandem lockage)

§401.42　传递引缆(Passing hand lines)

§401.43　系泊表(Mooring table)

§401.44　在船闸内系泊(Mooring in locks)

§401.45　应急程序(Emergency procedure)
§401.46　照料好各缆索(Attending lines)
§401.47　离开船闸(Leaving a lock)
§401.48　船舶调头水域(Turning basins)
§401.49　抛锚或拴在运河岸上(Dropping anchor or tying to canal bank)
§401.50　锚泊区域(Anchorage areas)
§401.51　接近飞桥时发出的信号(Signaling approach to a bridge)
§401.52　接近飞桥的限位(Limit of approach to a bridge)
§401.53　阻碍航行(Obstructing navigation)
§401.54　干扰助航设备(Interference with navigation aids)
§401.55　探照灯(Searchlights)
§401.56　损坏或损害航道财物(Damaging or defacing Seaway property)
§401.57　上岸或上船(Disembarking or boarding)
§401.58　游艇通过的时间安排(Pleasure craft scheduling)
§401.59　污染(Pollution)

以上目次中,与船舶设计建造关系最密切的为§401.3 至§401.21,以及§401.28 至§401.30。以下结合航道手册中相应要求(如有),做一说明。

4.3.4　船舶的最大尺度

§401.3“船舶的最大尺度”规定了[2]:

(1)按本条(5)的规定,总长大于222.5 m或最大船宽大于23.8 m的船舶,不得通过(no vessel of more than 222.5 m in overall length or 23.8 m in extreme breadth shall transit);

(2)船舶的任何部分或船上任何物品高出水面超过35.5 m的船舶,不得通过;

(3)驾驶桥楼的任何部分或船舶突出物上任何物品伸出船体外的船舶,不得通过(No vessel shall transit if any part of its bridges or anything on the vessel protrudes beyond the hull);

(4)船舶横靠闸壁时(when alongside a lock wall),其船体或上层建筑不得超出本节附录Ⅰ中表明的闸壁的限制(见图4-7—编者注)。

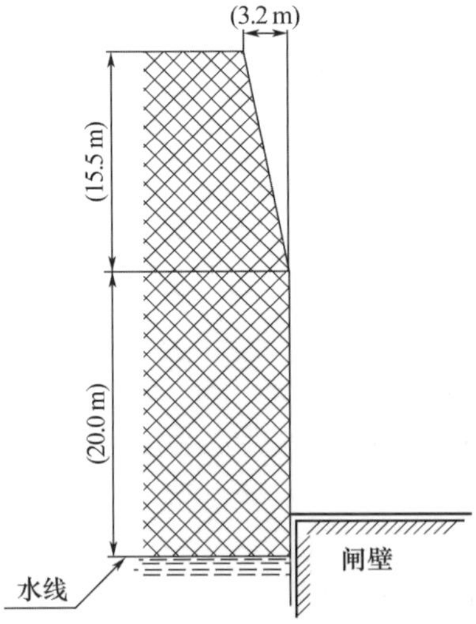

图4-7　船舶尺度方块图

(5)船宽超过 23.2 m 但不大于 23.8 m,以及船舶尺度不超过本节附录 I 的方块图中设定的限制(见图 4－7—编者注),或总长超过 222.5 m 但不大于 225.5 m 的船舶(A vessel having a beam width in excess of 23.2 m, but not more than 23.8 m, and having dimensions that do not exceed the limits set out in the block diagram in appendix I of this part or overall length in excess of 222.5 m, but not more than 225.5 m),应向管理局或公司申报,按管理局和公司签发的指令,方可考虑其通过(shall, on application to the Manager or Corporation, be considered for transit in accordance with directions issued by the Manager and Corporation)。

(6)在冰层覆盖期间,船宽超过 23.20 m 的船舶可能被限制通过和/或延迟通过(Vessels with beams greater than 23.20 m may be subject to transit restrictions and/or delays during periods of ice cover)。

4.3.5　最大吃水

§401.29"最大吃水"的要点为[2]:

(1)尽管在本条中有任何其他规定(Notwithstanding any provision herein),船长应控制通行船舶的货物装载、吃水和航速(the loading of cargo, draft and speed of a vessel in transit shall be controlled by the master),应计及船舶各种特性以及横倾或船尾下沉的趋势(who shall take into account the vessel's individual characteristics and its tendency to list or squat),以避免触底(so as to avoid striking bottom)。

(2)任何情况下,船舶吃水不应大于 7.92 m(The draft of a vessel shall not, in any case, exceed 79.2 dm),或者由管理局和公司对船舶所通过航道段的航道报告中所指定的最大允许吃水(or the maximum permissible draft designated in a Seaway Notice by the Manager and the Corporation for the part of the Seaway in which a vessel is passing)。

(3)对于已装备了"吃水信息系统"(Draft Information System, DIS),且满足下列要求的任何船舶,将允许其吃水可在本条(2)款所述最大允许吃水之上,增加不大于 7 cm(will be permitted to load at an increased draft of not more than 7 cm above the maximum permissible draft in effect as prescribed under paragraph (b) of this section)。

①经《国际船级社协会》(International Association of Classification Societies, IACS)成员国认可,且符合 http://www greatlakes－seaway. com 上可查到的实施技术条件(Implementation Specifications)的要求,正在运行的"吃水信息系统"(Draft Information System, DIS),且船上具有:

a. 正在运行的精度等于 1【accuracy = 1(DGPS,差分全球定位系统, Differential Global Positioning System)】的"自动识别系统"(Automatic Identification System, AIS);

b. 及时更新的电子海图(Up－to－date electronic navigational charts);

c. 及时更新的包含高分辨率水深数据(high－resolution bathymetric data)的图。

②DIS 工具显示器(DIS Tool Display)的位置应接近主指挥位置(shall be located close to the primary conning position),应可见和可识别(be visible and legible);且设有引水员插头(如使用可携式 DIS)【and equipped with a pilot plug, if using a portable DIS】。

a. 在船上必须始终保存 DIS 的验证文件,以备检查(Verification document of the DIS must be kept on board the vessel at all times and made available for inspection)。

b. 在船上必须保存证实已对 DIS 的使用进行高级船员培训的公司证书(A company letter attesting to officer training on use of the DIS must be kept on board),以备检查。

c. 打算第一次使用 DIS 的任何船舶(Any vessel intending to use the DIS for the first time),必须在其开始首次以具有 DIS 的系统通过之前至少 24 h,以书面形式通知公司的经理(must notify the Manager of the Corporation in writing at least 24 hours prior to the commencement of its initial transit in the System with the DIS)。

d. 在每一航行季节(In every navigation season),打算使用经认可的 DIS 通过的船舶(a vessel intending to use an approved DIS to transit),其系统必须在该季节此船舶首次通过之前(prior to its initial transit of the season),将从 www. greatlakes-seaway. com 获取的完整的确认检查清单(a completed confirmation checklist)发传真至管理局或公司。

e. 当船舶以大于本条(2)款所述最大允许吃水的某一吃水通过时(while the vessel is transiting at a draft greater than the maximum permissible draft prescribed under paragraph (b) of this section),如由于任何原因使 DIS 或 AIS 变得不可操作、有故障或不能使用(If for any reason the DIS or AIS becomes inoperable, malfunctions or is not used),则该船舶必须立即通知管理局或公司。

4.3.6 登岸吊杆

§401.8“登岸吊杆”规定了[2]:

(1) 总长大于 50 m 的船舶应在每舷至少配置一根合适的登岸吊杆(shall be equipped with at least one adequate landing boom on each side)。

(2) 船员应对登岸吊杆的使用进行适当的训练(shall be adequately trained in the use of landing booms)。

(3) 干舷大于 2 m,且未装备登岸吊杆的船舶(Vessels with freeboard greater than 2 m and not equipped with landing booms),应在接近闸壁处使用圣劳伦斯航道靠泊服务(shall utilize the Seaway's tie-up service at approach walls)。

(4) 未装备或未使用登岸吊杆的船舶(Vessels not equipped with or not using landing booms),必须在接近闸壁处使用圣劳伦斯航道靠泊服务,其只能使用合成纤维系泊缆索(using synthetic mooring lines only)。最多 4 根的缆索将由圣劳伦斯航道人员操作(Maximum of 4 lines will be handled by Seaway personnel),且此项服务不包括解缆服务(let go service)。

在 33CFR401. 8 中,只是原则地规定了应配置合适的登岸吊杆,但对于何为“合适”,须查阅航道手册中“船舶通过”(ship transit)的“20 典型的登岸吊杆”(Typical Landing Boom),其要求如下[5]:

典型的登岸吊杆及其索具配置见下页的图 4 - 8。建议登岸吊杆采用 100 kg 的安全工作载荷(Safe Working Load,SWL,2014 年版此 SWL 为 185 kg,2017 年版已降至 100 kg,值得注意)。

维护登岸吊杆使其保持良好工作状况是重要的(It is important that the landing booms be maintained in good working condition),因为船员在登岸时,其生命安全依赖于登岸吊杆的维护。建议每季度船舶第一次通行之前,以及间隔不超过 3 个月(It is suggested that prior to the first transit of each season, and at intervals of not more than three months),将吊杆转枢提起,清洁和加油(the boom goosenecks be lifted, cleaned and greased),检查卸扣磨损情况、加油并旋紧(shackles checked for wear, greased tightened),检查拉索、稳索和登岸索是否磨损和断股(spans, guys and landing ropes checked for deterioration and broken strands)。登岸吊杆中发现任何疑点应立即更新(Any doubtful items of equipment should be renewed immediately)。登岸吊杆必须能依靠其自身旋转至舷外(Landing booms must be capable of swinging outboard on their own),为便于实现此目的,其吊杆柱通常向舷外倾斜 1°至 2°(To facilitate this, the kingposts are usually canted outboard one to two degrees)。

任何新安装或每次大修完成后(On completion of any new installation or the completion of each overhaul),均应将登岸吊杆吊起一合适的静负荷做摆动试验,以确保所有工作零件的完好性(the boom

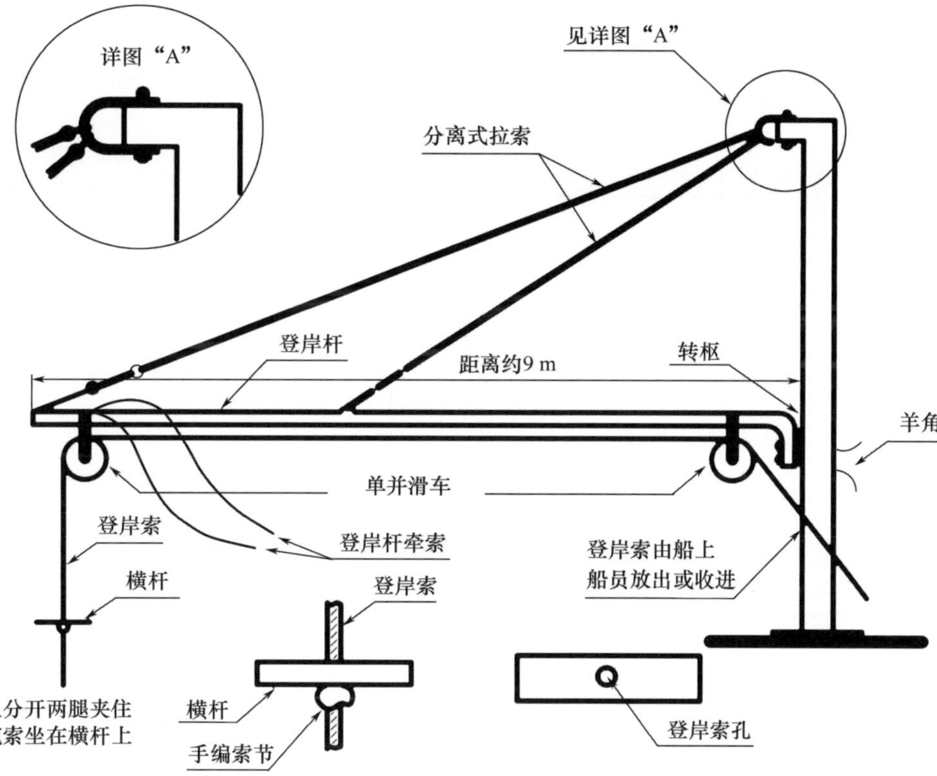

图4－8　登岸吊杆索具草图

should be test swung with an adequate static load to ensure the integrity of all working parts)。推荐采用一个系有足够长度(可从登岸吊杆下降至轻载水线)绳索的安全木块(见图4－9),该安全木块(safety block)应置于每一登岸吊杆附近,以供随时使用(be stowed in close proximity to each boom, ready for immediate use)。

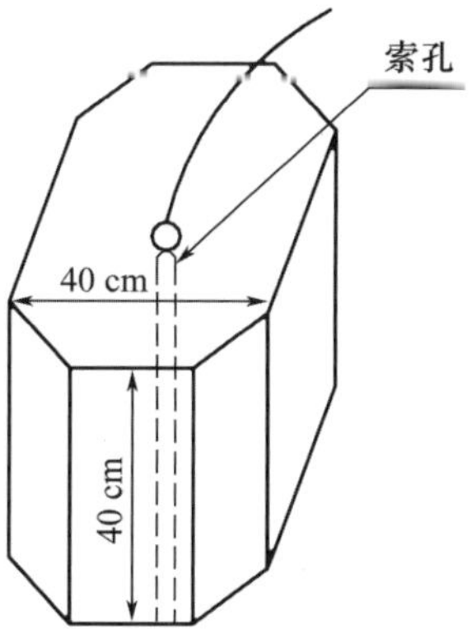

图4－9　安全木块

登岸吊杆在船上的推荐安装位置等如下页的图4－10所示。

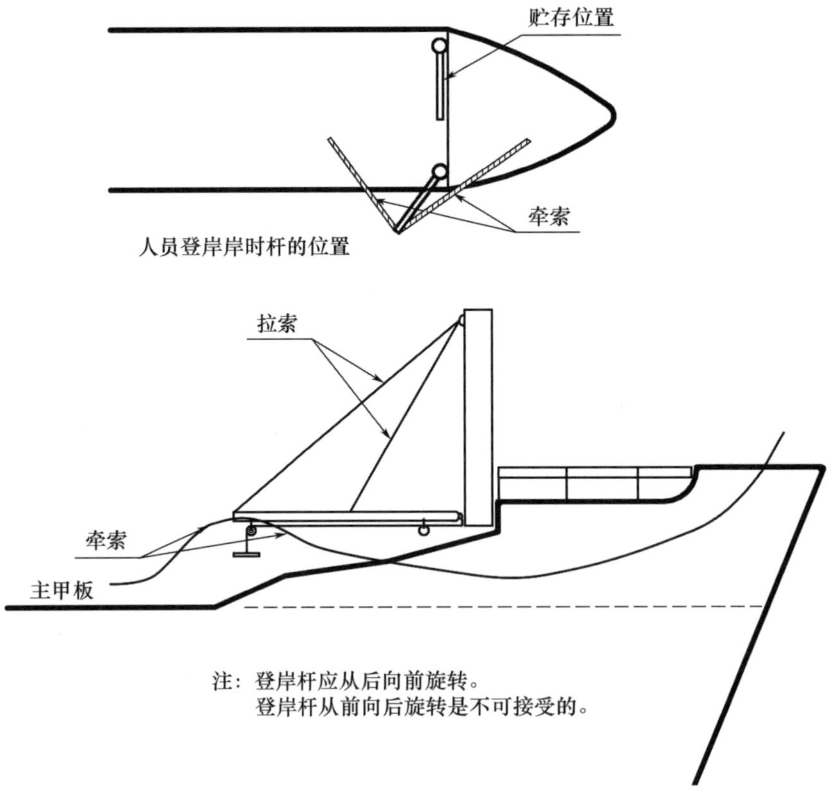

图 4－10　登岸吊杆的推荐位置

4.3.7　护舷材

§401.7“护舷材”（碰垫）规定了[2]：

（1）如船舶的任一结构部件突出，以致危及航道设施（Where any structural part of a vessel protrudes so as to endanger Seaway installations），则该船应设置仅为水平方向的永久性护舷材（only horizontal permanent fenders）。

①其由钢材、硬木、特氟隆或其中之二或所有这些材料混合组成（That are made of steel, hardwood, or teflon or a combination of two or all of these materials），厚度不超过 15 cm，具有良好削斜的两端（with well tapered ends），且沿船体长度方向，在靠近主甲板水平位置处设置（and are located along the hull, close to the main deck level）；

②对于特殊应用，可允许使用便携式碰垫（不是缆索）做一次性通过（portable fenders, other than rope hawsers, may be allowed for a single transit），只要这些便携式碰垫为：

a. 用具有浮力的材料制成；

b. 用钢索或纤维索牢固地拴住及悬吊于船上某一水平位置，且此位置可升降，以免损坏航道设施（Securely fastened and suspended from the vessel in a horizontal position by a steel cable or a fiber rope in such a way that they can be raised or lowered in a manner that does not damage Seaway installations）。

（2）不应采用轮胎（Tires）作为护舷材。

（3）对于特殊应用，非常规设计的船舶（ships of unusual design）可允许使用厚度不大于 30 cm 的临时性或永久性的护舷材(may be permitted to utilize temporary or permanent fenders not greater than 30 cm in thickness)。

4.3.8　标记以及无线电话和航行设备

(1) §401.6“标记”规定了[2]:

①总长大于20 m的船舶应在船首和船尾的两舷正确和清晰地标出和设置吃水标记(shall be correctly and distinctly marked and equipped with draft markings on both sides at the bow and stern)。

②总长大于110 m的船舶,除按本条①款要求做出标记外,尚应在船舯两舷标出吃水标记(shall be marked on both sides with midship draft markings);

③如船舶的球鼻首向前突出超出了该船的首柱头(Where a vessel's bulbous bow extends forward beyond her stem head),则应在该船舶的夏季载重线吃水标记之上标以球鼻首符号(a symbol of a bulbous bow shall be marked above the vessel's summer load line draught mark),尚应增设“+”符号,在“+”符号后面紧跟一数字,此数字表明球鼻首突出首柱的总长度,单位为m(a number indicating the total length in meters by which the bulbous bow projects beyond the stem)。

(2) §401.9“无线电话和航行设备”规定了:

①除总长小于20.0 m的游艇外,自航船应配置甚高频(very high frequency, VHF)无线电话装置。

②船上无线电发信机(radio transmitters)应:

a. 具有足够的输出功率,使船舶能在距航道站48 km处,与航道站通话;

b. 安装得可从驾驶室内指挥部位处进行操作(Be fitted to operate from the conning position in the wheelhouse),且可使用11, 12, 13, 14, 15, 16, 17, 66a, 75, 76和77频道进行通话。

③误差大于2°的电罗经必须在通过圣劳伦斯航道之前进行维修(Gyro compass error greater than 2 degrees must be serviced prior to transiting the Seaway),且如通过航道期间注意到此问题,则必须报告最近的航道站,且此电罗经必须在第一时间进行维修(must be serviced at the first opportunity)。

④在磁罗经误差大于5°时(When magnetic compass error is greater than 5 degrees),除非其“角度偏差的记录”已正确地保持和已予以验证(unless the “record of deviations” has been properly maintained and verified),否则要求该船舶具有罗经偏转,且制作一新的角度偏差卡(the vessel is required to have the compass swung and a new deviation card)。

4.3.9　系泊缆索和导缆器及其最低要求

(1) §401. 10“系泊缆索”规定了[2]:

①系泊缆索:

a. 应在其整个长度上(throughout their length)具有均匀的厚度(a uniform thickness);

b. 对于钢丝缆索(for wire line),其直径应不大于28 mm;而对于经认可的合成纤维缆索(for approved synthetic lines),其直径应不大于64 mm;

c. 对于钢丝缆索,应设有长度不小于2.4 m的手工联结套环或Flemish型机械联结套环(a hand spliced eye or Flemish type mechanical spliced eye);而对于经认可的合成纤维缆索,此类套环长度应不小于1.8 m;

d. 应具有足够的强度,以系住船舶(Have sufficient strength to check the vessel);

e. 缆索的安放位置,应使在有要求时,可将缆索引向船舶的任一舷(they may be led to either side of the vessel as required)。

f. 系泊缆索应进行认证,且包含断裂强度、材料类型、延伸率和直径等信息的每一系泊缆索的试验证书(a test certificate for each mooring line containing information on breaking strength, material type, elongation and diameter)应保存在船上,以备检查(shall be available onboard for inspection)。

②除非官员另行允许(Unless otherwise permitted by an officer),总长大于200 m的船舶,应只使用断裂强度符合表4-3中最低技术要求的钢丝系泊缆索,应用于将船系固在船闸内(shall be used for securing a vessel in lock chambers)。

表4-3 系泊缆索的最低技术要求

船舶总长	系泊缆索长度	断裂强度
40 m以上至60 m	110 m	10 MT
60 m以上至90 m		15 MT
90 m以上至120 m		20 MT
120 m以上至180 m		28 MT
180 m以上至222.5 m		36 MT

合成纤维缆索的延伸率应不超过20%(Elongation of synthetic lines shall not exceed 20%)

③当在圣劳伦斯航道内的靠泊闸壁和船闸中使用靠泊服务时(when using tie-up services at tie-up walls and docks within the Seaway),必须使用合成纤维缆索在接近闸壁处系泊(Synthetic lines must be used for mooring at approach walls)。

④尽管有本条①至③的规定,仍不允许采用尼龙缆索(Notwithstanding paragraphs ① through ③ of this section, nylon line is not permitted)。

⑤如管理局或公司允许采用手持合成纤维缆索(Hand held synthetic lines),则应满足本条①款中的评定标准,且应具有不小于65 m的最小长度(and shall have a minimum length of not less than 65 meters)。

(2)§401.11"导缆器"规定了:

①系泊缆索应:

a. 穿过一只管理局和公司可接受的导缆器或封闭式导缆钳(through a type of fairlead or closed chock, acceptable to the Manager and Corporation)导出船舷;

b. 穿过不多于3只安装于船内适当位置处,且具有喇叭口的滚筒(Pass through not more than three inboard rollers that are fixed in place and equipped with horns),以确保在缆索变松弛和具有可自由转动的滑轮或滚柱时,缆索将不会滑出;

c. 如导缆器与船体平齐安装(Where the fairleads are mounted flush with the hull),则应予以永久性地防护,以防止缆索在船舶和闸墙之间被压紧夹住(to prevent the lines from being pinched between the vessel and a wall)。

d. 在合成纤维缆索(synthetic lines)穿过一只管理局和公司可接受的导缆器或封闭式导缆钳时,导缆器、封闭式导缆钳和/或舷墙的所有尖锐边缘均应予以修圆(all sharp edges of the fairlead, closed chock and/or bulwark shall be rounded),以保护此缆索不致被磨损或破损。

②钢丝缆索只应穿过经认可的滚柱型导缆器导出(Wire lines shall only be led through approved roller type fairleads)。

(3)§401.12"系泊缆索和导缆器的最低要求"规定了:

①除非官员另行允许,对于在船舶的任一舷作为系固用的系泊缆索(in respect to mooring lines

which shall be available for securing on either side of the vessel)、绞车和导缆器在船舶上的位置的最低要求如下：

a. 总长等于或小于 100 m 的船应至少具有 3 根系泊缆索——钢丝或合成纤维系船缆索，其中的两根应分别地由动力操作（two of which shall be independently power operated），而其中一根，如为合成纤维缆索，可手工握持操作（and one if synthetic, may be hand held）。

（a）一根应从船首后端部向前导出，另一根从船尾部向后导出（One line shall lead forward from the break of the bow and one line shall lead astern from the quarter），且应分别地以绞车，绞盘或锚机做动力操作，穿过管理局和公司可接受的封闭式导缆钳或导缆器导出船外（and lead through closed chocks or fairleads acceptable to the Manager and the Corporation）；

（b）一根合成纤维系船缆索可手工握持操作，或者如采用钢丝系船缆索，则应动力操作（One synthetic hawser may be hand held or if wire line is used shall be powered）。对于合成纤维缆索，此缆索应从船首后端部穿过封闭式导缆钳向后导出，至甲板上合适的系缆柱（The line shall lead astern from the break of the bow through a closed chock to suitable bitts on deck for synthetic line），或者对于钢丝缆索，此缆索应从绞盘、绞车卷筒或锚机（a capstan, winch drums or windlass）导出，至经认可的导缆器（to an approved fairlead）。

b. 总长大于 100 m，但等于或小于 150 m 的船应具有 3 根系泊缆索——钢丝或合成纤维系船缆索，它们应分别地以绞车，绞盘或锚机做动力操作（which shall be independently power operated by winches, capstans or windlasses）。

（a）所有缆索均应穿过管理局和公司可接受的封闭式导缆钳或导缆器导出船外（All lines shall be led through closed chocks or fairleads acceptable to the Manager and the Corporation）。

（b）一根系泊缆索应从船首后端部向前导出，一根应从船首后端部向后导出（One mooring line shall lead forward and one shall lead astern from the break of the bow），而一根系泊缆索应从船尾部向后导出（and one mooring line shall lead astern from the quarter）。

c. 总长大于 150 m，但等于或小于 200 m 的船应具有 4 根系泊缆索——钢丝或合成纤维系船缆索，它们应分别地以绞车做动力操作（which shall be independently power operated by winches）。

（a）一根系泊缆索应从船首后端部向前导出，一根系泊缆索应从船首后端部向后导出（One mooring line shall lead forward and one mooring line shall lead astern from the break of the bow）。

（b）一根系泊缆索应从船尾部向前导出，一根系泊缆索应从船尾部向后导出（One mooring line shall lead forward and one mooring line shall lead astern from the quarter）。

（c）所有缆索均应穿过管理局和公司可接受的导缆器导出船外。

d. 总长大于 200 m 的船应具有 4 根系泊缆索——钢丝系船缆索，它们应分别地以下列适当动力驱动绞车的主鼓筒作动力操作（independently power operated by the main drums of adequate power operated winches as follows）：

（a）一根系泊缆索应从船首后端部向前导出，一根系泊缆索应从船首后端部向后导出。

（b）一根系泊缆索应从船尾部向前导出，一根系泊缆索应从船尾部向后导出。

（c）所有缆索均应穿过管理局和公司可接受的导缆器导出船外。

e. 每艘船应至少配置两根可取用的备用系泊缆索，以供随时使用。

②除非官员另行允许，总长等于或大于 100 m 的船舶，其导缆器或封闭式导缆钳的位置应符合下列要求：

——对于 1、2 号系泊缆索，其导缆器或封闭式导缆钳应位于船舷，其宽度至少为该船舶总宽度的 90% 之处（Shall be at a location on the ship side where the beam is at least 90% of the full beam of the vessel）；

——对于 3、4 号系泊缆索,其导缆器或封闭式导缆钳应位于距船尾为 20 m 至 50 m 之间(Between 20 m & 50 m from the stern)。

4.3.10 锚标浮筒和尾锚以及螺旋桨转向和螺距指示和报警器

(1) §401.14“锚标浮筒”规定了[2]:

①每艘船舶均应具有其已清洁的锚,且应具有可自由展开(通过薄弱环节将浮筒线系在船舶上)的锚标浮筒,后者以浮筒线牢牢地系固在每只锚上,且准备在进入圣劳伦斯航道之前予以释放【Every vessel shall have its anchors cleared and have the anchor marking buoys free to deploy (weak link to hold buoy line on board) with the buoy lines firmly secured to each anchor and ready to be released prior to entering the Seaway】。

②每艘船舶均应在圣劳伦斯航道水域内抛下锚时,展开其锚标浮筒(Every vessel shall deploy the anchor marking buoy when dropping an anchor in Seaway waters)。

(2) §401.15“尾锚”规定了:

①在 1975 年 1 月 1 日后安放龙骨(the keel of which is laid after January 1, 1975),总长大于 125 m 的每艘船舶均应配置一只尾锚。

②在 2003 年 1 月 1 日后建造(which is constructed after January 1, 2003),总长大于 125 m 的每一推-驳组合体或铰接式的推-驳单元(Every integrated tug and barge or articulated tug and barge unit greater than 125 m in overall length)均应配置一只尾锚。

(3) §401.16“螺旋桨转向报警器”规定了:

等于或大于 1 600 总登记吨(1 600 gross registered tons)的每艘船舶,或者等于或大于 1 600 合计总登记吨(combined 1 600 gross registered tons or more)的每一推-驳组合体或铰接式的推-驳单元(integrated tug and barge or articulated tug and barge unit)应:

①在驾驶室和机舱内设置螺旋桨转向和转速指示器(Propeller direction and shaft r. p. m. indicators);且

②除非该船舶设有一旦违反驾驶室传令钟所发指令就不能操纵主机的装置(unless the vessel is fitted with a device which renders it impossible to operate engines against orders from the bridge telegraph),否则在驾驶室和机舱内应设置延时不大于 8 s 的螺旋桨转向错误的声光报警器(Visible and audible wrong-way propeller direction alarms, with a time delay of not greater than 8 seconds)。

(4) §401.17“螺距指示和报警器”规定了[2]:

装有可调螺距螺旋桨,等于或大于 1 600 总登记吨的每艘船舶,或者等于或大于 1 600 合计总登记吨(combined 1600 gross registered tons or more)的每一推-驳组合体或铰接式的推-驳单元应:

①在驾驶室和机舱内设置螺距指示器(A pitch indicator);且

②在驾驶室和机舱内应设置延时不大于 8 s 的螺旋桨螺距声光报警器(Visible and audible pitch alarms, with a time delay of not greater than 8 seconds),以指示螺距错误(to indicate wrong pitch)。

4.3.11 操纵灯以及处理和排放系统

(1) §401.18“操纵灯”规定了[2]:

每艘船舶应:

①设置一盏操纵灯,其应位于舵工可清晰观察到的在首柱上或首柱附近的船中心线处(located on

the centerline at or near the stem of the vessel and clearly visible from the helm)；或

②设置两盏操纵灯，其应位于从驾驶室沿龙骨的平行线可清晰观察到的，该船舶前部中心线两侧的等距离处(located at equal distances either side of the centerline at the forepart of the vessel and clearly visible from the bridge along a line parallel to the keel)。

(2) §401.19(污水和污物)“处理和排放系统” 规定了：

①未配置粪便柜的每艘船(Every vessel not equipped with containers for ordure)应设置符合“船舶污染和危险化学品规则”(加拿大)【Vessel Pollution and Dangerous Chemicals regulations(Canada)】、“美国清洁水法规”和“美国河流和港口法规”(the U. S. Clean Water Act and the U. S. River and Harbor Act)以及它们各自修正案(and amendments thereto)要求的污水处置系统(a sewage disposal system)。

②船上的垃圾应：

a. 通过焚烧炉或其他垃圾处理装置(an incinerator or other garbage disposal device)将其消除掉；或

b. 保存在船上有盖的防漏容器(in covered, leak - proof containers)内，直至可按“船舶污染和危险化学品规则”(加拿大)、“美国清洁水法规”和“美国河流和港口法规”以及它们各自修正案的规定进行处理时为止。

③不得以包括舷外排水管在内的任何设施向闸墙或系泊墙排放或处理任何物料(No substance shall be discharged or disposed of onto a lockwall or tie - up wall by any means, including overboard discharge pipes)。

④禁止在 CIP 2 与 Cardinal 之间以及在 CIP 15 与 CIP 16 之间燃烧船上垃圾(Burning of shipboard garbage is prohibited between CIP 2 & Cardinal and between CIP 15 and CIP 16)。

4.3.12　自动识别系统

§401.20“自动识别系统” 规定了[2]：

(1)为通过圣劳伦斯航道，每一艘下列船舶必须使用自动识别系统(AIS)应答器(Each of the following vessels must use an Automatic Identification System (AIS) transponder)；

①每一艘需按§401.22 “预结关”的商船(Each commercial vessel that requires pre-clearance in accordance with §401.22)，以及等于或大于 300 总吨位的、船舶总长超过 20 m 的或者供租用的乘客超过 50 名(more than 50 passengers for hire)的船舶；

②长度超过 8 m 的每一艘挖泥船，浮式装置或拖船(Each dredge, floating plant or towing vessel over 8 meters in length)，但对组合的和多单元的(拖船与被拖船)船队的每一艘首船除外。

(2)为通过圣劳伦斯航道，本条 (1)款所列的每一艘船舶必须符合下列要求：

①国际海事组织(International Maritime Organization ,IMO)的 MSC.74 (69) 决议附则 3，经修正的“全球船载自动识别系统(Automatic Identification System, AIS)性能标准建议案”(Recommendation on Performance Standards for an Universal Shipborne AIS, as amended)；

②国际电信联盟(International Telecommunication Union, ITU)的 ITU - R 建议案 M. 1371 - 1:2000 经修正的“在甚高频(VHF)船用移动波段上使用时间分割的多路存取(TDMA)技术的全球船载自动识别系统(AIS)的技术特性”(Technical Characteristics For A Universal Shipborne AIS Using Time Division Multiple Access In The VHF Maritime Mobile Band)；

③国际电工委员会 IEC 61993 - 2“海上导航和无线电通信设备及系统—自动识别系统 (AIS)—第 2 部分：自动识别系统 (AIS) 的 A 级船载设备—运行和性能要求、试验方法及所要求的试验结果”(Maritime navigation and radiocommunication equipment and systems—Automatic identification systems

(AIS)—Part 2: Class A shipborne equipment of the automatic identification system (AIS)—Operational and performance requirements, methods of test and required test results)

④国际海事组织(IMO)海上安全委员会(MSC)下设的航行安全分委员会(NAV)的经修正的,且仅适用于远洋船的(as amended, and, for ocean vessels only)NAV 48/18(2003 年 1 月 6 日)"船载自动识别系统 (AIS) 的安装指南"(Guidelines for Installation of Shipborne Automatic Identification System (AIS)),带有按该指南第 3.2 条中规定的设在靠近驾驶桥楼主指挥位置处的引水员插头(with a pilot plug, as specified in Section 3.2 of those Guidelines, installed close to the primary conning position in the navigation bridge),以及标准的 120V 交流 3 插脚电力插座,可用于引水员的笔记本电脑(and a standard 120 Volt, AC, 3 – prong power receptacle accessible for the pilot's laptop computer);

⑤最小键盘显示(Minimum Keyboard Display,MKD)的位置应尽可能靠近主指挥位置处,且应可见(shall be located as close as possible to the primary conning position and be visible)。

⑥使用由美国和加拿大海岸警卫队的(from the U.S. and Canadian Coast Guards')海事差分全球定位系统(maritime Differential Global Positioning System,DGPS)无线电信标服务(radiobeacon services)的差分 GPS 校正的 AIS 位置报告的计算(Computation of AIS position reports using differential GPS corrections);

⑦允许使用满足本条(2)①至⑤中要求的临时装置;

⑧对总长小于 30 m 的每艘船,允许使用满足本条(2)①至③和(2)⑤ 中要求的可携式自动识别系统(AIS)。

前已述及,航道规则(33CFR401)的某些规定,可在航道手册"船舶通过"中找到相应的具体要求,其举例见表 4 – 4[2][5]。

表 4 – 4 航道规则中规定与航道手册中要求的对照举例

序号	航道规则中规定的编号与标题	航道手册"船舶通过"中要求的编号与标题
1	401.7 护舷材(Fenders)	23 可携式护舷材的使用(Use of Portable Fenders), 27a 护舷材位置的一般布置(General arrangement for fender locations), 27b 设置永久性钢质护舷材指南(Guidelines for fitting permanent steel fenders), 27c 主甲板以下半圆形实心条的设计(Half round solid bar design below main deck), 27d 主甲板以下扁平条防擦带的设计(Flat bar rubbing strip design below main deck)
2	401.8 登岸吊杆(Landing booms)	20 典型的登岸吊杆(Typical Landing Boom)
	401.11 导缆器(Fairleads)	26a. 典型的双导缆器(用于 2 根钢丝缆索)【Typical Double Fairlead (for 2 wires)】 26b. 在导缆器随着船首外飘,且导缆器处于整个船宽位置时的例子(Example of When the Fairlead Follows the Bow Flare and the Fairleads are Full Beam) 26c. 典型的双导缆器(用于 2 根钢丝缆索)【Typical Double Fairlead (for 2 wires)】(26c. 文字部分与 26a. 完全相同,但两者的附图不同 – 编注

表 4－4(续)

序号	航道规则中规定的编号与标题	航道手册“船舶通过”中要求的编号与标题
3	401.14 锚标浮筒(Anchor marking buoys)	19 锚标浮筒(Anchor Marking Buoys)
4	401.15 尾锚(Stern anchors)	17 尾锚(Stern Anchor)

在表 4－4 中,401.7“护舷材”只有简短的几条规定,而在航道手册中,有 5 条要求,且均配以附图;对于 401.11 导缆器,在航道手册中,也有 3 条要求,且均配以附图;对于 401.8“登岸吊杆”,在航道手册中,以“典型的登岸吊杆”作了图文并茂的详细说明(见本文的 6“登岸吊杆”)。对船舶设计、建造和使用者,航道手册有较实用的参考价值。建议将航道规则中的“规定”与航道手册中的“要求”一起使用。

参考文献

[1]林德辉 杨安礼 沈宏旻. 圣劳伦斯航道及其共同规则和航道手册[J]. 江南集团技术,2008(2):

[2]Saint Lawrence Seaway Development corporation, Department of Transportation, US. Seaway regulations and rules(Code of Federal Regulation, CFR－2017－Title 33－Vol 3－Chapter Ⅳ－Part 401)[M]. Washington, DC:The U.S. Government Publishing Office (GPO), July, 1, 2017:1－36.

[3]Coast Guard (Great Lakes pilotage), Department of Homeland Security, US. Great Lakes pilotage regulations(Code of Federal Regulation, CFR－2017－Title 46－Vol 8－Chapter Ⅲ－Part 401)[M]. Washington, DC:The U.S. Government Publishing Office (GPO), Oct, 1, 2017:1－18.

[4]Saint Lawrence Seaway Management Corporation, SLSMC, Canada. the Seaway Handbook, 2017 edition, Cover Page and Foreword[M]. Quebec Canada: The St. Lawrence Seaway Management Corporation, March 2017:1－3.

[5]Saint Lawrence Seaway Management Corporation, SLSMC, Canada. the Seaway Handbook, 2017 edition, Ship Transit and Equipment Requirements[M]. Quebec Canada: The St. Lawrence Seaway Management Corporation, March 2017:1－54.

注:本书封面用图来自英国皇家造船师学会编著,船海书局译,上海交通大学出版社出版发行的《世界重要船型》(2018 年 11 月第 1 版)第 222 页"SEVEN SEAS EXPLORER":ALL SUITE CRUISE SHIP 全套间豪华邮轮"SEVEN SEAS EXPLORER 号"。